德国国家教育报告[2008]

BILDUNG IN
DEUTSCHLAND
2008

编译委员会主任　姜　锋
编译委员会成员　陈壮鹰　毛小红
　　　　　　　　Hans-Peter Füssel　Erich Thies
　　　　　译者　朱雁飞

上海外语教育出版社
SHANGHAI FOREIGN LANGUAGE EDUCATION PRESS

图书在版编目(CIP)数据

德国国家教育报告. 2008 / 朱雁飞译. —上海：上海外语教育出版社，2021
("德国国家教育报告"系列)
ISBN 978-7-5446-6701-2

Ⅰ.①德… Ⅱ.①朱… Ⅲ.①教育事业－研究报告－德国－2008 Ⅳ.①G551.6

中国版本图书馆 CIP 数据核字(2021)第 027611 号

出版发行：上海外语教育出版社
(上海外国语大学内) 邮编：200083
电　　话：021-65425300（总机）
电子邮箱：bookinfo@sflep.com.cn
网　　址：http://www.sflep.com
项目负责：岳永红
责任编辑：王乐飞
特约编辑：糜佳乐
美术编辑：卞骐真

印　　刷：苏州市古得堡数码印刷有限公司
开　　本：889×1194　1/16　印张 22.75　字数 618千字
版　　次：2021 年 5月第 1版　2021 年 5月第 1次印刷

书　　号：ISBN 978-7-5446-6701-2
定　　价：110.00 元
本版图书如有印装质量问题，可向本社调换
质量服务热线：4008-213-263　电子邮箱：editorial@sflep.com

序　言

　　德国被认为是哲学王国和教育强国,德国人一直为此感到骄傲。然而,本世纪初,德国中学生在国际学生评估项目(PISA)中表现平平,这猛烈打击了德国人的教育自信,引起全社会的担忧和反思。德国政界和教育界亟须对德国整体教育状况进行把脉,以找到问题的症结所在。国家教育政策的实证研究得到前所未有的重视。

　　对现状达成共识,是改变现状的前提。2006年8月生效的德国基本法修正案第91b条第二款规定,"联邦和各联邦州可以基于确定教育事业绩效能力的国际比较达成协议,在相关报告及其推介方面进行合作",改变了德国联邦和各州以往分散搜集教育数据、编制教育报告的做法,赋予联邦与各州在部分教育领域开展合作的权力,为联邦和各州就共同编制教育报告提供法律依据。

　　2006年,德国联邦教育科研部与各州文化教育部长联席会议共同成立独立的国家教育报告编制小组,其职责是将各类教育报告进行整合,编制国家教育报告。编制小组由德国国际教育研究中心(DIPF)牵头,组员来自德国国际教育研究中心、德国青年研究所(DJI)、德国高校和科学研究中心(DZHW)、德国高校信息系统(HIS)、哥廷根大学社会学研究中心(SOFI)以及联邦和各州统计部门(Destatis und StaLä)等机构。他们在汇总和分析联邦和各州所提供的官方数据的基础上,撰写德国国家教育报告。初稿由教育各界专家鉴定,并提出修改意见,最终由德国联邦教育科研部和各州文化教育部长联席会议共同发布。

　　《德国国家教育报告》每两年发布一次,既有纸质版,又有电子版,还有用英文编撰的缩略版。电子版免费公开,公众可在德国联邦教育科研部等网站下载。该报告对德国教育各领域进行全方位的扫描和研究。全书共分9部分:A和B章为导入章节,总体介绍德国教育所处的社会和经济环境,并以跨教育领域的方式展示德国教育体制的状况及其在国际对比中的情况;C至G章依次论述早期儿童教育、中小学教育、职业教育、高等教育和成人继续教育诸方面,并用旁注的形式,以对比视角展示各教育阶段的最新情况;H章为重要专题栏目,主要是针对热点教育话题开展深入的跨领域分析研究;I章则对德国教育的成果进行总结性研究。

　　《德国国家教育报告》以各个指标和基于客观事实的数据为基础,以问题为导向分析德国教育,旨在把握德国教育体系的绩效,及时发现教育体系中存在的问题,为教育决策提供依据，以提高德国教育质量为最终目的。此外，其编撰方法对我国编撰各类教育报告同样具有一定的借鉴意义。该报告以教育三大目标之间的关系为导向：个人调节能力、社会参与和机会均等以及人力资源；以一套标准化方案为基础，遵循一种在统计数据基础上论证德国教育体制核心发展参数的指标方案。每部教育报告均有统一的章节结构、指标体系以及图片和表格的呈现方式。

《德国国家教育报告》既有全面、完整且权威的数据，又有科学、专业且具备批判性的分析。因此，该报告是我们了解德国教育事业的核心参考信息源，是我们研究德国教育、开展比较教育学等领域的研究无法绕开的一手权威资料。《德国国家教育报告》的编译对我们了解德国教育经验和做法，促进中德教育交流，增强彼此理解都将起到最为直接的作用。

2014 年 10 月，上海外国语大学在我国教育主管部门、德国国际教育研究所等机构的支持下，成立德国教育科学政策信息研究中心。该中心的主要任务在于全方位、多角度聚焦德国教育政策，对德国教育的历史与当下的发展动态进行深入系统的研究，以期为国内教育界思考我国教育所面临的问题提供一些参考和借鉴。2017 年 2 月，上海外国语大学经教育部批准成立中德人文交流研究中心，对我国与德国的人文交流开展全方位综合研究，其中教育是中德人文交流机制下的核心领域之一。经《德国国家教育报告》撰稿人之一——汉斯-彼得·福赛尔教授联系，上海外国语大学德国教育科学政策信息研究中心与中德人文交流研究中心共同组织专业力量编译《德国国家教育报告》。

上海外语教育出版社高度重视《德国国家教育报告》系列图书的编辑出版工作。在时间紧、任务重的情况下，编辑们为本系列图书的顺利出版付出了智慧与辛劳，在此深表谢意！本系列图书主要由青年学者翻译而成，肯定存在诸多不足之处，恳请读者批评指正！

《德国国家教育报告》编译委员会

2017 年 5 月

前　言

　　《德国国家教育报告(2008)》由编写组与各方通力合作、共同递呈，编写组的责任成员来自以下科研机构和统计部门：德国国际教育研究学院(DIPF)、德国青少年研究所(DJI)、德国高等教育信息系统有限责任公司(HIS)、哥廷根大学社会研究所(SOFI)以及联邦及各州统计局。团队在德国国际教育研究学院的领导下，于 2006 年 10 月至 2008 年 5 月期间对各章节的草稿进行了更深一步的加工。报告各章和文中出现的表格都可以在 www.bildungsbericht.de 上找到。

　　编写组在编写过程中始终保持科研的独立性，并由协调组进行相关的协调工作。协调组是为联邦和各州协力"在国际间的比较中确定教育能力并提供与此相关的报告和建议"(《基本法》第 91b 条第 2 款)而设立，由 Dr. Jürgen Baumert 教授任主席的专家顾问组为协调组提供意见，与这两个团队的密切合作使得编写组的工作成果显著。

　　许多专家分别对每一章的内容给出了专业鉴定、批评意见和实实在在的帮助，这些都为编写组提供了莫大的支持，尤其是 Wilfried Bos 教授(多特蒙德)、Hartmut Ditton 教授(慕尼黑)、Rainer Lehmann 教授(柏林)、Hans Günther Roßbach 教授(班贝格)、Horst Weishaupt 教授(伍珀塔尔)、Peter Zedler 教授(埃尔富特)、Heike Solga 教授(柏林)、Tino Bargel 教授(康斯坦茨)、Stefan Niermann 教授(汉诺威)，对每一章节都进行了批判性的审核工作。

　　本教育报告的专题"中等教育第一阶段结束之后的过渡体系"得到了 Hans Dietrich 教授(纽伦堡)、Walter Müller 教授(曼海姆)、Günther Schmid 教授(柏林)、Ulrich Teichler 教授(卡塞尔)、JoachimGerd Ulrich 博士(波恩)和 Günter Walder 博士(波恩)悉心的专业指导。

　　在此，向以上各位专家致以衷心的感谢！

　　还要特别感谢为特色专题内容与德国国际教育研究学院进行协调的 Klaus Klemm 教授(埃森)，以及参与审校工作的 Anja Quickert(柏林)和 Susanne Sachse(柏林)。

　　编写组向全体参与者表示感谢，因参与人数众多，在此恕不一一罗列。

编写组

美因河畔，法兰克福、柏林

2008 年 5 月

目　录

阅读指南

边注简短地显示
主要信息每部分的核心内容会在相应文本段落的左侧或右侧以边注的形式突出显示。

文本中利用图示法来诠释相应的插图。

例：图 B2 - 3 指的是 B 章（德国教育基本信息）第二部分（教育参与情况）中的第三张插图。

每张插图下方给出图中所引数据对应的表格，原则上行文中不插入表格，而是将大多数表格放在报告末尾的附录中，以"A"标明。例：表 B2 - 5A 是指 B 章（德国教育基本信息）第二部分（教育参与情况）的表格附录中所配的第五份表格。

带 A 的插图在附录中也可以找到。

由于教育报告所引数据较多，大部分表格和插图并未在附录中显示，详见主页 www.bildungsbericht.de，这类表格以"web"标示，如表 B2 - 9web。

文中出现Ⓜ标志指的是对一些方法和概念作出注释，在每章节的最后会对此进行总结。只有在特殊情况下才会将注释和对数据技术的解释放在行文当中。

Ⓜ概念注释

主页 www.bildungsbericht.de 上不仅有国家教育报告及相关的概念性信息，还有国际、地区和地方层面的教育报告，可通过相应的网页链接查看。

词汇表

ALLBUS

社会科学民意普查

外国人

非德国国籍者

BA

联邦劳动局

BAföG

联邦个人教育促进法(联邦教育促进法)

BBiG

职业教育法

教育领域

教育报告从教育事业的国内结构出发,将教育领域分为以下几块:

- 婴幼儿时期的教育、照管和培养
- 学龄期的普通教育和非形式学习
- 职业教育(双元制职业教育体系,学校职业教育体系和过渡体系)
- 高校
- 继续教育和成人阶段的学习

教育途径

这个概念指的是所有在形式教育中由教育机构提供的教育机会。在普通教育和职业教育途径中会有所区别(参见教育机构缩写的分类)

BIBB

联邦职业教育研究所

BMBF

联邦教育和研究部

BSW

继续教育报告体系

CVTS

持续性职业培训调查(欧洲范围内针对企业职业继续教育的调查)

DSW

德国大学生服务中心

EU‐15/EU‐19/EU‐27

欧盟。数字表示相应的欧盟吸收新成员国的情况,欧盟现有 27 国(比利时、丹麦、德国、芬兰、法国、希腊、爱尔兰、意大利、卢森堡、荷兰、奥地利、葡萄牙、瑞典、西班牙、英国、波兰、斯洛伐克共和国、捷克共和国、匈牙利,保加利亚、爱沙尼亚、拉脱维亚、立陶宛、马耳他、罗马尼亚、斯洛文尼亚和塞浦路斯),欧盟国家的平均值与经合组织成员国的平均值相比是一个加权了的平均值,该平均值主要考虑到各成员国之间的比例关系。

EU‐SILC

欧盟收入及生活条件数据统计

形式教育

形式教育是指在教育和培训机构中进行的获得国家承认学历的教育。

HwO

手工业条例

IAB

劳动力市场与职业研究所

IEA

国际教育成就评价协会

IGLU/PIRLS

国际小学阅读研究/国际阅读素养进步研究

ILO 定义

国际劳工组织(ILO)的劳动力概念是计量从业状况的标准化概念。

失业者是指 15 岁至 75 岁以下：a) 在报告时间段内没有工作的;b) 在接下来的 2 周内会获得一份零散工作或一份独立工作的;c) 过去 4 周曾主动找工作或者已经找到职位但要在接下来的 3 个月才能就职的人员。

非正式学习

非正式学习是指日常生活中非教学安排的学习,并不总被学习者视为拓宽知识和提升能力的渠道。

IPN

基尔大学莱布尼茨科学与数学教育研究所

ISCED 1997

国际教育标准分类(参看表 1A)

Jg.

年级

KMK

文教部长联席会议（德国各州文教部长常务联席会议）

移民背景

有移民背景的人是指其本人或父母于1949年以后迁入德国，不考虑其现持国籍。在此以广义的移民概念为基础，即除此人的法定状态（德国人/外国人）以外，也考虑个人迁移状况（第一代）和家庭移民经历（第二代和第三代）。由于本教育报告的大部分数据来源不允许按此定义划分，对有偏差的操作会在相应位置给予说明。

MZ

微型人口普查

非形式教育

除教育和培训机构之外所进行的普通教育和职业教育为非形式教育，不会获得公认学历。

OECD

经济合作与发展组织（以下简称"经合组织"）

OECD 总数

OECD成员国家均值的加权值，主要考虑到各成员国之间的比例关系。

OECD 均值

所有OECD成员国未加权的均值，体现在相应的数据中。

PISA

国际学生评估项目

SOEP

社会经济调查

TIMSS

国际数学与科学趋势研究

毕业类型

一般来说,普通教育毕业和职业教育毕业(高校毕业或职业学校)的类型有所不同。

普通教育学校：毕业生、肄业生和中断学业者

普通学校毕业生指的是获得以下类型文凭后离开学校的学生：普通中学毕业、中级中学(实科中学或同等学校)毕业以及具有高校入学资格(应用技术大学或普通高校入学资格)的学生。

普通学校肄业生指的是完成了全日制学校的学习任务离开学校、未转到另外一种普通教育且尚未获得普通中学及普通中学水平以上的教育文凭的学生。这也包括促进学校中获得特殊类型文凭的学生(促进重点为学习或心智发展)。

普通学校中断学业者指的是在完成全日制学校的学习任务之前尚未取得学校文凭就离开学校的学生。欧盟将所有 18 岁到 25 岁之间、未取得任何中等教育第二阶段文凭且在此期间未参加任何职业教育和继续教育者,称为早期中断学业者。

职业教育学校：毕业生和中断学业者

职业教育毕业生指的是卓有成效地完成职业教育过程的学习者。值得注意的是,职业学校并不都是以授予完全资质的职业文凭为教育目的的(参见 E1 章节)。

职业教育中断学业者指的是未取得职业教育文凭之前就离开职业教育的人,不过这类群体仍有机会补回普通教育学校的文凭。

高校：毕业生和中断学业者

高校毕业生指的是卓有成效地完成大学学业且拿到大学文凭的学习者。所不同的是毕业文凭的种类(如本科、硕士或者博士)和高校的类型(大学、应用技术大学)有别,另外,取得的是第一学位还是第二学位也有所不同。

高校学业中断者指的是没有取得文凭就离开高校的人,更换专业之后获得毕业文凭者不算作高校学业中断者。

地名缩写

州

BW	巴登-符腾堡州
BY	巴伐利亚州
BE	柏林
BB	勃兰登堡州
HB	不来梅
HH	汉堡
HE	黑森州
MV	梅克伦堡-前波莫瑞州
NI	下萨克森州
NW	北莱茵-威斯特法伦州
RP	莱茵兰-普法尔茨州
SL	萨尔州
SN	萨克森州
ST	萨克森-安哈特州
SH	石勒苏益格-荷尔斯泰因州
TH	图林根州

地区

D	德国（全部联邦区域）
W	旧联邦州/德国西部
O	新联邦州/德国东部包括柏林
WFL	旧联邦州/德国西部非市州（BW、BY、HE、NI、NW、RP、SL、SH)
OFL	新联邦州/德国东部非市州（BB、MV、SN、ST、TH)
STA	市州（BE、HB、HH)

国家

AUS	澳大利亚
AUT	奥地利
BEL	比利时
BUL	保加利亚
CAN	加拿大
CAN(O)	加拿大（安大略省）
CAN(Q)	加拿大（魁北克省）
CHE	瑞士
CZE	捷克共和国
DEU	德国
DNK	丹麦
ENG	英格兰
ESP	西班牙
FIN	芬兰
FRA	法国
GRC	希腊
HUN	匈牙利
IRL	爱尔兰
ISL	冰岛
ITA	意大利
JPN	日本
KOR	韩国
LAT	拉脱维亚
LTU	立陶宛
LUX	卢森堡
MEX	墨西哥
NLD	荷兰
NOR	挪威
NZL	新西兰
POL	波兰
PRT	葡萄牙

ROU	罗马尼亚	SWE	瑞典
SCO	苏格兰	TUR	土耳其
SVK	斯洛伐克共和国	UKM	英国
SVN	斯洛文尼亚	USA	美国

机构名称缩写

普通教育学校

AHS	普通中学夜校
ARS	实科中学夜校
AGY	文理中学夜校
FÖ	促进学校
FWS	私立华德福学校
GR	小学
GY	文理中学
HS	普通中学
IGS	一体化综合中学
KGS	合作式综合中学
KO	补习学校
OS	不受学校类型限制的定向阶段
POS	综合性科技高中（原东德）
RS	实科中学
SKG	学校幼儿园
SMBG	提供多种教育的学校类型
VK	学前班

　　普通教育途径包含普通中小学以及提供普通教育的职业学校机构，这类职业学校机构不以授予职业文凭为最终目的，而是为普通教育参与者补上普通教育学校的文凭。

BOS/TOS	职业高中/技术高中
FGY	专科/职业文理中学

FOS	专科高中

原东德教育体系中的普通教育学校

EOS	扩展高中
POS	综合性科技高中

职业教育学校

BAS	职业提高学校
BFS	职业专科学校
DA	双元职业教育体系中的职业学校
FA	专科学院
FS	专科学校
SdG	卫生学校

　　除上述职业学校类型外，还有很多职业准备的举措，这些举措不授予职业教育文凭，而是提供基础性的职业教育。

BGJ	职业基础教育年
BVJ	职业预备年

高等学校

U	大学（包括综合性高校、艺术类高校、师范类高校、神学高校）
FH	应用技术大学

导　论

　　受联邦和各州共同委托所著的这第二本《德国国家教育报告》，[①]再次对德国教育事业进行了全面翔实的总结分析，内容涉及婴幼儿时期的教育、照管和培养到各种形式的成人教育，还包括非形式教育和非正式学习的教育过程。

　　《德国国家教育报告(2008)》(以下简称"本教育报告")的主要目的是集中讨论德国教育体制的现状、效率和一些关键性问题，讨论人一生的教育过程以及德国教育体制在国际比较中的发展情况等。因此，本教育报告面向教育政策、教育行政与实践、科研与培训以及公众领域的各类不同的目标人群。

　　与众多已有的、针对各个特定领域的单项报告相比，《德国国家教育报告》的附加值在于整合了不同领域的教育报告，从全局的角度加以分析和呈现。但单项教育报告的发布今后也仍然不会停止。通过这种方式，德国教育体制中的跨领域问题得以向公众呈现，也便于德国教育政策的制定，同时还可以为政界和管理部门提供操作和调控的相关信息。

本教育报告是全方位教育监控的组成部分

　　要获得关于教育体系的必要知识，国际通用的方式是建立教育监控系统。监控的任务，是为教育政策和公众提供有连续数据依据的、关于教育过程的框架条件、进展特征、教育成果和收效的信息。在德国，这一正在建成中的教育监控系统，以大量的数据来源为基础，包括整个官方统计系统的统计，还有新近的儿童和青少年福利中心的个性化说明，以及单个教育领域内的一系列调查研究数据，如高校信息系统(HIS)的大学生调查或国际调查，以及成人教育调查(AES)的数据。将来，由德国科学基金会(DFG)和联邦政府资助的国家受教育人群研究(NEPS)，还将提供有关教育进程的纵向代表性数据。

　　在中小学领域，德国各州文教部长联席会议(KMK)于 2006 年夏季制定了教育监控的总体战略，其主要组成部分是获得一系列学习成就的国际对比性研究(PISA、TIMSS、IGLU)、各州中等教育水平(第三、第八和第九年级)的中央审查和比较，以及结合教育水平比较各州对学校性能的评估。

　　KMK 在其总体战略中，将联邦和州政府的联合教育报告定为教育监控的第四大支柱，

---

① 参见《基本法》第 91b 条第 2 款以及联邦与各州于 2007 年 5 月 21 日的管理协议。

并认定《德国国家教育报告》为最重要的成果。该报告旨在呈现教育体系的全貌,为此,它采用了前面提及的各来源中最重要的数据,并将其浓缩归入固定数量的章节中,使人一目了然。

本教育报告的基本纲要

本教育报告的纲要主要包含三个基本点:

- 本教育报告以教育三大目标之间的关系为导向:个人调节能力、社会参与和机会均等以及人力资源。个人调节能力包括个人能力、个人行为和与周遭的关系、自主规划和设计自我的人生和社会共同体中的生活。教育事业对人力资源方面的贡献在于,它既能保障和发展劳动力的数量和质量,也能向受教育者传授能力,使其获得一份符合个人兴趣和能力的工作。通过对教育机构在社会参与和机会均等方面的促进,能够抵制由社会出身、性别、国籍或种族差异带来的歧视。

- 尽管教育领域和教育等级十分多样,在"终生教育"这一主旨的引领下,本教育报告既考察机构性提供者的教育内容和质量,也考察个人对这些机构的利用情况。目前,从终生教育这一角度出发,还无法得出非常完备的结果,因为现有数据不足以支持个人教育历程的重构。

- 在本教育报告中,"指标考察"的形式贯穿所有教育领域。尽管这一方式存在一定的局限性,但已是能够系统地、可重复地并可靠地呈现信息的最佳方式。但这并不意味着,那些不能够直接通过实践掌握或量化的信息对于教育事业来说就不重要,只是它们难以用教育报告的形式来呈现。

显然,本教育报告不可能囊括公众和政界讨论的所有关于德国教育体系的问题,一份报告必须集中关注教育事业的重要发展。下列主题对于教育事业未来的发展具有重要意义:(1)教育的参与,(2)教育和培训文凭,(3)教育体系中的过渡,(4)能力的获得,(5)教育的耗时,(6)质量保证和评估,(7)人口的发展,(8)教育的支出,(9)人力资源,(10)教育供给和教育机构,(11)教育的收效。这些问题是制定、挑选该报告考察指标,即各章节的重要线索,也是报告最终呈现的主要内容。另外,指标挑选的重要标准还有:国家和国际追求的教育目标(标杆)、各主题对于教育政策的调控的重要性、目前针对教育体系中一些问题的研究结果、教育进程中的关键性阶段以及数据的可用性和说服力。

按照最基本的理解,本教育报告是以考察指标和来自实践的可靠的数据为基础,对德国教育进行以问题为导向的分析,并在很大程度上取消了评估。而问题导向意味着,将教育体系中对政治和公众而言敏感的地方透明化,指明问题和挑战,而非提出政治性建议。

本教育报告的结构

本教育报告遵循《德国国家教育报告(2006)》(以下简称"2006年版教育报告")的纲

要,具有与之相同的结构,沿用了相同的指标名称,并继续采用相同的描述方式和信息、图片及表格。在对这些基本指标和说明进行延续和补充的基础上,本教育报告也拓展出了自己独有的信息渠道和说服力。基于这一点,我们将考察指标分为"核心指标"和"补充性指标"两种。前者是在每一本报告中以确定的时间间隔为报告的指标,后者则仅以较长的时间间隔予以报告。为了给 2006 年版教育报告的指标增加一些新的价值,本教育报告不仅对 2006 年的报告数据进行了更新,而且还在各指标内部添加了不同角度的比较。

本教育报告第一章的标题为"框架条件改变后的教育情况",但从 2006 年到 2008 年,教育报告中描述的一些框架条件几乎没有值得报告的变化。因此,该章将讨论的重点放在经济的发展、服务和知识领域的结构变化、家庭和生活方式的变化,以及人口的发展对教育领域的影响上。关于人口发展的陈述,还特别考虑到了具有移民背景的人士的教育状况。

本教育报告的重点篇章为 B 到 G 章。横跨各个教育领域的 B 章,提供了关于教育支出、教育参与、公民的教育水平和教育人员的基本信息。这是第一次为教育工作者特别制定的一个考察指标。接下来的 C 至 G 章则根据具体的教育领域分为:

- 婴幼儿时期的教育、照管和培养(C 章)
- 学龄期的普通教育和非形式学习(D 章)
- 职业教育(E 章)
- 高等教育(F 章)
- 成人继续教育与学习(G 章)。

每一章的开头均为对该教育领域的重要性、形势和当前发展状况,以及本章的考察指标即主题的陈述。然后对每个指标的结果进行文字分析,并用图表加以说明。每章末尾的"前景"一节将总结各项指标最重要的考察结果,并对当前的教育政策面临的挑战予以展望。

个别指标和章节将延用 2006 年版教育报告中关于"教育和移民"这一重点专题的核心结论。对残障儿童和青少年的教育将在 C 章和 D 章中予以特别关注。

每一本《德国国家教育报告》中均辟有专门的一章对无法通过常规指标来描述的问题进行深入讨论,将其作为"重点主题"放在 H 章中。这一特别章节可能会对一些科学研究的结果或其他的数据基础进行深入分析,2006 年版教育报告的重点主题"教育和移民"就是通过这种方式来进行分析的。本教育报告的重点主题"过渡体系:中等教育—职业教育—高等教育—劳动力市场"分别描述了从中等教育第一阶段开始,一直到进入劳动力市场的整个过程中,各个领域之间的过渡。

I 章不再分阶段描述,而是在数据分析的基础上,举例说明教育给人的整个一生带来的影响和收益。在这一章中,教育体系内部和外部的教育都会考虑进去,明确以三个目标层面为导向,即特殊的人力资源、调控能力和机会均等。

最重要的成果将以总体概述的方式列在报告主体部分的前面。

对本教育报告中指标的理解

"指标"这个概念有多种释义。在国际上以及其他的国家教育报告中,对这一概念既有狭义的理解,也有广义的理解。按照狭义的理解,它是指有确切测量方法的衡量目标的构想。广义的"指标",[1]则指由各种不同的统计指数组成的、更复杂的综合概念。

因此,指标是可以量化考察的主题性事实,针对复杂的构造作出尽可能简单易懂的质量状况的报告。每一个考察指标都由一个或多个"统计指数"组成。[2] 统计指数限于量化的信息,而考察指标则是教育过程的关键事实和教育质量的核心方面,是建立在理论基础上的有机整体。

考察指标必须符合某些质量标准。以下就列举了教育报告指标必须符合的标准,它们必须:

- 包含对教育体系的某个部分至关重要的、来自实践的可靠(客观、可靠且有效)的信息。
- 依靠规律的(定期的)调查,显示随时间推移而发生的变化。
- 采用覆盖全国范围的数据,如有可能,合理地采用具有各州特色的、可进行比较的,但同时也可以进行国际比较的内容。

然而,这些对数据材料质量的要求限制了对指标的选择,从而也限制了始终抓住教育的各种最新发展动向的可能性。无论如何,在考察选出的指标和统计指数时,始终要考虑以下这些方面的差异:

- 社会经济背景、移民、性别、年龄
- 地区(德国东部和西部、州、地方性团体)
- 国际比较
- 时间序列

这些差异的比较是对所展示的信息进行解读、分析和最后的政治评估的关键出发点。

延续性与现实性交锋下的教育报告

一份基于确定的考察指标的教育报告,依赖的是具有代表性的、可补充更新的数据集,因此,对于当前有关教育的最新讨论和措施,只能提供有限的报道。即便一些特定的主题对于广大公众而言可能意义重大且有趣,但它们却并不总能靠经验来掌握,也不能按照教育报告的标准在上文描述的考察指标的基础上对其加以定义和计算。

针对 2006 年版教育报告,反复出现了一种批评,臆指其内容未能紧跟现实的脚步,例

---

[1] 参见:教育报告编写组: Das weiterentwickelte Indikatorenkonzept der Bildungsberichterstattung, www.bildungsbericht.de
[2] 参见: Gesamtkonzeption der nationalen Bildungsberichterstattung in Deutschland, www.bildungsbericht.de

如遗漏了当下关于中央审查或将文理中学缩短到八年的讨论和当下的发展形势。延续性与现实性之间的矛盾，是基于特定考察指标的教育报告的一个根本性问题。尽管指标导向性教育报告无法完全摆脱这种困境，但为了一方面能够满足延续性的要求，另一方面又能使教育报告得以更新，本教育报告采用了以下操作方式：

- 在个别指标的表述中，更多地与尚未有数据报告的重大发展情况建立关联，并将相关情境作可视化处理。
- 每一章都设有一节前景展望。
- 此外，本教育报告的重点主题一章还具有系统地处理当下与调控相关的问题的功能。

　　综上所述，德国的教育报告是在近几年内建立起来的。除了国家层面的教育报告之外，越来越多的州也逐渐开始制定各自的教育报告，还有许多乡镇也创建了地方教育报告。基于指标的报告的理念在各个层面的冲击下，仍要继续向前发展。如果德国的教育政策希望通过基于指标的报告来提高对教育体系性能的了解，同时力求填补不断发现的空白，则需要像人们一再重申的那样，[1]在未来几年多加努力，尤为必要的是对数据基础加以改进。

---

① 　参见《德国国家教育报告(2006)》；Gesamtkonzeption der Bildungsberichterstattung，a.a.O.

重要成果概览

　　1700 万人，约占德国总人口的五分之一，在利用着德国幼托机构、普通教育学校、职业教育机构，抑或是高校的教育机会和资源；有 150 万人在这些教育机构从事着教育以及科研的工作；每一年登记的继续教育参与者有接近 2500 万。因此，教育系统是整个社会的核心分支系统之一，它影响着所有人的一生，渗透在很多人的日常生活中。德国每年在教育上的花费超过 1400 亿欧元，约占其国内生产总值的 6%，相当于医疗耗资的近三分之二。

　　教育不仅决定着每个公民在工作和私人生活中的发展机会和行为举止，而且也决定着我们社会的可持续发展能力。一方面，这与经济和就业体系中的发展变化紧密相连：在一个高度发达的国民经济体中，人力资源对于其经济活力而言，要比实际资本更重要。当今社会，与人力相关的劳务工作以及知识和信息类职业，对职业资质有了新的更高的要求，它们在就业市场上占据的份额正在超速增长，而对那些没有完成职业培训的劳动力，市场的需求正在继续缩减。另一方面，从人口发展的角度来看，市场也要求对更多的人进行职业资质的培养，从而为就业市场赢得更多优质人才：即便现在刚上小学的一代人在 20 年后全部都就业（不像现在二十五、六岁的年轻人只有 60% 就业），也不足以填满那时所有退休人员的空缺。

　　这第二本受联邦和各州共同委托所著的教育报告记录了德国教育体系各个阶段的情况，呈现了近几年的发展，并指明了当前的挑战。在此处的概述中，只能将其中代表了教育事业质量的不同方面的经验数据和指标总结如下：

- 第一部分总结了教育体系为其参与者乃至整个社会所作的贡献，内容涉及参与者数量、他们的能力、毕业文凭和证书的获得等。

- 第二部分借助各个阶段之间的过渡，描述了人一生中经历的教育过程，例如从幼托机构到学校的过渡，从学校到职业培训或高校以及最终进入劳动力市场的过渡。结构上，这一部分放在本教育报告的重点章节。在这些转折点，尤其能看出教育究竟是加剧了由社会地位、移民背景和性别所带来的不平等性，还是对它起到了抵制作用。纵观整个教育进程，可以判断出，教育对于参与者的人生是否起到了一定的作用。

- 第三部分论述国家和私立机构提供的各种教育机会，以及这些机构和参与者本身投入的教育资源。除了教育支出以外，衡量我们的社会对教育的投入是否充足且正确的一个首要基本标准，就是教育人员的规模和质量。

　　教育报告的这些数据，虽不能直接为政策或教育措施的制定提出建议，但其研究结果有助于发现哪些群体或哪些教育系统的部门存在采取行动的必要。为了实现这个目标，本节的最后将以笔者们的视角，提出目前所面临的主要挑战。

教育体系的成绩和收效

某些教育领域的参与者数量增加：婴幼儿时期和 20 岁到 25 岁这个年龄层，教育参与者的数量有所上升。与此相反，大学生的数量和继续教育参与者的数量与教育政策的目标相比还太低。

- **婴幼儿时期的教育利用率提高。**4 岁到 5 岁的幼儿几乎全部在教育供给的覆盖下。在德国东部，3 岁就开始上幼托机构的儿童在 2004 年到 2007 年间，比例升至 90%，而在西部升至近 80%。3 岁以下的婴幼儿进入保育机构或幼托机构的比例也有上升，2007 年，东部的这一比例达到 41%，西部为 10%。
- **每年职业教育的新进人员超过 120 万，过渡体系的参与者数量众多。**2006 年有 550000 名青年人在双元制体系中接受职业培训。与 1995 年相比，对职业教育的需求增幅不小。这一上涨的需求，其中较小的一部分被学校职业教育体系接收——在 1995 年到 2006 年间，新生的数量提高了近 20%，升至 210000 人次，而绝大部分则进入了过渡体系，达到 500000 多人次，高出 1995 年近 50 个百分点。
- **对大学学习的需求仍然太小。**在经历了数年的下跌之后，2007 年大学新生的数量首次发生增长。现在的大学新生率接近 37%（包括来自国外且多数要回国的大学生），还没有达到 2003 年的最高水平 39%，更没有达到国家学术评议会所定的 40% 的目标。
- **继续教育的参与停滞不前。**2006 年版教育报告已经指出，舆论一再标榜的"终生学习"和公民实际参与普通继续教育和职业继续教育的情况之间存在着严重的矛盾，而这种矛盾在新的报告周期内并未消除。教育参与度低的人群，主要是受职业培训程度较低的、以及年纪较大的人群，对他们要加强关注。

能力、毕业文凭与证书的获得

在获得可测量的能力和证书这个意义上，自 2000/01 年以来，教育体系的"产出"在很多地方都得到了改善。这里涉及一些对学习成就的国际比较的结果、获得高校入学资格以及大学毕业的情况。职业教育体系，无论是双元制还是全日制学校职业教育，在国际比较中也是一如既往的成功。然而，总体的毕业率却仍未达到目标值，且学生取得毕业文凭时的年龄还是相对较大，连普通中学文凭都未获得就肄业的问题仍没有任何改善。

- **中小学生的平均能力水平有所提高。**在 2000 年到 2006 年间，15 岁中学生在数学和自然科学方面的成绩有所提高，四年级学生的阅读能力也有提高，但 15 岁中学生的这项能力水平却没有什么变化。

- **未取得普通中学毕业文凭的肄业生数量仍居高不下。**2006 年，约有 76000 名中学生连最低的普通中学毕业证书都未获得就离开了学校。大多数人会在之后补修该文凭，但在 18 岁到 25 岁以下的青少年中仍有 2.4% 没有取得该文凭，并且不再身处教育体系中。这一数值自 2000 年以来甚至还略有上升。
- **获得高校入学资格者的比例上升。**在 2001 年到 2006 年间，获得应用技术大学入学资格的中学毕业生，在 18 岁到 21 岁人群中的占比，由 11% 提高到了 14%，获得普通高校入学资格的人数比例由 26% 提高到了 30%。大约七分之一的高校入学资格，是在普通教育学校体制之外获得的。尽管如此，却仍未达到国家学术评议会设定的 50% 的目标。
- **获得中等教育第二阶段文凭的时间总体太迟。**欧盟将中等教育第二阶段的文凭（在德国也就是职业培训的毕业文凭、普通高校入学资格或应用技术大学入学资格）看作是在就业市场获得成功的最低资格要求，并期待到 2010 年为止，至少有 85% 的青年人能够获得该文凭。2006 年，在德国 20 岁到 25 岁之间的人群中，获得该文凭的比例为 72%，既低于 2000 年的水平，又低于欧盟的平均水平。25 岁到 30 岁人群的情况则明显较好。
- **高校毕业生数量增加，但毕业率仍未达标。**在 2001 年到 2006 年间，高校毕业生的数量增长到 220000 人，增幅达 30%。从科类的专业构成来看，长年以来持续的推迟毕业的情况已经成为了工程技术学科类的沉重负担，而这样的负担还在继续。以对应年龄的人口为基数，高校毕业率仅有 22%，明显低于国家学术评议会 35% 的目标。由于经合组织（OECD）其他国家的毕业率都有明显提高，2005 年德国的高等教育文凭获得者占总人口（25 岁到 65 岁以下）的比例略低于 OECD 各国的平均水平（26%）。

教育系统中的过渡和进入劳动力市场的过渡

德国儿童入学的时间现在变得更加灵活起来，提前入学的情况要比推迟的多。从初等教育过渡到中等教育第一阶段的某类学校，属于德国教育体制中容易出现较大社会差距的一个阶段。只有少数人会在之后更正之前所做的决定，换一种学校上学。过渡到职业教育或高校以及到之后的劳动力市场的过程，要比过渡到中学困难很多，对某些特定的青少年群体来说，甚至意味着巨大的障碍。针对那些普通教育学校肄业、而又未能直接进入完全资格的培训中的青少年，过渡体系设置了多种多样的促进措施，然而其效果，只要有可分析的数据，便十分值得探究。

- **入学年龄降低。**自 1990 年代末起，德国学龄儿童延迟入学的现象明显减少（2006 年还不到 5%），同时，提早入学的现象增多（超过所有入学儿童的 7%）。入学前对儿童进行语言水平测定和促进，在所有州都越来越受关注，但并不是在所有州都有义务参加语言水平测试，而各州语言水平促进措施的规模也各异，从 40 到 400 课时不等。
- **过渡到中等教育领域等级较高的学校类型的比例增加。**向较低层次的学校转学的现象仍占绝对优势。2006年,在所有州,小学毕业后进入普通中学的比例都在进一步下降(全国总体比2004年下降2.6个百分点),进入高级文理中学的比例上升幅度与之对应。绝大多数选定了中等教育第一阶段某一种学校的学生都会一直在这类学校就读,只有3%的七到九年级学生之后会改换学校类型。其中,换入更高级别的学校与换入较低级别学校的数量之比约为1:5。

- **过渡体系措施的效果值得探究。**在离开普通教育体系之后半年,大约各有四分之一的肄业生分别进入过渡体系中的企业职业培训和学校职业培训(包括上大学)。其中,一部分人会中断在过渡体系中的学习,还有一部分也会从一种措施换到另一种。过渡体系参与者中最大的一个群体,即取得或未取得普通中学毕业证书的青少年,他们中只有三分之一在18个月期间成功进入到完全资格的职业培训中。结束普通教育两年半后,这一比例上升到50%。在两年半的这个时间点,所有青少年中,总共有三分之二进入到完全资格的职业培训中,有或没有普通中学毕业证书的青少年的这一比例为60%。由于部分措施是要一个接一个地参加,加上有或没有普通中学毕业证书的青少年的教育进程明显比较不顺,所以人们对过渡体系措施的有效性和效率提出了质疑。

- **从双元制培训体系过渡到职场的情况占大多数,直接进入职场的比例下降。**2005年,完成职业培训之后直接参加工作的毕业生为58%,而其中大部分都是由其培训所在的企业接收的。另有36%的毕业生刚开始处于失业状态。在2000年到2005年间,过渡性失业的比例有所上升,青年人的失业率要比其他年龄层的失业率上升得更快,直到2006年才得以缓解。

- **直接由职业培训过渡到高校几乎不可能。**自1990年起,在高校入学方面,虽然程序安排各不相同,但所有州都实施了新政,允许已获职业资格但没有学校颁发的高校入学资格的申请者进入高校学习。这种渠道常被归在"第三教育途径"的概念下,然而其在综合性大学的入学方式中只占1%,在应用技术大学的入学方式中只占2%。

- **高校毕业生在职场和事业发展上的机会均高于平均水平。**高校毕业一年后,80%的毕业生已正式就业或处于见习期,约5%失业,15%从事其他活动(大部分攻读博士)。属于广为议论的"实习一代"的,显然只有少数毕业生。

教育时间的安排

在德国,人们把生命中相当长的一段时间花在教育和培训上。现在,人们正首先通过缩短高级文理中学(八年制)和高校(本科学制)的学习时间,试图更有效地利用教育时间,却由此导致了一些不能直接解决的过渡性问题,以及"绕道"和"找寻期"的问题。不过,事情也不能总是一概而论:例如通过后期补修获得文凭,一方面可以说明之前的时间没有得到有效的利用,但另一方面也可以说是教育进程灵活性的体现和对社会差距的一种校正。

- **对普通教育体制内的教育时间的调控增加。**一方面，对部分学生来说，中学教育时间有所缩短；另一方面，尤其是对那些重读生，或是那些在普通教育体系内未能获得却在后期努力争取含金量更高学校的文凭的学生而言，花在普通教育上的时间和金钱都在增加。和以前一样，中等教育第一阶段中，每一年都有近4%的重读生，没有拿到普通中学毕业证书就离校的学生达到8%。在1996年到2006年间，不是在普通教育学校体系内获得中级学校毕业证书的情况从14%上升到17%，高校普通入学资格从11%上升到15%。

- **进入完全资格的职业培训的过渡之路较长。**特别是普通中学的肄业生和毕业生，往往需要很长时间才能成功进入双元制体系或学校职业教育体系。离开中学两年到两年半时，他们当中能够进入完全资格培训的占五分之三。

- **大学教育的效率问题：效率呈下降趋势，中断学业的现象却一直居高不下。**虽然肄业率总体上有所下降，但仍有五分之一的大学新生会中断学业，在工程技术学科类甚至达到四分之一。

教育过程中的各种差异

人们在教育生涯的各个阶段会选择不同的道路，与他们相互之间存在的各种差异息息相关，反过来，这些差异甚至会因他们所选的道路不同而进一步扩大。国际学习成就对比性研究指出，从对普通教育到职业教育以及高等教育的过渡的分析来看，德国的社会背景和教育成就之间的关联尤为突出，且在上述过渡阶段一直持续，甚至还可能进一步加强。对于有移民背景的青少年来说，从学校到职业教育的过渡尤为困难。

- **成长于危机环境下的儿童比例上涨。**2006年，在德国18岁以下的儿童中，父母双方都没有工作的超过了十分之一。有13%的儿童的家庭中没有人获得中等教育第二阶段的文凭。有340万，或者说23%的儿童，他们的家庭收入水平处在贫困线以下。面临至少其中一种危机状况的儿童达到420万，占28%。这些危机状况会造成明显的受教育机会的降低，因此，它们在过去几年内的增长着实令人担忧。

- **原生家庭的社会地位和受教育水平，在孩子的教育生涯中影响会越来越大，这一趋势一直持续到进入高校的过渡阶段。**社会经济地位较高的家庭，孩子上普通中学的比率会相应地降低，最多能降到三分之一，而上高级文理中学的比率则会增加到5倍。国际学习成就对比性研究表明，在德国，在原生家庭的社会地位和孩子所能获得的能力水平之间，一如既往地存在着异常突出的关联性，且比其他国家都要明显。在高校入学这一节点上，还会产生新的分歧：同样的入学成绩，父母受过高等教育的孩子进入大学学习的几率，高于父母未上过大学的孩子。

- **有些地区，有移民背景的青少年，在同龄人中占到了一半以上。**德国西部有移民背景的人口约有21%，东部只有8%。而在西部的部分地区和柏林，有移民背景的儿童、青少年和成年的年轻人的比例高达50%及以上，这对德国的教育体系是一个特殊的挑战。社会空间上的种族隔离从幼托机构就开始了。约 30% 家庭语言非德语的孩子,他们所上的幼托机构里一半以上的孩子家庭语言同样也不是德语。

- **移民背景在学校体系的所有阶段都造成诸多不公。**即使家庭社会地位相同,有移民背景的孩子进入高级文理中学的比例也较低,他们更多是上层次较低的学校。连最低的普通中学文凭都没取得就离开普通教育学校的外国青少年的比例是德国人的两倍,而获得高校入学资格的德国人的比例却是外国人的 3 倍。

- **有移民背景的青少年过渡到职业教育的时间晚,成功率低。**没有移民背景的青少年在离校 3 个月后,就有一半成功地在双元制体系中找到了一个培训位置,而有移民背景者在 17 个月之后才能达到相同的成功率。与此相对应,处在过渡体系中的青少年,外国人占 60%,德国人占 40%。这种差距在过去 10 年还在被进一步拉大。

- **在初入职场阶段,没有显示出由移民背景造成的差距。**一旦完成了职业教育、成功毕业之后,这样的差距便不再显现。在人们进入职场的过渡过程中,只要职业教育文凭是在德国取得的,移民背景显然无关紧要。

- **性别差异。**女性在教育上越来越成功,而男性却面临着新的问题。与男孩相比,女孩平均入学更早,在关键能力之一的阅读能力上的成绩更佳,很少有中学肄业的情况,从学校到职业教育的过渡过程也更快、更顺利,参与并完成的职业教育更多是在要求更高的职业群,取得高校入学资格的比例明显更高,中断大学学习的情况较少,在高校毕业生中占大多数,在职场上对继续教育机会的利用更加尽力。然而,随着职业生涯的展开,女性在教育体系中的成功部分就此止步:在职业的参与上,男女之间还是一如既往地存着在巨大的差异。与这样的成功故事并行的却是新的问题产生:男性在教育体系中失败的危险系数提高,尤其是那些有移民背景的人。男生重读的频率更高,在普通中学毕业生和肄业生中的占比提高,滞留于过渡体系的也更多。

教育支出

尽管公共预算最近给教育提供了更多资金预算,但德国在教育上的总开支并没有随其经济的增长而增加,甚至用于继续教育的开支还大幅缩减。

- **教育支出在国内生产总值中的占比减少。**总的来看,也就是说包括企业和私人的投入在内,2006 年德国在教育上的总花费为 1429 亿欧元,比 1995 年增长了近 150 亿。然而它在国内生产总值中的占比,却由 1995 年的 6.9% 下降到 2005 年的 6.3%,再到 2006 年的 6.2%,与国际相比,低于经合组织的平均值。德国的教育开支没有与其经济同比增长。

- **用于每个教育参与者的开支略有增加。**考虑到教育参与者数量和市场价格的变化,2005 年用于每个教育参与者(初等到高等教育)的开支实际比 1995 年增加了 0.6%。

- **用于继续教育的开支骤减。**从 1990 年到 2005 年,联邦劳动局用于职业继续教育的开支缩减了大约 70%。同期,企业用于职业继续教育的开支减少了约 15 亿欧元(16%)。

教育供给

从数量上来看，为三岁以下的婴幼儿提供的教育机会以及双元制培训体系的教育机会近期以来有一定增长，但还没达到令人满意的幅度。此外，还有一些质的变化，如学校提供的全日制课程大大增加，对婴幼儿的综合护理形式比例提高，还有高校的学位形式逐步向本科转变。青年工作和继续教育中的非形式化教育课程将逐渐撤销。

- **德国西部才刚刚开始扩充给三岁以下儿童提供的教育机会。**为了实现德国 35% 的覆盖率目标，在 2013 年之前必须每年新创建约 7 万个位置。

- **学校的课外教育活动大大增加。**在 2002 年到 2006 年间，全日制学校的数量几乎翻了一倍。特别是小学、普通中学和高级文理中学，不断提供更多的课外活动，且大部分是对外公开的，现已达到所有学校的 28% 到 30%。此外，每个州确定的重点各不相同。

- **校外的青年工作措施有所减少。**在校外学习场所，正出现教育措施逐渐减少的趋势；此外，在 2000 年到 2006 年间，在排除了通货膨胀因素之后，用于青年工作的总支出减少了 6%。

- **双元制体系培训位置增加，但仍然供不应求。**在经历了 2005 年的低点之后，2006 年和 2007 年双元制培训的名额增加了 8 万个之多，增幅达 14%。但包括旧的申请在内，对培训位置的需求量仍然明显高于机会供应。

- **本科学程增加。**2008 年 2 月，本科这一基础学程在应用技术大学占到了约 80%，在综合性大学约占所有学程的一半。

- **企业提供的继续教育机会减少。**从 1999 年到 2005 年，企业的继续教育参与度显著降低。与国际相比，德国企业的继续教育活动处于中低水平。

人力资源

有关教育和科研人员的数据是本教育报告的一个特别重点。我们迫切需要采取行动，对教育工作人员进行专业化培训，包括婴幼儿教育和普通教育以及职业教育领域的工作人员，特别是普通教育和职业教育体系，迫切需要优质的教育人员来完成新老更替。

- **婴幼儿的教育、照管和培养需要大量的人员配备，尤其是针对 3 岁以下的儿童。**在该领域，要扩大针对 3 岁以下儿童的教育供给，需要在 2013 年前增加约 5 万名幼托机构专家和 3 万多名保育机构的工作人员。这需要额外的努力。幼儿教育力量的扩充需要相应的培训计划，同时也需要扩大高校的培训和研究力量。

- **中小学领域需要大量有职业资格的教育人员来完成人员更替。**中等教育第一阶段 60% 的师资都在 50 岁及以上。与国际上相比，德国是初等和中等教育领域拥有 50 岁及以上师资比例最高的国家之一。在接下来的 15 年内，预计约有一半的学校教师将陆续退休。要找到在教育学、心理学、专业和专业教学上都合格的师资来填补这一巨大的空缺，是德国教育政策面临的一项特殊的挑战。至于能否通过所谓的转行从教者（其比例在 2006 年的新聘师资中约占 3%）或类似的举措来填补空缺，仍有待商榷。另外，数学、自然科学和技术方面的学科对教师的需求量特别大，但却与教师专业的大学生们所选的专业方向完全不符。而且教育体系还面临着与其他兼职市场日益激烈的竞争。

今后几年面临的主要挑战

若要满足可预见的需求，并确保社会的进步，就必须进一步扩大教育体系各领域的机会供给。其中包括：

- 为 3 岁以下幼儿提供更多的教育和照管。
- 强化完全资格的职业培训，避免从学校到职业教育的过渡期间的弯路。
- 增加大学生数量和学位数量。
- 加强对成人继续教育机会的提供和利用。

与量的扩张至少同样重要的是质的发展。此处的重要任务包括：

- 在尽早采取并加强适当的干预措施和促进措施的基础上，减少儿童的风险状况。
- 促进中等教育第一阶段基本能力的培养，为过渡到职业教育和高等教育打好基础。
- 减少没有中学毕业证书的学生人数。
- 为有移民背景的青少年提供有针对性的支持，而不仅仅是持续的语言帮助。

本教育报告编写组认为，以下 3 个问题将会成为德国教育未来几年所要面临的主要挑战，应予以特别关注：

- **职业教育体系的结构需要进一步调整**。双元制渐渐失去了它原本的优势之一，即使是受教育程度较低的年轻人，通过培训也能更好地融入职业生涯。学校职业教育体系的扩张则进展缓慢。过渡体系多年来一直在不断扩大，承担了培养受教育程度较低的、特别是有移民背景的青年人的重担，为他们进入职业培训做准备。在这一点上，特别是在过去几年，过渡体系清楚地展现出了它的优势，但同时也暴露出了它的弱点。因此，为了让年轻人能够更快、更顺利地进入双元制以及学校职业教育体系的职业资格培训中，过渡体系的优化和重组是一项关键挑战。我们应当更仔细地审查过渡体系对不同青少年群体的影响以及整个体系的有效性和效率。
- **对于具有移民背景的儿童和青少年，必须及早地采取区别性的、持续的支持措施**。另一项关键挑战，是使有移民背景的儿童和青少年，特别是出生在德国的那些孩子，更好地融入社会。他们的能力水平低下的状况，从第一次 PISA 研究开始，并没有得到任何缓解，虽然该项研究提醒人们大力关注这一挑战：随着年轻一代中有移民背景的儿童比例的增加,对他们及早进行差异化支持的需求就变得越来越重要。这种支持必须一直延续到青年时期,因为向职业培训的过渡已被证明是这些年轻人的特殊障碍。

- **教育人员队伍的更替和必要的扩充,不得损及迄今在人员专业化培养方面所做的努力。** 婴幼儿时期和学校教育领域可预见的、对额外的有专业资格的师资的巨大需求,是我们面临的一个很严峻的问题。在德国,儿童早期教育既不是作为一项职业,也不是作为一门学科发展起来的,尽管教育政策和家庭政策都在广泛讨论加强对 3 岁以下儿童进行支持的问题。十多年来,提高青少年在数学、自然科学和技术方面的能力已被提上日程,也获得了初步的成功。如果这些学科招聘不到所需要的教师,或者教师没有接受过培训和专业化训练,之前所取得的初步成功就会毁于一旦。但是,目前所有的一切都指向一个事实——教师队伍的更替需求在数量上无法得到满足。有专业资格的教师的普遍缺乏,很可能会危及普通教育学校的教学质量的发展。

A 框架条件改变后的教育情况

教育作为一个过程,也作为一种结果,是不能脱离其所发生的环境来谈的。总的社会框架条件以及经济框架条件与教育体制之间互相影响,这里的框架条件包括人口的发展、国家财政的状况、与日俱增的国际化、服务业以及科技领域的结构转型还有不同类型的生活方式。

人口结构的改变,准确地说是人口数量的大幅下降以及日渐老龄化的社会趋势,对德国的教育体制提出了极高的要求(A1 章节)。可以预见的是,随着时间的推移,在传统教育的适龄群体中,人口的减少会越来越明显,且大龄就业者会有所增加。在此将首次通过对不同地区内各人口群体的预测来详细描述人口的发展预期。

教育体制对于有移民背景的人融入社会起到了重要作用。这一点不仅在公共舆论中得到越来越多的认可,首次公布的区域性观察也对政策的制定带来一定的启示。

为教育体制提供资源,除了依靠政策,还主要取决于经济方面的框架条件(A2 章节)。经济领域的发展直接通过国家财政影响着教育领域,因为教育很大程度上是由国家财政资助的。持续推进的全球化也为教育体制带来了新的挑战,更大的市场开放性(不仅是德国经济的开放)将会带来更强的国际一体化。与之相关联的劳务合作方面的国际化以及劳动力市场上国家界限的模糊化使教育事业面临着新的挑战。

最后,教育体制还要考虑家庭领域以及伴侣生活方式的改变(A3 章节)。通过新的数据以及更深入的分析,这里得到的是与之前报告不同的结果。现实情况中,学校和家庭在教育孩子的任务分工上并不能彼此十分明确地界定,这样的现状也让我们拟将不同社会层面和不同地区的孩子所面临的危机情况进行详细描述。

A1 人口发展

人口年龄结构的发展为教育体制创造了一个重要的框架条件。由于教育体制的发展之路与特定的年龄层紧密相关,单是预期会下降的出生人数和同时增长的预期寿命两项原因,就会导致对教育机会的需求在数量和质量上持续发生改变,"终生学习"和"成人学习"理念下的教育机会今后会变得更加重要。

然而人口的发展不仅仅是通过人口平均数和人口总数来体现的,报告中主要体现的是年龄分层的变化以及不同地区所受到的影响。此外,有移民背景者的数量及其分布也向教育机构提出了进一步的挑战。

长期的人口发展

人口的发展进程通常较缓且具有持续性,而未来的人口发展趋势已由今天的人口结构所决定,特别是每个年龄层都有着差异较大的出生率,出生率较高的"50后"和"60后"占目前就业者的绝大部分,后面的年龄层段远远达不到"婴儿潮"时代的规模。

根据第11次人口预测^⑩,可以预见未来的人口发展:早已可见的总人口数减少的趋势将会持续下去;从2006年到2030年,人口数量将会从8200万下降6%,跌至7700万。

与就业人口相比,未就业人口比例上涨这一发展将会对就业人口与未就业人口的比例产生很大影响:2006年,每100名处于就业年龄段的人,对应的是55名儿童、青少年(19岁以下)或者退休人员(66岁以上),而这一比例在2030年将上升到100比69(图A1-1,表A1-1A,表A1-5web)。

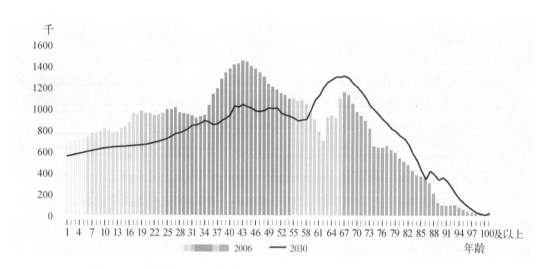

图A1-1　各年龄层2006年的人口状态与2030年的预计状态(单位:千)

来源:联邦及各州数据统计局,2006年第11次人口预测

处于就业年龄段的高龄人员比例明显增加在潜在的有就业能力的19岁到67岁的群体中出现了一种后移现象。^① 55岁到67岁的人口比例在2006年是22%,而到2030年将会上升到30%,同时,19岁到67岁的人口数将从2006年的5310万下降到2018年的5140万,最终在2030年降至4570万。这一降幅达到14%,远高于总人口数的降幅(表A1-1A)。

退休人员,也就是超过66岁的人,在同一时期占总人口数的比例将会从17%(1400万)上升到25%(1950万)。学前教育和学校教育的适龄儿童和青少年(低于19岁)的比例将会从18.5%(1520万人)下降到15.5%(1200万人)。

正如下列事例所示,人口发展带来的后果是:尽管升学率在上升,劳动力市场上可供使用人员的绝对数量可能会下降(参见E1和F1章节)。

模型计算:就业人员数量的发展

就业体系的新生力量首先是教育系统的毕业生,毕业生在不同年份的人数多寡会导致

---

① 由此来看,应当逐渐将退休年龄延长到67岁,且19岁以上的绝大部分劳动力都应进入劳动力市场。

劳动力市场上供应量的变换。所有的迹象都表明,在同等教育行为以及政策上没有加强性措施的情况下,[1]未来的人口发展会导致后续劳动力的相对缺乏。

这一点可以通过预测来表现,如今 35 岁到 57 岁的出生率较高的年龄段会被后来的出生率较低的年龄段所替代。在 2006 年 220 万的 55 岁和 56 岁的人口中,有 150 万(69%)是有工作的[M],他们最迟在 2016 年会退出劳动力市场,被下一代所替代。2016 年,人口减少的 25 岁和 26 岁这一代人,[2]也就是 2006 年还是 15 岁和 16 岁的人,总计只有 190 万。若以目前的就业结构来看,将只有 57% 的人有工作。这就得出,2016 年在其他条件不变的情况下,会有大约 40 万就业者的赤字。为了平衡这一赤字,25 岁和 26 岁的就业者比例必须要从目前的 57% 上升到 80% 才行。

根据目前的预测:人口的赤字不会得到弥补

倘若通过缩短受教育时间的办法,真能把这些人供应给劳动力市场,那么这一赤字便能够被平衡,然而这对于继续下降的人口数来说只能达到一次性的效果。25 岁和 26 岁的人口数量在 2026 年,也就是在 2006 年只有 5 岁和 6 岁的人,比 2006 年所有 55 岁和 56 岁的就业者的数量少 2 万人(表 A1 - 2A)。对于这一代人来说,就算是 100% 的就业率也无法满足对劳动力的需求。

缩减教育时间的一次性效果

如果能够通过适当的教育机会和资质培训,实现从所有年龄段的人中赢得更多的未就业者来进入劳动力市场的话,那么才有可能应对这样的人口发展问题。

总的来看,人们可以通过预期的人口发展判断,一个更小的儿童、青少年和年轻人的群体将会对应着一个数量更大的高龄就业者和退休人员群体,由于就业者要获得和保持资质,终生学习和成人学习就显得尤为重要。

区域层面的效果

区域内居住的年轻人的比例也是该地区未来发展潜力的一个标志。如今区域间的不平衡已经有很明显的体现,繁荣地区年轻人的比例有所增加(如巴登-符腾堡州、下萨克森州、北莱茵-威斯特法伦州的人口平均年龄为 40 岁),而在萨克森州的一些地区,人口的平均年龄上升到约 46 岁,甚至更高(图 A1 - 4A,表 A1 - 6web)。由于国内人口由东部向西部的持续迁移,2006 年迁移人数达到 54144 人,预计未来区域间的差异会更大。[3]

区域间的差异不断增长

在德国东部的某些地区,年轻人流失率高达 17%。目前预测人口增长(最高为 6%)在德国西部会出现(图 A1 - 2,表 A1 - 3A,表 A1 - 7web)。而在整个德国,即便长期的人口差额不能完全被拉平,仍有地区的人口是在逆势发展,即该地区 0 到 6 岁儿童的比例会上升,或仅是微微下降。对此,比较有代表性的是如德累斯顿、莱比锡、不来梅、科隆这样的大城市以及埃尔福特南边的地区、汉堡或者奥登堡等(图 A1 - 6web,表 A1 - 7web)。

儿童和青少年人数减少可能带来的预期后果是:在教育支出等同的前提下,学生在学校可以被照管得更好,但也有可能在一定区域内无法提供近距离的全面照管机会,正如在几

---

① 不同教育文凭的发展参见 B3 章节。
② 之所以选择这一年龄段,是因为这是德国高校毕业生(ISCED 5A)的普遍年龄。
③ 参见《德国国家教育报告(2006)》。

特别在德国东部,
潜在的年轻劳动
力大大减少

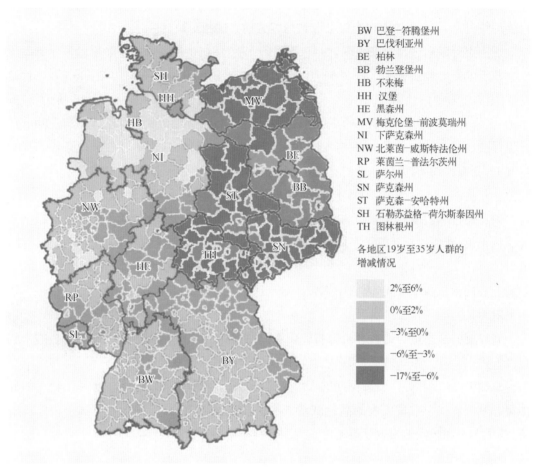

BW 巴登-符腾堡州
BY 巴伐利亚州
BE 柏林
BB 勃兰登堡州
HB 不来梅
HH 汉堡
HE 黑森州
MV 梅克伦堡-前波莫瑞州
NI 下萨克森州
NW 北莱茵-威斯特法伦州
RP 莱茵兰-普法尔茨州
SL 萨尔州
SN 萨克森州
ST 萨克森-安哈特州
SH 石勒苏益格-荷尔斯泰因州
TH 图林根州

各地区19岁至35岁人群的
增减情况

2%至6%

0%至2%

−3%至0%

−6%至−3%

−17%至−6%

图 A1-2　截至 2020 年,各地区 19 岁至 35 岁人群的增减情况(单位：%)

来源：联邦及各州数据统计局,自己计算得出

图形基础：联邦制图与测绘局,自己调整

个联邦州里已经出现的问题(参见 D1 章节)。

有移民背景的人口①

约 18% 的人口有
移民背景

　　2006 年,全德国有移民背景Ⓜ的人口约占总人口的 18% 以上,而且存在明显的东西部差异。大约 91% 的移民居住在德国西部各州。这就意味着,德国西部有 21% 的人口有着移民背景,而这一比例在德国东部仅约 8%(表 A1-5A)。

　　在德国西部各州中,与教育体系十分相关的 25 岁以下的年龄层中,平均 30% 的人有移民背景。在人口密集地区如莱茵-美因河地区、杜塞尔多夫-伍珀塔尔地区、鲁尔区的部分地区,当然还有大城市如柏林、慕尼黑、汉堡、斯图加特或者埃尔朗根/纽伦堡等地区,这一比例上升到 50%,甚至更高(图 A1-3)。

　　2006 年,所有 25 岁以下人口的教育参与度Ⓜ为 63%,其中,没有移民背景的人的教育参与度为 64%,有移民背景的人的教育参与度为 59%(表 A1-4A,参见 B2 章节)。

----

① 有关此话题的详细讨论参见《德国国家教育报告(2006)》,H 章。

在某些地区,超过50%的25岁以下人口有移民背景

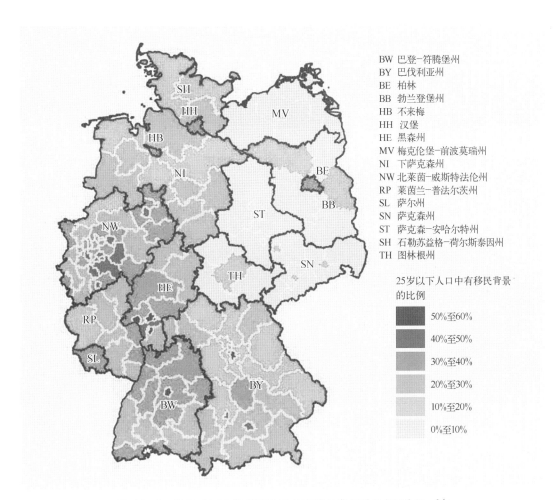

BW	巴登-符腾堡州
BY	巴伐利亚州
BE	柏林
BB	勃兰登堡州
HB	不来梅
HH	汉堡
HE	黑森州
MV	梅克伦堡-前波莫瑞州
NI	下萨克森州
NW	北莱茵-威斯特法伦州
RP	莱茵兰-普法尔茨州
SL	萨尔州
SN	萨克森州
ST	萨克森-安哈尔特州
SH	石勒苏益格-荷尔斯泰因州
TH	图林根州

25岁以下人口中有移民背景的比例

- 50%至60%
- 40%至50%
- 30%至40%
- 20%至30%
- 10%至20%
- 0%至10%

图 A1－3　2006 年,25 岁以下人口中有移民背景的比例(单位：%)

来源：联邦及各州数据统计局,2006 年微型人口普查,自己计算得出

图形基础：联邦制图与测绘局,自己调整

Ⓜ概念注释

第 11 次人口预测：这里报告的第 11 次人口预测(2005 年至 2050 年)的数字是基于 1－W1 可能性的基础上的,该预测中每个妇女生育孩子的数量继续保持在 1.4 个,2050 年男性的预期寿命为 83.5 岁,女性为 88 岁,且每年有约 10 万人次的移民加入。

就业者：就业者指的是所有在此次报告周内,以获得报酬(时薪、工资)为目的,至少工作过一个小时,或者作为自主营业者以及家庭帮手工作过的 15 岁及 15 岁以上的人,也包括正在接受培训的人,至于该工作是长期还是临时的并不作讨论。此外,在报告周内外出度假(特殊假期也算在内)或产假等原因而未工作的人或雇主,也算就业者。根据社会保障的规定从事"微小工作"的人,以及士兵、服兵役及参加民兵者,都算是有工作的。

有移民背景的人口：

所有拥有移民背景的人都指自己或父母(不包括祖父母)：

- 1949 年之后移民入德国
- 或没有德国国籍
- 或自己加入德国国籍的人

根据出生地划分是按照本人(之前的)国籍来划分的。例如土耳其裔移民包含所有拥有土耳其国籍

的人,以及在加入德国国籍之前有土耳其国籍的人。

　　教育参与度:这一比例指的是特定年龄段中教育参与者的数量占该年龄段所有人口数的比例。

A2 经济发展和结构转型

　　经济发展和结构转型作为重要的框架条件,可以对多方面产生影响,例如在教育资源的配置方面,并且同时从资质和功能上对教育事业提出要求。

经济发展

有利的经济发展　　　在 2002 年和 2003 年的经济萧条之后,德国再次实现了国内生产总值的高增长率。2006 年和 2007 年,德国的经济增长约为欧盟 27 国和美国的同等水平(图 A2 – 1)。虽然2007 年德国的失业率[Ⓜ](8.4%)仍高于欧盟 27 国的平均值(7.1%)(表 A2 – 1A),但就业情况已有明显改善。

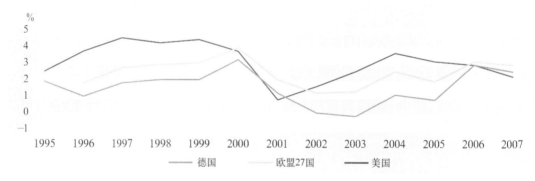

图 A2 – 1　1995 年至 2007 年,德国、欧盟和美国的实际国内生产总值增长率(单位:%)

来源:欧盟统计局,国民经济总核算

　　积极的经济发展带来更高的国民收入,国家、企业和个人也能够将收入用在教育上。然而教育领域并没有按照相应的比例从积极的经济发展中获益:教育支出占国内生产总值的比例(按照教育预算的界定,参见 B1 章节)从 1995 年的 6.9% 下降到 2005 年的 6.3%,2006 年又降至 6.2%。

　　同以往一样,德国国内在经济能力方面存在着显著的东西部差异。2007 年西部各州的人均国内生产总值(30800 欧元)比东部各州(21100 欧元)高出约 50%(表 A2 – 4web)。

国家财政的经济状况

　　在德国,大约四分之三的教育支出由国家财政资助。因此,有关国家财政状况的基本信息对于教育政策在资金方面的回旋空间的现实评估是不可或缺的前提。总的来看,自2003 年至 2005 年,国家财政的总支出有所减少,对包含幼托机构在内的教育支出有略微增长,因此教育支出占国家财政总支出的比例从 8.7% 上升到 8.8%(表 A2 – 5web)。

总体来看，国家财政Ⓜ的结构基本未发生变化。2005 年，国家财政对于社会保障的支出比例远高于其他各项，约为 56%，比为学校、高校和其他教育事业（包括幼托机构）支出的 6 倍还多（图 A2–2）。长期来看，除了债务还本付息之外，因为支付退休金而产生的负担也将会限制联邦、各州以及乡镇在经济上的回旋空间。

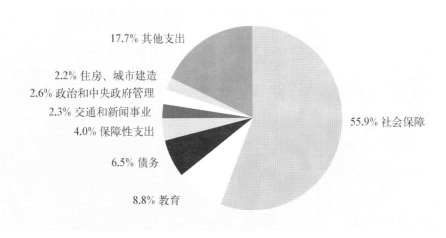

图 A2–2 2005 年国家公共财政结构（单位：%）

来源：联邦及各州数据统计局，2005 年国家公共财政的计算结果

由于 2005 年以来经济发展趋势较好以及随之而来的税收提高（表 A2–2A），目前国家财政的经济情况更加乐观。2004 年国家财政的公共部分还有超过 800 亿的赤字Ⓜ，而在 2007 年，国家财政就有略微盈余。由此，对于联邦、各州以及乡镇来说，教育政策在经济方面的可塑空间也有所增大。

税收的提高改善了教育政策在经济方面的回旋空间

在教育支出总额不变的情况下，由于已呈现出的受教育人口数量的减少，所以教育政策的可塑空间有所增大。基于人口发展，预计未来十年中，涉及学前教育领域、初等教育领域和中等教育领域的 19 岁以下的人口数量会下降约 1/7（参见 A1 章节）。

向服务业以及知识型社会的结构转变

在过去几十年里，德国国民经济中，根据传统经济领域划分的初级产业（农业、林业和渔业）、中级产业（制造业）和第三产业（服务业）都发生了巨大的结构改变。服务业有所扩大，而其他两类产业的地位有所减弱（表 A2–6web）。2007 年，创造价值总额的 70% 源自服务业，而在 1970 年，该比值仅为 50%。

特别是与企业相关的服务业、信息技术和通讯技术公司以及公共类和与人打交道的服务业（如护理行业），会产生新的工作岗位。

伴随着结构改变与技术进步，许多职业形象和要求也有所变化。在一个服务业以及知识型的社会里，对逻辑思维、交流能力和解决问题能力的要求有所提高。对此，教育体制（培训体制）必须对此做出反应。

最后，劳动力市场的发展也体现出性别差异。总的来看，从事服务行业的女性多于男性（图 A2–3，表 A2–3A），特别是与人打交道的服务性行业。反之，从事知识和信息行业

典型的女性职业相对男性职业来说就业前景更有利

的男性要多于女性。在典型的男性职业Ⓜ中,就业者的人数从 1995 年到 2006 年之间下降了 5%,而在典型的女性职业Ⓜ中,就业者的人数增加了 10%。结构的转变导致不仅要吸引更多的女性选择迄今为止由男性主导的行业,例如工程学的培训,而且要有意识地促进男性参与典型女性职业的行业培训(参见 H3 部分)。

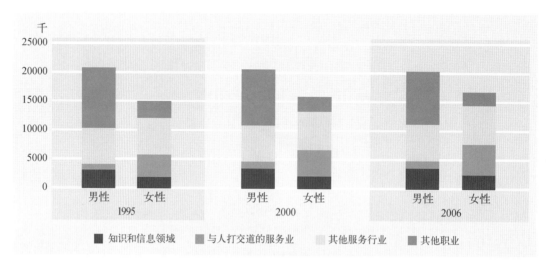

图 A2‑3　1995 年至 2006 年,按照职业群统计的从业者情况(单位:千)

来源:联邦及各州数据统计局,微型人口普查

国际化和全球化趋势

全球化的特点是在世界范围内进行价值链的分配和组织。这不仅涉及工业,而且越来越多地涉及服务业。因此,全球化的竞争涉及大部分公司和劳动者,并且不局限于某行业或者某就业群体。

德国依赖出口的工作岗位比例几乎增加到 1/4

德国经济在经济产能上与世界市场的关联度比大多数工业国都更高(表 A2‑7web)。自 2003 年以来,德国的货物出口量约占世界货物出口量的 10%,为第一大出口国,紧随其后的是美国。2006 年,德国 890 万就业者与出口相关,几乎占据所有就业者的 23%;而在 1995 年只有 15% 的就业者从事出口行业。2006 年,与出口行业相关的就业者中有约一半人从事商品生产,另外一半人从事服务业,主要为交通、大宗商品贸易和其他针对出口业务的与企业相关的服务类。服务行业从货物出口中收益颇多。

国际化与全球化对教育体制有反作用。在经合组织成员国,伴随着科技的进步,对于资质欠佳的就业者的需求有所降低。这使得获得优质的第一教育文凭以及终生的继续教育更为必要,继续教育符合广泛的劳动力市场的特殊需求。此外,伴随着全球化,行业结构也发生着改变。消失的工作岗位以及新生的工作岗位往往有着不同的资质要求,因此,继续教育的需求也有所提高,而培训容量也必须与之相适应。

国际化的规模通过高校留学生的数量得以体现。2005 年,经合组织成员国中有大约 5000 万年轻人在大学就读,其中约 230 万人不在本国读书。在过去十年中,德国境内在外国获得高校入学资格的大学生的人数几乎翻倍。教育服务本身越来越像是一个商品,特别是在继续教育领域。教育事业的国际化还体现在通过 E-learning 学习外国课程、远程教学、参与继续教育、创立分支机构或者在国外提供教育服务等。

Ⓜ **概念注释**

失业率： 这里的失业率指的是所有可工作人群中失业者的比例。根据国际劳工组织(ILO)的劳动力概念，在 15 岁至 74 岁的人群里，以下情况算作失业者：a) 在报告周内无工作的人，b) 临时有工作的人，即在报告周接下来的两周内拥有一份工作或者独立作业的人，c) 积极寻找工作的人，即在过去 4 周内(包含报告周)为了寻找工作或一份独立作业而进行了特殊举措的人，或者是已经找到一个工作岗位，但是要在将来(最多 3 个月之内)才开始工作的人。

而联邦劳动局统计的失业率指的是根据德国社会立法(SGB)进行了登记的失业者人数。

教育支出： 参见 B1 章节。

国家财政： 国家财政包含联邦、各州、乡镇、乡镇联合会为完成共同任务而临时组建的联合会、社会保障单位、联邦劳动局以及联邦和各州的特种基金的各项财政。报告中描述的是净支出(总支出除去各分项财政之间的支付往来)。

财政结余： 国家公共部分的财政结余(收入减去支出)与国民经济的总财政有所区分。

典型的男性职业和女性职业： 典型的男性职业是指该职业群体中女性从业者的比例低于 30%，而其职业群体中女性从业者的比例高于 70% 的职业算作典型的女性职业。

A3 家庭形式和生活方式的转变

家庭形式和生活方式不断发生变化，因此每个人的一生中参与教育体制的前提和机会也在发生改变，家庭和教育机构的相互影响也是如此。职场生活以及工作中的变动会影响生活方式，反之亦然。家庭和孩子在不同程度上受制于社会危机，而社会危机则影响着教育的机会。

家庭形式和生活方式Ⓜ

2006 年，超过一半的人口以成年人和未成年孩子组成的家庭形式生活在一起，41% 的人以夫妻和孩子的形式，3% 的人以同居者和孩子的形式，8% 的人以单亲家长与孩子的形式(图 A3-1，表 A3-1A)。

约超过一半的人口生活在有孩子的家庭中

其余的人口分为两部分：较小的一部分是低于 45 岁的没有孩子的较年轻群体，他们以夫妻形式(3%)或同居形式(3%)共同生活，或者单身(8%)，较大的一部分是 45 岁及以上的人，他们以夫妻或同居形式共同生活或者单身，如果有孩子的话，他们的孩子不再与他们生活在一起。

特别是年轻人往往选择新的生活方式。2006 年，25 岁至 35 岁的群体中(这是最容易生育孩子的年龄段)，33% 的年轻人独自生活，25% 的人与婚姻伴侣或者同居伴侣生活在一起，但是没有孩子。42% 的人生活在有孩子的家庭中。在那些 25 岁至 35 岁之间且有孩子的人中，其他的家庭形式比婚姻更普遍：13% 的人属未婚同居情况，11% 的人是单亲。在

向新的生活形式转变

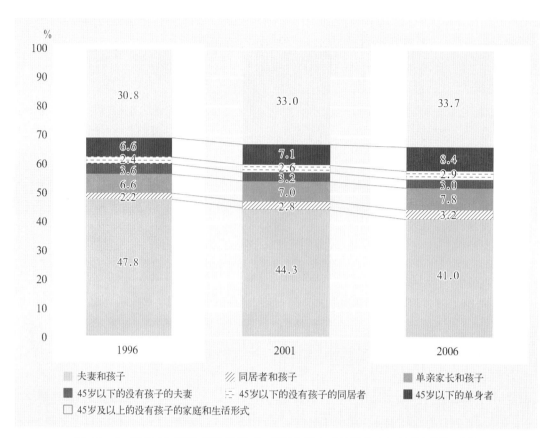

图 A3－1　1996 年、2001 年和 2006 年，根据生活方式统计的人口情况(单位：%)

来源：联邦及各州数据统计局，微型人口普查

所有与孩子共同生活的形式中，夫妻的比例最高，为 76%，然而十年前，该比例为 84%。

家庭里的就业情况

新的生活形式中的就业比率更高

　　父母的照管范畴因家庭形式和生活方式以及父母的就业情况而异。2006 年，在最小的孩子低于 3 岁的夫妻中，有大约 84% 的爸爸和 28% 的妈妈是有工作的(表 A3－2A)。就业的妈妈大多数(76%)不是全时工作。未婚的父母群体虽然较小，但在不断壮大。与已婚父母相比，未婚父母群体中，母亲的就业率更高，父亲的就业率略低。同居者中，女性的就业率几乎达到 50%，而其中非全时工作的比例为 64%，明显低于已婚女性的该比例。相反，同居者中的男性无业的比例为 17%，他们中非全时工作的比例比已婚爸爸的该比例高出 60%。在各类资质水平的父亲和母亲中，选择同居形式而非婚姻的比例差不多相同。抚养 3 岁以下孩子的单亲母亲的就业比例，比抚养同龄儿童的已婚母亲的就业比例更低。

孩子面临的危机[M]

许多孩子面临危机

　　家庭以及家庭形式[M]因其可供生活使用的总财富的规模不同而有所差异。这里除了家庭的经济资源，还包括文化资源和社会资源，以及孩子从家庭环境中获得的对于教育方面的支持。父母无业的孩子、父母没有受过教育或是只有很低文凭的孩子以及父母生活穷困的孩子,他们在危机状态中成长,而这些危机可能对孩子的受教育机会起到负面影响(图 A3－2,表 A3－3A)。

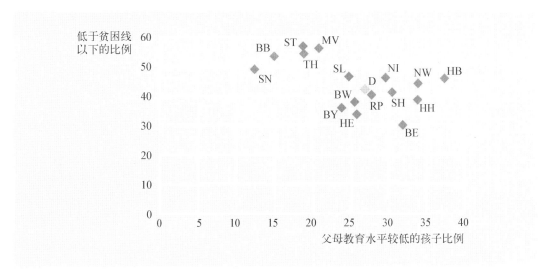

图 A3－2　2006 年,各州 18 岁以下儿童面临危机的比例(单位:%)

来源:联邦及各州数据统计局,2006 年微型人口普查

2006 年,德国每十个 18 岁以下的青少年中就有一人生活在父母均无业的家庭里。超过 340 万的孩子(23%)生活在家庭收入低于贫困线[Ⓜ]的家庭里。13% 的孩子成长在全家没有一人拥有中等 II 级或更高文凭的家庭里。这对于儿童和青少年的受教育之路有着直接影响(参见 B3、D7 和 H4 章节)。共有 420 万孩子或者说所有孩子中的 30% 面临着至少一种危机。该数值自 2000 年以来只是略微下降了一个百分点。

危机状况分布不均衡

各州的教育机构在不同程度上接受着带有多重危机状况的孩子的挑战。从整个德国来看,有 3.5% 的 18 岁以下的孩子面临三种危机;在不来梅有 9%,而汉堡几乎达到 10%,柏林为 6%,石勒苏益格-荷尔斯泰因州为 4%。总体来看,德国东部各州的情况要更好些,因为那里的父母往往拥有更好的预备教育背景。根据家庭形式来看,单亲家庭的孩子处于危机状态的比例最高,为 11%(图 A3－2,表 A3－4web)。

如果人们认为低于贫困线以下的生活会导致教育机会明显变差,那么过去几年中的发展状况则尤其令人担忧(表 A3－5web):在拥有 18 岁以下孩子的夫妻中,有五分之一的夫妻收入低于平均家庭收入的 60%。带孩子的同居者中,每四对中就有一对生活在贫困线以下。单亲家长面临的问题最为严重,他们面临贫困的风险是普通夫妻的两倍。

单亲家庭的孩子面临贫困风险的几率最高

教育机构的照管活动影响着家庭生活方式的形态以及人们对家庭生活方式的选择。它可以对特定的生活模式以及父母可能的就业规模起到支持作用,也有可能让其变得更加困难。对于女性和男性来讲,一方面是教育和职场,另一方面是家庭关系的发展,二者之间的协调变得更为复杂,因而需要新的、更为灵活的教育机会。为了后代,更好地协调职业和家庭之间的关系以及机构里的教育结构和家庭之间的关系,成为一个越来越重要的问题。

更加关注教育体系中的家庭化需求

Ⓜ**概念注释**

生活方式：生活方式依据父母关系和伴侣关系进行区分：携孩子的夫妻、未携孩子的夫妻、有孩子的单亲家长，以及单身无伴侣且没有孩子的人。超出家庭形式之外的父母与孩子的关系以及各自有独立家庭的伴侣关系在此不予考虑。

没有孩子的家庭可以根据家庭形式和生活方式区分成户主为 45 岁及以上者以及户主低于 45 岁者的情况。根据个人的生活方式，如夫妻、同居者和单亲以及孩子的情况可以进行更细致的区分。

危机状态：危机状态定义为三类：第一类是社会危机，指的是父母中没有一方是有工作的，也就是说父母双方以及单亲家长是没有工作的或者为非就业者；第二类是文化危机，指的是父母中没有一方获得过中等 II 级或更高学历；第三类是经济危机，指的是家庭收入低于贫困线。对于每种危机都有一个特征为依据。

家庭形式：微型人口普查根据生活方式将家庭形式区分为夫妻(带孩子)、同居者(带孩子)和单亲家长(带孩子)。

贫困线：这里的收入指的不是家庭收入，而是等值化家庭收入。一个家庭的收入是指所有家庭成员个人净收入的总和。等值化家庭收入涉及一个计算值，它使得不同大小和组成形式的家庭的收入之间具有可比性。这里使用的是经合组织标准，第一成年人的比重是 1，其他成年人以及 14 岁以上孩子的比重是 0.5，14 岁以下孩子比重是 0.3。基于家庭收入基础上进行相应计算的所得值，如果低于等值化家庭收入中位数的 60%，那么该家庭便处于贫困线以下。

B 德国教育基本信息

在人生的所有阶段，人们都可以在不同的教育领域或教育领域之外进行学习。因此本章将描述各领域与教育事业整体相关的情况以及教育事业整体的情况。这里将会与 2006 年版教育报告衔接，后者给出了有关教育支出、教育参与度和公民教育水平的基本信息。

在本教育报告中，将继续追踪这些部分，从而展现这些结构特征的改变。由于教育领域工作者对于教育过程的塑造与成果都起到巨大作用，所以会首次对该部分情况进行阐述。这些部分不仅用于教育领域之间的对比研究，也用于国际上的对比研究，从而阐明单个教育领域和德国教育系统的特点，而对于教育参与度和公民教育水平的描述将会新增移民背景这一项内容。

教育支出（B1 章节）体现了教育事业在不同阶段的财政分配以及不同出资方（国家财政、私人企业、非盈利组织、私人财政）对教育经费的贡献。对于比较典型的教育提升的花费也会首次提及。高校和继续教育的经费资助也是重点，因为在这两个领域里发生了值得一提的改变，特别是在引入学费以及联邦劳动局的结构改变之后。

所有社会群体的较高教育参与度是培养足够多高资质的后续专业人员的前提。教育参与度（B2 章节）展示了不同的人群和年龄层对教育机会的利用情况以及哪里还有开发潜力。受教育者的数量为各教育领域配置适当的人员、物资和经费提供依据。

公民的教育水平通过其已达到的能力水平和获得的学历文凭得以体现。目前还无法基于能力水平对所有公民的教育水平进行描述。因此，公民的教育水平（B3 章节）针对的是已获得的普通教育文凭和职业教育文凭。它大致展示了社会所拥有的人力资源情况。教育扩张的不同阶段导致每代人之间的教育水平有很大不同。特别值得注意的是，刚成年的且没有职业教育文凭的人，就其在劳动力市场上的机会而言，他们在知识型的社会里成为了危机群体。此外还将观察孩子和家长的教育文凭之间的关联，从而提供有关教育灵活性和实现社会中教育机会均等的信息。

为了塑造教育过程并改善其质量，需要依靠教育机构招聘足够多高资质的教育人员。在教育领域工作者这一部分（B4 章节）中将会给出教育领域工作者的年龄、性别和工作范围等跨领域信息。从教育领域工作者的年龄结构可以看出需要新雇多少员工以及继续教育的需求，与所有行业就业者的对比可以清楚地体现教育领域的特殊性。

B1 教育支出

教育支出[Ⓜ]指的是供教育系统支配的经费。从教育支出的额度可以看出社会赋予教育的重要性。将资金合理地分配至各教育领域以改善教育事业的资源配置，以及联邦、各州、乡镇和私立机构的经济资助一直是教育政策讨论的重要方面。

教育支出情况总览

教育支出的增加
落后于经济增长
的速度

每年联邦统计局发布的教育预算[Ⓜ]会统计出整个社会的公共和私人的教育总花费(表B1－1A)。2005 年，1416 亿欧元被用于教育事业。这比 1995 年高出了约 130 亿欧元。总的来看，教育支出的增加落后于经济发展的速度。1995 年，6.9%的国内生产总值(BIP)被用于教育，而 2005 年的教育支出只占国内生产总值的 6.3%。如果 2005 年也如同 1995 年一样，将 6.9%的国内生产总值用于教育，那么教育领域可支配的资金会增加约 130 亿欧元。考虑到受教育的人数和物价水平，2005 年，教育机构里每位受教育者可支配的资金就会比 1995 年多出 0.6%。

根据目前的核算，2006 年教育支出的增加同往年一样低于经济的发展。1429 亿欧元被用于教育，仅占国内生产总值的 6.2%。

与教育预算不同的是，经合组织把继续教育、青少年工作、幼托等的花费不包含在对比研究中，而这些方面德国在 2005 年的支出约为国内生产总值的 0.6%。根据国际化的界定(经合组织)，2005 年对于教育机构的公共支出和私人支出共占了国内生产总值的 5.1%，加上公共领域对于学生促进和研究促进的支出以及私人财政对于教育的支出则为 5.7%。

各教育领域的教育支出

每个教育领域里的发展不尽相同。自 1995 年至 2005 年，对于幼儿园、中小学和高校的支出总额有所增加，而联邦劳动局和企业却减少了对继续教育的支出(表 B1－2A)。在教育领域中占主导地位的是基础教育领域(图 B1－1，表 B1－1A)。2005 年，投到基础教育中的资金是 501 亿欧元，对职业教育(不包括专科学校、专科学院、卫校，不包括企业的支出)的支出是 75 亿欧元。

按照出资方统计的教育支出

教育资助：四分之
三公共资金，四
分之一私人资金

德国的基础教育领域和高校领域主要由公共财政来支持，而从传统来说，私人财政、非盈利组织和企业对学前教育、职业教育和继续教育的资助度更高。2005 年，教育总支出的四分之三源自联邦、各州和乡镇，剩余的四分之一来自私人、非盈利机构和企业以及国外资助(图 B1－2，表 B1－1A)。然而企业对于教育的支出可以作为花费进入盈亏核算，因而其大部分支出可以通过抵税来减少税收。考虑到税收的效果，企业真正出资的比例则更少了。

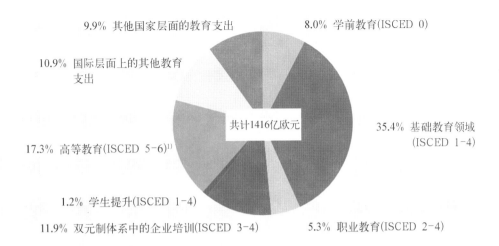

图 B1－1　2005 年各教育领域的教育支出*（单位：%）

1）包括高校的科研经费
注释参见表 B1－1A
来源：联邦及各州统计局，2005/06 学年教育预算

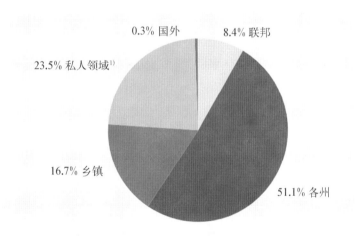

图 B1－2　2005 年按照出资方统计的教育支出（单位：%）

1）私人财政、企业、非盈利机构
来源：联邦及各州统计局，2005/06 学年教育预算

由于受教育者参与教育支出的规定有所变化，预计教育资助的结构在接下来的几年中会在单个教育领域中发生改变（例如减少幼儿园费用、引入大学学费）。基于数据情况，只能在部分领域中对受教育者及其家庭支付的费用进行描述。

2006 年，公立高校（不包含高校诊所）从大学生那里的收入[Ⓜ]高达 2 亿欧元。自 7 个联邦州对初次读大学的人收取学费以来，2007 年约有 7 亿欧元被征收。这相当于公立高校（不包括高校诊所）总支出的 4%。2007 年，私立高校（包括教会承办的高校）的学生共缴纳 2.3 亿欧元。这几乎占了私立高校教育支出的 41%。

2007 年大学生的学费收入共计 7 亿欧元

继续教育的资助

基础教育领域和高校领域通常由国家资助，而继续教育领域则主要由私人资助。由于缺少继续教育领域的数据,所以无法提供资助总额的准确信息。单个部分领域的信息表明,继续教育领域的预算在过去几年中明显被缩减(图 B1 - 3)。

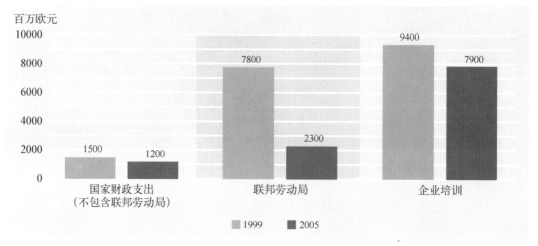

百万欧元

图 B1 - 3　1999 年和 2005 年对于继续教育的支出[Ⓜ](单位:百万欧元)

来源:联邦及各州统计局,联邦劳动局

联邦劳动局对继续教育的支出缩减 70%

作为劳动力市场改革(哈尔茨改革)的结果,联邦劳动局[Ⓜ]对于职业继续教育的支出从 1999 年的 78 亿欧元缩减到 2005 年的 23 亿欧元(减少 70%)(表 B1 - 3web)。2006 年继续缩减至 16 亿欧元。

企业用于继续教育的预算缩减 15 亿欧元

国家财政对于继续教育(包括业余大学)的支出[Ⓜ]在 1999 年和 2005 年之间降低了 20%。2005 年,企业[Ⓜ]和非盈利且非官方的私人机构对职业化继续培训的直接支出约为 79 亿欧元,而 1999 年的该支出为 94 亿欧元(−16%)。对继续培训的支出以及企业的培训活动,在每个经济分支里都各不相同,并且会伴随公司规模的扩大而同步增加(表 B1 - 4web,参见 G2 章节)。

对每位受教育者的支出

每年对双元制教育的受教育者的支出最高

各教育机构里,每年每位受教育者的支出[Ⓜ]有很大不同(图 B1 - 4)。2005 年,德国的双元制教育中,每人平均花费 10900 欧元,这是高等专科学校学生花费(5300 欧元)的两倍。要注意的是,企业对双元制培训者支付的津贴没有包含在内,高校的研究经费支出也不予考虑。各个领域里,每位受教育者的花费都跟该领域教师的薪资结构、师生比例、课程时长、照管范畴以及教师义务的差异和受教育者数量的发展息息相关。

模型计算:对特定几类教育提升的支出

我们不能精确地描述出每个人的教育支出的提升,然而我们可以观察到几个典型的进程(参见 H 章)。部分高级中学毕业生在开始大学学习之前会完成一个双元制培训,资质较低的肄业生会在开始职业培训之前,即在过渡期采取为职业作准备的措施(参见 E、H 章),以此来弥补普通教育文凭或者改善自己获得培训职位的机会。根据教育之路的不同,教育发展的支出也有很大差异。图 B1 - 5 展示的是教育机构对五类不同教育提升的受教

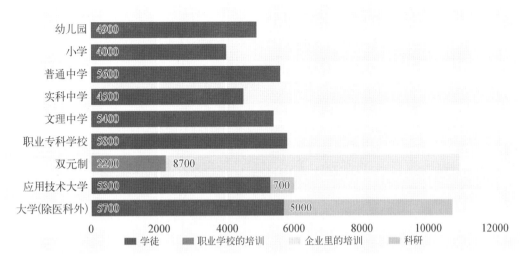

图 B1‑4　2005 年,部分教育机构中每位受教育者的年支出(单位:欧元)

来源:联邦及各州统计局

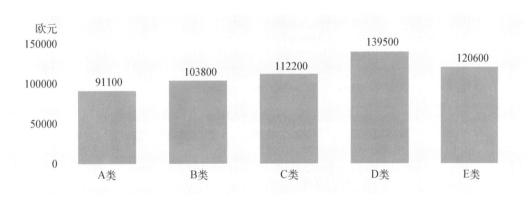

图 B1‑5　2005 年,部分教育机构对于不同类别教育提升的累计支出*(单位:欧元)

＊理论上的学习时间或平均就读大学时间

(分别包含 3 年幼儿园和 4 年小学)

A 类:5 年普通中学,3 年双元制培训

B 类:5 年普通中学,1 年职业预备年,1 年职业专科学校,3 年双元制培训

C 类:9 年文理中学,5.8 年大学(不含医学专业)

D 类:9 年文理中学,2.5 年双元制培训,5.8 年大学(不含医学专业)

E 类:6 年实科中学,3 年双元制培训,1 年专科高中,4.7 年应用技术大学

来源:联邦及各州统计局

育者的累计支出ⓜ的模型计算结果。

　　如果一名普通中学的学生在结束中学学习后完成双元制培训(A 类),那么他的教育花费在 2005 年累计为 91100 欧元。如果他之前在职业预备年里和在一所职业专科学校分别进行为期一年的继续培训(B 类),那么会产生高达 12700 欧元的附加费用。2005 年,一名未参加过双元制培训的大学毕业生的平均支出约为 112200 欧元(C 类),若是包含双元制培训则高达 139500 欧元(D 类)。值得注意的是,支出是否卓有成效主要取决于学习的专业和双元制培训的类型。复读、生活花费以及由于参与教育而获得的收入在此模型计算中不予考虑。

由于在教育过程中有"拖延"而产生附加费用

国际间的资金支出情况对比

目前经合组织成员国间教育资金的最新对比数据来自 2004 年，由于经济水平不同，德国在 2004 年对教育机构的出资占国内生产总值的 5.2%，略低于其他经合组织成员国（经合组织平均为 5.8%）（表 B1 - 5web）。然而要注意的是，德国与教育相关的年轻人口比例低于许多经合组织成员国。

对每位受教育者的教育花费高于经合组织平均值

2004 年德国从小学到高等教育领域对每位受教育者的绝对教育支出额比经合组织的平均值（7100 美元）要高，达到了 7800 美元，其中已将购买力因素进行过调整（图 B1 - 6）。但其中各教育领域的情况差异还是很大的，中等教育第一阶段和第二阶段里每位受教育者的教育支出低于经合组织平均值，而职业教育和高等教育领域中每位受教育者的教育支出则高于经合组织平均值（表 B1 - 6web）。

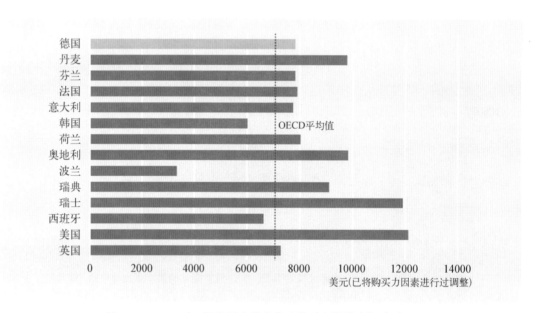

图 B1 - 6   2004 年，部分国家从小学阶段到高等教育领域对于教育机构中每位学生的年支出（单位：美元）

来源：经合组织（2007 年），教育一览，表 B1.1a

Ⓜ**概念注释**

教育支出：按照国民经济总核算的概念，教育支出包括人员经费（含津贴和社会保险金）、耗材开支、投资经费和公务员身份的教育领域工作者的养老社保金。不包括折旧费用、筹资支出、进修补贴、企业继续教育中学员的流失费用以及退休教育员工的供给费用。教育提升指的是联邦教育促进法奖学金、转业培训和提升学生的相关费用支出，如未直接列出，则意为该支出归给了以上几个方向。

教育预算：教育预算从整体来考察国际通用概念下的教育支出，跟本国界定的教育相关领域的支出费用一样（与 2006 年版教育报告所用方法不同）。

从大学生那里的收入：除了大学生为初次读大学和二次读大学支付的费用之外，还包括考试费和销假费用（不包括学期票、付给 AstA 的费用和付给大学生服务中心的费用等）。

继续教育的支出：此处每项数据皆为某一类继续教育的支出或花费。对比年份对应的是报告年中欧洲范围内针对企业职业继续教育的调查统计（CVTS）。

- **联邦劳动局对继续教育的支出**：联邦劳动局的支出包含对于教育活动承担方支付的职业继续教育的花费以及付给教育参与者的(部分)生活费的补贴。
- **国家财政对继续教育的支出**：这里的支出包含联邦(不包括联邦劳动局)、各州和乡镇的支出，并且因任务领域而受到财政体系的约束。
- **企业对于继续教育的支出**：数据源自 CVTS。这里指的是扣除国家或其它机构的资助后，内部和外部的继续教育课程的费用。人员缺席所造成的费用(员工参与继续教育课程的人工成本)不含在内。
  对每位受教育者的教育支出：
- **对每位幼儿园儿童的教育支出**：此项支出是针对幼托机构(托儿所、幼儿园和学童托管所)计算得出的。公办幼儿园使用的是年度核算数据，私立幼儿园的支出根据主教辖区的调查统计而估算得出。对于日托、幼儿园和学童托管所的划分是借助一个复杂的程序进行的，该程序是由联邦统计局为编撰国际教育报告而研发的。
- **对公立学校每位学生的教育支出**："每位学生的教育支出"这一数值是每年由联邦统计局根据一项复杂的程序计算得出，该程序由德国各州文教部长联席会议和联邦教育与研究局组成的研究数据的委员会决定。此项支出按照普通教育领域和职业学校(其中包含双元制职业学校)的分类进行发布。对于每个联邦州和联邦区域，公立学校的支出都会按照人员经费、耗材开支和投资经费进行分类计算，并且将该州的学生人数考虑在内。通过这种方式可以避免由于巨大的教育相关人口的差异而导致支出不同。
- **对双元制教育中每位受教育者的教育支出**：这里包含的是职业学校的培训支出(参见每位学生的支出)和基于联邦职业教育研究所(BIBB)调查统计的基础上计算得来的企业培训的花费。企业培训的花费包含针对每位培训者的培训人员的支出和耗材开支(续写 2000 年调查结果)。培训补贴不予考虑，因为它们可以等值算作培训者创造的收益。
- **对每位高校大学生的教育支出**：每位大学生的支出由联邦统计局每年基于高校数据计算得出。与其他教育机构的支出对比只能从与老师相关的支出方面进行。由于科研、教学以及医疗的统一，高校的支出只能大概地分类到单个任务领域。

  对不同的教育提升的累计支出：对不同教育提升的累计支出的模型计算是基于 2005 年每位受教育者的支出(2005 年物价水平)上进行的，并乘以理论上的学习时间，在高校领域使用平均学习时长。

B2 教育参与情况

在正式教育体系中的高参与率不能理所当然地被认为是我们追求的目标。比如说，为了获得高等学校入学资格而缩短义务教育时长或者缩短大学学习的时长，都有可能导致 18 岁到 25 岁人群的教育参与度更低。我们追求的更高的比例是指通过这一更高的参与度来提高普通教育水平，并且有更多的学生能够获得毕业文凭。

目前德国教育参与度的结构

2005/06 学年，德国在幼托机构、普通教育、职业教育[Ⓜ]和高校就读的人数约为 1700 万(图 B2-1，表 B2-1A)。此外，2006 年，约有 6 万儿童在公立保育机构得到照管(参见 C2 章节)；几乎有 2500 万成年人参与继续教育活动[Ⓜ](参见 G1 章节)。

不同时期的受教育者的数量发展对于教育容量的规划和教育领域的资源分配起到重要作用。2005/06 学年，从学前教育到高校领域的受教育者比 1995/96 学年增加了约 24 万人，然而比 2000/01 学年减少了约 8 万人(表 B2-2A)。由于出生率下降，在 1995 年到

自 2000 年以来，受教育者的总人数下降，私立教育机构的人数呈上升趋势

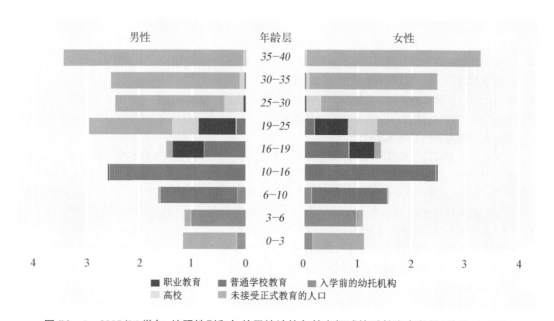

图 B2-1　2005/06 学年，按照性别和年龄层统计的各教育领域的受教育者数量（单位：百万）

来源：联邦及各州统计局，儿童和青少年福利中心数据，2005/06 学年普通教育学校数据，2005/06 学年高校数据

2005 年之间，小学领域的受教育者人数降低了 12%，而其他教育领域的受教育者人数却有所增加。小学领域的发展会延迟几年体现在其他教育领域中。各州之间，不同年龄层在结束义务教育之前和之后的教育参与度有显著差异（表 B2-3A）。就读私立教育机构的比例在过去几年中持续上升，但是德国的该比例仍明显低于大部分经合组织成员国。2005/06 学年，学前教育领域中有大约 60% 的儿童就读于私立机构，但是在小学领域和高校领域，就读私立机构的学生比例低于 5%（表 B2-2A）。

根据社会经济地位和移民背景^M来看教育参与度

国际化的学生评估项目如 PISA，表现出社会出身对教育参与度的影响。2006 年，在同等认知能力的前提下，父母是高级职员的青少年就读文理中学而非实科中学的比例，是来自技术工人家庭的青少年的 2.7 倍。这样的情况也存在于高校领域中。

有移民背景者的教育参与度较低

有移民背景者若要融入德国，好的教育是一个重要因素。然而，2006 年，不论男性还是女性，他们的教育参与度在义务教育末期或者义务教育之后，都比无移民背景者要低（表 B2-4web）。这些差异可以部分归因于有移民背景者总体上的社会经济地位更低（参见 2006 年版教育报告 H 章）。在有移民背景的人群中，土耳其裔以及来自曾经与德国签订劳工输入合同的国家的人士的教育参与度显著较低（图 B2-2）。

国际间的教育参与度比较

德国：较高教育参与度，与其他国家不同的是没有男女差异

2005 年，在国际间的对比中，德国有着较高的教育参与度，特别是 15 岁到 20 岁这一年龄群体（表 B2-5web）。德国 20 岁到 25 岁群体的教育参与度低于芬兰或瑞典，但高于奥地利或瑞士。德国男性和女性的教育参与度差异不大，但其他对比国家中女性的教育参与度明显高于男性（图 B2-3）。在 2000 年到 2005 年之间，德国 20 岁到 25 岁群体的教育参与度上升得

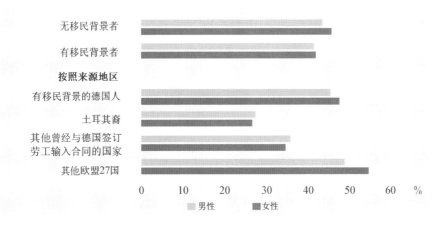

图 B2 - 2　2006 年,按照移民背景和性别统计的 20 岁到 25 岁群体的教育参与度(单位:%)

来源:联邦及各州统计局,2006 年微型人口普查

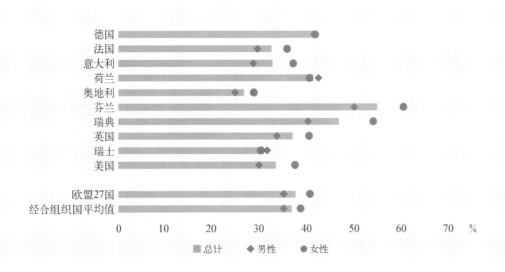

图 B2 - 3　2005 年,按照性别统计的部分国家 20 岁到 25 岁群体的教育参与度(单位:%)

来源:欧盟统计局,教育数据;经合组织在线数据库;自己核算

比几个对比国家更快,这主要由于截至 2003 年的大学新生比例有所上升(参见 F1 章节)。

较高的教育参与度指的是过早肄业者[Ⓜ]占的份额较低。而他们在劳动力市场是潜在的危机群体。根据欧盟基准(截至 2010 年最多 10%过早肄业者[1]),我们要致力于使这些人再次参与到教育过程中,从而获得一个最低资质。2006 年,在德国的 18 岁至 25 岁群体中约有一半人没有中等 II 级文凭。由于其中有大约 70%的人正就读于一个教育机构,所有过早肄业者的比例约为 14%,低于欧盟平均值(15%)(表 B2 - 6web)。过早肄业者中约有一半的人有工作,约 1/4 的人无业或者不在劳动力市场。

过早肄业者:还未达到欧盟基准

Ⓜ概念注释

普通教育和职业教育:这里包括普通教育的各类学校以及可以获得普通教育初级文凭的职业学校

---

① 委员会关于欧洲普通教育和职业教育的平均值结论(基准)(8981/03 EDUC 83),布鲁塞尔,2003 年 5 月 7 日。

(参见词汇表)。

继续教育活动：继续教育活动的参与者数量是基于成人教育调查而估算得出的。19 岁至 64 岁人群参与正式活动或非正式活动的比例推算为 49%。

移民背景：有移民背景的人是指自己或父母在 1949 年之后移民入德国或者没有德国国籍或者自己取得德国国籍的人。根据来源地区的划分是按照(之前的)国籍进行的。例如土耳其裔的移民包含所有拥有土耳其国籍的人以及在取得德国国籍之前拥有土耳其国籍的人。

高级职员阶层：在所谓的 EGP 等级划分中，高级职员阶层是指有最高社会地位的群体。他们包括自由学术型职业、高级公务员、高校教师或文理高中教师，以及至少有 10 名员工的企业家等(EGP 等级的计算参见 Ehmke, T./Baumert, J. [2007]；2000 年、2003 年和 2006 年，PISA 报告中关于社会出身和能力获得的描述。载于 Prenzel et al：PISA 2006，第 309－335 页)。

过早肄业者：在欧盟，过早肄业者指的是在 18 岁到 25 岁间，未持有中等 II 级文凭且未在参加培训或继续教育的人(参见词汇表)。

就业者：对于就业者、无业者和未处于劳动力市场的人的区分参见 ILO 的定义。

B3 公民教育水平

全球化和科技的进步导致对于高资质劳动力的需求不断上升，而低资质的人在劳动力市场上将面临更大的困难(参见 I 章)。公民的教育水平借助其获得的教育文凭得以体现，而教育文凭决定了公民进一步的教育途径及其就业机会和职业发展道路。

教育文凭在不同群体中的对比

获得高等学校入学资格的趋势继续保持

3 个年龄层的群体对比体现出不同时期教育水平的发展(图 B3－1)。在普通教育文凭中，由于越来越多的人获得高等学校入学资格，普通中学文凭的吸引力继续下降(表 B1－3A，

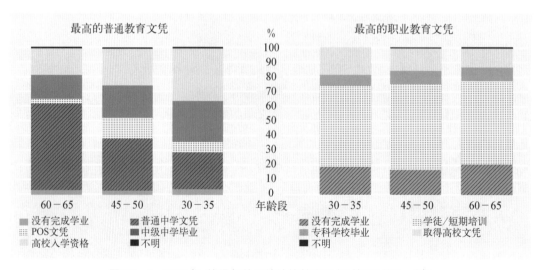

图 B3－1   2006 年，按照年龄层统计的教育文凭*情况(单位：%)

* 参见表 B3－1A，B3－2A 的解释

来源：联邦及各州统计局，2006 年微型人口普查

参见 D7 章节）。女性在这方面的发展比男性更加显著。从各州之间的对比而言，在 25 岁到 65 岁的人群中，具有高等学校入学资格的人的比例在萨克森-安哈特州最低（19%），在汉堡市最高（42%）（表 B3－3A）。

30 岁到 65 岁公民获得的职业教育文凭在过去几年中表现出一种趋势，那就是年轻一辈拥有高等学校毕业文凭的比例比老一辈要高。这首先要归因于女性的发展。2006 年，30 岁到 35 岁的女性有 18%、60 岁到 65 岁的女性有 8%的人获得了高等学校毕业文凭，而男性在这两个年龄群体中获得高等学校毕业文凭的比例均约为 19%。然而，没有职业教育文凭的人口比例也在年轻一辈中略微升高（表 B3－2A）。像以往一样，约有六分之一的公民没有职业教育文凭。德国东部的该比例明显低于德国西部（表 B3－4A）。

通过女性更高文凭的增加，公民的教育水平有所上升

2006 年，170 万的 20 岁到 30 岁人口（占该年龄层的 17%）既没有职业教育文凭，也有正在接受培训。此外，4%的人没有普通教育文凭。而在 2000 年，没有职业教育文凭且没有正在接受培训的人口比例只有 15%（表 B3－5web，表 B3－6web）。特别是在德国东部，情况有所恶化。2006 年，德国东部有 14%的 20 岁到 30 岁人口没有职业教育文凭，在 2000 年时只有 10%。这一结构改变主要由培训名额的缺乏以及高资质年轻人的搬离而导致。

17% 的 20 到 30 岁人口没有职业教育文凭

有移民背景者的教育文凭

2006 年，有移民背景者的平均教育水平低于无移民背景者（表 B3－7web，表 B3－8web）。这一现象特别符合来自土耳其以及曾经与德国签订劳工输入合同的国家的人士，而且女性尤为严重（图 B3－2）。有移民背景者中，20 岁到 30 岁之间没有职业教育文凭且没有正在接受培训的人口比例是无移民背景者的两倍。

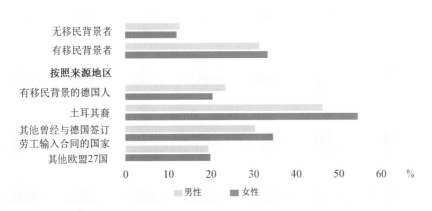

图 B3－2　2006 年，按照性别和移民背景情况统计的 20 到 30 岁人群*中，既无职业教育文凭也没有正在接受培训**的人口比例（单位：%）

*　不包含服兵役和民事服役者
**　在调查时未就读于中小学或高校的人
来源：联邦及各州统计局，2006 年微型人口普查

年轻人的教育文凭在欧洲内的比较

在过去几年中，德国的教育水平在国际对比中（特别是年轻人的水平）有所后退。这导

年轻人获得中等 II 级文凭的比例在欧洲范围内的比较中低于平均水平且有所下降

致在 2005 年,在 25 岁到 65 岁的年龄层中,拥有高等教育文凭的比例首次略微低于经合组织平均值(图 B3 - 9web)。德国成年人中拥有中等 II 级文凭者的比例高于其他欧盟国家和经合组织成员国。德国的 20 岁到 25 岁人群中有近 72%的人获得中等 II 级文凭,而欧盟27 国的平均值为 78%(图 B3 - 3,表 B3 - 10web)。自 2000 年以来,这一比例在许多国家有所上升,而在德国却有所下降。欧盟基准为,截至 2010 年,欧盟里至少有 85%的年轻人应当拥有中等 II 级以上水平。[①] 这一教育水平被看作是成功进入知识型社会的前提。培训市场的困难处境和过渡体系的发展(参见 E1 章节)是德国在国际比较中地位变差的原因。此外,德国的中等 II 级水平与大部分欧洲国家不同,通常要在 20 岁时才能达到。

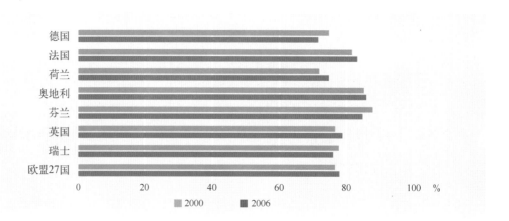

图 B3 - 3　2000 年和 2006 年,部分国家中拥有中等 II 级以上水平的 20 到 25 岁人口比例(单位: %)
来源: 欧盟统计局,就业者数据

孩子和父母的教育文凭[M]

特别是父母没有中等 II 级文凭的孩子也同样达不到该水平

　　孩子的教育文凭和父母的教育文凭之间有着紧密关联。父母文化水平不高的孩子明显面临更高的无法获得职业教育文凭的风险。2005 年,父母没有中等 II 级文凭的 30 岁到40 岁人群中有约 1/5 的人也未达到该水平(图 B3 - 4)。相反,父母拥有中等 II 级文凭的

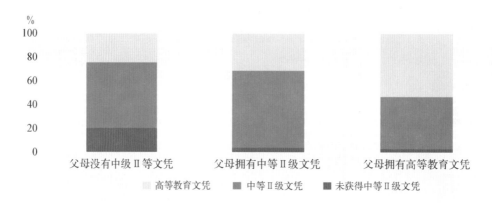

图 B3 - 4　2005 年,根据父母最高教育文凭统计的 30 到 40 岁人群的教育水平(单位: %)
来源: 联邦及各州统计局,2005 年欧盟收入及生活条件数据统计

---

①　委员会关于欧洲普通教育和职业教育的平均值结论(基准)(8981/03 EDUC 83),布鲁塞尔,2003 年 5 月 7 日。

人，几乎所有人（96%）都至少获得这一文凭。父母拥有高等教育文凭的孩子，一半以上也同样会拥有这一文凭，而父母没有中等 II 级文凭的孩子，只有约 1/4 能获得高等教育文凭。

Ⓜ **概念注释**

孩子和父母的教育文凭：这里观察的是在 2005 年欧盟收入及生活条件数据统计的补充模块中对父母教育水平给出说明的人。父母的教育水平指的是父亲或母亲的最高教育文凭。如果只提及父母一方的教育水平，那么则使用该文凭。孩子和父母的教育水平被按照国际教育标准分类（ISCED）进行划分：没有中等 II 级文凭：ISCED 0 - 2，拥有中等 II 级文凭：ISCED 3 - 4，拥有高等教育文凭：ISCED 5 - 6。

参见国际教育标准分类中的德国教育过程分类，表 1A。

B4 教育领域工作者

教育领域工作者Ⓜ对于教育过程的有效实施、与之相关联的教育成果以及教育体制的质量保障和后续发展都有着重要意义。教育体制的主要框架条件是通过教育领域工作者的培训、人员投入和其他资质来定义的。有关教育领域工作者的资质、动机、工作强度或者培训等方面几乎没有跨领域的数据。但是教育领域工作者的分配可以根据年龄、性别和工作范畴进行探究。

自 2005/06 年开始的教育领域工作者的情况统计Ⓜ使得对从事教育事业的工作者进行跨领域的对比成为可能。C3、D4 和 F2 章节将会对这里描述的状况深入探讨并阐明针对教育领域的方面。由于数据的原因，本章节不考虑培训机构和继续教育机构的教育工作者。

各教育机构的工作人员情况总览

2005/06 学年有近 200 万人分布在幼托机构、普通教育学校、职业学校Ⓜ和高校Ⓜ中从事教育行业。其中约 3/4 的人（150 万）从事教学或科研工作，约 1/4 的人从事其他工作（图 B4 - 1，表 B4 - 1A）。

近 200 万人分布在幼托机构、中小学教育领域和高校

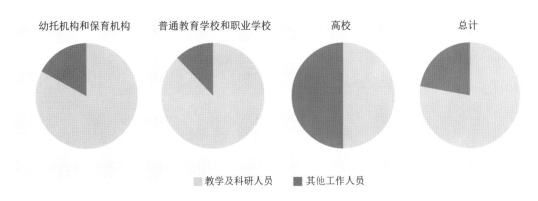

图 B4 - 1　2005/06 学年，按照职能和教育领域统计的教育机构工作者的情况（单位：%）

来源：联邦及各州统计局，2005/06 学年教育领域工作者的情况统计

　　幼托机构和中小学教育领域的教育工作者几乎只负责教学和照管工作,而高校的科研人员还在很大程度上承担科研和医疗的任务。2005 年,科研人员的教学任务所占比例近 50%(表 B4－1A)。

　　下图描述的是教学及科研人员的情况。与所有就业者相比,这里在人员结构上有明显不同。

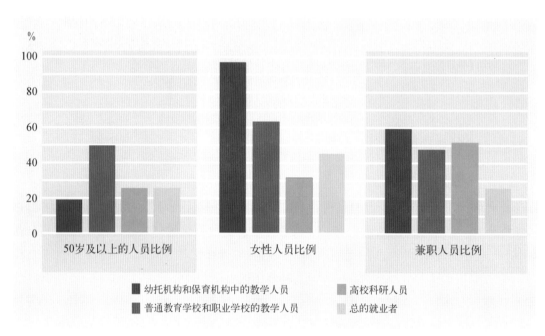

图 B4－2　2005/06 学年教学和科研人员与所有行业就业者的情况对比图(单位：%)
来源：联邦及各州统计局,2005/06 学年教育领域工作者情况统计,2006 年微型人口普查

教学及科研人员的年龄结构

　　2005/06 学年,幼托机构、普通教育学校、职业学校以及高校中的教学及科研人员中有近 40% 为 50 岁及以上,而所有就业者中 50 岁及以上的比例为 25%(表 B4－2A)。普通教育学校和职业学校里的该比例(50%)约为幼托机构(19%)和高校(25%)的两倍。

　　由于德国中小学教育领域中将要退休的人员规模巨大,所以在接下来的几年里必须要做好准备来应对。可以确定的是,退休的教育工作者可以由高资质的人员接替(参见 D4 章节)。值得注意的是,长期来看,学生的数量由于人口发展会有所下降(参见 A1 章节,B2 章节)。德国西部在普通教育学校领域里因退休而产生的人员需求要比德国东部更大,而在幼托机构和保育机构中则相反(图 B4－3)。这种年龄结构上的差异主要源自于教育事业的不同发展,例如德国西部在 20 世纪 90 年代扩建学前教育领域,德国东部自 1989 年起为适应人口发展而曾做出调整。

　　2005 年,在国际比较中,德国在初等教育领域和中等教育领域里的 50 岁及以上的教学和科研人员比例仅次于意大利。而学前教育领域和高等教育领域的该比例相对较低(表 B4－4web)。除了对教师录用政策的不同和教育扩建周期的不同之外,不同的培训时间、

在德国东部：幼托机构有更多老一辈工作者,中小学教育领域有更多年轻的工作者

在国际比较中,德国普通教育学校里的老一代工作者比例很高

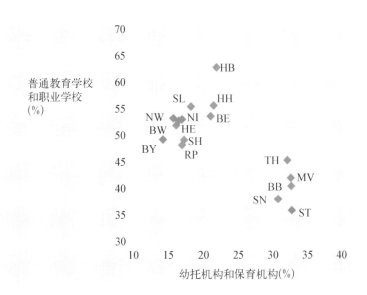

图 B4－3　2005/06 学年,按照教育领域统计的各州 50 岁及以上的教育工作者比例(单位:％)

解读举例:在不来梅,中小学教育领域里的 50 岁及以上的教育工作者比例为 62%,而幼托机构和保育机构中的该比例只有 22%

来源:联邦及各州统计局,2005/06 学年教育工作者情况统计

年龄界限和关于退休的规定也都影响着教育工作者的年龄结构。

教学及科研人员的性别结构

2005/06 学年,约 2/3 的教学及科研人员为女性,而所有就业者中女性的比例为 45%。教学对象的年龄越大,女性教育工作者的比例越低。幼托机构中的教育工作者几乎全为女性,而高校的科研人员中女性的比例仅占不到 1/3(图 B4－4)。

2/3 的教育工作者为女性

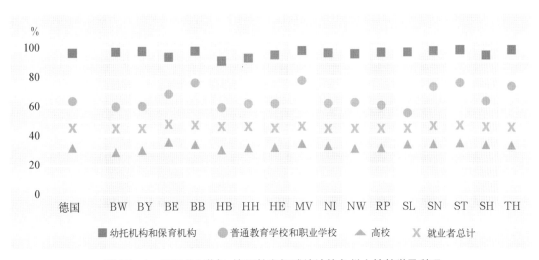

图 B4－4　2005/06 学年,按照教育领域统计的各州女性教学及科研人员的比例以及各州女性就业者的比例(单位:％)

来源:联邦及各州统计局,2005/06 学年教育工作者情况统计,2006 年微型人口普查

德国境内各州之间的对比中,只有普通教育学校和职业学校中的女性教育工作者比例差异显著(表 B4－3A)。这两个领域里,2005/06 年德国东部的女性比例(近 80%)明

显高于德国西部（约 60%）。在国际比较中，大部分国家的各教育领域之间有着类似的差异，尽管有的差异不像德国那么显著。例如 2005 年，法国的学前教育领域里有大约 80% 的教育工作者为女性，在高等教育领域里，大部分国家的女性教育工作者比例高于德国（表 B4 - 5web）。

教学及科研人员的工作范畴

教育领域内，部分时间在岗的工作比例较高

　　2005/06 学年，约一半的教学及科研人员为部分时间在岗，而其他行业这样工作的人员比例约是 1/4（表 B4 - 6web）。因此教育领域是部分时间在岗情况极为普遍的领域。这在每个教育领域都有不同的原因（例如职业和带孩子的协调，高校中一边攻读学位一边工作的科研人员，州政府为了适应人口发展对教学和培训容量进行策略性的调整），且与高比例的女性工作者情况相吻合。在 1995 年到 2006 年之间，教育机构部分时间在岗的增长情况略低于其他行业。

　　2005 年，在国际比较中，德国属于部分时间在岗比例最高的国家之一。只有荷兰和瑞士的该比值超过德国，接近 50%，而法国和芬兰的教育工作者主要为全职工作（部分时间在岗比例低于 10%）（表 B4 - 7web）。

Ⓜ **概念注释**

　　教育领域工作者：教育领域工作者指的是教育单位中的从业人员，既包括教师和科研人员也包括其他工作人员。

　　教学及科研人员包括幼托机构的看护人员（尚处职业培训阶段的除外）、普通教育领域的老师以及高校的科研和艺术类工作者。学前教育领域的国际比较中，幼托机构中没有高等教育文凭的老师不算在内。

　　其他工作人员包括幼托机构的管理人员、行政人员、后勤人员和技术人员，普通教育学校的从事中等水平和简单工作的人员以及高校的管理和技术人员（处于职业培训阶段的除外）。

　　教育领域工作者的情况统计：教育领域工作者的情况统计涵盖所有教育领域工作者的信息，信息不重叠。目前的数据包括幼托机构、普通教育学校和职业学校、卫生学校、高校的工作人员以及看护人员。这里的信息是由德国儿童和青少年福利中心数据、普通教育学校数据、高校数据、公立学校人员数据以及德国文教部长联席会议提供的数据汇聚而成。数据源自 2005/06 年度，也就是说每个数据来源的不同调查日期都在 2005 年 8 月到 2006 年 7 月之间。在未来，数据基础应当逐渐对其它教育机构进行补充（符合教育领域工作者的情况统计的方针）。

　　普通教育领域：普通教育学校和职业学校，包括卫生学校。

　　高校：高校，包括高校医院。

前景

　　与其他国家公民的教育水平相比，德国公民的教育水平有着一系列特点。由于职业教育的扩大，2006 年，84% 的 25 岁到 65 岁人群拥有至少中等 II 级文凭（经合组织成员国平均值为 69%）。自 2005 年以来，德国拥有高校文凭或其他高等教育文凭的比例略微低于经合组织成员国平均值。特别是对比国中的年轻人获得高等教育文凭的比例高于德国。

　　人口发展和经济发展使得提高公民的教育水平成为必然。因此教育政策的目标之一是,所有年轻人至少达到中等 II 级水平,这是最基本的资质。此外还要提高拥有高等学校入学资格和高校毕业文凭的人口比例。学术顾问建议,每届学生的 50% 应当获得高等学校入学资格,35% 的人应当获得高校毕业文凭。许多工业国在 2006 年就明显超过这一比例,而这一目标在德国还远远没有达到。截至 2010 年,欧盟的目标是将未达到中等 II 级水平便离开学校的年轻人比例降到 10% 以下。2006 年,德国过早肄业者的比例为 14%,明显高于欧盟基准,但略微低于欧盟平均值。

　　德国的 15 岁到 25 岁年轻人参与教育活动的比例高于其他大部分工业国。有移民背景者的教育参与度低于无移民背景者。父母拥有高等教育文凭的孩子获得同样文凭的比例是父母未达到中等 II 级水平的孩子的两倍。为了实现教育机会均等,达到所设定的目标和基准,首先要动员有移民背景者和社会弱势层的人。因此,我们会继续观察这两个群体的教育行为。由于人口发展和由德国东部向德国西部以及向经济增长区域的人口流动,许多地区的受教育者数量显著下降。

　　几年来,德国的教育支出一直没有增长。教育支出占国民生产总值的比例从 1995 年的 6.9% 下降到 2005 年的 6.3%。人口的发展会延迟几年造成受教育者数量的下降,这就使得我们可以在教育支出占国民生产总值的比例不变的情况下,提高教育领域中每位受教育者的配置,从而改善教育质量并扩展教育活动。尽管政治、经济和科学都要求所有人要终生学习,但是继续教育的经费还是部分被削减了。特别是联邦劳动局,它在劳动力市场改革之前对于失业者的再培训提供了有力的支持。这些改革从长期来看会产生什么样的影响还有待观察。

　　未来 15 年中,德国西部会有超过一半的教师达到退休年龄。是否能够招募足够的高资质人才取决于对教育工作者的培训体系的改进和教育职业对于年轻人的吸引力。

　　在过去几年我们进行了一系列的改革,旨在带来学生能力和文凭上更好的成果。如拓建托儿所、将入学年龄提前、缩短中学教育时间至 8 年、创建额外的培训地点、引入学士-硕士学位等,这些措施都可使个人的教育之路、教育时长、参与教育的形式以及目标文凭灵活可变。

C 婴幼儿时期的教育、照管和培养

过去几年里,在婴幼儿教育的框架下,幼托机构照管的扩建以及教育的整体性增强,以及儿童语言能力的发展,成为了教育政策、社会政策和家庭政策共同关心的事情。

目前的一个重点是针对 3 岁以下儿童在幼托机构和保育机构中席位的扩建。自 2013 年起,每个满 1 周岁的儿童都应当有权获得早期教育和照管的机会。同时,保育机构的比例应该增加到 30%。而仅仅这一扩建任务就要求所有参与方在接下来的几年中付出巨大努力,包括联邦、各州、乡镇以及大量的私立机构。

另外一个重点在于教育质量的提高。对此,乡镇在质量标准的落实方面起到关键作用。这包括实现各州制定的教育计划、执行语言促进方案、推动对教育工作者的继续教育以及将幼托机构转换为父母—孩子为中心的形式。

本章的重点在于描述以上发展。尽管每个小章节的基本结构与 2006 年版教育报告相同,但本教育报告中将会阐释一系列新的方面。儿童和青少年福利中心统计数据中增加了大量关于保育机构的数据,为此提供了很好的前提。

按照法律规定,儿童照管活动可由大量不同承办方、以不同形式和不同配备来提供。对于教育任务的实施,除了群体的大小和根据儿童年龄的群体组建之外,教育人员的分配也有着特殊意义(C1 章节)。

如今,就读幼托机构已经几乎成为所有孩子进入小学前的教育履历中的一个必然组成部分。然而在进入幼托机构的年龄以及接受照管的时间方面还存在不小的差异。除了这些信息之外,新的数据也包含残障儿童就读幼托机构的情况。此外,对于机构中有移民背景的儿童的分布以及其家庭用语方面也有独特的探究(C2 章节)。

对于完成幼托机构中的教育任务来说,教育人员的资质起到重要作用。在有关教育工作者的章节中会有相关说明,该章节同时也会给出关于幼托照管中职业发展的信息。此外还将介绍一个保育员照管的孩子数量(C3 章节)。

从幼儿园到小学的过渡中,应特别引起注意的是提前和推迟入学的规模。由于各州入学年龄的灵活化,导致这一规模不尽相同。这些发展由于其差异性,暂时没有在本章进行描述。同样,各州的语言水平测试和语言促进措施也不在本章进行描述,但是它们将以表格形式体现出来(C4 章节)。

C1 婴幼儿时期的教育、照管和培养机会的供给情况

与学校教育领域不同的是，德国西部的幼托机构长期存在着教育机会不能满足所有需求的现象。这个问题通过 1990 年代以来引入的幼托机构享有权得以逐渐弥补，3 岁以下儿童得到照管的机会及其受关注程度都有所改善。在此背景下，本章节将阐述不同幼托照管的机构性配备并说明各州之间不同的人员投入情况。

数量和形式

2007 年初，德国共有大约 45500 家幼托机构可供还未进入小学的儿童就读。与 2006 年相比，德国东部和德国西部的机构数量都略微上升（德国西部 + 0.8%，德国东部 + 0.9%）（表 C1 - 1A）。除了机构提供的机会之外，2007 年初还有大约超过 3.3 万合法照管人员，他们共照管近 7.3 万名儿童，其中的 56700 名儿童一直被照管至 5 岁（表 C2 - 2A，表 C2 - 3A，表 C3 - 9A）。

组织上灵活化的结果之一是德国西部接收多年龄层儿童（3 岁以下的孩子以及进入小学前的孩子）机构的数量有所增加。这类机构的数量由 2002 年的近 7000 家增加到目前的 12000 家。而德国东部的趋势则恰好相反。由于儿童数量严重下降，一直到 1990 年代末，德国东部没有对托儿所和幼儿园年龄的儿童进行严格区分，这也有利于灵活地进行混龄托管。在儿童数量稳定之后，根据年龄把孩子划编在同一班组中的现象更普遍了（表 C1 - 1A）。德国西部的群体规模为 20 人到 26 人之间，德国东部在 14 人到 18 人之间（图 C1 - 2A）。

德国西部的照管形式继续灵活化

非公立承办方的优势在 2007 年保持不变：德国西部几乎 2/3 的幼托机构席位是由他们提供（65.1%）。在德国东部，非公立承办方提供的席位继续增长。该比例从 1990 年代初的低于 5% 增长至 54.9%（2002 年），而 2007 年，该比例为 56.8%（表 C1 - 2web）。商业组织和私人企业承办方目前只照管 0.6% 的就读幼托机构的儿童，但是在针对 3 岁以下儿童席位增长的进程中，他们可能会起到越来越重要的作用。如今，由于针对 3 岁以下儿童的机构数量较少，他们的比例已经占到 2.3%。

德国东部非公立承办方的比例与德国西部水平接近

幼儿园年龄段的儿童班组的人员分配[M]

每个班组配备的教育人员的数量是幼托机构的一个重要结构特征。在国际讨论中，人员分配被看作是教育机会的一个重要质量指征。由于缺乏实际数据，截至目前的专业讨论使用的都是各州法律规定的照管比例。通过儿童和青少年福利中心提供的新数据，才得以首次计算出各州实际的指数。由于儿童每天对于教育机会的需求时长以及教育人员每周的工作时间的不同，人员分配必须标准化，以便排除由其引发的误差。

从整个德国范围来看，在此基础上得出的 3 岁到入学年龄儿童就读的幼托机构中，主要教育形式的人员分配平均为 1∶10，也就是说以全时等量的标准，一位教育人员对应 10 名儿童，这是全职标准（图 C1 - 1）。这种标准化的人员分配可以反映出各州的不同情况。

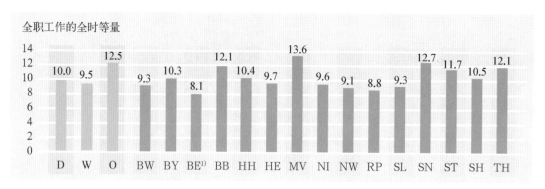

图 C1 - 1　2006 年,各州针对 3 岁到入学年龄的儿童群体的标准化人员配备情况*

1) 由于柏林的大部分儿童未在幼儿园中接受照管,而是在混合年龄层的群体中接受照管,所以这里给出的人员配备仅适用于部分幼儿园儿童

* 由于不来梅的官方数据和机构内部数据不统一,所以未给出其相关值

来源:联邦及各州统计局,2006 年儿童和青少年福利中心数据,基于各州研究数据中心提供的微型数据而进行的核算

各州之间的人员分配情况有明显差异

　　由于幼托机构中的组织形式和传统有所不同,所以德国东部和德国西部之间存在明显差异。西部的平均人员分配是 1∶9.5,而东部是 1∶12.5,且东部和西部之间也有巨大的内部差异。西部的人员分配跨度在 1∶8.1 到 1∶10.5 之间,而东部则在 1∶11.7 到 1∶13.6 之间(图 C1 - 1)。各州之间的对比体现出,各州为推动和实施 3 岁以上儿童在幼托机构中的教育所投入的人员配备大有不同。

Ⓜ概念注释

　　人员分配:为了排除由于儿童接受照管时间的不同(每天 5 到 12 小时之间)而产生的差异,每个群体的所有照管时间被换算成一个全天照管的等值(所有日照管时间的总和除以 8 小时),同样,部分时间在岗的工作人员也被折算成全时等量(每周 38.5 工作时长),由此产生可比较的大小关系。

　　为了获得更好的可比性,管理层和跨群体工作的人员也按比例进行计算。为了排除个别群体中因特殊任务而产生的差异,例如照管残障儿童,这里只比较有着明确区分的年龄结构且没有特殊照管需求的群体。

　　在人员分配方面,无法与经合组织成员国进行国际化比较,因为各国在计算基础、特别是在教育人员的归类上,有着显著差异。

C2 儿童在幼托机构和保育机构中的教育参与情况

　　尽管儿童接受幼托机构和保育机构的教育机会是自愿行为,但是这已经逐渐成为儿童教育履历中的常规一项。在此将首次对这一点进行详细描述。而就时间范畴和儿童首次参与到教育活动中的年龄来看,仍然存在巨大的区域性差异。

根据年龄统计的教育参与度Ⓜ

4 岁和 5 岁儿童就读幼托机构的比例最高为 95%

　　2007 年,4 岁和 5 岁儿童的教育参与度为 93% 到 95% 之间(图 C2 - 1,表 C2 - 1A)。2006 年和 2007 年之间,德国西部和德国东部的该比例都略微升高,以至于在过去两年中几乎所有适龄儿童都就读于幼托机构。同样上升的是 3 岁儿童的教育参与度——德国西部从 74% 上升至 78%，德国东部从 90% 上升至 93%。这样一来，西部的儿童通常最晚 3 岁也开始就读幼儿园。各州之间在接受幼托机构的照管上仍存在差异：3 岁到 6 岁儿童的教育参与度比例在石勒苏益格-荷尔斯泰因州最低，为 83%，在图林根州最高，为 96%（表 C2－2A，表 C2－10web）。

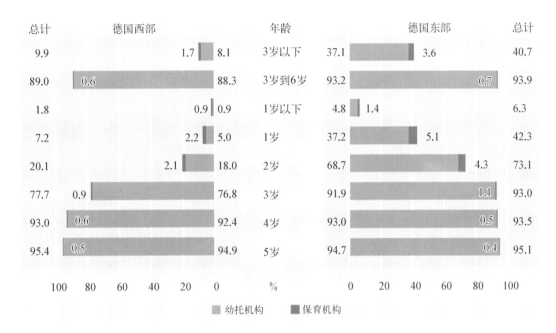

图 C2－1　2007 年东西部各年龄段儿童在幼托机构*和保育机构中的教育参与度（单位：%）

* 统计该比例时考虑了正在就读学前班和已经上小学的儿童（参见表 C2－1A 的注释）。比例总和的误差源自于四舍五入的误差

来源：联邦及各州统计局，2007 年儿童和青少年福利中心数据，自己核算

　　德国东部和德国西部在 3 岁以下儿童的教育参与度方面仍存在较大差异：德国东部的该比例为 41%，而德国西部的该比例为 10%，并且各州之间差异显著（表 C2－3A）。

　　幼托机构和保育机构对于 1 岁以内的孩子来说意义不大。就算在德国东部也只有 6% 的这个年龄的孩子使用此类教育机会，在德国西部只有 2%。这点反映了父母在第一年自己照管孩子的趋势，而这一趋势也是由 2007 年 1 月 1 日引入的父母金所推动的。但是德国东部 1 岁儿童的教育参与度便高达 42%，2 岁儿童更是达到 73%。德国西部也有类似的年龄层差异，然而其教育参与度明显处于更低的水平：1 岁儿童的教育参与度为 7%，2 岁儿童的教育参与度为 20%（图 C2－1）。

　　为了给更小的儿童创造额外的席位，一个较便捷的方式即在通常针对 3 岁以上儿童的幼儿园开设针对 2 岁儿童的班组。2007 年，德国西部有近 4 万名 2 岁儿童在这类群体中。这相当于所有接受幼托机构照管的 3 岁以下儿童的 29%。儿童和青少年福利中心的数据分析表明，超过一半以上的这类开放式幼儿园只照管 1 名 2 岁儿童。因此，在幼儿园日常中针对这一群体开展工作和促进活动都有可能受到影响。同样，2 岁儿童也会缺乏跟同

在幼儿园中针对 3 岁以下儿童开设班组

龄人的接触。

3岁以下儿童接受全天托管的比例：德国西部33%，德国东部63%

就照管时间而言，从上午的5小时到每天的6-7小时，部分中午有所间断，再到含午餐的全天托管，通常超过7小时。2007年，德国东部3岁以下儿童接受超过7小时照管（全天托管）的比例为63%，德国西部的该比例为33%（表C2-4A，表C2-11web）。德国东部和西部的3岁到入学年龄的儿童在接受全天托管方面的差异更大：德国东部几乎2/3的儿童每天接受超过7小时的照管，而德国西部的该比例才接近20%（表C2-5A，表C2-12web）。在德国西部，3岁以下儿童接受全天托管的比例比3-6岁之间儿童的该比例要高。

3岁以下儿童的地域性教育参与度

3岁以下儿童的教育参与度在各地区之间存在巨大跨度

2007年，德国西部3岁以下儿童的教育参与度平均值为10%，然而该比例的跨度却在2%到29%之间：在德国西部的326个城市和乡镇中有55个城镇的教育参与度低于5%，几乎一半地区的教育参与度在5%和10%之间，但是也有37%的德国西部城镇的教育参与度达到了10%及以上。这些城镇往往是人口密集区或其周边，以及大学所在地，例如海德堡（29%）、弗莱堡（24%）、斯图加特（22%）以及帕绍（21%）。

德国东部的教育参与度平均比例为41%（图C2-2）。而其在各地区之间的跨度为20%到59%，这是由于区域情况（例如乡村和城市地区）以及各州政策的重点有所不同而导致的。教育参与度最高的州为萨克森-安哈特州，那里的孩子从出生起便享有获得照管席位的权利。

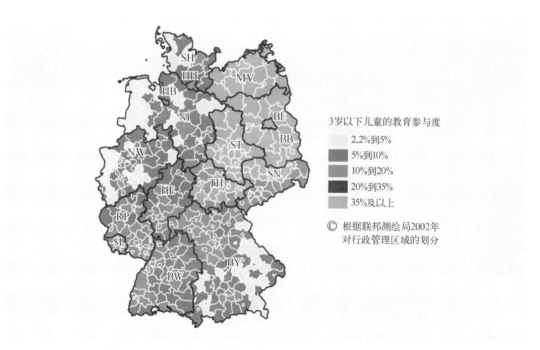

图C2-2　2007年，各城镇区域的3岁以下儿童在幼托机构以及保育机构*中的教育参与度（单位：%）

* 该年龄段每100名儿童中入托于幼托机构或公立保育机构且不额外就读于其他幼托机构或全日制学校的人数。

来源：联邦及各州统计局，2007年儿童和青少年福利中心数据——德国所有439个城镇区域间的对比

残障儿童的教育参与度

幼托机构为残障儿童设置专门的活动，特别是适应性帮助Ⓜ框架资助的一些活动。而这些帮助措施在过去十年中渐渐出现一种明显的偏移：即从特殊机构的教育活动转移到普通幼托机构中的一体化教育活动中。专门接收残障儿童的特殊机构的数量从 1998 年的 691 家下降到 2002 年的 307 家，但后来又略微增加到 2007 年的 346 家。而同时，全德国接收残障儿童的普通幼托机构从 1998 年的大约 7800 家增加到 2007 年的约 13400 家。如今，德国 29% 的幼托机构（不含学童托管所）里都有至少一名儿童需要适应性帮助（表 C2 - 6A）。这就意味着，残障儿童如今分布在更多的机构中。

一体化教育活动的继续扩建

伴随着年龄的增长，需要适应性帮助的儿童数量明显增多。2007 年，3 岁儿童中有 7302 名儿童需要适应性帮助，而 5 岁儿童中有 17550 名儿童有此需求。也许这反映出来一个趋势，那就是残障儿童越是接近入学年龄，幼托机构中越要加强对其的特殊促进。就同龄人口而言，3 岁残障儿童的教育参与度为 1%，4 岁儿童为 1.8%，而 5 岁残障儿童的教育参与度为该年龄人口的 2.4%。

适应性帮助几乎只针对幼儿园年龄的儿童

有移民背景的儿童

儿童和青少年福利中心数据显示，2007 年，德国东部就读于幼托机构的 3 岁到入学年龄的儿童中，有移民背景Ⓜ的儿童比例为 6%，在德国西部该比例约为 29%，且各州之间的差异巨大。德国东西部 3 岁以下儿童中有移民背景的儿童比例都略低，德国东部为 4%，德国西部为 23%（表 C2 - 7A）。

德国西部幼儿园中 29% 的儿童有移民背景

对于大部分有移民背景的家庭来说，幼托机构是他们接触到的第一个教育机构。所以他们非常期待幼托机构能够帮助他们的孩子融入德国社会。而对此，一个相对较好的前提是，幼托机构中没有移民背景的儿童比例显著高于有移民背景的儿童比例。但是根据州平均值，德国西部各州只有 30% 到 40% 的儿童就读于有移民背景的儿童比例为州平均值或低于州平均值的幼托机构。反之，在几乎所有联邦州里，超过 60% 的有移民背景的儿童就读于主要照管有移民背景儿童的机构里（表 C2 - 8A）。

值得注意的是，有移民背景的儿童在幼托机构中的不均衡分布比在小学中的分布更加显著。[1] 幼托机构中的比例更高的原因之一可能是，它们的招生地域范围更小，所以城区以及居民区中的社会生活圈的特征更加明显。可想而知，若要满足帮助孩子融入德国文化并促进其早期语言发展的期待，在有移民背景的儿童比例较高的机构中需要配备额外的人力资源。而如果从不以德语为家庭用语的角度来看这一数据，那么这一挑战将显得更为严峻。2006 年，30% 的不以德语为家庭用语的儿童就读的幼托机构中有一半及以上的儿童同样在家不说德语（图 C2 - 3，表 C2 - 9A）。

几乎三分之一的有移民背景的孩子就读的幼托机构中，至少 50% 的儿童有移民背景

---

[1] 　参见《德国国家教育报告（2006）》，第 163 页。

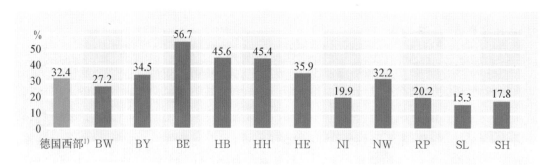

图 C2-3　2006 年,德国西部各州和柏林的不以德语为家庭用语的 14 岁以下儿童就读于
一半以上被照管的儿童同样不以德语为家庭用语的幼托机构中(单位：%)

1) 包含柏林

来源：联邦及各州统计局,2006 年儿童和青少年福利中心数据,各州研究数据中心提供的匿名单个数据的特别分析,自己核算

Ⓜ **概念注释**

　　教育参与度：幼托机构和保育机构中 6 岁儿童的教育参与度可能因为两次计数而导致歪曲,因为儿童和青少年福利中心数据与学校数据的调查时间点不同。所以这里未给出其教育参与度比例。

　　针对残障儿童的适应性帮助：儿童和青少年福利中心统计数据时会询问每个孩子,他是否因符合德国社会立法 XII 第 53、54 条规定(身体/智力残疾)或者德国社会立法 VIII 第 35a 条规定(由于精神性残疾)而接受适应性帮助。

　　有移民背景的儿童/家庭用语：自 2006 年以来,儿童和青少年福利中心数据借助一条定义来统计幼托机构和保育机构中有移民背景的儿童,那就是孩子的父母中是否至少有一人是在外国出生的。这一概念与广泛的移民概念不同(参见词汇表),因为祖父母的移民不被考虑在内。此外还调查每个孩子在家里是否主要说德语。

C3 婴幼儿教育领域的教育人员

　　由于社会对于婴幼儿教育领域的重视度有所上升、对于儿童在早期的促进有所加强,所以从多个方面来讲,都要求有更专业的早期教育专业人员。同时,由于儿童的年龄结构原因,婴幼儿教育领域的教育人员与儿童的比例问题也比其它教育领域更为重要。在此背景之下,目前的婴幼儿教育领域的人员结构也十分有意义,特别是近几年来,该人员结构一直面临着巨大的扩大趋势。本章节将阐述由于教育人员的年龄结构发生变化、性别比例以及增加的半职人员比例,对于教育领域的整体人员情况提出的挑战。接下来的内容也与之相关。此外将首次介绍有关保育人员资质的信息。

按照年龄和性别统计的幼托机构中教育人员的情况

　　自 20 世纪 90 年代以来,幼托机构中教育人员Ⓜ(不含托儿所工作人员)的数量不断上升,在 2007 年达到 32.6 万人次(表 C3-1A)。2002 年 12 月到 2006 年 3 月之间的增幅为

5.3%，2006 年到 2007 年之间的增幅为 2.9%。如果把部分时间在岗的工作岗位的增加换算成全职工作，那么截至 2006 年，增幅仅有 2.6%，2006 年到 2007 年之间的增幅为 2.9%（表 C3－2A，表 C3－10web），有 13500 人次专门从事管理工作（表 C3－1A）；这样有近 30%的机构是由一个不从事群体照管工作的专业人员领导的。

就德国西部教育人员的年龄结构而言，虽然 50 岁以上的人员比例持续上升（1990 年为 7%，2007 年为 17%），但是远不及初等教育领域和中等教育领域那么严重，那两个领域里 50 岁以上的人员比例已经达到 50%。德国东部的该比例为 31%（表 C3－3A）。德国东部预计 10 年后才会出现由于教育人员达到退休年龄而产生的大量对替补人员的需求，德国西部出现这一现象还要更晚一些。但是我们不能忽略，截至 2013 年，由于扩建针对 3 岁以下儿童的日托席位，幼托机构中会额外需要约 5 万名专业人员，保育机构中也额外需要 3.3 万到 5 万名保育员。

> 为扩建针对 3 岁以下儿童的日托席位而产生额外的人员需求

教育人员的工作时间

2002 年到 2007 年之间，全职工作人员的比例继续下降，德国西部的该比例从 50%降至 44%（图 C3－1，表 C3－5A，表 C3－11web）。越来越多的人选择更短的周工作时长，原因可能是：女性工作者的部分时间在岗工作比例普遍有所增加；劳务合同上的周工作时长与实际情况更相匹配。这渐渐成为了一种趋势，而这种趋势与该教育领域的专业化发展有些相悖。

> 幼托机构中全职工作者的比例持续下降

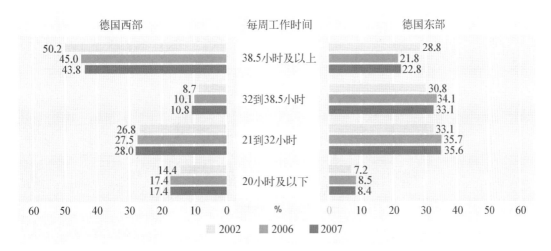

图 C3－1　德国东部和西部幼托机构教育人员在 2002 年、2006 年和 2007 年的工作时间（单位：%）
来源：联邦及各州统计局，儿童和青少年福利中心数据，自己核算

德国西部每周工作 20 小时及以下的人员比例从 14%增加到 17%，这主要是由于按小时工作的人员的增多而导致的。其中隐藏着一个趋势，那就是用少量的工作人员来顶岗临时要替的班以及利用率较低的边缘工作时间。工作 20 小时及以下的人员比例最高的地区为汉堡，其比例为 25%（表 C3－5A，表 C3－11web，图 C3－1）。

教育人员的资质

德国西部的幼托机构中主要人员为教育人员，占 66%（表 C3－6A，表 C3－12web）。

其比例相比 2002 年增加了 2%。德国东部的该比例不断增加,在 2007 年达到了 90%。德国西部幼托机构中的第二大群体为保育员,其比例为 19%。他们主要作为第二力量在幼儿园群体中效力。而各州之间也存在巨大差异:德国东部几乎没有保育员的存在,而德国西部的保育员比例从不来梅的 8% 到巴伐利亚州的 40% 不等。在专业化讨论中,这点颇受争议。

与其他教育领域的人员相比,幼托机构的教育人员明显有着较低的学术文凭^⑩。全德国只有近 3% 的幼托机构教育人员有学术文凭,这相比 2002 年只略微有所提高(表 C3 - 7A,表 C3 - 13web)。

不从事群体照管工作的管理人员拥有高校文凭的比例明显较高。各州之间差异巨大,德国西部几乎四分之一的机构管理者拥有高校文凭,而德国东部儿乎只有十分之一的机构管理者拥有高校文凭(表 C3 - 8A)。然而要注意的是,只有 28% 的幼托机构中设有专职管理岗位。如果把兼职管理工作的人员也算在内,那么从事管理工作的拥有高校文凭的人员比例则下降到约 5%。

高达 22% 的专职管理人员拥有高校文凭

保育人员的资质

新的儿童和青少年福利中心数据首次提供了关于保育员的资质说明。而有些现状并不是我们所期待的:只有三分之一的保育员拥有教育学方面的职业培训文凭,其中部分保育员还完成了一项附加技能课程(图 C3 - 2)。另外 7% 的保育员完成了一项 160 小时的技能课程;而顺利完成这样一项课程被看作是从事保育员工作的基本前提。显而易见,59%的保育员没有相应的资质,其中 23% 的人完全没有教育资质,36% 的人只能出具一项远远不足 160 小时的技能课程的证明。

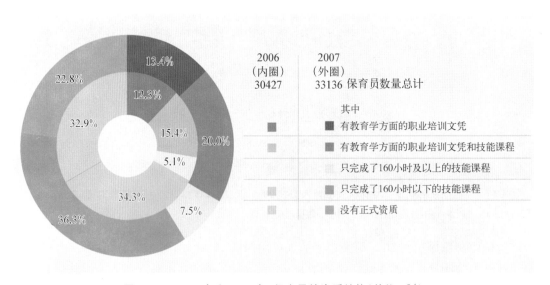

图 C3 - 2　2006 年和 2007 年,保育员的资质结构(单位: %)

来源:联邦及各州统计局,儿童和青少年福利中心数据,自己核算

鉴于保育机构中对于教育工作的要求,保育员的资质水平应当有所提升。尽管 2006 年到 2007 年之间情况略微有所好转,但是对于保育员提高资质的需求仍然很大,而且德国东部和西部有明显差异:德国西部的无资质或者资质较低的保育员的比例为 63%,明显高

于德国东部的 38%（表 C3 - 9A）。

Ⓜ 概念注释

　　幼托机构中的教育人员（不含托儿所工作人员）：与 B2 中提及的幼托机构中的人员的不同之处是，这里不能计算得出正处于培训阶段的教育人员，以及教混合年龄层中的小学生的教育人员。标准表格的分析无法将数据精确计算。

　　学术文凭——教育人员的培训文凭：虽然国际上将教育工作者的专科学校培训算作高等教育培训，但是它仍低于高等学校毕业文凭和应用技术大学毕业文凭。"专业化"的概念是将专科学校和专科学院的培训文凭概括在一起，也包括师范类培训。与专业化不同的是，学术化只代表那些拥有应用技术大学或者综合性大学文凭的教育人员比例，不论其学习什么专业。职业化的规模指的只是那些拥有专门的高校文凭人员的比例（社会教育学、教育学、特殊教育学等的硕士/学士）。

C4 幼升小的过渡

　　很长一段时间里，进入小学意味着孩子开始进行教学大纲规定的学习。然而早期教育获得越来越多的关注，这就提出一个问题，孩子入学前已经接受的教育会产生什么样的影响。另一方面，衔接 2006 年版教育报告，本章节还将对孩子进入小学的时间点进行讨论。在过去几年中，许多州的框架条件有所改变，其入学阶段变得灵活，并提前了义务教育的入学年龄。

婴幼儿时期的早期教育对小学的影响

　　2001 年和 2006 年的 PIRLS/IGLU 表明，大多数参与的联邦州中，就读于学前教育机构 1 年以上的孩子，相比那些就读时间较短或者完全未曾接受学前教育的孩子而言，他们在四年级的时候拥有更高的阅读水平。2003 年的 PISA 调查结果显示，早期教育有更长远的影响：就读更长时间幼儿园的 15 岁孩子平均在三个能力方面都有着更高的分数（数学、阅读和自然科学），即使出身和教育背景相类似。

就读幼托机构可以促进学习能力

　　2006 年的 PIRLS/IGLU 数据Ⓜ分析表明，差异化地看待这个问题是十分重要的。如果德语是孩子在家里的主要使用语言，并且父母双方都没有高校毕业文凭的话，那么在检测阅读能力时，就读幼托机构时间更长的孩子平均要高出 25 分。如果孩子的家庭用语不是德语或者不只是德语的话，那么就读幼托机构时间更长的孩子的差异性则略小，只高出 15 分（图 C4 - 3A，表 C4 - 10web）。幼儿园中语言促进的质量以及家庭用语非德语的孩子聚集在几个机构里（参见 C2 章节），这两点对检测结果会产生何种影响，不能基于目前的数据进行解释。

有移民背景的儿童就读幼儿园对其学习能力产生的效果较小

　　对于学校学习以及社会的一体化，儿童语言的发展都至关重要。因此在过去几年里，语言评估的进程得以扩大，而幼托机构中的语言促进得以加强。如今在许多州里，参与语言水平调查对所有孩子来说成为义务，并且在很多州里，整个州使用同一个评估程序。但是只有一个程序在超过一个州里被使用（图 C4 - 1，表 C4 - 6web）。有的州对 3 岁或 4 岁

各州之间语言水平调查和语言促进的方式差异巨大

的孩子就开始进行语言水平调查,而有的州里在孩子进入小学前一年才对其进行语言水平调查。总的来看,各州之间语言评估程序和标准的差异性不容忽视。

	调查方式	(年龄:岁)
BW 巴登—符腾堡州	HASE SETK 3-5	(4-5)
BY 巴伐利亚州	SISMIK „Kenntnisse in Deutsch als Zweitsprache"	(4-5)
BE 柏林	Deutsch Plus 4	(5)
BB 勃兰登堡州	KISTE	(5)
HB 不来梅	Bremer Sprachschatz/CITO-Sprachtest	(5)
HH 汉堡	HAVAS-5	(5-6)
HE 黑森州	KISS	(5)
MV 梅克伦堡—前波莫瑞州	HAVAS-5	(5-6)
NI 下萨克森州	Fit in Deutsch	(4-5)
NW 北莱茵—威斯特法伦州	Delfin 4	(4)
RP 莱茵兰—普法尔茨州	eigenes Verfahren	(5)
SL 萨尔州	HAVAS-5	(5)
SN 萨克森州	SSV	(4-5)
ST 萨克森—安哈特州	–	
SH 石勒苏益格—荷尔斯泰因州	HAVAS-5	(3-5)
TH 图林根州		

最早时间点:　5到6岁　5岁　4到5岁　4岁　3岁

图 C4-1　语言水平调查方式以及调查时儿童的年龄[M]

调查方式缩写:

CITO:	Centraal Instituut Toets Ontwikkeling	KISTE:	Kindersprachtest für das Vorschulalter
HASE:	Heidelberger Auditives Screening in der Einschulungsuntersuchung	SETK 3-5:	Sprachentwicklungstest für drei- bis fünfjährige Kinder
HAVAS-5:	Hamburger Verfahren zur Analyse des Sprachstands bei 5-Jährigen	SISMIK:	Sprachverhalten und Interesse an Sprache bei Migrantenkindern im Kindergarten
KISS:	Kinder-Sprach-Screening	SSV:	Sprachscreening im Vorschulalter

→详见表 C4-6web

来源:德国各州学前语言水平测试及促进,德国文教部长联席会议秘书处进行的问卷调查结果,波恩,2008 年 3 月

除了标准化的语言水平调查,大部分联邦州都对语言发展程序进行了规定或者提出了建议(表 C4-7web)。超过一半的联邦州都在本州内贯彻了语言促进措施。针对年龄在 2 岁到进入小学前最后一年之间的儿童,每个儿童的促进时间为持续 6 个月(共计 60 小时)到持续 12 个月(每周 10 到 15 小时不等)(表 C4-7web)。

提前入学和推迟入学

直到 20 世纪 60 年代末,德国的平均入学年龄处于长期上升状态。再加上较长的学习时间,导致年轻人进入劳动力市场的年龄在国际对比中相对较高。自 90 年代末,德国的教育政策有意调整这一趋势,使得推迟入学以及延缓适龄儿童入学的情况有所减少。

正如 2006 年版教育报告阐述的那样,直到 2001 年,推迟入学人数一直高于提前入学[M]的人数。2002 年,这一趋势有所扭转。截至 2006 年,推迟入学的比例下降到 5% 以下,而提前入学的比例持续上升至 2004 年(图 C4-2,表 C4-1A,表 C4-2A)。2003/04 学年,平均的入学年龄为 6 岁零 7 个月。

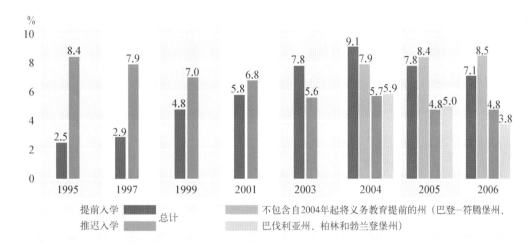

图 C4－2　1995 年到 2006 年，提前入学和推迟入学的情况（占所有入学人数的比例，单位：%）

来源：联邦及各州统计局，学校数据统计

自 2005/06 学年起，部分州将义务教育的开始时间有所提前（图 C4－4A）。由于显示的提前入学和推迟入学的比例是根据各州对于义务教育的规定ⓜ而得到的，所以从此以后，相关数据的可比性有限。在那些提早开始义务教育的州里，提前入学的儿童比例有所下降，推迟入学的比例（柏林例外）有所上升（表 C4－8web，表 C4－9web）。在全德国层面的表现为，提前入学的情况有所减少，推迟入学ⓜ的情况也有所停滞（图 C4－2）。

如果人们观察一下自 2004 年以来没有将义务教育提前的联邦州，会发现提前入学的比例略微上升，从 7.9% 上升到了 8.5%，而推迟入学的比例略有下降，从 5.9% 降至 3.8%。同时，6 岁儿童就读于小学机构的比例在几乎所有联邦州都有所上升，特别是那些在过去几年里将义务教育年龄提前的州（图 C4－4A，表 C4－4A）。这些发展的后果是，德国的入学年龄有所下降。而这一教育履历中的时间推移会对孩子们的学习成果产生何种影响，还有待我们接下来几年的观察。正如 2006 年版教育报告提到的那样，女孩通常比男孩提前入学，只有极少数女孩比男孩入学晚（表 C4－3A）。在入学年龄的国际比较中，除了卢森堡，其他与 2006 年版教育报告没有大的改变（表 C4－5A）。

ⓜ概念注释

PIRLS/IGLU 数据： 2006 年 PIRLS/IGLU 数据的分析是基于德国在国际记录中的数据进行的，该记录可以在网址 http://timss.bc.edu/PDF/PIRLS2006_SPSS_Data.zip 上找到，借助国际数据库分析软件（IEA IDB Analyzer）进行分析。

（语言水平）调查时的年龄： 在计算语言水平调查时间时，默认入学年龄为 6 岁。在图 C4－1 中给出了最早的测试年龄和年龄区间。

义务教育的规定： 德国文教部长联席会议于 1997 年推出的"建议入学时间"，目的就是为了各州能够灵活调控入学时间点。许多州将义务教育的起点前移（图 C4－4A）。但是大部分州里仍可以拒绝不满足入学水平的孩子进入小学学习。通常情况下，推迟入学的孩子会在下一个学年入学。在法定入学日期后出生的孩子也可以根据父母的意愿提前进入小学。对此是否需要父母的声明或者特殊的鉴定，各州的规定不一。各州对于提前入学的期限的规定也各不相同。自 1997 年德国文教部长联席会议的决议以来，提前入学的程序得以简化，如家长不再需要提出书面申请等。

提前入学和推迟入学：在该州的法定入学日期(图 C4－4A)后出生但进入小学的孩子算作提前入学。若孩子在入学前一年的法定入学日期前出生，其在入学当年则被算作推迟入学。这一算法适合所有入学情况(提前、按时、推迟、精神有困难的孩子的入学和其他孩子的入学)，不含未入学情况(延期和免入学情况)。

前景

在过去几年里，尽管儿童数量有所下降，但是保育机构的照管机会总体来说有所扩大。德国西部目前有三分之二的席位、德国东部也有超过一半的席位由非公办方提供。照管机会的使用也有所增加，最显著的是 3 岁儿童。2007 年，德国西部 77%的 3 岁儿童接受保育机构的照管，东部的该比例更是高达 92%。

为了能够实现联邦和各州目前的扩建计划，即到 2013 年，35%的 3 岁以下儿童都能接受日托照管，同时，1 岁和 2 岁的儿童也有权享有日托席位，德国西部要每年新增约 7 万个日托席位，而德国东部自 20 世纪 80 年代以来就对该年龄层的儿童提供了足够的位置。这就要求大大加快扩建速度，特别是保育机构，要新增约 30%的席位，即每年新增 2 万个席位，而目前的存量是近 3 万个席位。针对 3 岁以下儿童的席位扩建需要乡镇、各州和联邦的共同合作，不论从数量上来看，还是质量上，这在接下来的几年里将是一个关键议题。

就教育人员而言，部分时间在岗的工作比例有所增加，很大一部分人每周工作时间低于 20 小时。这一发展使得满足幼托机构的特殊要求变得更加困难：在较长的开放时间里孩子需要一个持久的联络人，教育人员彼此之间需要就活动安排进行协调，教育人员与父母之间需要合作。

2006 年教育人员分配的分析显示出各州之间的巨大差异，德国西部的配置总体来看比德国东部要好。在西部，3 岁到入学年龄前的儿童群体中，平均每 9.5 个孩子对应一位全职老师，而在东部是 12.5 个孩子对应一位全职老师。各个机构中教育人员可能面临的特殊要求有多大，可以通过有移民背景的儿童的分布看出来：60%的这类儿童就读的幼托机构中，有移民背景的儿童比例高于该州平均移民人口比例。

人员配置方面面临的一个特殊挑战就是要大量招揽专业人员，并且为已有的教育人员提供培训机会，因为照管 3 岁以下儿童的工作在目前的教育人员培训中没有被视为重点。此外还要招聘保育人员，并提高其资质。这一进程会由联邦政府出面，通过一个特殊的资质提升项目进行推动。同时，大量的(应用技术类)高校应建立新的培养早教人才的专业，从而填补此领域长期匮乏的学术型人才，这是一个需要历时多年的过程。

还有一个要关注的问题是，哪些孩子、在几岁的时候接受照管。有的州里通过免除学费或者对 3 岁以下儿童也给予享受照管的权利，以此来提高教育参与度。为了能够使照管机会有助于改善机会均等性，除了提供高质量的照管之外，与家长的紧密合作也十分重要。

　　不同的结论中还存在一个特殊的挑战,那就是截至目前,IGLU 和 PISA 调查得出的早期教育的积极影响对于哪些孩子适用以及影响有多大? 此外,多少孩子参与了前些时间在各州进行的语言能力测试和语言水平促进活动,这些信息也十分重要。这些任务在接下来的几年里将成为教育政策面临的最重要挑战的组成部分。

D 学龄期的普通教育和非形式学习

在个人发展、社会参与以及能力传授等方面，学龄期的教育扮演着关键的角色。尤其在法定的义务教育方面，学校的核心作用也得到了体现。

在近期的讨论以及教育政策改革的各类努力中，学校教育的重要性也有所体现。同时，应如何对教育系统的质量进行改善、通过何种方式和策略从而更有效地将多样化的活动和措施运用到各个学校，以及学校和课堂质量发展方面等相关问题也成为了讨论的重中之重。

从这个意义上来说，有许多教育政策的活动和措施都值得一提，而且它们在当时也得到了所有国家的关注。这些活动包括继续在国际和国内范围内进行学习成就研究（PISA、PIRLS/IGLU、TIMSS 和定期在各州进行的比较工作），以及对引入的针对中级学校毕业、普通中学毕业及初等教育领域（四年级）的教育标准进行评测。近些年来，学校评估和视察体系的确立、中级学校毕业及高等学校普通入学资格统一考试的实现、文理中学就读时间缩减一年等措施均取得了巨大的成就。此外，随着学校自主性和自我权责的进一步增强，教师职业培训和继续教育的进一步开展以及有效支持体系的进一步扩大，例如提供全日制教育和照管服务，用于保障学校以及课堂质量的重要框架条件也得到了确立。

在本章中，我们将从两大视角出发，依据相关指标，对所提及的学校教育的若干方面以及发展情况进行研究：一方面，本章将集中关注学校教育和校外教育的关系。随着全日制教育供应规模的扩大（D3 章节）以及在校外学习场所进行活动的增多（D5 章节），这一关系表现得越来越符合示范的要求。另一方面，将对在 2006 年版教育报告中呈现的关于过渡、留级、认知能力以及毕业等的重要信息作进一步的研究，并将这些信息连同不断转换的重点一起进行拓展以及深入处理。在涉及中小学教育体系内的过渡和转换的板块中（D1 章节），将首次探讨私立学校以及普通中等教育第二阶段的情况。D2 章节的核心内容涉及过去两年中留级现象的发展状况。在 D6 章节中，我们将会揭示自 2000 年起认知能力在学习成就研究中所表现出来的变化趋势，并对特定组别的儿童及青少年的能力发展情况进行观察。除了毕业率的总体发展情况外（D7 章节），我们还特别对没有获得普通中学毕业证的促进学校肄业生的情况，以及背景与获得文凭的相关性情况进行了跟踪研究。首次收录的还有一个针对中小学教职人员的指标信息（D4 章节）。因为在成功构建校内及课内教育过程方面，以及确保学校系统质量的进一步发展方面，师资均起到了决定性的作用。

D1 中小学教育体系内的过渡和转换

与其他国家的学校系统相比,德国学校系统的一大特点是拥有更加多样化的过渡和转换机制。过渡主要出现在中小学教育系统的开始阶段,所有学生都必须将它完成。而转换则提供了一种可能,让学生们可以在后续阶段变更最初选择就读的学校类型或者教育过程。

在 2006 年版教育报告中,就已经对有关过渡和转换的信息进行了介绍。下文所述内容将与这些信息紧密相关。尤其在从初等教育领域过渡到中等教育第一阶段方面和在中等教育第一阶段中,向上换或者向下换以及在转入及转出促进学校等方面,我们会指出其与 2006 年相比所发生的最新变化。作为补充,我们还会对进入私立学校的过渡以及进入普通中等教育第二阶段的过渡给予关注。

从初等教育领域到中等教育第一阶段的过渡

在德国学校教育系统中,学生从五年级开始(在柏林及勃兰登堡地区则从七年级开始)进入一所处于中等教育第一阶段的中学就读,这是他们开始上学之后的第二个重要转折点。通常来说,在决定就读中学的学校类型时,一方面是相关机构对于成绩的要求以及与之相关的毕业文凭选择(参见 D7 章节),而另一方面则是父母的意愿,两者的影响兼而有之。在下文中,我们会以在过去一年中就读于小学的学生的分布情况为依据,将此类过渡在各州的情况进行对比,并进行更准确的观察(图 D1－1,表 D1－1A)。这些过渡虽然主要发生在小学阶段结束之时,但是也可以在六年级(即所谓的观察阶段或定向阶段)之后或在更晚的时候对这些过渡进行清晰的规划,这与在小学阶段结束之前也可过渡进入促进学校是同样的情况。

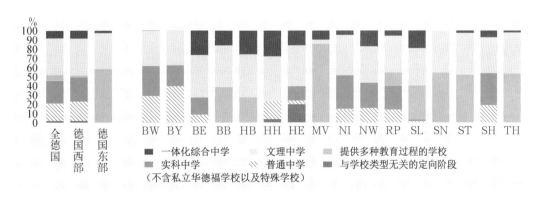

图 D1－1　2006/07 学年各州上一学年读小学的各类学校的
五年级学生*的分配情况(单位:%)

* 对于柏林以及勃兰登堡州来说,由于小学学制为 7 年,所以观察的是七年级学生。
解释参见表 D1－1A
来源:联邦及各州统计局,2006/07 学年的学校数据统计,自己计算得出

过渡进入普通中学的比例出现下滑

公众对于普通中学的负面认知标志着采取行动的必要性

过渡进入文理中学的比例持续增长

较低层次社会群体以及有移民背景的青少年更少地进入文理中学

在柏林和勃兰登堡州，越来越多的人不再就读总共时长为6年的小学

实质上，各州之间的巨大差异是由各自的学校结构所造成的，而小学阶段之后的学生分流使得这些差异变得清晰可见。即便如此，仍然呈现出了两大发展趋势：一为在所有提供普通中学这一学校类型的州中，过渡进入普通中学的比例在2006/07学年里其实都是有所下降的——勃兰登堡州、不来梅、梅克伦堡-前波莫瑞州、萨尔州、萨克森州、萨克森-安哈特州和图林根州都没有引入普通中学这一学校类型。而在巴登-符腾堡州（28%）和巴伐利亚州中，普通中学则占据着相对重的分量，它在巴伐利亚州甚至以39%的比例成了在小学阶段之后最多人选择的学校类型。除了这两个州以及一些个别特例之外，在过去的20年中，对于普通中学的需求发生了巨大的变化。普通中学首先是一种广为接受的学校类型，但现在选择它的人数却越来越少——在一些地区，即便到目前为止都有着较为突出的需求，但也存在着类似的趋势。PISA 2002年的调查显示，全德约有五分之一的普通中学都运行在问题重重的学习大环境中。这些学校的特点是，就读青少年学生中拥有移民背景的比例极高，这导致其社会地位较低，且往往还面临着学习困难以及行为问题。根据PISA 2003年的调查中校长自我评估的结果，65%的普通中学甚至属于所谓的"有负担的学校"。在公众的认知中，即使普通中学之间已不再始终具备可比性，但它们也正在发展成为"问题学校"。而事实上，由于普通中学学生比例的持续降低以及学生整体构成情况不佳，这些都对某些普通中学的成绩以及学校发展造成了巨大影响。

而另一大发展趋势为：过渡进入文理中学的情况几乎保持着持续增长。在2006/07学年中，这一增长情况也得到了进一步延续，并未受到个别州的其他学校类型供应的影响。在11个州中，大部分的学生会在四年级之后过渡进入文理中学（图D1-1，表D1-1A）。而在某些州里（例如在石勒苏益格-荷尔斯泰因州以及萨尔州），虽然其他类型的学校在不久之前还录取了大部分的学生，但在此期间，已有约40%的学生进入了文理中学。2006年版教育报告就已指出，来自较低层次社会群体以及拥有移民背景的青少年会受到歧视。而中等教育第一阶段结束时的学生分流情况的分析结果表明，这种歧视依然存在（图D1-6A，表D1-8web）。即便社会经济地位相同，但如果学生家长的一方或双方在国外出生的话，他们也会比德国学生更少地进入文理中学，并更多地在资质较低的学校中就读。

在两个推行六年制小学的联邦州里，初等教育到中等教育的过渡还呈现出了一个结构性的特点。[①] 在柏林以及勃兰登堡州，越来越多的学生在四年级之后会从小学过渡进入基础的文理中学，而且基础的文理中学提供的位置也越来越多（表D1-9web）。目前，在柏林已有超过9%的四年级学生过渡进入文理中学，在勃兰登堡州则接近6%。同时，在2007/08学年中，在某些前提条件的约束下，在小学六年级时就提早进行过渡的可能性进一步扩大。

过渡阶段的地区性差异

学生分流进入下一阶段学校类型的情况各有不同。这些差异不仅存在于联邦州以及

---

① 自2006/07学年起，梅克伦堡-前波莫瑞州也有了一个结构性的特点：到文理中学的过渡（体育类以及音乐类文理中学除外）会在七年级的时候发生。

区域和乡镇之间，也存在于它们之内。在下文中，我们会紧密结合 2006 年版教育报告，首先对就读文理中学七年级的学生在地区性差异方面的发展情况进行观察(图 D1 - 2)。

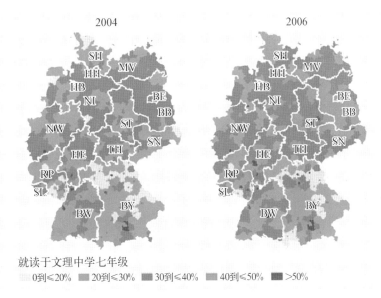

2004　　　　　　　　2006

就读于文理中学七年级

0到≤20%　20到≤30%　30到≤40%　40到≤50%　>50%

图 D1 - 2　2004 年和 2006 年就读于文理中学七年级学生情况的地区性差异(单位：%)

来源：联邦及各州统计局，2004 年和 2006 年学年的地区数据统计

若对 2004 年以及 2006 年的文理中学就读情况进行比较的话，我们可以发现，虽然各地区的情况有所不同，但在 80% 的乡镇内，就读文理中学的人数均出现了不同程度的增长。特别是就读文理中学的比例在 40% 至 50% 之间的乡镇数量有了显著的提升(表 D1 - 2A)。

在这一背景下就出现了这样一个问题，即在忽略学校类型的情况下，学校的供应情况发生了什么变化。我们将 1995 年至 2005 年之间两个乡镇对照组进行近似比较。在这两个对照组中，10 岁至 15 岁常住人口的发展情况是完全相反的：在 450 个德国地区或联邦直辖市中(包括柏林)，有 120 个乡镇的 10 岁至 15 岁的常住人口减少超过 10%，而有 97 个乡镇则发生了超过 10% 的增长。我们将针对这两个乡镇对照组分析其学校供应的发展情况(图 D1 - 3，表 D1 - 10web)。

在所有的德国东部地区，学校供应都明显集中了起来

德国东部的所有乡镇以及不来梅和下萨克森州的两个乡镇均出现了超过 10% 的回落幅度。在这些乡镇中，那些 1995 年已存在的学校供应到 2005 年时已经难以为继。某些学校拥有多种可获得普通中学毕业证或者中级学校毕业证的教育过程，此类学校的平均数量在 1995 年至 2005 年之间保持着高位运行。某些学生在七年级时进入提供多种教育过程的学校就读，这类学生比例也在此期间从 27% 上升至 48%(图 D1 - 3，表 D1 - 10web)。在这些乡镇地区中，由于学生数量急剧回落，部分文理中学也被关闭(通常来说是通过驻地内学校合并的方式)，但这并未对文理中学的就读率造成负面影响。2005 年，七年级时就读文理中学的比例超过 38%，高于 1995 年(35%)。

尽管文理中学的地点分布略有减少，但文理中学的就读率有所增加

在学生数量增幅超过 10% 的乡镇地区中，普通中学在 2005 年的保有量是低于 1995 年的。当其他各个学校类型趋于稳定的时候，普通中学却无法从学生人数的增长中获益。

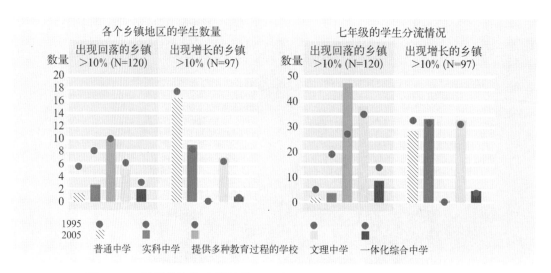

图 D1－3 根据学校类型*统计的 1995 年及 2005 年学生数量出现回落以及增长**地区中的学校供给以及学生分流情况

* 不含私立华德福学校以及促进学校

** 所呈现的是那些 10 岁至 15 岁的常住人口的回落幅度或者增长幅度超过 10% 的乡镇地区[Ⓜ]

来源：联邦及各州统计局，1995 年及 2005 年的地区数据统计，自己计算得出

就读私立学校

一部分学生会在上完公立或私立小学之后过渡到中等教育第一阶段中的私立学校。在私立学校的领域，私立华德福学校占据了大量且重要的份额。在 2006/07 学年，共有 192 所私立华德福学校（对比：1996/97 学年为 157 所），绝大部分分布在巴登-符腾堡州以及北莱茵-威斯特法伦州。在各个类型的私立学校领域中都看得到私立华德福学校的增长趋势，而且其学生数量也在不断增加（表 D1－3A）。在 1996/97 学年至 2006/07 学年之间，私立华德福学校学生数量从 500000 增加到了 669000，在所有学生数量中所占据的比重从 5% 上升到了 7%。这样一来，私立学校的学生总数就增加了 25%，而在同一时期内，公立学校的学生总数则下滑了约 9%。

私立学校的数量从 1996/97 学年的 2200 所增加到了 2006/07 学年的逾 3000 所。在私立学校领域中，呈现出三大重点（表 D1－3A）：超过三分之一的学生就读于文理中学；在促进学校领域中，私立学校供应也起着尤为突出的作用；有六分之一（约 17%）的促进学校学生是在私人承办的学校中上课的。最后，我们还应注意到由私人进行承办的小学数量的增长（1996 年：276 所，2006 年：624 所）。除了这些学校类型之外，几乎所有其他的学校类型也有了显著的增长，其中以提供多种教育过程的学校为甚。私人承办的普通学校也是同样的情况。与公立教育系统中的发展趋势不同，这类学校的数量同样在增长。

在所有的学校类型中，私立学校中的学生数量都有所增长，普通中学的情况也是如此

在中等教育第一阶段中转换学校类型[Ⓜ]

在 2006/07 学年，约有 64000 名学生（不包括私立华德福学校以及促进学校）在七、八或者九年级时进入与前一年不同类型的学校就读（表 D1－4A）。就七至九年级的学生而言，全德的学校转换率接近 3%。学校类型供应在一个州之内的不同结构组成（例如学校类

型的多样性)与转换频率之间,并不存在直接的关联。

在这将近 3% 的转换率中,在德国发生的大部分学校类型转换都是进入较低资质学校类型的向下转换(图 D1-4,表 D1-11web)。其中,39% 为离开文理中学的向下转换,27% 为离开实科中学并进入普通中学的转换。总体来看,在全德范围内,包括德国西部地区以及德国东部地区,平均每发生一个进入较高资质学校类型的转换就会相应地发生五个向下转换[M]。向上转换和向下转换之间的关系在各州之间有一定的差异,例如柏林的比例为 1∶15,不来梅则为 1∶2.5。此外还有许多学校类型转换,我们无法界定它们是属于向上转换还是向下转换(例如实科中学和综合中学之间的转换)。向上转换大部分都是从普通中学到实科中学的转换。虽然有不少研究表明,有相当数量的适合文理中学的学生并没有进入文理中学就读,但进入文理中学的转换仍是个例。此外,在这些观察中,并未将学生在各个学校类型中所获得的或者后补取得的毕业证书类型纳入考虑范围(参见 D7 章节)。

> 较低的转换率以及大量的向下转换都说明了渗透性方面的问题

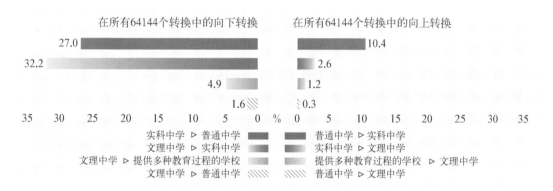

图 D1-4　2006/07 学年在七至九年级中发生的向上转换以及向下
转换学校类型(占所有学校转换的百分比,单位:%)

来源:联邦及各州统计局,2006/07 学年学校数据统计,自己计算得出

进入以及离开促进学校的转换

在我们观察至今的普通教育学校类型中,有些儿童及青少年在现有的教育、人力以及组织条件下是跟不上课堂学习的。对他们来说,存在着采用特殊教育的促进需求。在 2006/07 学年中,约有 485000 名学生确认存在这一需求。这一数字相当于一年级到十年级学生总人数(图 D1-5,表 D1-5A)的 5.8%。2006 年版教育报告已经指出,促进率在过去的十年中呈现出了上升的趋势。而这一百分比说明,这一趋势仍在继续。虽然学习这一促进重点所占比例为 2.7%,略低于 2004/05 学年(2.8%),但对于大部分有着特殊促进需求的学生来说,他们的促进重点仍是学习。

> 特殊教育的促进需求有所增长

相较转入促进学校这一做法而言,所有的联邦州都优先向其他的普通教育学校提供一体化的促进支持。目前,全德约有 16% 的存在促进需求的学生正在接受一体化课程(表 D1-5A)。各州之间,这一数据的跨度从 5%(下萨克森州)到 45%(不来梅市)不等。这一差异显示特殊教育在确认流程以及分配流程方面的明显区别,或者也可以说是显示了其容纳的极限。

> 一体化促进在各州的铺开程度差异极大

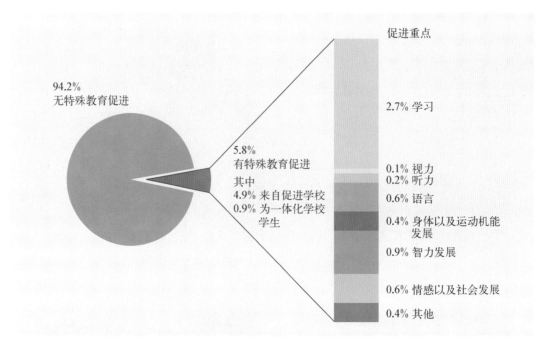

图 D1‑5　根据促进重点统计的 2006/07 学年特殊教育促进率(占所有学生的百分比,单位:%)

来源:德国文教部长联席会议秘书处(2007),1997 年至 2006 年学校中的特殊教育促进

每发生三个进入促进学校的转化就会有一个离开促进学校的转化

与以往一样,特殊教育的促进更多地是在促进学校进行的。在 2006/07 学年中,有2.4%的儿童进入促进学校开始读书。在初等教育以及中等教育领域的各年级段中,既有进入促进学校的转换,也有从促进学校转入其他学校类型的转换。转换进入其他普通教育学校类型^M的做法,并非对所有促进重点来说都是可能的(例如听力、视力、智力发展等促进重点)。即便人们考虑到了这一点,转换进入促进学校仍然在数量上明显占据绝对优势(表 D1‑6A):全国约有 8%的促进学校学生在上一学年还就读于另一种普通教育学校,而同时,2006/07 学年中约 3%的促进学校学生则相反地转换进入一种其他的普通教育学校(包括就读一体化班级)。通过观察发现,各州的转换率之间存在巨大的差异(表 D1‑6A)。

进入普通中等教育第二阶段的过渡

过渡而进入普通中等教育第二阶段的不同道路

在普通教育学校的中等教育第一阶段的九或十年级结束时,学生们面临着又一次的过渡选择。考虑到大学新生人数的增长,过渡进入中等教育第二阶段中一个普通教育过程则具有特别的意义。在 2006/07 学年中,全国过渡进入普通中等教育第二阶段的人数^M约占在中等教育第一阶段的学校中读完十年级人数的 60%(表 D1‑12web)。其中,40%为进入文理中学、一体化综合中学、私立华德福学校或者促进学校的过渡,约 20%为进入专科高中、专科文理中学或者职业/技术类高中的过渡。

在所有的联邦州内,文理中学中都存在着高年级阶段。在 2005/06 学年就读十年级的学生中,约 36%的人在 2006/07 学年进入文理中学就读。此外,在 9 个联邦州内,文理中学高年级阶段还大量地存在于一体化综合中学之中。在 2006/07 学年,近 10%的十一年级学生是在综合中学里就读文理中学高年级阶段的。

约有 93% 的文理中学学生在十一年级时离开了中等教育第一阶段中的文理中学部分，以升级的方式（此外，在越来越多的联邦州里，还必须在十年级结束时参加结业考试），过渡而进入文理中学的高年级阶段就读（表 D1－7A）。只有很小一部分的学生离开的是中等教育第一阶段中的其他类型学校，其中绝大多数是离开实科中学的学生（在 2006/07 学年约为 5%）。在进入综合中学就读文理中学高年级阶段的学生中，有 73% 的人本身就是来自中等教育第一阶段中的综合中学的。这相当于 2005/06 学年综合中学十年级学生总人数的四分之一。另外有 15% 的学生来自实科中学，4% 的学生来自普通中学。在进入文理中学高年级阶段的综合中学学生中，还有 6% 的学生在上一学年时就读于文理中学。在 2000/01 学年至 2006/07 学年之间，综合中学中的文理中学高年级阶段向越来越多来自普通中学以及实科中学的学生敞开了大门，在他们获得高等学校入学资格的道路上助上一臂之力（表 D1－7A）。

越来越多的来自普通中学和实科中学的学生就读综合中学的文理中学高年级阶段

Ⓜ 概念注释

根据人口发展情况进行区域分组：对 1995 年至 2005 年之间各个地区内的 10 岁至 15 岁人口的数量发展情况进行分析，并得到了下列分组结果：1）儿童人数回落超过 10%（N＝120 个地区）；2）儿童人数回落未超过 10%（N＝66 个地区）；3）儿童人数增长未超过 10%（N＝167 个地区）；4）儿童人数增长超过 10%（N＝17 个地区）。

学校类型转换：由于数据的原因，本文无法将在同一学校类型中发生变更教育过程的情况（例如提供多种教育过程的学校类型）纳入考虑范围内。

德国东部地区向上转换和向下转换之间的关系：2006 年版教育报告显示，德国东部地区向上的学校转换和向下的学校转换的关系是均衡的。这应归结于萨克森-安哈特州的学校结构的发展情况。在那里，从提供多种教育过程的学校类型进入文理中学的转换数量较大。这是因为提供多种教育过程的学校的"定向阶段"在此期间成为了文理中学的七年级。从 2003/04 学年其才又开始进行在小学末期进入文理中学五年级的过渡。

促进率：促进率与全日制义务教育年龄段中（普通教育学校的一至十年级）有着特殊教育促进需求的学生人数在学生总人数中所占的百分比相符。对照 2006 年版教育报告，所呈现的促进比例存在着差异，这是由于使用了另一数据库而引起的：2006 年版教育报告援引的是联邦统计局的学校统计数据（比例 2004 年 5.0%，2006 年 5.1%），而本教育报告是以德国文教部长联席会议在"1997－2006 年度学校中的特殊教育促进"（比例 2004 年 5.6%，2006 年 5.8%）中的全面统计数据为基础的。

促进学校以及其他普通教育学校类型之间的转换：有关促进学校转换的数据并未包含由于促进重点不同而出现的差异。因此，该数据无法将无力回到其他普通教育学校的促进学校学生的数量排除在外。同样的，特殊教育的促进需求——在转换进入促进学校时是否已经在转出学校一体化地得到了满足，或者原促进学校学生在转换学校之后是否会随即得到一体化的促进帮助，这些情况也很难得到验证。

普通中等教育第二阶段：除文理中学的高年级阶段（包括文理中学、一体化综合中学、促进学校以及私立华德福学校中的高年级阶段）之外，专科高中、专科文理中学以及职业/技术类高中也属于普通中等教育第二阶段部分，其原因在于，这些职业学校并非充当着传授职业资格的角色，而是用来让学生获得普通教育学校毕业证的（参见词汇表）。

D2 留级

2006 年版教育报告指出，平均有三分之一的学生会在其教育过程中遇到时间滞后的情况。在国际对比中,这是一个较高的比例。在这样的情况下,人们不仅注意到了与留级密切相连的额外教育时间以及额外费用,还注意到了留级重读学生的成绩平均看来几乎没有得到改善。正是这些事实情况让"留级"这一话题不断地出现在时下的公众讨论以及教育政策和行政管理决策的议程之中。

留级的年级段比较以及联邦州之间的对比

在 2006/07 学年中,全德共有约 234000 名初等教育至中等教育第二阶段的学生留了级,占学生总人数的 2.7%。相较 2004/05 学年而言,这个留级率[M]是略有下降的。在各个联邦州之间,留级率是不同的,从巴登-符腾堡州的 1.8% 到巴伐利亚州的 3.8% 不等。除梅克伦堡-前波莫瑞州之外(图 D2-1,表 D2-1A),各州在初等教育阶段的留级率都是最低的,而且留级率明显是接近的(柏林和图林根州均为 0.4%,最高为不来梅市的 2.5%)。在中等教育第一阶段,留级率明显上升(巴伐利亚州的留级率接近 6%)。而在大部分联邦州的普通中等教育第二阶段中,留级率则回落至 4% 以下。特别是在八年级和九年级中,留级率居高不下,在部分十一年级中,留级率也不低(表 D2-3web)。

巴登-符腾堡州
的留级率较低

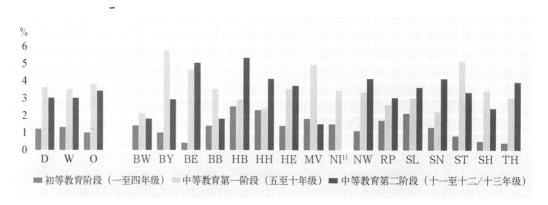

图 D2-1　根据学校类型统计的各州 2006/07 学年的留级率(单位:%)

＊ 中等教育第二阶段的数据基于文理中学以及一体化综合中学
1) 在下萨克森州,没有关于中等教育第二阶段中留级生数量的登记信息
来源:联邦及各州统计局,2006/07 学年学校数据统计

在这三个所列举的年级段中,初等教育阶段不仅在几乎所有联邦州里都拥有着最低的留级率,而且较 2004/05 学年而言,初等教育阶段的留级率也得到了进一步的降低。然而,这一数字回落的原因归根结底在于,留级生从三年级开始才会被纳入进行联邦州的统计学比较的考量范围内。

留级率总体回
落,但在中等教
育第二阶段略有
上升

在两个时间点之间,中等教育第一阶段的情况基本未发生变化,而在中等教育第二阶段中,留级情况却在全德范围内发生了略微的增长,且在德国东部、西部地区并无二致。但每个州的情况差异极大:留级比例在柏林、汉堡、北莱茵-威斯特法伦州、莱茵兰-普法尔茨州、萨克森州、萨克森-安哈特州以及图林根州有所上升,反之,在不来梅、黑森州、萨尔州以及石勒苏益格-荷尔斯泰因州有所下降。而在这两个时间点上,巴登-符腾堡州、勃兰登堡州以及梅克伦堡-前波莫瑞州则呈现出了稳定的低比例(低于 2%)。

根据学校类型以及性别对留级率的发展情况进行比较

就留级率在各个学校类型中的情况来看，可以发现，有一部分留级的学生更换了学校类型，从而达到避免留级的目的，以留级生的身份在接收学校中升了一年级。正因如此，实科中学的留级率是最高的，超过了 5%，但这一数字相较 1995/96 学年呈现出了下降的趋势（图 D2 - 2，表 D2 - 2A）。与此相应的，文理中学作为一类输出学生但仅有限地接收学生的学校（参见 D1 章节），其留级率相对较低、甚至在中途出现了一次上升之后（2000/01 学年）又出现了下降趋势。在普通中学以及提供多种教育过程的学校中，由于它们接收了来自其他学校的学生，从而导致留级率有所上升，这也表明了一种逐步增加的压力。

在普通中学以及提供多种教育过程的学校中，留级生人数上升从 2000/01 学年起，文理中学的留级生人数明显下降

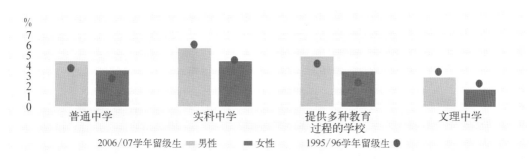

图 D2 - 2　根据学校类型和性别统计的 1995/96 学年以及 2006/07 学年的留级率发展情况（单位：%）

* 从 2004/05 学年开始才有关于一体化综合中学留级生数量的全国数据
来源：联邦及各州统计局，1995/96 学年及 2006/07 学年学校数据统计

留级与男生和女生之间的相关性是不尽相同的。在除了小学阶段之外的各个年级中，男生需要一次或者多次留级的可能性都更大一些（表 D2 - 3web）。不论男生或女生，若拥有移民背景的话，其留级的可能性都要高于德国籍学生。2006 年版教育报告第 152 页指出，这一趋势在小学中就已经出现了苗头，在中等教育第一阶段才有所好转。

目前尚难判定，在过去两年中所引入的专门针对成绩较差学生的促进措施是否对留级生的比例产生了影响。中等教育第一阶段中相对较高的留级率以及在普通中学以及提供多种教育过程的学校中出现的留级生数量上升的情况，已经引起了人们的关注，需要继续采取必要的行动。

尤其是在中等教育第一阶段中存在着采取行动的必要

Ⓜ概念注释

官方统计中的留级率： 2.7% 的留级率是基于 2006/07 学年普通教育的学校中 880 万在校学生的；不包括学前班、学校幼儿园、私立华德福学校、促进学校、夜校以及大学预科。若把这些学校也包括在内的话，学生人数约为 940 万。

留级率即为，在所观察的年级中，在过去一个学年中同样就读该年级的学生在所有学生中所占的比例。自愿重读一年的学生以及来自外国的学生或者从其他渠道来的学生也可算作为留级生。在所观察的学年中，在学校官方统计截止日之后被留级的学生不被视作是留级生。

由于多个联邦州均引入了灵活的中学入门阶段，所以在初级教育阶段中，从三年级开始才能够对各联邦州的留级生进行统计学上的比较。

D3 学龄期的全日制教育和照管

在当前有关优化德国学校体系的辩论中,建立以及扩建全日制学校都是改革努力的核心所在。尤其是关于国际学生评估项目(PISA)结果的讨论,已经将人们的目光引导到了其他学习组织以及课外学习世界的重要性上了。在德国,用于拓展学龄儿童课堂的教育、照管以及教养的课程分布在不同类型的机构中,例如全日制学校或者学童日托所[Ⓜ]。下文中,我们将集中关注全日制供应情况的发展,并以校内及校外的全日制供应之间的关系为主题。

全日制学校供应在数量上的扩大

在所有的学校管理单位中,约有三分之一处于全日制运作中

在过去的几年中,全日制学校不断地被建立起来并进一步地得到了扩大。进行全日制运作的学校管理单位[Ⓜ]的数量在 2002 年为 4951 个,到 2006 年增加到了 9688 个,在 4 年的时间内,这一数量差不多翻了一番。由此一来,2006 年一共约有三分之一的学校管理单位提供了全日制岗位。

在各个学校类型中,全日制学校教育以及照管的扩大情况有所不同。小学中的全日制供应增加得最多。在 2002 年至 2006 年之间,它们的这一数字增加了 2.5 倍。这占到了 2006 年所有小学数量的 29%(图 D3 - 1,表 D3 - 1A,表 D3 - 2A)。

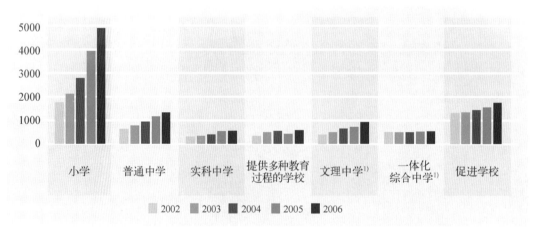

图 D3 - 1　根据学校类型统计的 2002 年到 2006 年之间全日制学校供应的数量在初等教育阶段以及中等教育第一阶段中的扩大情况

1) 不含文理中学高年级阶段

来源:文教部长联席会议秘书处(2008),联邦德国各州全日制普通学校 2002 年至 2006 年数据统计,表 2.1.1—2.1.9

同样,在普通中学以及文理中学中,全日制供应也进行了显著的扩张——占到了 28% 至 30% 的份额。约有四分之三的一体化综合中学以及近一半的促进学校拥有全日制名额供应。在不同的联邦州里,全日制学校在各个学校类型中所占的份额显示出了极大的差异。例如在小学阶段中,全日制学校在联邦州中的平均比例约为 29%,但它的分布情况并

不相同,在巴登-符腾堡州的比例为 2%,而在图林根州的比例为 98%,在柏林的比例则为 100%(表 D3 - 2A)。

全日制学校运作的组织模式

以学生在各自学校中参加全日制供应的约束程度为依据,德国文教部长联席会议 (KMK)区分出了三个模式:在义务式模式中,所有儿童都有参与的义务;在半开放式模式中,只有一部分学生有参与的义务;而在开放式的全日制学校中,学生可以根据自身的意愿来参加到全日制供应之中。在提供全日制供应的小学中,约有93%的学校采用的是开放式的模式。在实科中学、文理中学以及提供多种教育过程的学校类型中,开放式的全日制学校也同样呈现出了较高的比例(图 D3 - 2,表 D3 - 1A)。

全日制运作的组织中,开放制的组织模式占据了主导地位

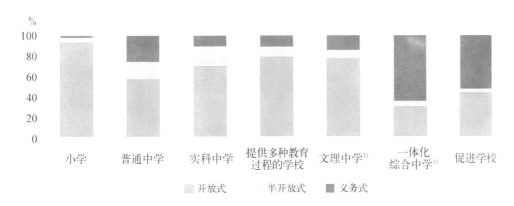

图 D3 - 2　**2006 年初等教育阶段和中等教育第一阶段中义务式、半开放式以及开放式全日制学校的情况(所有全日制学校占各个学校类型中的百分比,单位:%)**

1) 不含文理中学高年级阶段

来源:文教部长联席会议秘书处(2008),联邦德国各州全日制普通学校 2002 年至 2006 年数据统计,表 2.1.1—2.1.9

总体来看,尽管联邦州之间有着巨大的差异,在德国的全日制学校中开放式的组织模式在数量上占据了绝对的优势。这就导致了就读全日制的学生比例要低于全日制学校提供名额的比例(表 D3 - 2A,表 D3 - 6web)。造成这些学校在全日制形式上的差异以及学生在使用全日制供应方面比例差别的原因在于不同的组织模式,这些组织模式具有不同的参与约束度,并呈现出各具特色的融资形式。

全日制学校供应名额的使用情况

2002 年,全日制供应中的学生数量比例为 10%,到 2006 年时,这一数字已上升到 18%。这一情况主要应归结于学生数量在开放式全日制学校中的大量增长。在这一过程中,不但德国西部与东部地区之间出现了明显的差异,各个联邦州的情况也是不尽相同的。萨克森州的份额最高,全日制照管中的学生比例达到了 47%,而最低参与比例出现在巴伐利亚州,为 4%,萨尔州的比例也仅为 8%(表 D3 - 6web)。

全日制学校供应中的学生比例上升

在各个单一的学校类型中,在全日制供应参与度方面的差距也是非常大的(表 D3 - 3A):在一体化综合中学中,近四分之三的学生参与到了全日制学习中,而促进学校中的比例也

是比较高的,超过了三分之一,但实科学校的比例最低,仅有不到10%的学生参与到了全日制照管之中。在能够以全日制教育以及照管的方式提供个性化特别促进机会的小学以及普通中学中,参与比例也低于20%(表D3－4A,表D3－7web)。

除了全日制学校在数量上的扩张情况以及参与人数的发展情况,仍旧无法以指标为依据,对特殊纲领以及全日制供应的质量进行说明。

根据学校类型的不同,全日制学校供应中的学生比例从9%到75%不等

作为全日制教育以及照管补充供应的学童日托所

在全日制学校进行扩张之前,由不同方面推动建立的日托所就已经存在于所有联邦州中了。它们要么是儿童和青少年福利中心,要么是学校日托所的一种组织形式,尤其在德国东部。日托所始终是作为一种补充性的教育以及照管供应(表D3－8web)而存在的,主要面向低于11岁年龄段的学生,即面对小学学童。同时,日托所除了与全日制学校和谐共处,还与其在合作、合并以及竞争和排挤等方面发展出了多种多样的关系。

德国东部地区的照管比例明显较高

在小学学童的总照管率^{⑩}方面,德国东部与西部地区之间始终呈现出了巨大的差异(表D3－5A)。在德国西部地区,总照管率约达13%(误差约为＋／－0.4个百分点),东部则与之相反,照管率极高,约达65%(误差约为＋／－1.6个百分点)。

⑩概念注释

学童日托所:本概念指的是仅向学龄儿童提供服务的日托所。此外还包括向学龄儿童提供服务的面向全年龄段的日托所。

学校管理单位:全日制供应往往被置于拥有多种学校类型的学校中心之前。此类学校中心算作是一个管理单位。通过这种捆绑的方式,学校特有机构设施的数量超过了管理单位的总数。只有2002年以及2003年才在梅克伦堡-前波莫瑞州将全日制学校认作是管理单位,原因在于没有其他可用的数字。

学童日托所以及全日制学校中的总照管率:若简单地把学童日托所以及全日制学校中的学童人次进行相加的话,会导致重复计数。其原因在于,若日托所与学校有着紧密合作的话,则针对此类日托所学童的供应往往都会被同时包括在这两个统计中。以在各州进行的全面调查为基础,可以对在两个统计中均出现过的儿童数量作进一步的界定。随着对重复计数进行界定处理的展开,可在一定的误差范围内对小学学龄儿童的总照管率进行估算。儿童和青少年福利中心数据统计也证明,有366000名不到11岁的学童在上学童日托所。在这些儿童中,可证明有84000名儿童同样出现了KMK统计中。此外,最终无法澄清其中的39000名儿童(其中,德国西部地区有23500名儿童,德国东部地区有15500名儿童)是否出现在了KMK的统计中。因此,若要对小学学童的总照管率进行估算的话,还必须将KMK统计中的400000名儿童中的243000至282000名儿童纳入估算范围之中;取中间数的话则为263000名儿童。

对于巴登-符腾堡州、不来梅、柏林、黑森州、下萨克森州、北莱茵-威斯特法伦州、莱茵兰-普法尔茨州、萨尔州、萨克森-安哈特州以及图林根州来说,可以确定两个统计中并未出现重复计数。对于巴伐利亚州、勃兰登堡州、汉堡、梅克伦堡-前波莫瑞州以及石勒苏益格-荷尔斯泰因州来说,虽然进行过强化调查,但是仍无法排除儿童均出现在这两个统计中的情况。

D4 中小学教职人员

关于学校和课堂质量的发展以及学校教学流程的发展等方面的实质性框架条件,将通过人员选拔、人力投入以及人员资质鉴定的方式进行定义。紧接着 B4 部分中所呈现的内容，我们将从该指标出发，根据年龄特征、性别特征以及工作范围等方面的情况，对普通教育教育过程中教师队伍的组成情况进行有区别的深入研究。最后，我们还将探讨教师职业的工作条件以及教师工作的专业性等方面的情况。我们首先关注的是教育人员专业资质方面的发展情况。

教育人员的资质鉴定

在德国，除了巴登-符腾堡州之外，教育系统中的教育人员都是在大学里完成职业培训的。而在巴登-符腾堡州，教师职业培训有一部分是定点在教育高校中进行的。长时间以来，虽然不同的模式各有差异，而且在原民主德国的前期还存在过一种完全不同的职业教育结构，但是教师职业教育都是依照着一个传统模板进行的：根据教师职务以及所属年级段的情况，针对专业学习、教学法和教育学科学习的职业培训会长达 6 至 9.5 个学期，在职业培训结束时，需要参加第一次国家考试。通过考试并得以进入教师职业培训第二阶段的教师，需要继续进行持续 18 至 24 个月的第二阶段，即见习期。这种学术性的教师职业培训，是一种可以随着时间的推进而进行升级的模式，但这也导致了教师的职业培训平均会持续 6 年的时间，明显高于其他大部分经合组织成员国的平均数。[①] 但是这些国家也会部分地放弃在大学中进行的职业培训。与此同时，从国际比较来看，教师职业培训的模式都是不相同的，而这些差异也对富有文化特色的课堂模板产生了深刻的影响。而这些课堂模板又能在很大程度上说明学生不同的学习成果之间的差异。

目前，在大部分的联邦州里，这一流传下来的教师职业培训模式都正经历着一次深刻的变化过程。在这一过程中，重要的因素为在国际上常见的学士及硕士结构（参见 F1 章节）、加大专业教学法和教育科学等内容在职业培训中的比重，以及强调与实际的联系。

教师年龄结构的国际及国内对比

正如在 B4 章节中所阐明的情况，在国际对比中，除了意大利之外，德国教育系统中老教师的比例也是极高的。如果人们对中等教育第一阶段的教师年龄结构进行更为仔细的观察并进行国际对比的话，就可以确认：在经合组织成员国的中等教育第一阶段中，2005 年时平均约有三分之一的老师年龄等于或高于 50 岁，但在德国，这一年龄组的比例超过了 60%。在年轻教师比例（30 岁以下）方面，德国的比例接近 5%，明显区别于经合组织成员国的平均数（13%）（图 D4 - 1，表 D4 - 4web）。即使在其他年龄组（30 至 40 岁以及 40 至 50 岁）中，德国的比例也低于经合组织成员国或者欧盟 19 国的平均数。

正是由于德国教师年龄结构的问题，可以预见在接下来的 10 至 15 年中，对于具有资质的教育人力会持续存在着相对较高的接替需求。即便目前还没有对于针对正在大学中接受职业培训的教师的聘用需求及其新的供应情况进行过最新的预测，但 KMK 在 2003

国际比较显示：老教师在德国中等教育第二阶段中的比例很高

[①]　参见经合组织：《教育概览》，巴黎，2003 年，第 397 页。

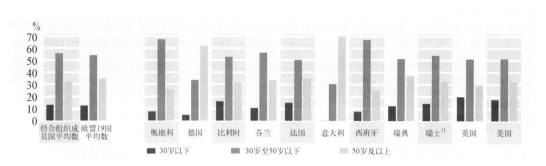

图 D4－1　2005 年各国中等教育第一阶段中的师资年龄组成情况（单位：%）

1）仅限于公共教育机构

来源：经合组织（2007），教育概览

年所做的前一次评估预测已经明确地指出了这一需求的发展趋势：①如果按照这一评估预测的结果，那么到 2015 年的时候，在那些 2002/03 学年中仍在工作的教师中，差不多会有近一半的人离职。与这一聘用需求相对应的是，在同一时间段中，从见习期毕业的人数约只有这一数字的一半。即便在当下的评估预测中尚未能够将教师提前离职、教师长期病休或学生人口数量发展所带来的影响（参见 A 章）等方面的发展情况纳入到考虑范围之内，且实际的教师聘用需求又显得较低，仍对具备了教育资质的人力存在着较高的需求。在不同的专业、年级段以及地区中，这一需求也很可能是不同的。所谓的来自其他渠道的学生人数的增长（参见 I1 章节）、教师教授非本专业学科的情况或者诸如"教学第一"等倡议活动也在必要的教育、教学法以及学科教学法的资质等方面提出了一些疑问。必须要找到针对教学活动去专业化这一现象的解决办法。

对于具有教育资质的人员有着极大的置换需求

在 2006/07 学年，德国东西部地区在年龄超过 50 岁的教师方面的差距有所缩小（从超过 50% 下滑至 47%），但在年纪较小的年龄组中仍然存在着明显的差异（表 D4－1A）。在德国东部地区，40 至 50 岁的教师比例为 39%，在西部地区，这一数字则为 21%。在 30 岁以下以及 30 至 40 岁的教师人群中，年龄结构的情况虽然相反，但是差异依旧明显。在德国东部地区的联邦州内，由于人口发展（参见 A1 章节）情况以及由此产生的教师挤压现象，对于年轻教师而言，就业面是非常小的。30 岁以下的教师群体只占到了 1% 的比例，这也正说明了这一情况（在德国西部地区为 5%）。

东西德在年龄结构方面存在着明显差异

教师的性别结构和工作范围

2006/07 学年，普通教育教育过程的教育人员中，约有三分之一为女性。在德国东部地区，这一比例甚至达到了 79%（表 D4－2A）。除了少数特例之外，在所有的学校类型以及 3 个年级段中，女教师都占据了数量上的优势，甚至在部分类型或阶段中占据了绝大多数（表 D4－5web）。

在普通教育学校中，三分之二的教师为女性

如果人们根据性别以及工作范围对教师组成的情况进行观察的话[M]，则女教师的比例并不一致：虽然从总体上来看，确实有更多的女教师在教育系统中工作，但在部分时

---

① 参见德国文教部长联席会议秘书处：《联邦德国的教师调整需求以及供应。模式计算 2002 至 2015 年度》，波恩，2003 年。

间在岗的教师或者以课时计的教师中,女性教师的人数远超男性教师(表 D4－2A,表
D4－5web)。如果将部分时间在岗的工作换算成对等的全时在职工作的话,则女性教师与
男性教师的比例就均衡了。然而就个人而言,这一差异仍是非常显著的。

　　与教师工作范围形成对比的是德国东西部之间地区性的差异以及东部地区内部的差
异(表 D4－2A)。在 2006/07 学年中,萨克森-安哈特州、萨尔州以及柏林的全时在职教师
比例最高。而梅克伦堡-前波莫瑞州和图林根州的全时在职教师比例明显最低。在巴伐利
亚州、巴登-符腾堡州、黑森州以及莱茵兰-普法尔茨州里,以课时计的教师的比例较高,超
过了平均水平。

教育人员的工作结构呈现出巨大的地区性差异

　　根据工作范围划分的教育人员组合情况,不仅在地区对比中不尽相同,而且在不同的
学校类型中也有所差异。在 2006/07 学年中,小学中的部分时间在岗的工作人员主要是女
性教师,而在文理中学中,全时在职工作人员大部分是男性教师(图 D4－2,表 D4－5web)。
提供多种教育过程的学校主要分布在德国东部地区的联邦州里,那里的情况显示,女性
教师所占比例较高。按照学校类型进行的观察则显示,在整个教育系统中,男性全时在
职教师在全体男性教师中所占的比重无一例外地均高于女性全时在职教师在全体女性
教师中所占的比重:一般来说,教师主要都是全时在职教师,然而只有约一半的女教师
是全时在职教师。

在各个学校类型中,性别比例是不一样的

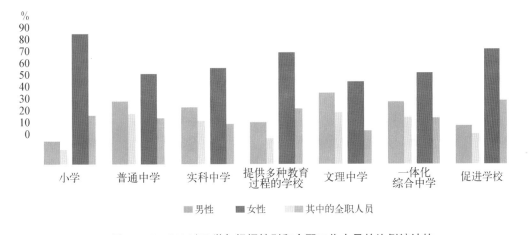

图 D4－2　2006/07 学年根据性别和全职工作人员的比例统计的
所选学校类型中的师资情况(单位:%)

来源:联邦及各州统计局,2006/07 学年学校数据统计

　　从 1996/97 学年开始,不但在工作范围方面,而且在性别分布方面,教育人员的状态都
发生了明显的变化(表 D4－3A):女性教师占全部教师的比例从 63% 上升到了 68%。在
1996/97 学年,61% 的教师为全时在职教师,10 年后,这一数字变成了 52%。与之相反,部
分时间在岗的教师比例得到了提高,其原因在于,在女性教师与男性教师群里,该比例都出
现了增长的情况。

在过去的十年中:全时在职教师的数量出现了回落

　　我们一一观察了教育人员的三大特点:老教师占比例较高、女性人员居多且呈现出上
升趋势,以及全时在职教师比例持续下降。而对于这三大特征同时发展下去是否会对学校
以及课堂质量产生影响这一问题,现有的研究尚无法进行解答。

教师职业的工作条件

除了主观感受外,教师的工作条件和与之相关的压力情况也是各类研究的对象。这些研究鉴定的结果是无法作为数据基础来做说明依据的,类似的情况也发生在对教师离职与入职所做选择的情况说明中。

经合组织会选取几个方面对教师的工作条件进行汇报。主要需要说明的是国际对比中的师生数量比例(表 D4－6web)、班级规模(表 D4－7web)以及教师义务。在表 D4－8web 到表 D4－11web 中,我们可以找到与德国、联邦州以及所选取学校类型相对应的数据。

职业化

学校和课堂中的教育流程特别容易受到教师个人专业精神的影响。促进教师在教学法及教学诊断方面的能力提升、社会互动的能力以及处理多样性事物的能力是教育系统进一步提高质量的决定性因素,也是对教育系统进行成功引导的切入点。因此,教育人员职业化的问题就变得尤为重要了。与这一问题紧密相关的是,应如何通过教师职业培训以及继续教育的方式培养相应的能力。即便现有的经验性研究的结果已经将教师能力以及教师的专业精神特别明确地归入学校是否能够取得成功的决定因素之中,但在教师能力、教师行为以及学生学习成果之间的相互关系方面仍缺少大量的经验性研究。

对于教师职业专业化的信息需求是较为广泛的,由此还带来了教育政策和教育实践方面的挑战。相较而言,知识状态其实是相对薄弱的。[1]

Ⓜ **概念注释**

普通教育教育过程中的教育人员:数据基础为官方统计中的人员参考数据以及 KMK 统计中关于全时在职教师或等同于全时在职教师的参考数据(全时在职教师包括了可换算成为全时在职教师的部分时间在岗的教师、以课时计的教师、候选人和见习教师的自主课堂以及多重课堂)。观察对象除了普通教育学校(从学前班开始至大学预科为止)的教师之外,还包括专科文理学校以及职业/专科高中的教师,其原因在于,这些职业学校并不是用来让学生获得职业资格证的(参见词汇表)。没有将其他人员纳入考虑范围。

教师的工作范围:根据工作范围的不同,可以将处于公务员关系、雇员关系或者其他雇佣关系中的教师分成三类:(1)需要按照常规额定授课工作量(额定授课课时＝课时＋免去的授课时数)满课时工作的全时在职教师。(2)部分时间在岗的教师,根据各州不同的规定,他们个人的额定课时最多可以免去常规额定授课工作量的 50%。(3)以课时计的教师,他们的工作量少于全时在职教师常规额定授课工作量的50%。就算教师职务候选人/见习教师上课课时超过常规额定授课工作量的 50%,他们也属于以课时计的工作人员。

D5 校外学习活动

在儿童以及青少年的日常生活中,一系列的学习地点都主要通过非形式教育的方式,

---

① 参见:A. Scheunpflug,J. Baumert 以及 M. Kunter(2006):Schwerpunkt Professionelle Kompetenz von Lehrkräften. In: Zeitschrift für Erziehungswissenschaft Heft 4/2006,S.465ff.

在积极参与以及共同合作的基础上实现教育过程。在这一过程中,儿童及青少年工作、协会的共同参与以及参与为期一年的志愿服务等均扮演了核心角色。通常来说,这类志愿服务往往伴随着教育活动以及专业活动,并可以通过这种形式对经验以及教育流程进行检验和反省。即便目前还无法对通过这些活动所获得的能力进行标准化的提升和分析,但已有大量的经验性研究指出了参与者的结构以及这些活动与教育之间的重要关联。

儿童及青少年工作

由官方支持的儿童及青少年工作包括诸如青少年业余活动中开放性的青少年工作、青少年协会提供的活动以及国际青少年联谊活动等。其工作重点就是学龄期的儿童和青少年。

在过去的几年中,不同于其他教育学的工作领域,在儿童及青少年工作方面,获得官方支持的措施数量Ⓜ在全德范围内都出现了下滑的情况。在 12 岁至 21 岁的年龄段中,每 100 人对应的措施数量从 1996 年的 1.5 个下滑至 2004 年的 1.0 个(表 D5 - 3A);只有在柏林以及汉堡这两个市州中,措施数量在 2000 年至 2004 年之间变多了(表 D5 - 4A)。在过去几年中,参与到措施中的人数也同样出现了下滑。只有在不来梅、巴伐利亚州以及汉堡的相应年龄人群中,每 100 人对应的措施数量在 2000 年至 2004 年之间增加了(表 D5 - 5A)。在各州比较中,汉堡(52)、黑森州、柏林以及莱茵兰-普法尔茨州中参与到措施中的人数较高,而在不来梅(23)、图林根州以及萨克森-安哈特州的 12 岁至 21 岁人群中,每 100 位居民中只有不到 25 人参与到了措施之中。在过去的几年中,这种情况的发展状态也是不一致的:在约一半的联邦州里,每个措施的参与人数是上升的Ⓜ,而在另一半联邦州里,这一人数是回落的。

青少年工作的重要性出现了下滑的趋势,这在青少年工作公共支出的变化情况中也是有所反映的。在进行了通货膨胀调整处理之后,公共支出在 2000 年至 2006 年之间下降了约 6%(表 D5 - 6A,表 D5 - 11web)。如果人们以 12 岁至 21 岁人群中每 100 位居民为单位对青少年工作的总公共支出(包括乡镇地区的支出)进行计算的话,那么在 2000 年至 2006 年之间,此类支出在 6 个州中出现了增长,而在其他州中均出现了下滑的情况,在部分联邦州内,下滑幅度相当明显(表 D5 - 1)。

校外青少年工作的举措出现下滑

青少年工作的总支出出现下滑

表 D5 - 1:2000 年及 2006 年各州对每 100 名 12 岁至 21 岁人群在青少年工作方面的公共支出

州	对每 100 名 12 岁至 21 岁人群的支出		2000 年至 2006 年间的变化	
	欧元 EUR		单位:%	
	2000	2006	账面支出	经通货膨胀调整处理
巴登-符腾堡州	12925	12634	- 2.3	- 7.8
巴伐利亚州	12934	10845	- 16.1	- 18.7
柏林	27132	26243	- 3.3	- 9.4
勃兰登堡州	10064	13767	+ 36.8	+ 27.7

（续表）

州	对每 100 名 12 岁至 21 岁人群的支出		2000 年至 2006 年间的变化	
	欧元 EUR		单位：%	
	2000	2006	账面支出	经通货膨胀调整处理
不来梅	18569	19857	＋6.9	－0.1
汉堡	20335	19966	－1.8	－10.4
黑森州	18423	19994	＋8.5	＋1.3
梅克伦堡-前波莫瑞州	11592	13162	13.5	＋8.2
下萨克森州	16053	13872	－13.6	－17.6
北莱茵-威斯特法伦州	13792	13761	－0.2	－6.0
莱茵兰-普法尔茨州	10329	10603	＋2.6	－2.2
萨尔州	11013	12618	14.6	＋8.3
萨克森州	11419	12304	＋7.8	＋2.9
萨克森-安哈特州	12387	12546	＋1.3	－5.4
石勒苏益格-荷尔斯泰因州	17527	15084	－13.9	－17.2
图林根州	11057	12576	13.7	＋9.1
各州总计[1]	14160	13945	－1.5	－6.7
全德总计[2]	15082	15339	＋1.7	－3.7

1）不含最高联邦机构的支出
2）含最高联邦机构的支出
来源：联邦及各州统计局，儿童及青少年工作的数据统计

与此同时，在 2006 年年末，接受过高等教育的专业人员在工作人员中的比例也发生了变化：根据儿童和青少年福利中心数据统计的情况，在萨尔州、黑森州、下萨克森州以及莱茵兰-普法尔茨州里，所有从事与教育相关的工作人员占据了 50% 或更高的比例，而在其他联邦州里，尤其是在德国东部地区，这一比例是低于 25% 的，还不到前者的一半。

全日制学校中的课外供应正在扩大。我们需要观察的是，作为额外的影响变量，这种扩大是如何促进传统的儿童及青少年工作的。

社团、协会以及倡议活动中的积极参与

在16岁至21岁的人群中，有近三分之一的人承担了社团以及协会的功能和职责

在得到了官方资助的青少年工作措施中，有超过 80% 是由青少年福利中心的自由承办方，即社团、协会以及倡议活动等付诸实施的（表 D5－7A）。借由这些组织中的志愿活动，青少年工作又将另一领域纳入到了工作范围之中。这一方面指的是承担了相关的功能和职责，另一方面指的则是志愿活动以及与教育相关的活动将在定期地、积极地参与以兴趣和公益为导向的活动的框架范围内进行。对于可预期的教育效果来说，参与强度是极其重要的，因此，下文中将会对不参与或偶尔参与、定期参与以及承担某一功能或某一职责等情况进行区分。

在承担某一功能或某一职责的框架范围内，2007 年约有 36% 的 16 岁至 21 岁的人参与到了协会或者联合会的活动中。这一比例总体与 2004 年度的志愿者调查报告相符；此外，当时还有近 32% 的人每周都会参加这些活动（表 D5－8A）。同时，参加以社交为导向的社团活动^M（体育社团、同乡会以及公民俱乐部）的人群明显更广泛：在 16 岁至 21 岁的青少年中，约有 56% 的人曾定期参加过这些活动或者曾在这些活动中承担过相关功能或职责。与之相对应的是，参加过以兴趣和公益为导向的社团或协会活动（青年团、教会团体、政治-工会组织等）的青少年比例仅约为 22%。相较于以社交为导向的社团活动而言，在后者中的参与活动实际上更频繁地与相关功能或职责的承担联系在一起（表 D5－8A）。

这些组织中的参与情况与受教育情况是有着特殊关联性的。对于它们的分析，则体现出其在教育水平方面的巨大差异：已获得或待获得的学校毕业证书的档次越低，承担相关功能或职责的人群比例就越低。在宗教团体以及社团范围中，这种区别尤为明显。而定期参与活动且没有承担相关功能或职责的人群比例却无法以教育水平进行区分（图 D5－1，表 D5－9A，表 D5－10A，表 D5－12web）。在承担功能或定期活动方面，性别以及移民背景等因素同样也未显示出任何差异的情况（表 D5－9A）。

（右侧批注） 积极参与的程度与毕业文凭的情况有着极大的关联

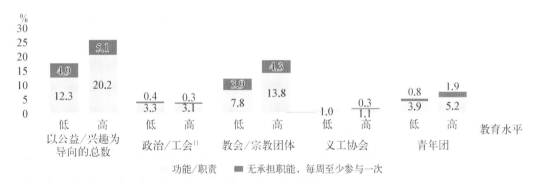

图 D5－1　根据受访者的教育水平^M统计的在所选组织中的参与积极度以及承担职能的情况（单位：%）*

＊ 该评价仅针对 16 岁至 21 岁的人群，n＝1.156
1）党派、公民倡议行动组织、工会或者职业协会
来源：2007 年度德国青少年研究所调查

总体来说，随着人们的形式教育水平的提高，他们通过积极参与的方式利用志愿活动中的教育机会的可能性也会得到提升。类似的关联也存在于原生家庭的教育水平中（表 D5－9A）：与学校方面的情况一样，即便在校外学习场所的利用情况方面，出身所导致的区别也是显而易见的（参见 D1 章节）。

（右侧批注） 在从事协会和社团活动时的社会差异情况

志愿服务的参与者

非形式教育的第三方面即为志愿服务^M，其中，对于志愿社会年（FSJ）以及志愿生态年（FÖJ）的需求在过去的几年中持续上升。在 1996/97 学年中，约有 9950 位年轻人完成了一次志愿社会年或者志愿生态年，而在 2007/08 学年中，这一数字已经超过了 18000（表

（右侧批注） 对志愿服务的需求变大了

D5－2）。近 5000 名男性志愿者并未进行服民事服役，而是做了志愿服务（表 D5－13web）。这样一来，志愿服务的参与人数在十年的时间中增长超过了两倍。

表 D5－2：1996 年至 2007 年期间每年受到青少年儿童计划(KJP)资金资助的志愿服务者职位

服 务	时 间 段						
	1996/97	1998/99	2000/01	2002/03	2004/05	2006/07	2007/08
志愿社会年	8849	10800	11359	13277	13624	16010	16365
志愿生态年	1102	1500	1746	1631	1790	2128	2248
总数	9951	12300	13105	14908	15414	18138	18613

计算依据：每个职位对应从资助年度开始起的 12 个参与月度（每年八月为时间段的开始）

来源：德国联邦家庭、老人、妇女、青年部

拥有或未获得普通中学毕业文凭的青少年进行志愿服务的几率明显较小

在过去的几年中，相较于适龄人口，所有年龄的人群中约有 2% 的人，或者说女性人群中有近 5% 的人已经完成了一次志愿服务。依照民事服役法的第 14c 条款的规定，青年男性也越来越多地利用这样的机会，以便在学校教育结束之后开始进行此类学习服务。在 2001/02 学年至 2003/04 学年之间，志愿社会年中的男性比例从 12% 上升到了 24%，志愿生态年中的该比例则从 27% 上升到了 32%。然而，普通中学毕业的人群在志愿生态年中的比例却停留在了 10% 至 12% 之间，在志愿社会年中的比例约为 16%。而没有中学毕业文凭的人群比例则为 1%。相比十年前更低的数值来说，这一组别中仅出现了极小的上升。到目前为止，志愿服务似乎仍未成为对于来自所有社会团体的年轻人都具有吸引力的学习服务活动。在此期间，针对志愿服务中弱势群体的促进项目额外得到了欧盟资金的资助。它应该是能够带来一些改变的。

Ⓜ概念注释

儿童以及青少年工作的措施： 对措施所进行的数据统计包括了由官方进行资助的青少年工作措施的数字，即校外青少年教育的措施、国际青少年工作的措施、儿童以及青少年康乐措施以及自由承办方的职工培训的措施，这一措施特别是指让青少年志愿工作者具备相应资质的活动。青少年协会每周定期举行的志愿活动并未包含在内。

措施的参与者： 每一个由官方进行资助的措施的参与者都会被计算在内。这就意味着，在一年的跨度中，1 名参与者可能会被多次计数。定期在当地青少年工作以及青少年社团工作的活动中的普通参与者并不会通过这种方式被计算在内。

以社交为导向的或者以兴趣和公益为导向的社团以及协会： "以兴趣和公益为导向的社团以及协会"的这一分类包括了青少年协会、教会/宗教团体和协会、义工协会以及工会、职业协会、政治党派以及市民自发组织。体育社团、同乡会和市民社团以及诸如保龄球俱乐部等的其他社交社团被归于"社交社团"。这一分类方式是基于志愿者调查框架内的分析的。在这些分析中，参与者的期望被分别归入了以慈善为导向、以社交为导向以及以兴趣为导向等分类之中（参见《德国国家教育报告(2006)》，第 65 页）。

被调查者的教育水平： 在 2007 年度德国青少年研究所的调查中，一共运用了两种不同的手段。在 16 岁至 17 岁的被调查者中，"没有上过文理中学或者综合中学"被定为低教育水平，"上过文理中学或者综合中学"被定为高教育水平。在 18 岁至 22 岁的被调查者中，中学毕业文凭未达到应用技术大学入学资格的被定为低教育水平，具备应用技术大学入学资格的中学毕业文凭、参加过高级中学毕业考试以及正在上中学的则被定为高教育水平。根据合理性检查的建议，后者主要指的是力争获得较高文凭的人群。

志愿服务： 志愿社会年(FSJ)和志愿生态年(FÖJ)指的是，根据各自法律的规定在德国或国外的与社会、环境或者教育相关的工作领域中进行为期 12 个月的全职工作。该活动的主要目的是通过实践活动和承担责任的方式来对年轻人进行教育。志愿社会年和志愿生态年都是配有相应教育学的指导的。此外，参与者都有义务要参加用于经验梳理以及资质(再)培训的准备课程、中期课程以及结束课程。评估研究表明，对于参与者来说，志愿服务在他们要对教育以及职业进行选择的时候扮演了重要角色。

除这两种志愿服务之外，目前还有新的倡议活动，例如联邦经济合作部的"世界性"的项目。作为一个"学习服务"活动，这个项目旨在为在发展中国家进行的项目工作寻找到年轻的成年人。从 2007 年秋天开始，由欧洲社会基金会(ESF)以及儿童和青少年计划(KJP)的资金进行资助的"志愿服务创造竞争力"项目将由不同的承办方面向弱势青少年群体实施。第一期的实施时间为 2007 年至 2010 年。就这方面而言，预计志愿服务在未来会变得更为重要。

在过渡到职业培训或者大学阶段之前，志愿服务构成了一个特殊的学习领域。根据 2006 年度德国联邦家庭老人妇女青少年部(BMFSFJ)的评估研究，大部分履行志愿服务的人参加服务活动是在 19 岁至 21 岁间。因此，许多人仍处于上学时期。

D6 认知能力

从 20 世纪 90 年代中期开始，德国就对在学校系统关键节点上所能够达成的学习成果进行了系统性研究。这些研究的目标，就是确定对日后的教育流程以及达到日常要求而言举足轻重的能力范围。目前，这些研究主要涵盖的是认知能力。

2006 年版教育报告已经包含了对 16 个联邦州的学生能力情况进行诊断的结果。新的国内比较的结果需要等到 2008 年年底才能公布。因此，本教育报告会对 2000 年至 2006 年之间学生的阅读能力、数学能力以及自然科学能力的发展情况进行分析。我们将以三次 PISA 研究(2000、2003、2006)以及两次 IGLU 研究(2001、2006)为基础，对德国学生在能力方面发生的变化ᴹ进行展示。此外，考虑到机会均等方面的情况，还需要检查这些能力间的差异是如何发生变化的，例如拥有不同社会背景的学生之间的能力差异。

2000 年至 2006 年之间的发展趋势

在 2000 年的 PISA 数据中，德国在所有三大能力范围方面均落后于经合组织(OECD)成员国的平均水平。从那时开始，德国 15 岁学生的成绩就明显开始缓慢好转(图 D6‑1)。与 2000 年相比，2006 年在数学和自然科学方面的能力差异与该学年三分之二学生的学习增益情况基本是相符的。

与之相反的是，15 岁的学生在阅读方面的能力差异仍然低于统计学的显著性阈值，但这个情况也可能只是一个偶然的结果。在小学(IGLU)中，阅读能力在不到半个学年的时间内就出现了相当显著的增长。

如今，即便德国在 2006 年的 PISA 检测中已经处在经合组织的平均水平之上了，在自然科学方面甚至超过了经合组织的平均水平，但它与芬兰的差距依然约为两个学年(表 D6‑1A)。除此之外，在全德范围内，中等教育阶段中的阅读能力至今仍然没有得到明显的改善。

PISA 测试中的数学和自然科学成绩有所改善

尽管发展趋势不错，但依然存在着持续改革的需求

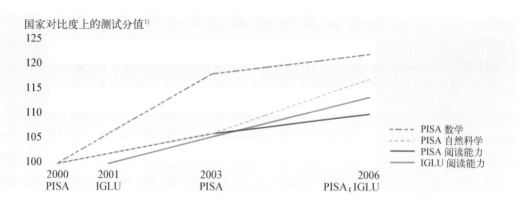

图 D6 - 1　德国籍学生在 PISA 测试(2000 年、2003 年和 2006 年)以及 IGLU 测试(2001 年和 2006 年)中平均能力水平的变化情况

1) 每个原始数值都被规定为 100;10 分的增长则对应十分之一的标准差。

来源:Bos et al. (2007),IGLU 2006,第 141 页,德国 PISA 联合会(2007),PISA'6,第 99、236 以及 269 页

学习成就较强的人以及学习成就较弱的人

除平均能力水平的发展之外,还有一点也很重要,即学习成就较弱的人群落后于学习成就较强的儿童和青少年的程度是进一步加剧还是被进一步削弱。

有一个参数使得在能力获得方面的不均等情况变得清晰直观,即一个国家 5% 成绩最好的学生所具备的能力水平与这个国家 5% 成绩最弱的学生所具备的能力水平之间的差异。以这个参数为依据,我们对四年级的学生以及 15 岁的学生进行了相关研究,看看在 2000 年或 2001 年至 2006 年之间,在能力获得方面的不均等情况出现了什么样的变化。

在初等教育阶段中(图 D6 - 5A,表 D6 - 5web),学习成就较强的人以及学习成就较弱的人之间的差距在许多国家中都有所缩小。在挪威,这一差距缩小的情况是最明显的。在阅读能力差异方面,德国依然处于 IGLU 成员国的平均水平。

而在中等教育阶段中(图 D6 - 2,表 D6 - 5web),德国在 2006 年时仍然位列于存在着巨大差异的国家行列之中,也就是说,阅读能力较差的学生扯了很大后腿。而在数学以及自然科学方面,PISA 检测在 2006 年所测得的标准差也是相当大的(表 D6 - 1A)。

2006 年出现的一个新情况是,在许多进行对比的国家中,阅读能力较差的学生水平发生了进一步的下滑,以至于他们的落后情况也是越来越糟糕。在捷克、法国、意大利以及日本,这一问题尤其明显。在 2006 年,这些国家在阅读能力方面的差异与德国几乎一样大。

纵观 2006 年度的 PISA 以及 IGLU 的检测结果,一些早前的诊断结果是能够得到验证的:在过渡进入中等教育学校系统之后,德国学生的成绩呈现出了不同的发展趋势。[①]因此,在能力获得方面的不均等情况仍然是一个挑战。而在中等教育领域中,情况更是如此。

中等教育阶段:在能力活动方面的不均等情况仍是一个挑战

---

① 这一说法只有通过严格的纵向研究才真实可靠,前述研究支持这种说法。

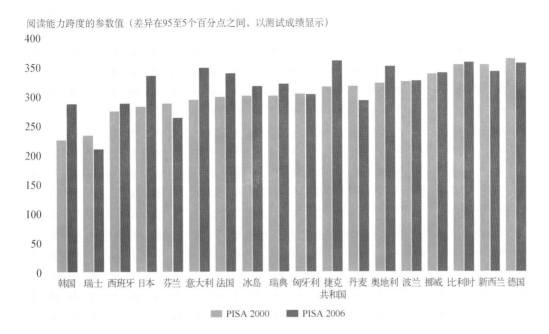

阅读能力跨度的参数值（差异在95至5个百分点之间，以测试成绩显示）

■ PISA 2000　■ PISA 2006

图 D6-2　2000 年及 2006 年各个参加 PISA 阅读测试的国家中，成绩最弱的
5%的学生在能力方面落后于成绩最好的 5%的学生的情况

来源：德国 PISA 联合会，PISA'06，第 229 页

社会背景与学生能力之间的关联

除分布极其分散的成绩之外，原生家庭的社会经济状况与学生成绩之间的关联在德国要比在其他经合组织成员国更加紧密，这也属于 2000 年 PISA 项目中一个令人警醒的结果。在图 D6-3(表 D6-6web)中，这一情况在每一根靠前的立柱上都是显而易见的，而每一根靠前的立柱都显示了 2000 年度 PISA 检测的相应参数。在 2006 年度的国别比较中，我们注意到目前社会背景所造成的影响在诸如捷克共和国以及法国等一些国家中要强于德国。在 2000 年至 2006 年之间，这一参数在德国已经显著地从 45 分降低到了 35 分。显然，已经成功地在一定程度上缩小了因出身不同而造成的能力差异。尽管如此，因出身不同而造成的差异在许多经合组织成员国中，尤其是在北方国家中始终都是很小的。在阅读能力这一例子中所展示出来诊断结果，基本也适用于数学能力以及自然科学能力。

在小学领域中，德国属于社会背景与阅读成绩之间的关联情况在 2001 年至 2006 年这段时间内都没有发生变化的国家之一(表 D6-2A)。在这 5 年中，这种关联情况在 4 个对比国家中(都是来自中欧以及东欧的欧盟新成员)变得更加紧密，而在 5 个其他国家中(例如法国和意大利)则是相反的情况，这种关联是显著变弱的。德国仍然处在国际平均水平的范围中。除已经在此使用的指标之外，如果人们还注意到了在 2006 年度 IGLU 项目[M]中才出现的其他与社会背景有关的指示信息的话，那么德国就会获得一个在国际比较中不具备优势的数值了。对于来自社会背景较弱家庭的儿童来说，改善机会均等状况依然还是他们的一个目标。

能力与社会背景之间的关联减弱……

……但始终需要努力去平衡因社会背景所导致的差异情况

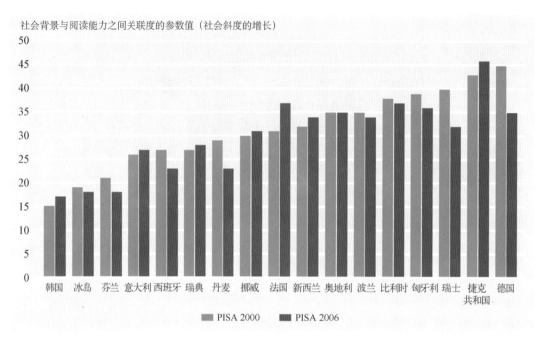

图 D6 - 3　2000 年及 2006 年各国* 社会背景与 PISA 成绩
之间的关联度: 各个社会斜度的增长情况[M]

* 针对所有对于两项统计均拥有具备陈述能力数据的经合组织成员国

来源: 德国 PISA 联合会, PISA'06, 第 323 页

学生的能力及其移民背景

　　在国际比较研究中, 具有移民背景的学生在各项能力测试中所取得的成绩, 都是明显低于没有移民背景的同龄人的。正如 2006 年版教育报告通过重点分析所展示出来的那样, 在移民促进方面所取得的微小成果正是德国教育系统的一个主要问题。

　　图 D6 - 4 显示, 这个分析结果几年来并未发生实质性的变化(表 D6 - 3A)。将各个具有不同移民背景的人群进行比较, 则发现了一些细微的偏移情况: 自主进行了移民的人(第一代)在 2003 年和 2006 年所取得的成绩要稍好于 2000 年; 相反, 第二代移民以及父母有一方为移民的青少年的落后情况却发生了进一步的恶化。这可能与这些人群在组成情况上发生的轻微变化有关。相比 2000 年来说, 2003 年土耳其裔青少年在第二代移民中的比例有所增大。

> 虽然第一代移民的成绩稍有起色, 但仍明显处于下风

　　从结果来看, 对具有移民背景的儿童以及青少年进行的促进活动总体仍然是不足的。在经合组织成员国中, 德国在 2006 年的 PISA 自然科学测试中以及在 2003 年的 PISA 数学测试中, 都出现了最严重的成绩落后情况。

　　在小学生中, 具有移民背景以及不具有移民背景的儿童之间的成绩差异从 55 分缩小到了 48 分(表 D6 - 2A)。[①] 然而, 尽管相较于 2001 年的情况已经有了好转, 但在 2006 年的国际比较中, 移民背景仍会在德国制造出极大的差异。这种区别只在挪威才体现得更为显著。

① 　在 IGLU 中, 具有移民背景意味着父母双方都是在外国出生的, 而没有移民背景的家庭则意味着父母双方均在德国出生。

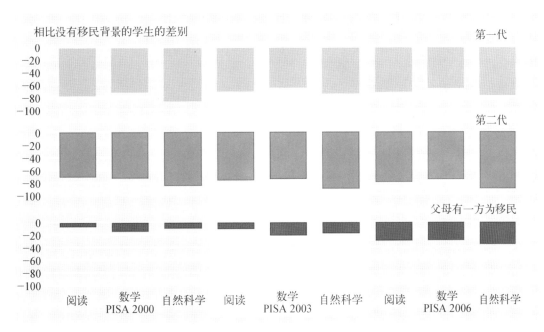

相比没有移民背景的学生的差别

第一代

第二代

父母有一方为移民

阅读   数学   自然科学   阅读   数学   自然科学   阅读   数学   自然科学
PISA 2000   PISA 2003   PISA 2006

图 D6 - 4   具有移民背景(第一代、第二代以及父母有一方为移民)的 15 岁
学生在能力方面落后于父母均在德国出生的同龄人的情况

来源：PISA 2000 - E，PISA 2003 - E 以及 PISA 2006，自己计算得出

男生与女生的能力

在阅读能力、阅读兴趣以及阅读实践方面，男生在小学阶段的表现就落后于同龄的女生，在中等教育第一阶段则更是进一步拉开了距离。这个情况最终会通过学习成就研究而引起公众的关注。显然，它已经在小学中发挥了相应的作用：在 2001 年至 2006 年之间，女生的成绩优势几近减半，从 13 分缩小到了 7 分。在几乎所有的 IGLU 成员国中都出现了这种趋势。在 5 个国家中，这一趋势在统计学上显得尤为引人注目，而德国则正属于这 5 个国家之一(表 D6 - 2A)。在 IGLU 测试中，德国总体表现出了积极的发展趋势，而男生成绩的改善正是对此起到了决定性的作用。

> 在阅读方面，小学男生缩小了与女生之间的差距

在中等教育领域中却没有出现这种趋势(表 D4 - 4A)。自 2000 年开始，女生在阅读能力方面的成绩优势在所有的经合组织成员国中都是非常显著的，而且总体来看，这一优势甚至正在变得更为明显。德国的参数在 2006 年时也处于经合组织成员国的平均水平。在 30 个经合组织成员国中，有 23 个国家的男生在数学成绩方面明显好于女生。这一优势在德国更为明显。在 2006 年，只有日本与奥地利也在数学能力方面出现了同样巨大的性别差异情况。在自然科学方面，德国国内及国际上均未出现因性别而导致的巨大的成绩差异。缩小性别之间的成绩差异仍然是中等教育学校的一项任务。

> 数学——15岁男生的一个特殊优势

Ⓜ概念注释

横跨多个测量时间点的成绩变化或趋势：在对 2000 年、2003 年和 2006 年的 PISA 结果以及 2001 年和 2006 年的 IGLU 结果进行比较的时候，必须要考虑到的是，每一份调查数据都已经对学校以及学生的

其他随机抽样结果进行过了研究,因此,提及"趋势"这个词语是正确的。也就是说,按照时间序列排列的分析结果每次都对整个学校体系进行了新的描述。

由经合组织所阐述的趋势仅仅报告了有关阅读能力以及数学能力的情况,而由德国 PISA 联合会所阐述的趋势还报告了有关自然科学能力的情况。其原因在于,自然科学测试在 2000 年和 2003 年使用的是精简版,在 2006 年才使用了完整版,所以这一测试在各个国家都处于不够稳定的状态。此外,也很难对经合组织成员国的平均水平进行阐述,因为调查数据所涉及的国家群体已经发生了变化。但是如果只看德国的话,还是可以对变化值进行正确而稳定的估算的。因此,图 D6-1 只关注了德国的发展趋势。对图 D6-1 中每一个标准差的趋势值所进行的标准化处理,都与元分析中常见的效应值换算相符。通过这种换算,才让出自不同调查数据的诊断结果可以进行相互比较。

2000-2003 年的 PISA 数学测试,2003-2006 年的 PISA 自然科学测试以及 2001-2006 年的 IGLU 阅读能力测试中的变化,在统计学上是显著的($p<0.05$)。

IGLU 测试中社会背景的标志:需要注意的是,IGLU 在社会背景方面使用了不同于 PISA 的指示信息。将 2001 年与 2006 年进行对比,只能对于这个趋势使用"家中书籍的数量"这一指示信息,但这个指示信息更多是展示了一种文化资产,而不是社会经济资产(分别参见 Bos, W./Schwippert, K/Stubbe, T.C. (2007):国际比较中社会背景和学生成绩之间的关联。出自:Bos, W. et. al.[出版人]:IGLU 2006-明斯特,第 225-247 页)。

社会梯度的倾斜:社会梯度的倾斜指的是 PISA 测试中关于社会背景与能力之间关系的参数。它描述了当原生家庭的最高社会经济地位指标(HISED)上升了一个标准的时候,特别是在上升了经合组织标准中的一个标准差的时候,学生的测试成绩会上升多少分。借助于这个参数,2006-PISA 全国联合会对出身和能力之间关联方面的趋势进行了研究。但在经合组织的国际报告中,是无法直接进行这些分析的,因为从 2003 年开始,经合组织所使用的指数就已经把家庭背景的不同因素混在了一起,这就加大了趋势分析的难度。

D7 中小学毕业和肄业

对于后续的教育生涯和职场生涯来说,获得普通教育学校的毕业文凭是一个重要的前提和定位。在对毕业生的知识和能力进行预期的时候[M],形式上的毕业文凭能够向所有的接受系统都提供一个具有重大意义的指向。从这个角度看,重要的是需要知晓毕业率的发展情况、通过某种方式获得某种毕业文凭的学生比例情况,以及能够以何种方式在普通学校体系的教育过程之外后补获得哪些毕业文凭。这样一来,就需要对没有获得普通中学毕业文凭的肄业生[M]予以特别的关注。之后,还会首次特别关注到促进学校的毕业生和肄业生。最后,还会对毕业文凭的获得与出身背景的相关性进行分析。

毕业率的变化发展情况

2006 年版教育报告从各种不同的差异方面,对获得了普通中学毕业文凭、中等毕业文凭、应用技术大学入学资格或者普通高校入学资格的学生,以及没有获得毕业文凭的肄业生进行了分析。下文就将紧接着这个分析展开:如果人们自 1996 年开始对毕业生人数的发展情况进行观察的话,在毕业文凭类型之内以及之间发生的一系列变化就变得清晰明了(图 D7-1,表 D7-1A)。

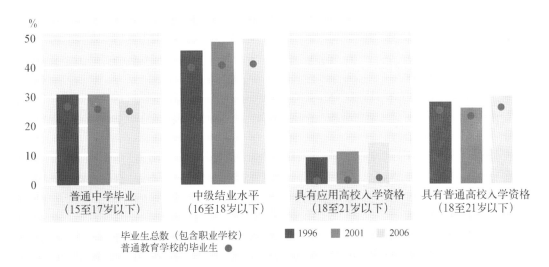

图 D7－1　根据毕业文凭类型统计的 1996 年、2001 年和 2006 年普通教育学校以及所有学校的毕业生情况（在典型毕业年龄常住人口中所占的百分比，单位：%[M]）[*]

[*] 毕业生人数为处于典型毕业年龄的常住人口（括号中的数据）
毕业率相加之和不等于 100%，因为会在后补获得毕业文凭的人群中发生延时的重复计数情况
来源：联邦及各州统计局、学校数据统计、人口数据统计

　　在 15 岁至 17 岁以下的人口中，普通中学的毕业率从 1996 年的 30.6% 下降到了 2006 年的 28.5%。对来自普通教育学校以及职业学校的毕业生进行的观察也得出了不同的结果。这一差别让人注意到，离开能获得普通中学毕业文凭的普通教育学校的学生人数变少了。

在普通教育学校中，普通中学的毕业数出现回落……

　　在进行观察的这个时段中，这个年龄组中的此类学生人数减少了 2.3%。与之相反的是，在职业学校中，2006 年通过后补的方式获得的普通中学毕业文凭的数量与 1996 年一样多（表 D7－1A）。在同一时段内，16 岁至 18 岁年龄群体中获得中等毕业文凭的毕业生比例从 46.4% 上升到了 49.6%。这一增长的原因主要在于，越来越多的学生是在职业学校获得中等毕业文凭的。

……中级学校毕业数主要在职业教育领域中出现了上升

　　在进行观察的这个时段中，上升最明显是的应用技术大学入学资格。在 18 岁至 21 岁的人群中，它的比例从约 8.5%（1996）增加到了 13.6%（2006）。在过去的 10 年里，在普通教育以及职业教育的学校中，具备了应用技术大学入学资格的毕业生人数及其在该年龄段人群中的比例均是有所上升的。在普通高等学校入学资格方面，毕业生在 18 岁至 21 岁人群中的比例在 1996 年为 28%。在此期间，这一比例曾经降低至约 26%（2001），其原因主要在于上学的年数在梅克伦堡-前波莫瑞州以及萨克森-安哈特州从 12 个学年延长到了 13 个学年。从那之后，这一比例是处于不断上升的状态的，到 2006 年时，这一比例已经比 1996 年时的比例高出了 30%。

应用技术大学入学资格方面出现了明显的增长

　　2006 年版教育报告已经对学校毕业文凭的种类与学校类型脱钩的情况进行了描述，这一情况仍处于进一步发展中（表 D7－2A）：相当数量的普通中学毕业文凭是在实科中学取得的，同时，也有相当数量的中等毕业文凭是在普通中学取得的。此外，越来越多的学生都会利用机会，在职业培训的框架内取得未能在普通教育系统中所获得的毕业文凭或者事

进一步消除学校毕业文凭与学校类型之间的相关性

后取得具有更高价值的毕业文凭。在 1996 年至 2006 年之间,在非普通教育系统中所取得的普通中学毕业文凭的比例从 12.1% 上升到了 13.5%,中等毕业文凭的比例从 13.5% 上升到了 17%,而高等学校普通入学资格的比例从 11% 上升到了 15%。调查研究显示,名义上相同的文凭,并不会一直都能打开相同的通往继续深造的教育机构或者就业市场的大门。

未取得普通中学毕业文凭的肄业情况

大量的肄业生均未取得文凭,这种情况会造成一个巨大的社会问题。而这个问题几乎无法通过在衔接教育中提高后补获得普通教育毕业文凭的机会这种方式得到缓解。在 2006 年中,约有 76000 名学生甚至在没有获得普通中学毕业文凭的情况下离开了学校,这一数字占到了 15 岁至 17 岁人口的 8%(表 D7 - 3A)。近几年来,青少年中的这一数字也出现了类似程度的变化。然而,这些青少年却在未来的教育和就业机会方面面临着越来越大的风险(参见 H3 章节)。

在勃兰登堡州、汉堡、梅克伦堡-前波莫瑞州以及萨克森-安哈特州的州平均值明显超过 8% 时,在巴登-符腾堡州以及北莱茵-威斯特法伦州里,却只有不到 7% 的人在离开普通教育学校时未获得普通中学毕业文凭(图 D7 - 2,表 D7 - 3A)。

图 D7 - 2   2006 年各州普通教育学校中未获得普通中学毕业文凭的肄业生比例(15 至 17 岁以下,单位:%)

来源:联邦及各州统计局,2006/07 学年学校数据统计;人口数据统计

在国际比较中,德国的情况是具有一些局限性的。在 18 岁至 24 岁的青少年人群中,有 2.4% 的人未获得中等教育第一阶段的毕业文凭,并且在进行调查之前的 4 周时间内未处于任何教育过程中。虽然相较于瑞士(1.2%)来说,德国的比例明显较高,但仍低于调查中大部分国家的平均水平(表 D7 - 4A)。然而,在 2000 年至 2006 年之间,德国的比例出现了 0.2 个百分比的上升——这与大部分国家中的趋势是截然相反的。这一方面反映出了一个情况,即有大量的学生在较晚的时候以后补的方式获得了其在中等教育第一阶段中未能取得的毕业文凭。另一方面,这一比较也使得现有的能够充分利用普通教育系统的潜力

情况变得清晰明了。

促进学校的肄业情况

　　未取得普通中学毕业文凭的学生中,有一半的人来自促进学校。在 2006 年,全德平均有超过 39000 名肄业生在未获得普通中学毕业文凭或更高级别文凭的情况下离开了学校,约占促进学校学生人数的 77%。这相当于在 15 岁至 17 岁以下的人口中,肄业率达到了约 4%(表 D7‐3A)。对这一情况需要进行更有区分度的观察:一般来说,接受过一体化促进教育的学生都会有机会获得某种毕业文凭。但对于促进学校的学生来说,情况则是完全不同的。"智力发展"这一促进重点涉及到了 20% 左右的促进学生。没有一个联邦州在这个促进重点方面设置了此类毕业文凭。约有一半的促进学生是在"学习"这一促进重点方面上课的。而在 10 个联邦州内,在这一促进重点方面不存在获得普通中学毕业文凭的可能性。正是基于这种情况,使得把具有学习困难的学生分配到促进学校这个事情变得极其困难。尽管如此,在德国还是有五分之一的促进学校肄业生会取得普通中学毕业文凭(图 D7‐3,表 D7‐5A)。在成功完成学业之后,无法取得普通中学毕业文凭的学生能够被授予该促进重点的毕业证书——在"学习"这一促进重点方面,每个州都是可以授予证书的,而在"智力发展"方面,几乎每个州都可以授予证书。

关于获得毕业文凭的不同制度使得促进学校的促进学生处于不利地位

五分之一的促进学生获得了普通中学毕业文凭

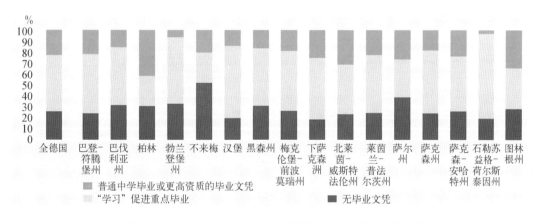

图 D7‐3　2006 年根据毕业文凭类型统计的各州促进学校的
毕业生/肄业生情况(单位:百分比%)

来源:联邦及各州统计局,2006/07 学年学校数据统计

　　州和州之间则存在着明显的区别。在柏林和图林根州,未取得普通中学毕业文凭就离开普通教育学校的肄业生比例要么极高(柏林),要么极低(图林根州)(表 D7‐3A)。因而,这两个州里的大部分学生(柏林 35%,图林根州 31%)都会获得普通中学毕业文凭。相较来说,在石勒苏益格‐荷尔斯泰因州(2.4%)、勃兰登堡州(4.6%)、巴伐利亚州(12%)以及汉堡和黑森州(均为 13%)取得普通中学毕业文凭的促进学生比例是比较低的。若对那些取得了普通中学毕业文凭或者更高级别文凭的促进学校毕业生比例特别低的州给予关注的话,则会发现,在"学习"这一促进重点上取得了毕业证书的肄业生人数是相当高的(图 D7‐3)。

巴登-符腾堡州、北莱茵-威斯特法伦州以及莱茵兰-普法尔茨州的数据表明,既未能在促进学校、也未能在普通教育系统的其他学校类型中取得毕业文凭的肄业生比例也是可以控制在较低水平的。

毕业文凭与性别、国籍以及社会背景的关系

在德国以及外国毕业生和肄业生所取得的文凭方面仍然存在着巨大的差别

如果分别从国籍和性别等方面来对所有的毕业文凭进行观察的话,就会发现,没有取得毕业文凭就离开学校的男性青少年多于女性青少年(表 D7-6A)。另一方面,不论在男性肄业生还是在女性肄业生中,未获得普通中学毕业文凭的外国籍青少年人数都是德国籍青少年人数的 1 倍。与外国学生相比,后者获得高等学校普通入学资格后离开学校的概率要高出 2 倍。在 2006 年版教育报告中,这个问题就已经引起了注意,并将它的情况呈现为在中等教育第一阶段中,当学生父母双方至少有一方是在国外出生的情况下,学生在各个学校类型中的分流情况(参见 D1 章节)。下文将从不同的角度对这个问题的情况作进一步的研究。

有必要对移民背景进行有区别的观察

为了能够根据不同的背景特点$^{Ⓜ}$对取得毕业文凭的情况进行对比,我们对 18 岁至 21 岁以下的青少年就其是否获得高等学校或应用技术大学入学资格或上过十一至十三年级,或者是否拥有更低级别的毕业文凭或未拥有毕业文凭的情况进行了分组。对这两个分组在国籍影响方面进行对比的话,就会明显发现,并非所有 18 岁至 21 岁的非德国国籍学生在获取文凭方面都受到了歧视。正如图 D7-4 所示,来自欧盟国家、东欧、美国以及美洲其他地区的青少年获得高等学校普通入学资格的概率要比德国青少年更高。与德国同龄人

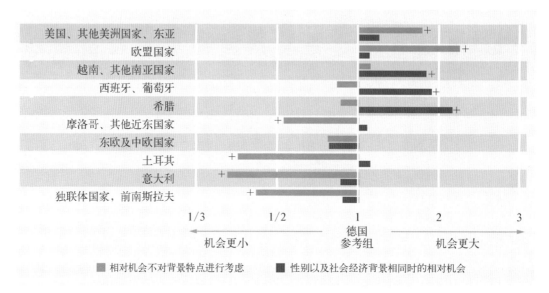

图 D7-4　相比德国籍青少年,2004 年各外国国籍青少年至 21 岁时获得高等学校入学资格*的相对机会(比数比$^{Ⓜ}$)

* 所展示的是与德国参考组进行对比之后的外国人相对机会。德国参考组的对象为在 18 至 21 岁以下的时间内已获得了应用高校入学资格或普通高校入学资格或者正就读于 11 至 13 年级的人。与此同时,优势比为 2 则意味着,外国人的机会要高 1 倍;1/2 意味着机会为一半。对比德国人而显示出的显著差异已经用"+"标识了出来($p < 0.05$)

来源:联邦及各州统计局,Mikrozensus Scientific Use File 2004,自己计算得出

相比,来自欧盟国家的青少年参加高级中学毕业考试或者就读文理中学高年级的机会要高出 1 倍多。与此相反,来自土耳其、意大利以及苏联国家的青少年能达到这一毕业水平的概率不到德国青少年的一半。

如果想找出可能造成这些被观察到的差别的原因,而把青少年的性别、父母的学历水平、职位以及收入等情况也纳入分析范围之中的话,则会得到三个清晰的关系模板(图 D7 - 4,表 7 - 7web):在 18 岁至 21 岁的青少年中,当社会经济生活状况相似的时候,对于来自欧盟国家、美洲以及东欧的青少年来说,他们就读于能够取得高校入学资格的教育过程或者顺利完成此类教育过程的机会几乎不会比德国青少年来得更大。此外,对于来自苏联、意大利、土耳其、摩洛哥以及东欧和中欧国家的青少年来说,在社会经济状况得到了控制的时候,他们几乎也不再处于劣势地位。与此相反,对于来自越南和其他东亚国家、希腊、西班牙以及葡萄牙的年轻人来说,其国籍明显对家庭社会经济的特点起到了积极作用。这些青少年获得高校入学资格的概率甚至高于基于其社会经济条件的预期。

获得参加高级中学毕业考试的机会极大地受到了社会经济背景的影响

单独对每个背景特点进行观察的话,父母所取得的学历水平会起到巨大的影响(表 D7 - 7web)。如果家庭顶梁柱(通常是父亲)拥有的是应用技术大学毕业文凭或者高等教育毕业文凭,而不是没有参加过职业培训的普通中学毕业文凭的话,则青少年在 18 岁到 21 岁的时期内就读于能够取得高校入学资格的教育过程或者顺利完成此类教育过程的机会要比其他人高出 2 倍(比例为 2.8：1)。而在父母另一方(通常是母亲)所取得的学历水平方面,则体现出了更明显的区别。父母另一方具备了高等学校入学资格的青少年获得高等学校入学资格或者上完十一至十三年级的机会,要比父母另一方不具备毕业文凭的青少年要高出 3 倍(比例为 4.3：1)。家庭经济状况较好的话,同样可以极大地提高获得参加高级中学毕业考试的机会。在父母的职位以及毕业文凭情况相同的前提下,来自收入较低家庭的青少年获得参加高级中学毕业考试的概率较小。由于尚不清楚一些基本因素的情况,尤其是青少年的能力水平,该分析并未对造成这一差距的原因作出回答。

根据父母的毕业文凭的不同,获得高等学校入学资格的机会最多可达 4 倍

以汉堡市学生成绩研究 LAU9 为依据,就能够在对文理中学就读情况作特殊分析评定的时候[M],也考虑到学科成绩的情况。对于居住在汉堡的具有外国背景的青少年来说,当性别、社会经济背景以及能力情况相同时,他们进入一所文理中学九年级读书学习的优势,并不会像在没有学科成绩控制的微型人口普查分析中的情况那样显著。对于来自近东国家以及来自欧盟国家的青少年来说,他们进入一所文理中学九年级读书学习的机会甚至要低于德国青少年。但如果他们就读于文理中学的话,那么在性别以及社会经济背景相同的情况下,他们获得高等学校入学资格的机会和德国青少年一样大。

总体来说,我们在根据不同的国籍情况所进行的观察中都可以得到这样的结论,即家庭的社会背景在获得毕业文凭方面有着极大的影响。虽然这并不会以同样的方式对所有具有外国背景的青少年造成影响,但大部分具有外国背景的青少年所处的家庭生活状况是不利于取得高等学校入学资格或者所需达到的相应学科成绩的。这就进一步强调了通过对特定儿童以及青少年群体采取促进措施的方式、改善校内以及校外学习条件的必要性。

Ⓜ **概念注释**

毕业生/肄业生：参见词汇表：毕业文凭。

居住人口在典型毕业年龄时的毕业率/肄业率，以百分比表示：在对特定年龄的居住人口的毕业率进行计算的时候，会用毕业生/肄业生的人数除以处于典型毕业年龄的人口数量。同时，会从两个年龄组的人口数量中得出一个平均数——作为分母，并以此为基础进而得出毕业率（普通中学毕业证：15 岁至低于 17 岁；中级学校毕业证：16 岁至低于 18 岁；应用技术大学入学资格以及普通高等学校入学资格：18 岁至低于 21 岁）。由于针对相关年龄的所有毕业生/肄业生的调查都不会根据他们的年龄情况进行——作为分子，所以，各种毕业类型的比例之和是低于 100% 的；对于后补毕业于其他教育过程并因此不属于特定年龄的青少年而言，这会导致出现因时间延迟而对这些青少年进行重复计数的情况。

在德国文教部长联席会议的出版刊物中，毕业率所基于的年龄组与本文所考虑到的年龄组是不同的。即使在单一的毕业类型中，也根据各州的情况进行了区分，就是为了要考虑全日制义务教育时长的不同情况。

根据不同的背景特点对毕业文凭情况作特殊分析评定：对于 18 岁至低于 21 岁的年龄组，我们根据他们所取得的（最高）普通教育毕业文凭的情况，将其分为两组进行分析：（1）拥有普通高等学校入学资格、应用技术大学入学资格或者上过十一至十三年级的青少年，（2）具有较低资质的毕业文凭或者不具备毕业文凭的青少年。将在多变量分析的框架范围内进行研究，看看国籍、性别以及父母的教育背景、职位和收入的情况是否会影响到青少年归属于第（1）组或者第（2）组的情况。

比数比：在比数比（可能性-比例）中，将从统计学角度，在与参照组（例如德国人与外国人）进行比较之后，确定一个特定事件发生的可能性。

对文理中学就读情况作特殊分析评定：这一观点是以对九年级的"学习初始状态以及学习发展等方面"（LAU 9）所进行的调查为依据的。该调查已进行过二级分析评定。参见微型人口普查中根据背景特点对毕业文凭所进行的分析，也对个人以及家庭的背景因素（包括学科成绩）对于文理中学求学情况的影响进行了研究。

前景

中小学教育体系内的过渡情况（D1 章节）的分析显示，在初等教育领域的衔接阶段中，当人们对后续的学校类型进行选择时，各地对于普通中学的需求均明显下降。与之相反的是，在所有联邦州内，过渡进入文理中学的比例都出现了较显著的上升。向下转换的情况占据了极大比重，这一情况说明，在德国的中小学教育体系内，渗透性基本只有在向下转换的时候才会起到作用。越来越多的学生转而进入私立学校（目前已达学生总数的 7%）就读。与此同时，在所有的学校类型中，包括普通中学，私立学校的数量均出现了增长。

即便在某些年级段以及学校类型中，留级（D2 章节）情况出现了些许下降，但仍然有必要采取一定的行动。

学校毕业情况的发展趋势（D7 章节）表明，普通中学毕业方面出现了回落，中级学校毕业方面主要是在职业教育领域中出现了上升，而应用技术大学入学资格方面则出现了明显的增长。即便有一部分未取得应用技术大学入学资格的肄业生会在之后通过后补的方式取得毕业证书，但这一长年居高不下的比例也凸显出普通教育系统中的问题。此外，毕业情况与社会背景显然是息息相关的。

在过去的几年中,学习成就的国际研究结果呈现出了一个积极的发展趋势,例如,不论是学习成就较强的学生还是学习成就较弱的学生,他们均在在阅读以及自然科学能力方面取得了进步(D6 章节)。尤其在降低学习成就情况中所存在的较大的方差分散、削弱能力与社会背景的关联度方面以及平衡移民背景导致的差异方面,仍然需要继续进行干预。

在儿童以及青少年的日常生活中,还存在着一些非形式的学习地点。这些学习地点主要用于促进社会交流能力的获得,并实现以积极和负责任的共同合作为基础的教育过程(D5 章节)。基于该数据库,我们只能追溯到对儿童及青少年工作的积极参与、协会的共同合作以及参与为期一年的志愿服务等情况所进行的分析。这一分析表明,负责任的共同参与与致力要取得的毕业文凭之间有着极强的相关性。

全日制学校具备了一项重要的促进性功能。在过去几年的时间里,在建立以及扩建全日制学校方面有了较显著的进展(D3 章节)。全日制照管几乎占据了绝对多数。学生的就读情况也显示出了各个学校类型之间的巨大差异。恰恰是小学以及普通中学的学生比例处于低位。

在国际比较中,德国的老师具有着较高的学术水平。然而,极高的老教师比例(D4 章节)却显示出重重问题,这会导致在今后的几年中,对教育人力出现非常高的替换需求。三分之二的教师为女性,而在兼职教师中,女性的比例同样居高不下。这一人事结构是否以及将如何对学校和课堂的质量产生影响,尚未有明确的答案。

由于有数据库可供使用,所以在对指标进行选择的时候,可以不去考虑诸如灵活的小学入门阶段、缩短后的文理中学的就读时间、处理引入的教育标准、各州比较工作的结果以及引入毕业统一考试等一系列的发展情况。同样的,诸如优化教育过程的质量、学校内部发展以及学校体系的有效调节等问题也位列公共及教育政策利益的备忘录之中。最近,关于中小学教育体系内结构问题的讨论也获得了全新的启发,尤其是以在更多的联邦州内将普通中学以及实科中学进行合并的方式。

E 职业教育

目前在高校层面以下的职业教育机构中,同一届的毕业生中有三分之二的人可以拿到合格的职业教育文凭。这个比例与国际水平相比也证明了德国职业教育体系的服务能力。顺利毕业的青年中较大部分(70%)是来自企业和学校合作的双元制职业教育,而双元制职业教育直至今日都是德国职业教育在国际上的重要看点;较少一部分(30%)来自学校职业教育,学校职业教育在过去十年中所占的比重则持续增长。

2006 年的职业报告表明,德国的职业教育体系和很多欧洲和经合组织内部的现代职业教育体系一样,在过去的十年中继续分化,且主要与普通学校教育向职业教育过渡过程中越来越多的问题有关,这些问题特别体现在过渡职业教育体系的诞生和扩大过程中。过渡职业教育体系为那些结束了普通教育的学生提供教育和职业教育,不提供获承认的职业教育文凭,以提高个人的职业预备能力为目标,有的还可以重修普通教育的文凭。

接下来将对职业教育体系的几大最重要结构特征的变化情况作补充统计。一方面将调查在过去的几年中,双元制职业教育、学校职业教育和过渡职业教育三大板块的比重是否有所变化。另一方面将调查在经济发展趋势繁荣的情况下,企业的职业教育名额供给情况是否有所改善,以及几年来职业教育名额市场的供求不平衡情况是否开始缓解(E1 和 E2 章节)。

职业教育报告的新重点将分以下四个方面:
- 职业教育中越来越大的地区不平衡性(E1、E2、E3 以及 E5 章节);
- 学校职业教育的供应情况,因为职业教育这个板块的情况迄今还不是很明确,且在公众讨论中往往被忽视,而对越来越多的(尤其是女性)青年来说这个板块很有前景(E3 章节);
- 双元制职业教育体系中按职业统计的学校预备教育水平的分析,只有该体系可能有数据基础,看看传统的学校文凭和职业的模式是否还适用,以及在过去这段时间内,根据双元制职业教育体系中受教育者的预备教育水平来重新划线的情况是否已经出现(E4 章节),尽管从法律上来看,能否进入这个教育体系并不由教育文凭决定。
- 最后是顺利毕业的情况,主要是看职业教育体系的服务能力,各州和国际间都会作一个比较(E5 章节),这样我们还会从另一个角度着手研究上一份教育报告中提到的双元制职业教育中合同解约的问题。

E1 教育的起点——职业教育中的结构发展

　　新生在职业教育的三大板块[M]——双元制职业教育、学校职业教育、过渡职业教育内的分配情况，一方面像职教名额的供应结构发展一样，就中学毕业生的选择偏好给出了相关答案，另一方面也能体现出过渡职业教育体系中存在的将普通教育学校过渡至具有专业水平的职业教育过程中存在的难题。只要职教名额市场还像前十年这么紧张，中学毕业生的选择性就依然会受到很大的限制（参见 E2 章节），我们就更应该研究职教新生的分配情况，而不是职教名额的供应结构。从国民经济大的职业领域的变化来看，两个具有完全水平的职业教育板块（双元制职业教育和学校职业教育）所涉及的大致群体主要分配情况如下：双元制职业教育培养的主要是工业和手工业的技术类职业、营销类职业和自由职业类，而学校职业教育主要专注于发展卫生护理类和营销助理类职业。

　　2000 年以来，三大板块新生分配比例的突出特点就是具有极高的稳定性（图 E1‑1），虽然在 2004 年版和 2006 年版教育报告观测的最初时段内，双元制职业教育的新进人数有了 3% 的增长，其与另外两个板块的人数比例却几乎未有改变：从 2004 年到 2006 年，双元制职业教育的比例虽然增加了 0.7 个百分点，但与 1990 年代中期相比，保持在 43% 以上，还是一个较低的水平。学校职业教育和过渡职业教育则各自保持着比较稳定的 17% 和 40% 左右的份额。

新生在职业教育三大板块中的分配比例呈现较高的稳定性

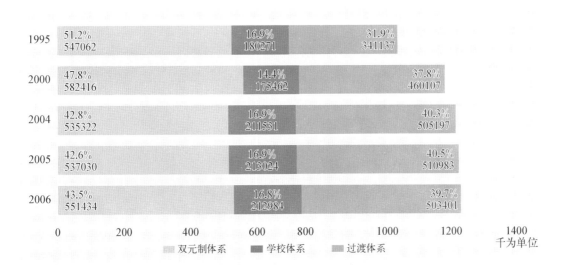

图 E1‑1　1995、2000 和 2004 到 2006 年职业教育体系三大板块的新进人数分配比例（单位：千）

注释参见表 E1‑1A

来源：联邦及各州统计局，在学校数据和联邦劳动局的数据基础上自己计算和估测得出

　　与前几年一样，只有过渡体系与 1995 年和 2000 年相比，基本可满足增长后的职业教育需求。把每个年级的数量作比较的话，2006 年与 2004 年相比，离开学校的人数有小幅回落（2.2%），且新加入职业教育的学生数量超过中学毕业生和肄业生的 34%（表 E1‑1A），

过渡体系一直以来都有着很大的意义

因为在每年的中学毕业生中还包含具有高校入学资格的毕业生,这些人中有大约25%到30%力求进入高校层面以下的职业教育,较早几届的毕业生对职业教育的需求也明显超过了三分之一的份额,老生的职业教育申请比例在2006年占到了50%,在所有申请者中的比例则超过了50%。①

过渡体系的多重性

根据目前对学校数据与举措数据Ⓜ的考察结果,过渡体系涵盖了40%的新进人员,以此展示出其在职业教育中的重要意义。过渡体系中提供的教育机会,其质量涉及职业教育向青年人提供的未来前景,而其质量也存在很大差异(图E1-2)。对于所有人来说相同的是,他们并没有拿到满足青年人职业教育需求以及让其在劳动力市场中有所保障的有资质的职业教育文凭。但这并不意味着过渡体系的举措和提供的教育机会没有给每一位青年人带来知识和职业能力方面的提高(参见H3章节)。

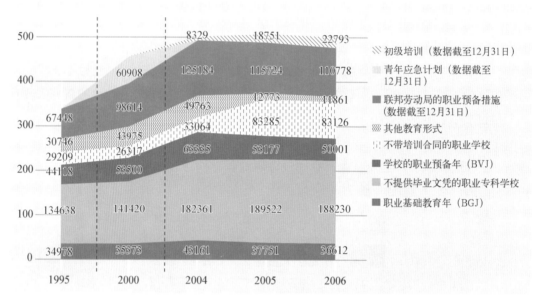

图 E1-2   1995、2000、2004 到 2006 年过渡职业教育体系中的新进人数分配情况

注释参见表 E1-1A
1) 1995 年的数值归入总的基数
来源:联邦及各州统计局,在学校数据和联邦劳动局的数据基础上自己计算和估测得出

对于大部分人来说,2006这一年,一年或两年期的职业专科学校提供了37%,也就是188230个学习机会,虽然没有提供文凭,但是学生除了得到职业基础知识以外,还有机会补拿到普通教育的文凭。联邦劳动局的职业预备措施以五分之一的学习参与者构成了第二大群体,这些措施旨在改善参与者个人条件。余下的部分由不签订职业教育合同的职业学校(16.5%),全日制学校的职业预备年(BVJ)(10%),职业基础教育年(BGJ)承担——今年是首次将职业基础教育年承认为双元制职业教育(7%),②最后有过渡体系占比近5%的青年初级培训(EQJ)。经联邦政府和经济部门的协商后确定的职业教育协议的目标,首先

青年初级培训占过渡体系的近5%

---

① 参加 U./Friedlich,M./Urich,J. G. 2008:Ausbildungschancen und Verbleib von Schulabsolventen in Zeiten eines angespannten Lehrstellenmarktes- Bielefeld.(im Druck),第31页。
② 如果其在各自州内得到承认就不将其算入过渡体系,如巴登-符腾堡州。

是针对那些在劳动力市场中处于不利地位的青年人，他们经过全国范围内的各种其他方式
都没有得到职业教育的名额，而通过企业实习的过渡方式，让其进入职业教育成为可能。
2006 年中，在职业教育协议有效期内（至 2010 年）执行的各类举措帮助了近 23000 名学生
参与职业教育。

青年初级培训在上一份教育报告中还未被收入，因在 2004 年其还未发挥作用，在过 过渡体系活力有限
去的两年中它作为过渡体系的构成之一依旧未显出较大的活力（表 E1－1A 和 2006 年版教
育报告）。然而，没有职业教育合同的学生数量已经翻倍，同时联邦劳动局的职业预备措施
也有近 10% 的回落。[①]

职业教育新进人数的地区性分配模式也呈现出极大的稳定性（图 E1－3 和 2006 年版 新进人数的分配
模式具有很高的
稳定性
教育报告），双元制职业教育在联邦范围内的微小增长比例，体现在 2006 年部分德国东部
地区、巴伐利亚州和直辖市地区的数字上，与 2004 年相比有 2 到 3 个百分比的进步。而萨
尔州则反之，双元制职业教育有 9 个百分点的下降。北莱茵-威斯特法伦州和下萨克森州
的过渡职业教育增长得最高，有近 50%，而这两个州的专业职业教育供给问题也很大。

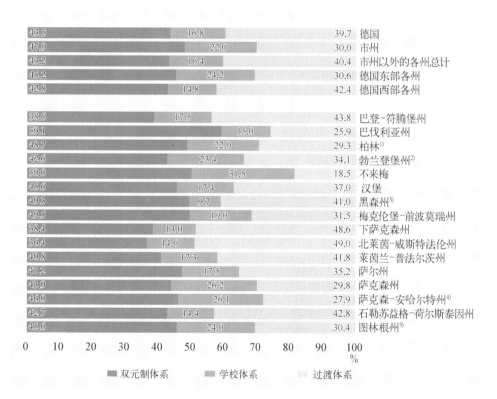

图 E1－3　2006 年各州职业教育体系三大板块的新进人数比例情况（单位：%）

1）双元制中包含 BGJ
2）第一学年的学员（不含重修者）
3）不含卫生保健类学校
4）卫生保健类学校第一学年的学生
5）过渡体系中也包括与双元制一起授课的特定群体
来源：联邦及各州统计局，在学校数据和联邦劳动局的数据基础上自己计算和估测得出

---

① 指的仅是与 2004 年由联邦劳动局审核的比较数据，与再之前 125184 的比较数字相比增加了 9000（表 E1－1A）。

过去 7 年中,过渡职业教育在职业教育新进人数中稳定的高份额是我们应该关注的(图 E1 – 1),它可以更加稳妥地解决从普通学校教育跨到专业职业教育的门槛中出现的衔接问题,这个重点问题在 H 章会加以详细阐述。

Ⓜ概念注释

　　职业教育的板块:职业教育的各大板块根据培养目标和学员的情况有所区别。能够授予学员合格职业教育文凭的有双元制职业教育(非全日制职业学校、企业外的职业培训)、学校职业教育(全日制的学校职业教育)和公务员职业教育(中级岗位)。公务员职业教育因为人数极为有限略去不谈。

　　校外培训组织的一些举措以及学校提供的教育,凡是不能提供合格的职业教育文凭的,都归为过渡职业教育体系的范畴。其中也包含附属于其他职业教育之下、通过第一年学习能获得承认并作为完全资格职业教育录取条件之一的部分有资格的教育形式。

　　对学校数据与举措数据的说明:双元制职业教育包括合作性的职业基础教育年和不签订培训合同的学生。专科学校包括初级教育的新生,不包括师傅或技术员一类的进修。其他教育形式包括职业提高学校、一部分职业教育弱势群体的促进办法、部分时间的特别教育,为非在职者和失业者提供的工作活动举措和课程。联邦劳动局的职业预备措施和青年应急计划,还有初级培训的数据没有可对比的新进人员,取约至 12 月 31 日的数据值。

　　文中的数据以联邦统计局和联邦劳动局的数据为基础,没有将学校数据与联邦劳动局职业预备措施中数据的重复部分计算在内。这里的数据可能跟职业教育报告中的新进人数数据不一致,职业教育中双元制职业教育体系用的是教育报告的数据,只包含第一学年的新进人数,可能造成少数职业教育形式的数量上有出入,但不影响两份报告探讨发展方向的说服力。

E2 双元制职业教育的供与求

　　职业教育名额的供求关系就两方面给出答案,一是青年为自己所选的职业找到合格的职业教育的机会到底有多大,二是可供企业和教育机构选择的青年储备量有多大。在过去的十年中,由于教育名额一直供应不足,所以关于青年进入职业教育的机会问题一直处于公众讨论的焦点,虽然近两年职业教育的名额供应有所增加,但这个问题目前依然比较突出。

只有双元制职业教育培训名额的供求关系是可统计的

　　与以往一样,只有双元制职业教育,或者说只有由职业教育法和手工业条例管理的职业教育,可以实现对其名额供求情况的大致统计,职业教育法不针对全时制的学校职业教育。依据《职业教育法》,联邦政府每年都要弄清职业教育的供求关系是否需要政治方面的介入(《职业教育法》第 86 条)。在法律规定的统计方法的基础上,本次职业教育报告调查的是职教名额供需的基本情况(图 E2 – 1)。

　　无论在理论还是实际方面都有一致的观点,那就是法律概念上的供求关系不能完全涵盖双元制职业教育体系的情况,所以在接下来的调查中我们都将使用供求比例(ANR)这个扩展概念,以便将那些在联邦劳动局处登记的未成功进入职业教育,或者其申请要求以其他办法实现,但仍有职业教育愿望的青年都涵盖在内。

尽管供应有增长,学徒名额仍存在缺口

　　图 E2 – 1 中职业教育名额供求数量的变化曲线表明,在 2005 年出现供给最低值之后,2006 年和 2007 年的名额供应出现了一个上升的趋势,增长了 8 万多个,即 14%。这种上

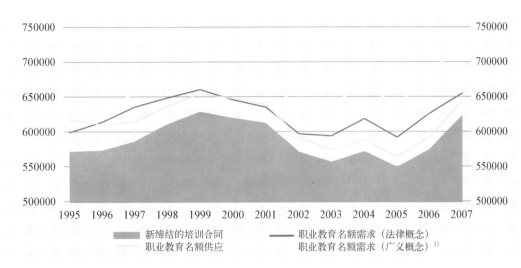

图 E2-1   1995 至 2007 年双元制职业教育体系中签订
培训合同、职业教育名额供应和需求的情况

1) 新签订的合同和突然的/无生活来源的，或者以其他替代方式进入职业教育（比如去进一步的学校深造、职业预备措施）的申请者（1997 年的最后一波只涉及德国西部和柏林西部），2006 年缺少的数值表中有相关计算。

来源：联邦劳动局的截至 9 月 30 日的职业指导数据，联邦职业教育研究所（BIBB）关于至 9 月 30 日新签订职业培训合同的调查结果，BIBB 的计算和教育报告组自己计算得出

升的趋势虽然缩小了培训名额的缺口，但仍无法满足在此期间增长了 11% 的教育需求（法律概念）（表 E2-1A），再加上以其他途径满足自己职业教育愿望的青年，在 2005 年到 2007 年间职业教育的名额赤字一直有 13%，这还要归因于 2007 年对职业教育感兴趣的青年申请者数量相比于 2005 年，有近 9 万人的增长（表 E2-1A）。

职业教育名额供应的增长以职业教育比例的增长和培训企业比例的增长为基础。在 2004 年到 2006 年间，职业教育比例从 6.4% 微涨到 6.5%，培训企业的比例也从 23.8% 微涨到 24%（表 E2-3A，E2-4A）。

在学徒名额的供应方面还存在很大的地区性差异，根据职业介绍所所在的地区，借助一种"五分法"，将供求比例的情况分为"富足"到"紧张"五档（E2-2）。① 这里只把法律定义的需求计算在内，不包括以其他方式进入职业教育者^M，这样我们就可以对真实的名额需求进行系统的收集。依据这种"五分法"，从 2004 年到 2007 年的地区性差异明显减小。尤其是供求比例比较均衡的地区已经几乎占到了所有地区的一半，供求比例不佳的地区降到只占所有地区的五分之二。同时，在 2007 年，只有 12.5% 的地区有着较好的供求比例，且东部和西部之间一直存在较大的反差（表 E2-2A）。

地区性差异有所减小

如果我们不单纯按照表 E2-2 中职业介绍所所在地区的行政界线，而是按照社会经济学特征将职业介绍所所在地区的结构类型进行一次总结的话，就可以更真切地看到造成供求比例情况有好有坏的原因了。就业研究所（IAB）提供了目前联邦德国五大结构类型（表 E2-6web），构成了以下这样一幅画面：

① 五个档次是根据联邦宪法法院通过的《职业培训岗位促进法》（APLFG 1976）的相关标准进行划分。该标准中认为全德国范围内供需比超过 12.5% 才算是比较合理的职位供应。而我们这里涉及的并不是全德国，而是区域化了的供需关系比例，所以这一标准比 APLFG 稍有降低，认为 98% 至 102% 之间的供需关系比例较合理，"富足"指的是质量和数量上达到了 110% 的供求比例（ANR）。

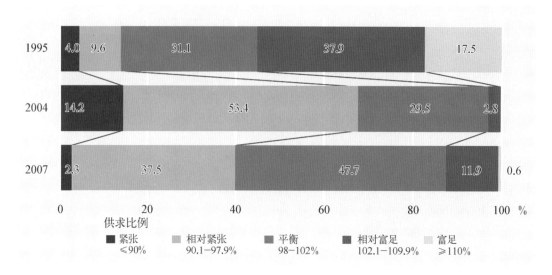

图 E2 - 2 1995、2004 和 2007 年职业介绍所所在地区的职业教育名额的供求比例情况(单位：%)

来源：联邦劳动局的截至 9 月 30 日的职业指导数据，联邦职业教育研究所(BIBB)关于至 9 月 30 日新签订职业培训合同的调查结果，BIBB 的计算和教育报告组自己计算得出

2006 年五大类地区中平均只有两类做到了供求平衡，即使是情况最好的第四类地区，也就是像慕尼黑、斯图加特、法兰克福这样有着更好的劳动力市场状态和更大活力的西部大城市中心地区，其供求比例也不过是 102.3%，略微超过那些供求平衡的地区(图 E2 - 3 和表 E2 - 5web)。五类地区中略差的是 ANR 供求比例为 93.8% 的第二类地区，同样是大城市这些地区主要分布在西部和北部，其失业率也比较高，如柏林、汉堡、多特蒙德、科隆、汉诺威。类型三和类型四的中等城市地区呈现出大不相同的劳动力市场状况和经济状况，这也是最大的两个类型，第三类地区的 ANR 供求比例是 97%，也相对比较紧张。

西部大城市和东部所有州的情况都特别不好

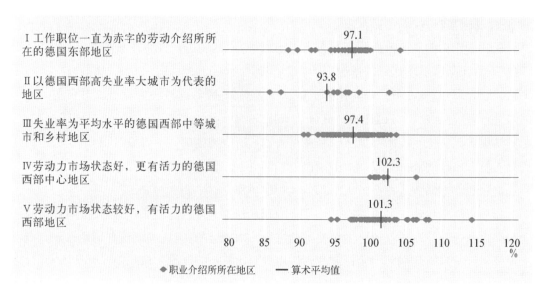

图 E2 - 3 根据职业介绍所所在地区的结构类型统计的 2007 年双元制
职业教育中名额的供求比例情况[M](单位：%)

来源：联邦劳动局的截至 9 月 30 日的职业指导数据，联邦职业教育研究所(BIBB)关于至 9 月 30 日新签订职业培训合同的调查结果，BIBB 的计算和教育报告组自己计算得出

而最吃紧的要数一直为赤字的劳动介绍所所在的德国东部第一类地区了，在这类地区就像西部中等城市的地区结构类型一样，消极领域内的变化情况一直比大城市中心地区要大。

职业教育名额的需求有四分之三分布在中等城市和农村地区，只有四分之一分布在人口密集地区和大城市中心地区，名额供应的分布情况也大致如此。需求方面在一定程度上与毕业生的成员组成有关，而每年离开学校的一般都是文理高中的毕业生更多些。供应方面则是就业和创造价值方面的服务比例限制了职业教育名额的供应，因为在过去几年的劳务领域中，就业量和双元制职业教育容量之间的鸿沟持续增大。[①]

即使是劳动力市场状况好且经济状况也很有活力的中心地区，在经济景气的情况下也仅能做到供求平衡，与人口密集的中心或人口密度较高的大城市有关的社会经济方面的因素起主要作用，在制订教育和职业教育政策的时候也要系统地将这些因素考虑进去，比如大城市中进城上班者和出城上班者之间有很大的不均衡性，积累下来的职业教育申请人所占比例较大，所以大城市中职业教育申请人的平均年龄较高（超过 20 岁），且大城市里有移民背景的人比中等城市和农村地区要多。也不排除在名额供应和需求（新签订的合同加上在联邦劳动局那里未得到名额的申请者）的时候，企业根据自己曾经与申请人打交道的经验来作出有效的选择。

> 社会经济因素是大城市问题的缘由

无论是从个人职业发展机会的角度，还是从劳动力市场和结构政策的立场来看，地区性的差异都较为明显。从个人角度来看，大多数地区的职业教育机会都在明显减少，除了德国东部的一些州外，各地都把注意力放在人口密集的中心地区和大城市，并依据这个问题来探究社会结构的次序（参见 H3 和 H5 章节）。从保障高水平劳动力储备的角度来看，对未来各地区发展至关重要的是，目前职业教育名额供应情况尤其不乐观的地区应如何以更合理的职业教育方法和劳动力市场政策的手段来消除当前名额供应短缺的情况。

> 职业教育的供应不足成为地区发展的负担

Ⓜ概念注释

供求比例：供求比例可以反映出实际市场关系。它可以运用在双元制职业教育体系中；对于学校职业教育体系来说则缺少相关数据。供应量在传统定义中包括，截至每年的 9 月 30 日已经签订的培训关系（新签订合同）数量和在德国联邦劳动局登记的空缺培训岗位数量。需求量包括新签订的合同数量和在德国联邦劳动局登记的尚未签约的申请者数量。这一方法能够系统地记录供应和需求的数量。

以其他方式进入职业教育者：图 E2-1 中加入了仍有职业教育愿望而以其他方式进入职业教育者的需求（如就读继续教育学校、职业预备措施）。未在联邦劳动局登记的申请者，其数据未列入。E2 章节的结果中不包含联邦劳动局未登记的空缺培训岗位数量，也不包含被职业介绍所登记为职业教育未毕业的申请者（参见《德国国家教育报告（2008）》（德文版），第 26 页）。

职业介绍所所在地区的结构类型：在供需关系和劳动力市场条件的地区性比较中，使用的是就业研究所（IAB）的给定类型。此分类是基于劳动力市场状况和职业中介所在地的空间结构的七项指标，最后总结为五种类型。

---

① 参见《德国国家教育报告（2006）》。

E3 学校职业教育的供应情况

学校职业教育作为高校层面以下所有具备完全水平的学校职业教育供应的总和,虽然其组织形式和教育水准并没有表现出一致的体系,而是受着教育机构多样性的影响,但从其诞生和发展的中心范围来看,却体现出一条独立的教育之路。这样的说法尤其针对卫生和护理类职业、教育和社会保健类职业。

学校职业教育的透明度较低

时至今日,在大众的印象中学校职业教育还一直处于双元制职业教育的阴影之下,这一点也反映在其一直亏空的数据情况Ⓜ上。要概括学校的教育供给情况,就必须以其第一学年的学生人数为依据。

教育机构的多样性首先根据其涉及的职业技术学校教育是否遵照职业教育法和手工业条例划分,这样的学校种类Ⓜ有职业专科学校(BFS)、专科学校(FS)和卫生学校(SdG),这里所包含的专科学校也有一部分培养和卫生学校一样的职业。[1]

学校职业教育的独立性

学校职业教育的独立性是这样体现的,目前其名额的供应量中只有8%来自符合职业教育法和手工业条例的职业专科学校,且这个份额自2000年以来几乎未有增加,甚至还有短暂性的回落(图E3-1,表E3-1A)。这种类型的学校很大一部分被双元制职业教育所取

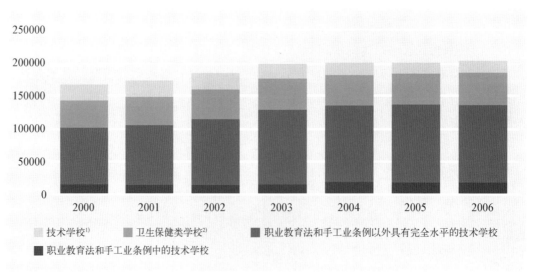

图 E3-1   2000 至 2006 年根据学校种类统计的学校
职业教育体系第一学年的学生数量

1) 只有运动矫正师、学前机构教师、学前机构助理教师、针对有行为障碍儿童和青少年的专业教育人员、老年人护理人员、家庭护工、农村助理教师、残障人士护理人员、残障教育人员、残障人士助理护理人员
2) 不含黑森州;2000 到 2003 年卫生学校共有 107 名护理预备学生(未分专业)

来源:联邦及各州统计局,学校数据,自己计算得出

---

[1] 根据 KMK2002 年 11 月 7 日的协议,专科学校原则上属于职业继续教育。由于同一教育过程的一部分既在专科学校也在卫生保健类学校中有,在这种情况下专科学校就被归到全日制学校职业教育中。

代(比如电工、绘图员、办公室职业、保健类职业)。① 鉴于自 2000 年以来双元制职业教育的供应一直不足,这种学校职业教育停滞的份额及其非常有限的增速还是需要解释一下的:这不仅要归因于其对于青年吸引力的不足以及青年们有限的需求,还要追溯到各州的观望和谨慎态度。因为在 2005 年的《职业教育法》中,规定了学校的职业教育要从属于企业的职业教育(《职业教育法》第 7 条和第 43 条)。而学校职业教育之所以能够有所发展,是因为职业教育法的目的是要为青年尽可能地提供一些过渡的时间(到 2011 年)。

根据专业方向构建的学校职业教育的结构

有些报告是按照职业教育的入学情况来说明学校职业教育的学生状况,这次我们有所不同,接下来将按照职业群⑩的教育供应情况来做一次总结。根据十大专业方向,我们可以将之概括为技术类、营销类、医药技术助理类、卫生服务和理疗类、教育和社会保健类几大块来说明学校职业教育的结构和动态。

按专业方向来看,卫生和护理类职业以近四分之一的比例高居学校职业教育的学生中的榜首,紧跟其后的是教育和儿童保育类以及社会保健类职业(图 E3－2,E3－2A)。服务类职业几乎是技术和营销助理类职业的两倍,而例外的是经济信息和技术助理类职业中,教育供给的大部分名额被年轻女性占用了,这一部分的比例自 2000 年以来减少了 4%(表 E3－6A)。

服务类职业有很大优势

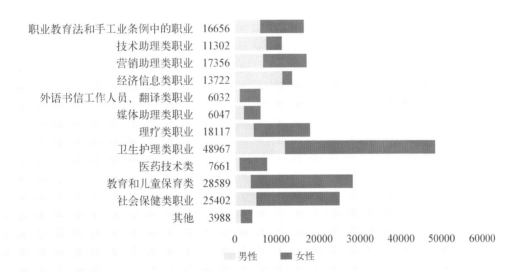

图 E3－2　根据职业群和性别统计的 2006 年学校
职业教育体系第一学年的学生数量*

* 不含黑森州的卫生保健类学校;包括运动矫正师、学前机构教师、学前机构助理教师、针对有行为障碍儿童和青少年的专业教育人员、老年人护理人员、家庭护工、农村助理教师、残障人士护理人员、残障教育人员、专科学校的残障人士助理护理人员
来源:联邦及各州统计局,学校数据,自己计算得出

---

① 这些职业在 2003 年还归在符合职业教育法和手工业条例的职业专科学校;2006 年这些职业凭借 4400 名学生在符合职业教育法和手工业条例的职业专科学校新生中占到 1/4,如果把这一部分拿出来的话,符合职业教育法和手工业条例的职业专科学校的新生在总的职业教育学校体系中所占的比例则呈现出下降趋势。

学校职业教育中的教育供给自 2000 年以来扩大了 22%，这主要是服务类职业、助理和媒体类职业的扩大，虽然后者自 2000 年以来一直有较高的增长率，但数量上与服务类职业的增长规模还是不可同日而语。在短短的 6 年时间里，新加入教育、儿童保育以及社会保健类职业的学生数量增加了近 40%（表 E3 - 3A）。媒体类、经济信息类和营销助理类职业起点水平明显比较低，但是也呈现出较强的活力，虽然这一类职业通常被青年用来为双元制职业教育做准备。

学校职业教育比双元制职业教育显示出更大的发展活力

在我们观察的这段时间内，学校职业教育比双元制职业教育显示出更大的发展活力，而且几乎没有成为双元制职业教育的替代品。仅仅在技术和营销助理类的情况中提出了这样的问题，那就是其 59% 甚至 66% 的增长是否是在双元制职业体系中的教育需求未得到满足而采取的他法呢？从长期的高等化趋势来看，这样发展的情况可以解释为：一方面社会对服务类职业公共教育的需求不断增长，尤其体现在卫生保健和社会保健领域（家庭护理员、社会助理人员、特殊教育者等等）；另一方面则源于对沟通和知识类服务人员的需求。

不同地区的学校职业教育的供应发展情况

地区性差异

学校职业教育的四种类型在各州的分配模式很不一样（图 E3 - 3，表 E3 - 4A），[①]各地

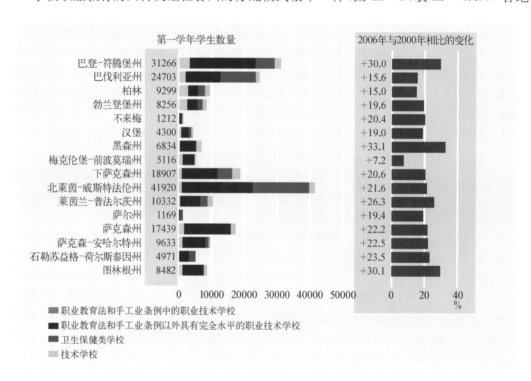

图 E3 - 3　根据地区和学校种类统计的 2006 年学校职业教育第一学年的学生数量及与 2000 年相比发生的变化[*]

[*] 不含黑森州的卫生保健类学校；包括运动矫正师、学前机构教师、学前机构助理教师、针对有行为障碍儿童和青少年的专业教育人员、老年人护理人员、家庭护工、农村助理教师、残障人士护理人员、残障教育人员、专科学校的残障人士助理护理人员

来源：联邦及各州统计局，学校数据，自己计算得出

---

① 因为各州的统计方式有别，所以直接进行各州之间的比较相对困难。2006 年黑森州、梅克伦堡-前波莫瑞州、萨克森州和图林根州没有卫生学校的数据说明，不来梅和萨尔州缺少符合职业教育法和手工业条例的职业专科学校数据说明，萨尔州和石勒苏益格-荷尔施泰因州缺少专科学校数据说明。

区的模式无法由其不同的教育政策来解读，通常是按照各州不同的规定。为了区分各种职业学校的类型才建立起一些分配模式，比如护理类教育归到卫生保健事业的职业技术学校，教育者和老年护理员归到卫生保健事业的职业技术学校或技术学校。

在学校职业教育供应的扩大过程中，职业教育政策层面上显示出的各州差异以巴登-符腾堡州、黑森州和图林根州最为显著。符合职业教育法和手工业条例的职业技术学校中则反映出了新旧联邦州的主要不同，在德国东部各州（包括柏林），符合职业教育法和手工业条例的职业技术学校的名额供应下降到五分之三，在德国西部各州则下降到五分之二。如果我们看一下 2000 年到 2006 年的发展情况就会发现，没有一个联邦州谈到全日制学校这种职业教育形式的战略实施，即使在下萨克森州和北莱茵-威斯特法伦州这些 2006 年的双元制职业教育新进人数比率最低、学校职业教育的新进入数也非常低的地方也没有。

符合职业教育法和手工业条例的职业技术学校呈现出东西差异

Ⓜ 概念注释

学校职业教育的数据情况： 各州统计署的问卷调查显示，没有任何一个州做过有关学校职业教育名额供应的数据统计，而这种数据统计是系统性职业教育规划的基础。

学校种类： 职业专科学校（BFS）仅指能够授予合格的职业水平文凭的学校，不包括只讲授职业基础知识且只能授予普通教育文凭的那些 1 到 2 年的职业专科学校。卫生学校里上的是健康服务职业类的课程，除了健康护理类职业还有理疗类、社会保健类、医药技术助理类职业。这些职业中有很多也同时在职业专科学校和专科学校中开设。专科学校通常来说是继续教育的学校，主要培养教育者和（针对生理和智力发育上有缺陷儿童的）特殊教育者，以及一些护理类职业（根据联邦统计署的职业分类其职业编号依次为 8525，8630，8637，8640，8647，8650，8660，8667）。

职业群/专业方向： 为了便于分析，此处各个单独的职业就按照联邦统计署的四位职业分类码来总结成职业群。技术助理类职业群包含职业：2507，3094，3161，6000，6204，6210，6216，6220，6223，6229，6230，6261，6264，6265，6271，6273，6291，6293，6310，6312，6319，6330，6333，6345，6425，7964，8238。营销助理类职业群包含职业：7020，7021，7022，7034，7216，7503，7518，7519，7550，7564，7801，7804，7870，7889，7890，9142。经济信息类职业群包含职业：7742，7743，7744，7792，7801，7803。外语书信工作人员、翻译类职业群包含职业：7884，7894，8220。媒体助理类职业群包含职业：8340，8341，8342，8343，8346，8354，8364。理疗类职业群包含职业：8511，8520，8521，8522，8525，8591，8592，8594，9023。卫生和护理类职业群包含职业：8530，8532，8534，8536，8541，8542，8640，8647。医药技术助理类职业群包含职业：8570，8571，8572，8573，8576，8579，8580。教育和儿童保育类职业群包含职业：8617，8630，8637，8670。社会保健类职业群包括职业：8617，8650，8660，8667，8690，8697，9212，9232，以及家政和社会保健（无分类码）。

E4 学校的预备教育水平以及各行业的职业教育情况

高校层面以下的职业教育的很大一部分，尤其是双元制职业教育体系，其与高校不同的是，原则上不需要预备教育的一纸证书作为入场券。然而这样原则上的开放性，并不意味着实际的教育证书就不重要。从历史上来看，19 世纪和 20 世纪时在职教领域和普通教育系统的毕业文凭之间逐渐形成了一个相应的模式，文理高中毕业归给高校学习，实科中学毕业以私人经济中的营销类和中级行政类职业为目标，国民学校和后来的普通中学则主

学校预备教育文凭和教育过程的传统分类模式

要为手工业和工业的技术类职业提供新生力量。

在这个市场需要和国家教育政策彼此磨合的过程中,产生了时至今日仍十分稳定的社会分类,因为社会各阶层人士就读的学校种类有很大差异。从 20 世纪 60 年代中期开始,随着教育的扩张以及实科中学、文理高中的壮大,更多的实科中学毕业生和具备大学就读资格者一样涌入了中级职业教育。随之而来的是在职业教育的政策和科学讨论中,人们对于分级过程的忧心:就好比阶梯式瀑布那样,如果从上层往下层涌入过多的人,那么在最底部的那些越来越多的持有或者没有普通中学毕业文凭的学生就会被挤在资格职业教育之外,中级中学毕业的学生也只能获得一小部分具有资格的职业教育了。

教育扩张的影响

根据职业教育的领域划分预备教育

从 20 世纪 90 年代初开始,双元制职业教育体系中中级教育水平占主导地位

随着学校预备教育结构Ⓜ的变化,我们可以从其中普通教育系统的文凭在几大职业教育领域的分配情况,看出教育扩张的结果。在职业教育的主要范围内,预备教育为中级学校毕业的人还是超过普通中学毕业的人,占主导地位(图 E4 - 1,表 E4 - 1A)。

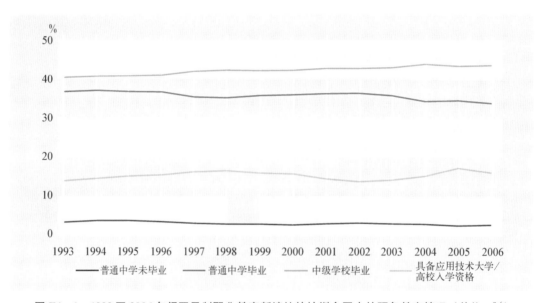

图 E4 - 1　1993 至 2006 年间双元制职业教育新缔结的培训合同中的预备教育情况*(单位:%)

* 部分统计预备教育情况,不含"其他和未说明"的情况

来源:联邦及各州统计局,职业教育数据,自己估测和计算得出

不同职业教育领域内的预备教育水平差别也很大

在不同的职业教育领域中,预备教育的结构有着很大的不同:在手工业、农业和一小部分的家政业中,普通中学毕业生成为职业教育新进者的主要力量;在工业和商业、公共服务业、自由职业中,新招募的受教育者主要是中级学校毕业生和部分的文理高中毕业生,这些人在手工业中则处于一个很边缘的地位;1993 年在自由职业和公共服务业中,有普通中学毕业证和没有普通中学毕业证的人只占四分之一甚至五分之一(图 E4 - 2,表 E4 - 4wcb)。

在 1993 年到 2006 年间,普通教育系统的毕业生结构相当稳定(表 E4 - 2A)。虽然每年离开学校的毕业生情况比较稳定,但有两大领域的职业教育,其新生的学校预备教育情

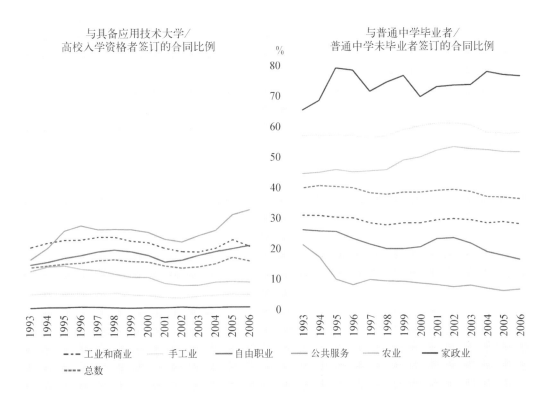

与具备应用技术大学/
高校入学资格者签订的合同比例

与普通中学毕业者/
普通中学未毕业者签订的合同比例

- - - 工业和商业　　…… 手工业　　—— 自由职业　　—— 公共服务　　—— 农业　　—— 家政业
- - - 总数

**图 E4‐2　1993 至 2006 年双元制职业教育中根据职业教育领域和(所选出的)
预备教育水平统计的新签订合同的比例情况*(单位:%)**

* 部分统计预备教育情况,职业教育领域不含海上交通专业
来源:联邦及各州统计局,职业教育数据,自己估测和计算得出

况还是有很大不同:在公共服务业和自由职业中,具有大学就学资格者的比例增长很多,在公共服务业中是增加了一倍,在自由职业中提高了 50%。这两大领域中,给持有或者没有普通中学毕业资格的青年的机会越来越少,以至今天,这类人群在职业教育的这一板块几乎已经没有任何机会了。反之,在手工业、工业及商业两大职业教育领域中,预备教育水平的比例在过去的 13 年中则几乎未有改变(图 E4‐2)。值得注意的是,几大职业教育领域的预备教育结构的稳定性首先体现在手工业职业教育的新生中,5%的具备大学就学资格者比例并没有增多提高,而手工业这个对社会最为开放的领域,则保持着对具有或者没有普通中学毕业资格的青年的录取。

教育发展的主要
受益者:自由职
业和公共服务业

根据职业和职业群划分的预备教育群体ⓜ

只看职业教育领域内的话还不能完全概括职业的预备教育群体,因为在比较大的领域内(工业及商业、手工业)涉及的是各种不同的职业。如果我们观测一下数量上最有说服力的职业,就会将预备教育的划分群体呈现得更清晰。早前十年的结构根据职业教育新生的主要预备教育的标准已经在至少三、四个职业群体中有所瓦解(表 E4‐1A)。

根据职业划分的
四类群体

- 最上层的群体可以称为文理高中毕业生的职业群体之一,具备大学就学资格的青年分布在接受职业教育者主要群体的所有六类职业中,而其所带来的消极影响是,预备教育水平比较低的青年几乎没有机会了。涉及的主要是工业和手工业领域的营销类和行政类职业,例外的是其中女性专业计算机工作人员有超过 50%的比例。过去的十年中,这类职业的一半是在新媒体的基础上发展起来的。

- 第二群体(中上层)中,中级学校毕业生占主导,其次是具备高校入学资格者。在这个群体中持有或者没有普通中学毕业资格的人,其机会也是非常有限的。与上述情况相似,这一群体中占主导的是工业和手工业领域的营销和办公室类职业,女性比例很高,还有 10 种职业,如工业电工、机电工、化学实验员和化学技工和其他 3 种技术类职业。值得注意的是,在这一群体中没有涵盖手工类职业。

- 在第三群体(中下层)中占主体的是中级学校毕业的,与中上层相比,是普通中学毕业者在这一群体中占据了第二的位置,具备大学就学资格者只占到了 10%以下的比例。这里工业和手工业的技术类职业占到了突出的位置。

- 最后一个群体集 12 个职业/职业群于一体,在这些职业和职业群中,普通中学毕业者占据了最多数,当中也有三分之一到四分之一的中级学校毕业者,具备大学就学资格者就很难占到一定比例了(园圃工除外)。这种普通中学毕业群体的职业结构主要由传统的建筑类、营养类和服务类职业构成,很明显,男性比女性更占主导地位的职业。

在时间过程中相当稳定的群体

在时间上作一个比较就会发现,四个群体在 1993 年和 2006 年之间的数据波动是相当小的,下面三个阶层都取决于最上面的阶层(表 E4 - 3web)。这种在下层、中层和高层三个主要群体间的稳定性说明,从群体结构来谈预备教育是正确的。这意味着普通中学的毕业生在两个上层群体中找到职业教育名额的机会越来越少,而对于实科中学毕业生来说,想要在最上层的群体找到机会也是更加困难了。

在这几个群体内部,随着时间的改变,也有预备教育水平的改变,在上层群体的"数码和印刷媒体"职业中,具有应用技术大学入学资格和高校入学资格者的比例从 1993 年到 2006 年提高了近 50%,但中级中学毕业者的比例同期却回落了 12 个百分点(表 E4 - 3web)。

不是排挤而是教育的扩展和对知识的要求不断提高

按照学校预备教育来划分的职业群是更遵循职业教育的供应方还是更遵循需求方,且在多大程度上遵循着,这些问题都还没有答案。很多职业要求知识的升级,同时具有中级学校毕业证书甚至更高文凭的毕业生越来越多,我们必须很现实地从上述两个情况的相互关系进行分析。其中出现的明显不是一个阶梯式瀑布涌来人潮的问题,更多的是这样的职业群体(上面两层)渐渐形成,其要求的是对知识和沟通能力的高度掌控,而培训企业往往不太相信普通中学的学生具备这样的水平。这就不能说是一种排挤,因为对于位于阶梯底部的那些持有或者没有普通中学毕业资格的学生来说,最大的难题是得到培训的名额,而这个问题恐怕不是由于他们受到排挤,而更多是由于技术类职业领域中因结构改变导致的教育名额减少,以及大量职业的要求越来越高,这两种现象长期的彼此影响才导致的。

Ⓜ **概念注释**

　　学校预备教育结构:在职业教育数据中只有约 85%的新签订合同有符合规定的学校毕业证,另外约 15%的新签订合同,其记录的数据为职业基础教育年(BGJ)、职业预备年(BVJ)或者是技术专科学校。这类人群的学校预备教育情况是以关于毕业生及其预备教育水平的报告为基础统计的,BVJ 完全归于普通中学毕业资格，BGJ 有 30% 归于中级学校毕业，70% 归于普通中学毕业，技术专科学校 75% 归于中级学校毕业，25% 归于普通中学毕业。

　　根据职业和职业群划分的预备教育群体： 三个主要群体是根据学校预备教育的情况来划分。中层群体的细分则是根据具有中级学校毕业资格的人员比例，如果这一比例超过了 75%，那么这个职业就属于中上层。

　　根据德国联邦职业教育研究所的谱系，那些由于法律新规涵盖之前和后来职业的职业名称此处就统一总结，用以更好地表述，职业数太少的就按职业群论。

E5 职业教育顺利毕业的情况

　　研究职业教育的毕业情况对于高校层面下的职业教育来说，首先体现出职业教育系统为劳动力市场提供哪些有潜力的专业人员，如果针对参加职业教育的学员来统计毕业情况就可以体现各国的职教培养情况如何。这样看来，研究职业教育的毕业情况对于职业教育在公众面前的地位以及学生面临教育类型的选择时，尤其是在应用技术大学和高校领域内的选择时，就显得尤为重要。

职业教育的毕业情况作为一个多维度的衡量标准

　　过去十年中，虽然双元制职业教育有略微回落的趋势，但其不仅在职业教育的新进人数中占主要部分，而且在毕业人数中也占主要地位。1995 年至 2006 年，双元制职业教育的毕业生减少了 5%，学校职业教育的毕业生却增长了 39%（图 E5-1）。学校职业教育的毕业生在所有职业教育毕业生中增长了 8%，占近四分之一的份额。在学校职业教育内部，职业教育法和手工业条例规定职业外的职业专科学校是增长的主力，其毕业生数量在我们研究的时段内有一倍的增长（表 E5-1A）。

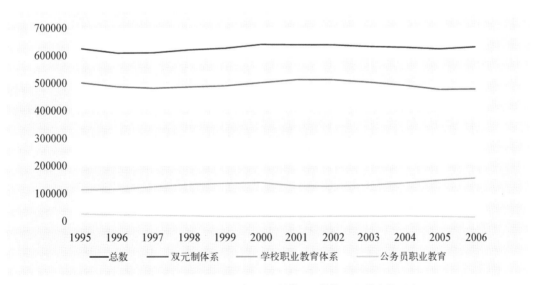

图 E5-1　1995 至 2006 年双元制体系、学校职业教育体系和
公务员职业教育中的毕业生数量*

＊　注释参见表 E5-1A

来源：联邦及各州统计局，学校数据和人口数据

德国职业教育较高的培养能力表明,2006 年,在 21 岁年龄的人群中有三分之二的人持有合格的职业教育文凭(图 E5－2)。这个年龄的人群有一半人拿到双元制职业教育的文凭,约六分之一的人拿到学校职业教育的文凭。2006 年在学校职业教育内部,获得职业教育法和手工业条例规定职业外的职业专科学校文凭的是主力(8.5%),紧随其后的是卫生保健类学校(4.3%),职业教育法和手工业条例规定职业的职业专科学校只占了最小的比例(1.4%)(表 E5－2A)。

职业教育的高毕业率

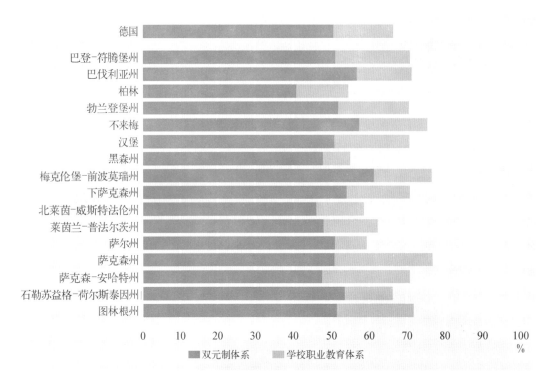

**图 E5－2　2006 年各州双元制体系和学校职业教育体系中的
典型毕业年龄人口中的毕业生比例情况***

＊ 黑森州不含卫生保健类学校,进一步解释参见表 E5－2A
来源:联邦及各州统计局,学校数据和人口数据

与男性和女性学员在职业教育几大板块中的分配情况类似,毕业生的情况如果按照性别来统计的话也有所不同。双元制职业教育中男性有五分之三、女性有五分之二会最终获得文凭,而在学校职业教育中,有四分之一的女性毕业,男性毕业却只有十二分之一(图 E5－4A,表 E5－3A)。

各地区的职业教育结业情况

职业教育毕业生在同龄人口中的比例情况,以及毕业生在职业教育两大板块的分布情况,在联邦各州内是有很大不同的(图 E5－2,表 E5－2A)。这种地区性的差异既不遵循东西部的差异模式,也不遵循州和市的差异模式。毕业率最低的州有黑森州、柏林和北莱茵-威斯特法伦州,其在双元制职业教育,尤其是学校职业教育体系中都出现了不同的比例。毕业率最高的州级市是不来梅和汉堡,联邦州是萨克森州、巴伐利亚州、巴登-符腾堡州和

各州间较大的地区性差异

梅克伦堡-前波莫瑞州。由于双元制职业教育的毕业比例比较平均,或者更准确地说,由于学校职业教育的毕业比例尤其高,最终才形成了这些较高的毕业率。

如果将国际间的职业教育毕业率作一个比较,那么 2005 年德国的同年龄段人群中职 **较好的国际排名** 业教育的毕业比例在经合组织成员国中处于前四分之一的位置。排名在德国之前的主要是一些像芬兰、瑞士、斯洛文尼亚这样较小的国家。然而我们也要注意到,经合组织成员国的数据中并未包括像美国、英国、法国、加拿大这些更大的国家。与其他大多数国家的情况一样,女性的毕业率往往略低于平均水平(图 E5 - 3,表 E5 - 4A)。

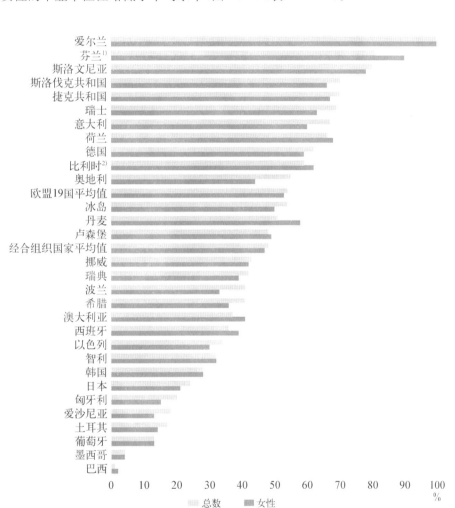

图 E5‑3 2005 年按性别统计的部分国家中级教育 II 中职业准备/职业培训阶段
(国际教育等级分类 3b/3c)的毕业比例(单位:%)

1) 参考年份为 2004 年
2) 不含比利时境内的德语区
来源:OECD 2007,教育一览

Ⓜ **概念注释**

毕业生:这里的毕业生计算的是在规定的这一年中取得了完全水平毕业文凭的人数,双元制体系以职业教育数据为基础,除了职业教育学员还有转学生和参加外部考试的人。学校职业教育以学校数据为基础。

典型毕业年龄人口中的毕业生比例：这里的毕业生比例指的是这一年的毕业生在本年度 21 岁人口中所占的比例。在进行国际间比较的时候，德国选择的是 19 岁人群。

前景

虽然也有难以回避的困难，但德国高校层面以下的职业教育体系直到今天还在为典型年龄段人群中三分之二的人提供有资质的职业教育文凭，这样的价值在国际间比较来看也是非常可观的（E5 章节）。这些问题确实连年来在逐渐减少，但仍未解决。这样的结论在双元制职业教育体系中教育名额的供求平衡情况中就尤为适用。虽然企业的培训名额供应在 2006 年有一定的增长，2007 年增长得还更多些（E1 和 E3 章节），但由于之前较多的旧的职教需求依然存在，导致供应仍有一定缺口。

持续的问题还是出在由普通教育向职业教育过渡的过渡职业教育体系上。过去十年中，职业教育体系三大板块在总的职教体系中相对比较稳定的比例，尤其是过渡职业教育体系无法避免的 40% 这样一个比重，表现出从普通学校教育到职业教育过渡的过程中出现的衔接问题，这正是由名额的供求平衡问题引起的。

在 E4 章节的结构层面中也提到了衔接问题，这部分展示的是：双元制职业教育在过去的十年中，根据学校预备教育水平的不同形成了一个比较稳定的职业教育职业的划分法，这样看起来，很多职业就将普通教育水平以下的毕业生拒之门外。过渡体系的扩大在职教名额短缺的时候并不是简单地去遵循排挤效应，而是更多地将注意力放在职业知识和职业教育申请者认知能力的联系上。尤其是将来，职业教育的供应要向预备教育文凭较低的青年敞开，这样的问题并不止要求职业教育的供应方来解决，还要求各校预备教育水平要有所提升。

虽然学校职业教育明显比双元制职业教育显示出更强的扩张动态（E3 章节），但其在一些职业的水平上表现得不是很清楚，另一方面学校职业教育是否能将参差不一的要求都统一在自己的屋檐下也模棱两可，其在申请者的个人条件上也缺乏透明度。

根据各州情况和各地社会经济学类型总结的各地区的职业教育就学情况差异（E1 和 E2 章节），作为职业教育政策的其他考虑因素也被评估进去。存在问题的是，为什么职业教育法和手工业条例规定职业的职业专科学校这类可以补充企业职业教育名额供应的教育形式时至今日还没有得到重视和发展？还须彻底检验的是，各州是不是鉴于 2011 年到期的法律开放期限还在对各自职业专科学校的容量扩大有所犹豫，而青年们是不是因为担心以后在劳动力市场上得不到等值对待的职业教育，造成其对学校职业教育的需求有限。

虽然对毕业比例做了报告，但是我们关于职业教育体系培养能力的所知情况总体来看还是不足。目前不同职业教育领域的毕业考试并没有针对相应的入学人数，看不出该体系的效率如何，而且关于学生到底在职业教育中收获多少知识和能力的数据也没有，目前看起来还亟需更大的数据透明度，所以要说制定政策时的重点，那就是不能忽视职业教育欧洲化推进过程中以及在进行职业教育文凭的国际间比较中出现的种种挑战。

F 高等教育

随着知识型社会的不断现代化,高校越来越多地成为了一个培养职业资格的中心机构。下面将接着 2006 年版教育报告,重点阐述与高等教育政策相关的两个方面。

首先,人们对高等教育的需求促进了高校在数量上的增长。近几年,制定教育政策的专家们达成了高度一致,要求持续提高德国的大学新生和毕业生的比例,缩小与其他工业国家之间的差距。这一目标完全符合社会经济结构调整的结果,即要求具备特殊技能的工作在国民经济中占据越来越重要的地位。要达成这一目标,就必须解决一系列随之而来的问题,例如高校的设施配备、学习的有效性以及财政经费等问题。

第二个重点是,计划建立一个欧洲共同的高等教育学区。在德国也同样得到大力推进的博洛尼亚进程,不仅带动了高校课程结构改革,引入了新学位,而且也促进了其他一系列重要领域的活动,例如促进了国际间的互动交流、博士的培养以及职业培训和高等教育的相互渗透等。总体看来,德国一要与国际接轨,适应国际潮流,二还要与其他国家竞争。两方面的压力都在增加。

与 2006 年版教育报告相比,本年度的教育报告除了引入了高校师资和学习经费供给等新章节以外,主要的不同点还在于,本教育报告将中学、大学和职业教育之间的过渡作为重点放在 H 章中来详细阐述与深化,并且该章还将专门阐释在德国由来已久的、在高等教育入学时体现出的鲜明社会背景差异的问题(H4 章节)。与 2006 年版教育报告相比,本教育报告的变化还体现在提到了当下的高教政策的各项议题,并加入了一些全新的、或更新后的数据。

在这样的大框架下,要问高教发展的核心目标的实现情况和课程结构的改革情况如何,可以从新生和毕业生的数量(F1 和 F5 章节)变化中找到答案。此外,本章还会涉及与此相关的对学习进程的观察与思考(F4 章节),以及高校为提高教学效果所作出的各种努力。另外,高校师资(F2 章节)和学习经费供给(F3 章节)这两项指标,加上涉及高校这一块的教育支出(B1 章节),将共同展现高校的人力资源和社会基础设施方面的情况。

尽管目前来看,高等教育事业未来的构架还只是一个粗略的轮廓,但为了提高德国高校的效能,近几年人们推出了多项改革措施,且已远远超出了高校教学改革的范畴,几乎涉及了高教体系的所有要素。长年积累下来的改革压力越来越大,与此相关的争论也早在博洛尼亚进程之前就开始了。

由各项指标组成的报告,也必定只能展示德国高教系统内部变革过程的某一部分,展示的重点首先体现在可以从数量上描绘的事实与发展状况上。一些重要的变化,例如高校管理和组织结构领域的,到目前为止还是很难用某个指标刻画出来,另外一些才刚起步(例如德国高校在"大学卓越计划"进程中纵向差异拉大),还不足以成为一个可以量化的参数。

F1 高校新生

近几年,德国高校政策将提高大学新生数量和比例作为一项很重要的发展目标。这背后的意图是,要使德国高校毕业生的比例接近经合组织(OECD)同等成员国的水平。同时,德国的高校入学与入学许可目前正在经历一场组织架构上的巨变。课程结构的改革[Ⓜ]带来的是本科学程比例的提高,而其目的,一是提高大学入学率,二是要将本科学程建设成为通往职业道路的初级学位。大学的入学程序以及许可的发放条件也正在发生改变,这其中有高校自身选拔程序改变的原因,同时学习经费的供给对招生也有影响。

大学新生数量和新生比例[Ⓜ]的发展

新生数量长线猛增,目前却未达预测值

忽略个别暂时性的中断,在过去,大学新生的数量总体一直呈上升趋势。与20世纪70年代相比,现在新生的数量已经比翻倍还多(表F1-1A)。

2006年版教育报告对这一强劲的发展势头作了详细描述。然而2003年之后,这一上升趋势却没有再继续。而最近各州新生人数不同幅度的增长(表F1-2A)是否意味着德国将迎来新的转折还未可知。总体上,新生总数仍保持在20000左右,而新生比例则比2003年下降了两个百分点(图F1-1,表F1-1A)。这一发展趋势与预测的新生和在校生数量都会增长的结果背道而驰,也与要达到更高的新生比例的政策目标不符。新生人数增长的重要原因之一在于具有高校入学资格者人数的上升,同时也与人们对学校教育——中小学和大学教育的参与度的整体提高息息相关(参见H4和D7章节)。与此相比,人口学上的因

教育参与度的提高引发新生数量的上涨

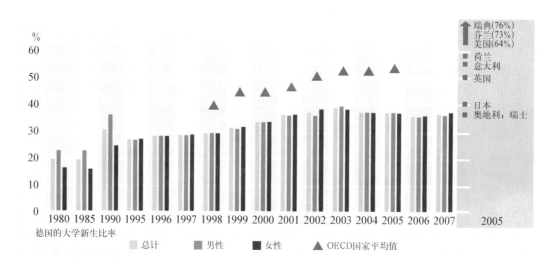

图 F1-1　1980至2007学年[*]大学新生比例^{**}之国际比较,按性别统计(单位:%)

* 2007年的为暂时数据
** 包含管理类应用技术大学
来源:联邦及各州统计局,高校数据统计;OECD(2007),教育概览

素则退居次位(图 F1 - 2)。从 1993 年到 2003 年这十年间,新生数量和新生比例持续平行增长(表 F1 - 1A),实际达到的新生数量与在教育参与度不变的情况下预期的数字之间存在分歧(图 F1 - 2)。这两点都说明,教育参与度的提高首先带来的是新生数量的增加。

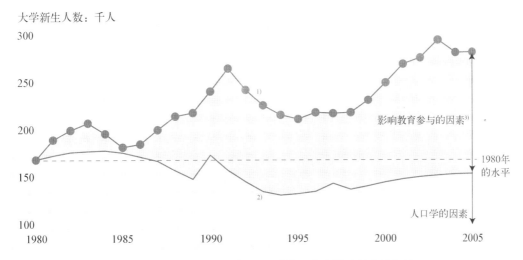

大学新生人数:千人

图 F1 - 2　1980 至 2005 年* 人口学的因素和影响教育参与的
因素对大学新生数量的作用(单位:千人)

* 只计算德国的大学新生,自 1991 年起也包括五个新联邦州的
1) 1980 - 2005 年的实际大学新生数量
2) 若 18 至 22 岁以下(自 1997 年起:19 至 25 岁以下)的人口与大学新生数量的比例均与 1980 年的比例相应,那么大学新生数量的发展将会是这样的走向
3) 其中首先是获得了高校入学资格者的高教参与倾向的提高
来源:联邦及各州统计局,高校数据统计,人口统计

　　与国际相比,德国本就相对较低的新生比例并没有太大变化(图 F1 - 1,表 F1 - 3A),甚至在 2005 年与 OECD 的平均水平的差距又拉大了些。各国新生比例的差异实在太大,无法仅用各国的培训学程和机构秩序的不同来解释。

国内外外籍生源的招生

　　在经历了几年的连续增长之后,国外外籍生源的数量和所占份额,从 2003 年开始有所回落,而 2006 年却仍有近六分之一的新生是从国外来德求学的(表 F1 - 9web,表 F1 - 12web)。这也意味着,单是计算在德国取得高校入学资格的新生(也就是不把那些从国外来德求学的新生算在内),其新生比例只有 30%,明显低于 40% 的目标。而国内外籍生源的占比,在 2005 年也低于他们在全国 25 岁以下青年中所占的比例(参见 A1 章节)。

外籍学生的求学
需求仍居高不下

限额招生与学费

　　当前的招生倾向与当地的招生限额密切相关,它不仅会直接影响到新生的数量,还会间接地影响学生的学习兴趣和入学决定。在 2005/06 学年的冬季学期中,有三分之二的新生在开学之前都经历了当地的、或 ZVS(大学名额分配中心)的入学审批程序(表 F1 - 5A)。在 2008 年的夏季学期,只有 35% 的应用技术大学的学程和 50% 的综合性大学的学程没有

很大一部分学程
都有招生限额

招生限额,尤其在新的学程中,限额招生情况非常普遍(表 F1 - 11web)。

新生数量减少,这在征收学费之前就开始了,现在尚不明确的是,征收学费是否会对将来的高教需求产生影响以及何种程度的影响。总体来说,征收学费的州,2007 年的新生数量的涨幅不大,不过各州的变化情况各异(表 F1 - 2A)。一些个体的问题,或者确切地说是对学习经费来源的担心,可能会对高校的招生造成负面的影响。

征收学费会有何种影响还不明确

本科学程的招生

本科学程注册人数上涨

高校课程结构改革ⓜ的动力从招生的情况就可以看出。本科学程新生人数的迅速上升是目前最重要的发展形势,2006 年就已经有半数以上的新生在应用技术大学注册了本科学程,而综合性大学的这一数字仅为三分之一。而在传统学程向新的分级式学程转型的过程中,各科类的转变速度也不尽相同(表 F1 - 4A)。

越来越多学程提供本科学位

博洛尼亚进程ⓜ的实施带来了本科学程占比的持续攀高。2008 年 2 月,近 60% 的基础课程都以本科学位结业。在转型的道路上走得更远的是应用技术大学,已经有 85% 的学程都以本科学位结业,而综合性大学则只有不到一半(表 F1 - 11web)。

ⓜ概念注释

高校课程结构改革与博洛尼亚进程:这两个概念描述的是德国高校正在努力推行的一种结构调整,最终要达到建设"欧洲高等教育学区"的要求。其中最重要的标志就是引入分级式学程,学生在取得职业资格第一阶段文凭(本科)之后还可以进入更高级别的阶段学习(硕士、博士)。

新生比例:新生比例这一参数说明的是,处在高校第一学期的新生(第一学业的学生)占适龄人口的比例(与适龄人口对教育的参与度并不完全一致,参见 B2 章节);该核心数据可以更清楚地说明公民在高教领域的相对参与度。新生比例的计算方法是,用同年出生的新生总数除以该年份出生的人口总数,再将各年份的数字相加,得出总的新生比例。

各州文教部长联席会议(KMK)对大学新生人数的预测:根据 KMK 最近一次对大学新生人数的预测,2006 和 2007 年,根据入学率的不同(分别是 75% 和 85%),新生人数大约分别在 367000 到 406000 和 379000 到 419000 之间。关于这一数据,可参考各州文教部长联席会议公开发布的统计数据:到 2020 年为止对大学新生、在校生和毕业生数量的预测,2005 年 10 月 176 号文。

国内外籍生源/国外外籍生源:在德国国内获得高校入学资格的外籍新生,被称为国内外籍生源;在国外获得入学资格、从而赴德上大学的学生则被称为国外外籍生源。

F2 高校师资

高等教育的质量和效果在很大程度上也要依赖高校的教职人员。这里要区分两类教职人员:比例不等的从事教学和科研的全体学术人员,包括教授,还包括中层学术人员ⓜ、合同教师以及在高校中尤占很大比例的非学术人员,如行政、图书馆和技术岗位(参见 B4 章节)。教职员工的配备也是学习条件的重要组成部分,不仅会影响学生的学习兴趣(参见 H4 章节)和新生的数量(参见 F1 章节),也会影响修业年限(参见 F4 章节)。为了缩短修业年限以及降低肄业率,高校的学程设置正在向分级式转型,这需要投入很多的精力;另外,新生以及在校生的人数还要按计划增长(参见 F1 章节),这两个方面加在一起,将高校的人员配备问题推至焦点位置。最受关注的首先是,对教学来说很重要的、受薪于第三方经费和基本经费的两类人员的比例,合同教师人数增长而同时教席数停滞不前,女性教授占比仍旧很低以及热门专业师生比例不良等问题。

学术人员与非学术人员的发展情况

除了约 200 万的学生以外,2006 年德国高校总共还有近 504000 名在职人员(表 F2－1A),其中 83% 是固定职位,17% 是兼职。与 1995 年相比,高校教职人员的数量增长不到 5%,然而工作总量按全时等量[Ⓜ]计算,却减少 4% 左右,原因主要是非学术人员数量的缩减,从 1995 年到 2006 年,按照全时等量来算,减少了约 27000 人,而学术人员的工作总量在 2000 年以后略有上涨。应用技术大学的两部分人员都有所增长(图 F2－1)。

> 超过 500 万人在德高校任职

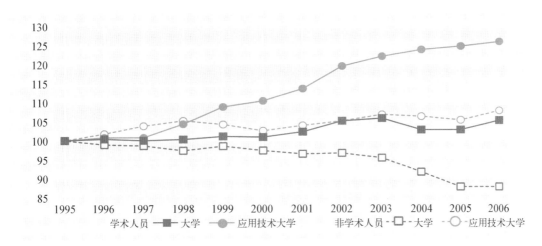

图 F2－1　1995 至 2006 年各类高校* 的学术人员和非学术人员情况(全时等量,基准数 1995 年＝100)

* 应用技术大学中不包含管理类应用技术大学,综合性大学中包括综合性高校、师范高校和神学高校以及艺术类高校
来源:联邦及各州统计局,高校人事统计

女性职工在非学术人员中的比例明显高于在学术人员中的比例(表 F2－1A);在行政和图书馆,还有特别是在校医院,女性的比例占到了约四分之三。

从事教学的学术人员[Ⓜ]的特征

高校的教学工作最主要是由学术人员来承担的,这其中包括三类人群:教授、学术雇员(中间层)以及合同教师,他们各自按照不同的比重从事着科研和教学工作。合同教师大多是兼职的,也有一部分是非在职的,原本主要是起到给现有课程提供一些补充的作用,而现在却也承担了相当大的一部分教学工作。

> 合同教师比例甚高

在应用技术大学,由于本身的研究工作比重相对较小,所以就取消了对学术人员的储备,教学的工作则主要落在了有教席的人(图 F2－2)身上,其人数占到学术人员总数的 61%，另一个数量相当可观的部分由近 21000 名合同教师组成。在应用技术大学逐渐扩大研究规模的过程中，学术雇员的人数自 1997 年以来增长不少，不过总体还是偏少(表 F2－6web)，大约每两个教席中就有一名是学术雇员。

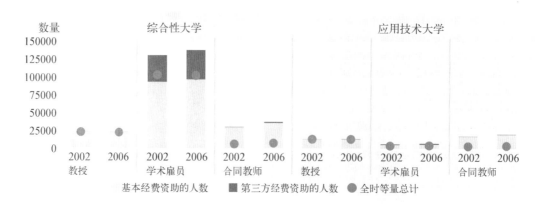

图 F2－2　2002 至 2006 年高校的学术人员情况，按高校类型*和经费来源统计

＊ 应用技术大学中不包含管理类应用技术大学，综合性大学中包括综合性高校、师范高校和神学高校以及艺术类高校
来源：联邦及各州统计局，高校人事统计

在综合性高校，学术雇员的重要性要高得多(图 F2－2)。算下来，一个教席上大约就有 4 名学术雇员，如果算上第三方经费资助的学术雇员，甚至要达到一个教席 6 名学术雇员。这些学术雇员们在工作时间、从业年限以及规定的课时数等方面都各不相同。在这个群体里，由第三方经费资助的人员占比特别高(2006 年为 30%，表 F2－5web)，他们的工作重点在于科研，充其量只承担很小的一部分教学工作。2000 年以来，学术雇员以及合同教师的数量明显增加。

与 1997 年相比，应用技术大学的教席数增加了约 1300 个，而综合性大学却减少了 1160 个(表 F2－5web，表 F2－6web)。按科类来分，综合性大学的语言、文化类学科(－9%)以及两类高校的工程技术学(－10 和－7%)，这些科类的教席减少得尤为明显。综合性大学只有法学、经济和社会学类的教席有所增加(图 F2－3)，而应用技术大学除了工程技术学以外，所有科类的教席都在增加(表 F2－5web，表 F2－6web)。2006 年女性教授在综合性大学的占比和应用技术大学一样，都只有 15%(表 F2－5web，表 F2－6web)，这个比例于 1997 年到 2006 年间，在所有科类中都有增长(图 F2－3)。

应用技术大学教席数量增加，而综合性大学教席减少

2000年以来，教授群体明显年轻化

由于教授的职业成长之路道阻且长，所以教授都相对比较年长。2006 年，半数的教授都在 51 岁以上，女性平均比男性年轻 4 岁。于是人们开始聘任年轻教授来实现教授的更新换代。自 2000 年起，教授群体已经呈现明显的年轻化趋势(表 F2－7web)。

师生比例[M]

我们无法给出高校教学最优化的师生配比，即使有，根据各专业的特征也会各不相同，尤其是人员配备总是和当前的学习需求密切相关。尽管如此，师生比例的变化还是会影响学习条件的质素，特别是需要较多指导的本科和硕士学程，学生数除以教师数得出的数字越小，学生受益就越大。

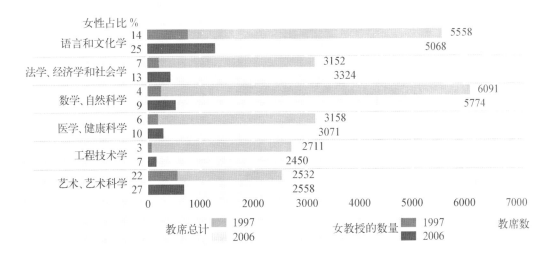

图 F2-3　1997 至 2006 年综合性大学*的教授数量和其中女性的占比,按科类统计

* 包括综合性高校、师范高校和神学高校以及艺术类高校

来源：联邦及各州统计局,高校人事统计

若单计算受薪于基本经费的全体学术人员,综合性大学的师生比要比应用技术大学的优化一些(表 F2-2A)。若考虑到应用技术大学的教席教师的规定课时量几乎高出一倍,则两者的师生比例就几乎拉平了(图 F2-4,表 F2-2A)。在综合性大学,除了教学以外,还有科研占掉了一大块工作时间。各科类的师生比差异很大,尤显不良的是在综合性高校需求很大的法学、经济和社会学科类,这里一个全时等量教师要配超过 30 个学生(图 F2-4,

法学、经济和社会学科类师生配比不良

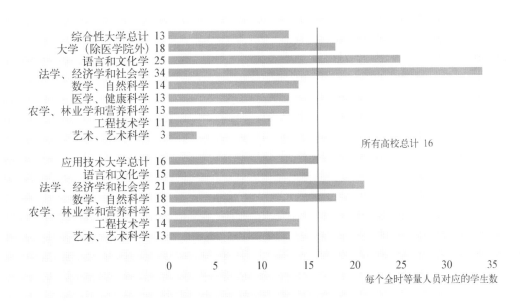

图 F2-4　2006 年各类高校*的师生比例,按科类统计(除受薪于第三方经费外的每个全时等量人员对应的学生数量)

* 综合性大学中包括综合性高校、师范高校和神学高校以及艺术类高校;应用技术大学中不包含管理类应用技术大学;已将应用技术大学教席教授的额定课时量较高,是综合性大学教席的两倍这一点考虑进去,从而得出的应用技术大学的师生配比

来源：联邦及各州统计局,高校人事统计

表 F2－2A）。在应用技术大学，师生配比最不佳的是经济和社会学，以及数学和自然科学类，包括信息学。

在比较各州师生配比的差异时，要将每个州的高教体制和专业结构考虑进去。但即使是在具有可比性的专业方向中，各州的师生比也呈现出明显的差异。除了受预算资金以及第三方经费影响的人员的配备以外，学生的学习需求也是造成该差异的重要因素之一。

把综合性大学和应用技术大学的规定课时量不同这一点也考虑在内，教席数和学生数之间的比例最具说服力的地方在于，它可以说明一名教授平均要承担多少名学生的教育责任。值得注意的是，2000 年到 2006 年间，师生比情况出现了恶化的趋势（表 F2－3A）。这对于学生数量的增加和要达到与分级式学制有关的高要求既定目标非常不利，尤其是新的模块化学程比以往还需要更多的指导。各州都在采取不同的措施以提高教学力量的储备，一些州已经通过增加教席的规定课时数来提高教学和指导力量。近期，高校增加了学术雇员的岗位，他们的工作重点主要是在教学（讲师），还有近几年引入了更多的合同教师，这可能也是岗位增加的原因之一。

Ⓜ概念注释

中层（学术人员）：全职的学术人员（不包括教授），包括科研辅助人员（不算学生）。

全时等量：一名全职、全时在岗的人员计为一个全时等量。全职、部分时间在岗，乘以系数 0.5。兼职的合同教师，每 5 人计为一个全时等量。

非学术人员，全体学术人员：高校的非学术人员，包括在高校行政、数据处理中心、图书馆等部门工作，或在专业领域任技术岗的人员，在校医院从事医疗工作，又或者在食堂工作的人员。学术人员指的是，除了固定的和兼职的教授以外，还包括从事科研与艺术方面工作的雇员，和讲师、助教、特聘教师、科研辅助人员、辅导员，以及为了充实课程（高教框架法 HRG 第 55 条）而聘任的合同教师、名誉教授和编外讲师。

师生比例：师生比的计算方法是，用学生总数除以高校受薪于基本经费的全体学术人员数（按全时等量计算）。

F3 学习经费

大学生的学习经费问题对他们的入学、特别是对他们的学习意愿来说是一个根本的框架条件，也是他们能否顺利完成学业的基本前提。在德国，约有三分之一的大学生得到公共财政的支持。由家长提供的经费所占的比重，自 1990 年代初期开始明显增加。教育政策和就业市场政策所追求的扩大高教覆盖面、增加毕业生数量和提高毕业率的目标，须以以下条件为前提：一是要争取到新的人群接受高等教育，特别是其父母未受过学院教育或收入较低的；二是要降低影响毕业的因素，例如学生被迫在学习的同时打工挣钱。因此，公共财政资助是入学时降低社会阶层选择性的主要工具之一（参见 H4 章节）。同时，随着高校课程结构的改革，学业上的要求越来越高，希望以结构改革来提高学习效率，这一目标的实现也要以可靠的经费资助为基本前提。

公共资助可降低
社会阶层选择性

与其他国家一样,德国学生的收入,有来自私人的,也有来自公共经费的资助[M]。不同经费,包括私人的或公共的(BAföG,联邦教育促进法)经济资助、(新的)建立在信贷基础上的资助以及大学生勤工助学所得的收入等,这些经济来源之间的比例问题,尤其还有它们各自的重要性和规模问题,构成了教育政策在大学生的学习经费这一议题上的辩论焦点。

大学生的月收入[M]

特别重要的一点是,那另外的三分之二的学生,在第一学业期间就已经离开父母,他们需要充足的经费支持他们完成学业。2006 年提供给他们的平均月资助是 770 欧元(表 F3 - 1A)。约一半的学生,月收入在 500 到 800 欧元之间(图 F3 - 3A)。2006 年,与 BAföG 的最高资助额 585 欧元相比,22%已经不在父母家住的学生月收入偏低。若以大学生所需的最低生活费 640 欧元为标准,那么甚至有三分之一的大学生月收入在此标准以下。这个群体的学习经费是很不稳定的。还在家住着的学生,平均每月可以得到约 400 欧元以上,用于现金开支(表 F3 - 1A)。

与 2003 年相比,2006 年学生的收入几乎没有增长(表 F3 - 1A),BAföG 提供的平均资助额也恒定不变(表 F3 - 5web)。[①] 随着生活费用[M]的提高,大学生切实地失去了一部分购买力,2006 年甚至又退回到了跟 2000 年差不多的水平。2007 年 11 月通过的提高 BAföG 资助额和家长免税津贴的决议,算是应对生活费用提高的第一项举措。家庭社会背景的不同,对于学生收入总额的影响并不大,比较明显的反而是对收入的组成结构的影响(图 F3 - 1,表 F3 - 3web)。各州之间也有差异,尤其是东部各州,学生的收入比平均值低 11%(表 F3 - 4web)。此处需要注意的是东部的生活费用,特别是租金较低。总体来看,大城市学生的收入和开销都高于平均水平。

五分之一的学生收入低于 BAföG 的规定额度

家庭社会背景对收入总额影响不大,对收入的组成结构影响较大

经费来源

几乎所有不再住在父母家里的学生都得到父母的资助(90%,表 F3 - 1A)。1991 年以来,学生收入中家长资助的部分所占的比重在上升(表 F3 - 6web),这样一来,德国大学生的学习经费中,最大的一部分就是来自家长。不过与其他国家相比,德国的家长间接得到国家资助的力度要高于国际平均水平(例如通过子女补贴费或者税收方面的优惠,表 F3 - 7web)。

父母承担学习费用的最大部分,并且比重还在上涨

2006 年,29%的大学生受到 BAföG 的资助,其中只有 38%拿的是全额资助(表 F3 - 5web)。平均下来,学生每月获得的 BAföG 资助额为 376 欧元。拿教育或助学贷款的学生,2006 年只占到 2.3%,拿奖学金的(例如英才奖学金)为 2%。由于资助和奖学体系还不够完善,勤工助学对于学生,尤其是对应用技术大学的学生来说,仍具有很重要的意义。2006 年,一共有 60%的学生通过打工赚取收入。不过自 2000 年起,受 BAföG 资助者的占比又有上升(表 F3 - 1A),与此同时出现的情况是,靠打工赚取收入的学生比例下降。但是即使在有家长资助或 BAföG 资助的学生中,2006 年也有半数在半工半读。在 BAföG 资助

近三分之二的学生都是半工半读

---

① 2007 年秋季达成从 2008 年起实施的提高 BAföG 资助额的决议,在比较 2003 年和 2006 年的时候还没有产生作用。

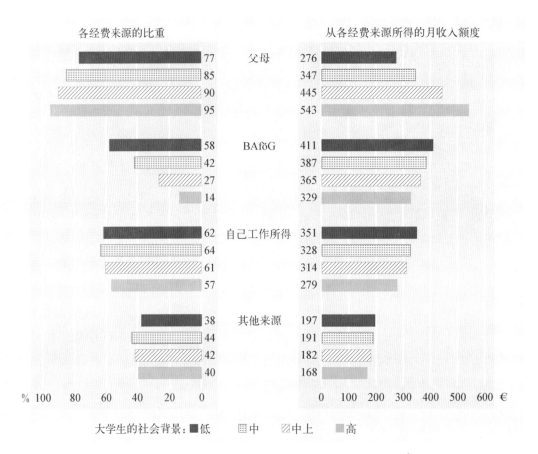

各经费来源的比重　　　　　　　　从各经费来源所得的月收入额度

父母　77　85　90　95

BAföG　58　42　27　14

自己工作所得　62　64　61　57

其他来源　38　44　42　40

父母　276　347　445　543

BAföG　411　387　365　329

自己工作所得　351　328　314　279

其他来源　197　191　182　168

% 100　80　60　40　20　0　　　　0　100　200　300　400　500　600 €

大学生的社会背景：■低　▦中　▨中上　▨高

图 F3-1　2006 年大学生*的各种经费来源的比重**(单位：%)及月收入额度(单位：欧元)，按社会背景统计

*　统计的基础是"普通大学生"：未婚，正处在第一学业，不再在父母家生活；德国大学生和国内外籍生源的大学生
**　有关"其他来源"的内涵，参见表 F3-3web 的注释
来源：DSW/HIS 2006 年第 18 次社会调查

到期同时修业年限又延长的情况下，打工者的比例还要高。

　　假如人们对学生收入的组成结构以及每一项资金来源所占的比重进行分析就会发现，家庭社会背景对他们的收入总额并没有什么影响。家庭社会地位越高，直接来自家长资助的部分的额度也就越高，其重要性也越高，而 BAföG 资助的部分以及打工所得收入的意义就相对减小(图 F3-1，表 F3-3web)。从次级负债原则这个意义上讲，这里反映出的是 BAföG 的补偿性作用。如果没有 BAföG，就可能会有很大一部分来自社会较低阶层的学生无法接受高等教育。若扩大 BAföG 或奖学金的资助面，这个群体的高教参与倾向还可以继续上升。

学习经费的国际对比 (M)

家长资助在德国
意义重大，国家资
助意义相对较小

　　在学习经费的额度及构成这点上，各国的情况不尽相同(图 F3-2，表 F3-2A)。某些国家也和德国一样，学生的家庭承担着很高的份额，与之相比，公共资助和个人工作收入的比重则较小(例如爱尔兰，葡萄牙)。其他国家来自家庭的部分较少，主要是靠个人的工作和国家的支持。和一些国家一样，在德国，学生直接从国家获得的资助相对较少，其结果便是打工变得很重要,在另外一些参与比较的国家中,学生通过打工获取收入的重要性甚至比在德国还要大。国家资助的额度与占比的提高,首先解放的是家长,然而同时学生的打工率也显著上升,例如芬兰、荷兰和英国的情况就是如此。

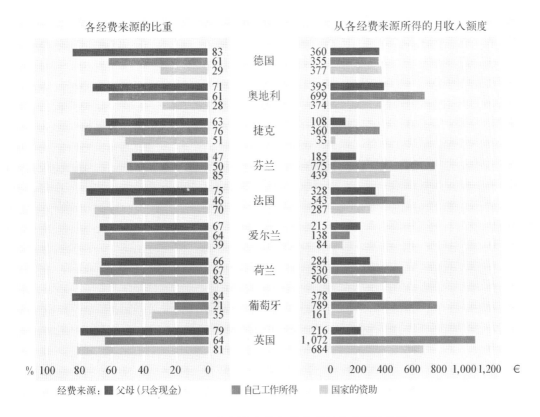

图 F3‑2　2007 年各国大学生*的各种经费来源的比重
(单位: %)及月收入额度(单位: 欧元)

＊ 统计的是独立生活的大学生
来源: 欧洲大学生调查(EUROSTUDENT)2007

Ⓜ概念注释

经费来源和资助额度的相关数据: 有关德国的学习经费、资金来源的类型和意义、学生半工半读以及其他议题的具体数据,由自 1950 年代以来实施的一系列对德国学生的经济和社会状况的调查研究结果提供(参见 www.sozialerhebung.de)。

大学生的收入: 这里的月收入涉及的对象是所谓的"常规在校生"。这些学生不住在父母家里,是单身,正在修第一学业。大约有三分之二的德国以及国内外籍生源的学生属于这一类。他们被单独选出,是因为他们是资助政策考虑和赡养法律规定的主要对象。要计入收入的不仅有现金,还有非现金形式的收入,例如第三方、多数是家长提供的资助(主要是租金的支付)。

生活费用: 生活费用的计算依据是德国联邦统计局提供的居民消费价格指数。

教育信贷: 由银行提供的、须支付利息的信贷,包括国立 KfW 银行的"助学贷款"。

大学生的家庭社会背景: 德国大学生服务中心以家长的职业状况和他们可能有的高等教育学历为基础,对学生的家庭背景进行了调查。根据调查,他们把家长中(至少)一方是或者曾经是比较大的独立经营者(有或者没有高校学位)或者是任较高官职的公务人员、职位较高的公司职员或者中等规模的独立经营者(各自都有高校学位)的学生归在社会背景层次较高的一类。另一端则是社会背景层次较低的学生:

他们的家长是普通的或者中等职位的公务人员,或是在公司里从事任务执行工作的职员、技术工人、非独立经营的手工业者或工人等。这两类中间还有另外两组人群,他们被称为中等或中上层。

学习经费的国际对比:2006年,第三次在20多个欧洲国家进行了可与德国社会调查相比的欧洲大学生调查(参见 www.his.de/abt2/ab21/Eurostudent/)。

F4 学业进程、修业年限与学业中断

很长一段时间以来,德国高校,尤其是综合性大学体制的不完善,一直被人诟病。人们常常把德国转专业率高、肄业率高、修业年限长等体现德国高等教育缺乏效率的问题(参见《德国国家教育报告(2006)》F3章节)归咎于体制的不完善,虽然真正的原因常常是多方面的,甚至在未指明的原因中可能还有部分是更直接的原因。很多时候,学习过程中的难处大多发生在做入学的决定时和入学时,特别是掌握的信息不够的问题、学习中的导向问题和专业选择时的不确定性等。随着高校教学改革的引入和进一步深化(主要体现在高校在挑选学生时)的干预度越来越高以及采用新的两级式学习模式上,人们期待着高校学习的效果能够越来越好。特别是在当新的学程具有更好的结构性、可学性更强还有伴随着学习过程的考试以及更好的辅导等方面,所以就更应该能够实现,拉近实际的修业年限与常规的标准修业年限之间的距离、降低肄业率的目标。

学业进程中的转专业与转校

转专业并不是一定会对学习效率造成普遍的负面影响,反而通过转专业,还能对原来错误的决定予以更正,能够提高专业的辨识度,并且从结果上看,也能促进学生更好地完成学业。专业的更换以及/或者攻读学位的更换^M,主要是在以下情况下才会对学习的效率造成阻滞,一是更换得较晚,二是换到一个与原来专业不属于同一科类的专业。

八分之一的毕业生换过专业

假如把所有高校都算入,2006学年的夏、冬季学期间,平均转专业率^M为3%(表F4-1A)。在高校毕业生中,大约每8人中有1人在学习期间换过专业(表F4-6web)。这样看来,转专业现象并没有那么普遍。综合性大学的转专业(图F4-1)或者换学位类型的现象要比应用技术大学更普遍。对综合性大学的学生来说,原则上不仅所有的专业都可选,而且还可以换到应用技术大学去,而对应用技术大学的学生来说,可选的专业和学校都有限。此外,应用技术大学的学生与其所选的专业捆绑得更紧,特别是当他们已经完成了与该专业相关的职业培训之后。

总体来说,在转专业的人群中,约有半数选择同一科类的专业(表F4-1A,表F4-6web),另一半选择的则是一个全新的专业。对比学习期间的转专业率和顺利完成学业的毕业生曾经的转专业情况(表F4-6web,表F4-7web),两者之间的差别说明,转专业会增加肄业的风险。大部分的转专业都在最开始的两学期完成。

高校政策方面对转校的评估变化很大。转校可能是导致修业年限延长的因素之一,但

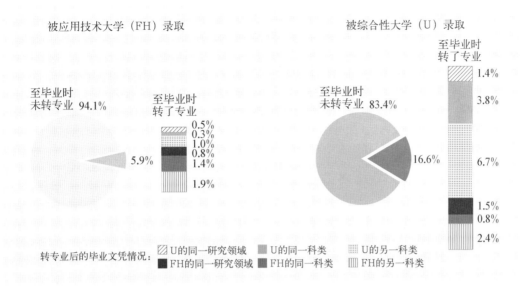

图 F4‑1   2005 届*高校毕业生在学习进程中转专业的情况,按高校类型统计(单位:%)

* 只计算传统文凭,不包括本科文凭

来源:HIS‑2005 毕业生调查

也可以拓宽个人发展空间和增加专业经历。五分之一的大学生都(至少)换过 1 次学校(表 F4‑2A,表 F4‑5web)。和预期的一样,转校比例特别高的是在硕士和博士阶段,为三分之一。然而本科阶段也有六分之一的学生转过学校。

修业年限

近几年,大学生的总修业年限^{M}略有缩短。与 2000 年相比,综合性大学的工程硕士学程的修业年限中位数值降低了约 0.7 个学期(图 F4‑2,表 F4‑3A)。半数毕业生经过 12 个   修业年限略有缩短

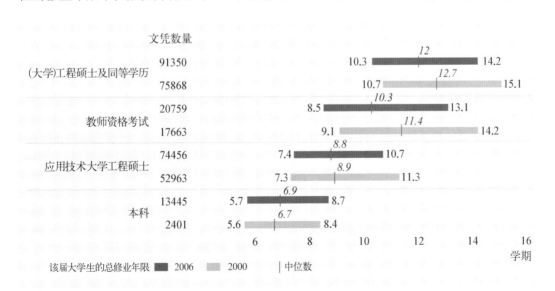

图 F4‑2   2000*和 2006 年各类高校文凭的总修业年限(单位:学期;中位数和四分位数^{M})

* 本科毕业生的数据相关的年份为 2003 年,在这一年首次有 1000 名以上本科毕业生

来源:联邦及各州统计局,高校数据统计

学期的学习后获得第一学位,只有约四分之一的毕业生在 10 个学期甚至更短的时间内,也就是差不多在标准修业年限内完成了学业。在师范类的学程中,修业年限也出现了略微缩短的趋势,而应用技术大学的工程硕士总修业年限却几乎没有变化。

特别值得关注的是本科学程的变化(表 F4-3A),尽管总修业年限略有延长,但自 2004 年起,半数的毕业生都在略微超过标准修业年限的时间内,大部分是在 6 学期内完成了学业(图 F4-2,表 F4-3A)。这里要注意的是,在计算本科学程的修业年限时,能够被计算入内的毕业生人数还比较少,很多人仍处在时间较长的学程当中,但是本科学程各专业修业年限的差异现在就已经显现出来了(图 F4-3,表 F4-8web)。

本科毕业生修业年限略长于标准修业年限

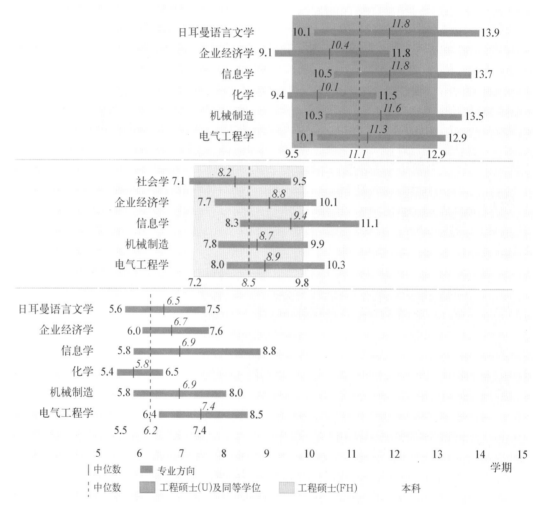

图 F4-3　2006 年选出的专业和学位的专业修业年限[M]**(单位:学期;中位数和四分位数)**

来源:联邦及各州统计局,高校数据统计

肄业[M]

本科肄业率几乎没有回落

肄业是指没有拿到毕业文凭就离开高教体系,要和其他形式的变动(如转专业、转校)严格区分开来。肄业是学习情况最不理想的一种体现,但是基于其原因的多样性——

这在 2006 年版教育报告中有详细的描述，从个人的角度来看也不一定就等于失败。肄业并不代表在高校学习期间获得的能力一定会贬值，因为即使是肄业生，也有进入到职场的机会。

　　德国大学生的肄业率ⓜ总体继续回落（表 F4 - 4A），2006 年为 21%。女生肄业率比男生要低，且男女的肄业率继续扩大差距：2002 年以来，男生的肄业率未有改变，而女生的却有所降低。各专业的肄业率虽然不同，但除了个别例外，女生的肄业率均低于男生。

大学生肄业率总体回落

　　自然科学和工程技术学类的肄业率一如既往超过平均线，某些专业方向的肄业率甚至有所上升（表 F4 - 4A）。在物理、信息学、机械制造、电气工程、化学和数学专业，肄业率超过 30%。由于市场对这些专业人才的需求恰恰很大，所以在这些专业特别有必要采取相关措施，尤其是在对学生的挑选和学业的组织结构方面。

自然科学和工程技术学类的肄业率持续居高

　　现在可以开始首次计算第一批本科学程毕业生的肄业率，主要是 2002 级和 2003 级的学生。有了更好的指导、更清晰的组织架构和更高的可学性，分级式学程中的学业通过率理应更高，肄业率应当降低。然而这一点，在第一批本科学生中并不能完全得到验证（表 F4 - 4A）。在向新的课程结构转型的过程中出现的与高校和专业相关的特殊问题，似乎是出现部分肄业率较高的情况的首要原因。[①] 还有就是现在的数据基础还不足，因此，随着分级式体系的逐步贯彻，本科学生的肄业率究竟会如何发展，还有待继续观察。

一些本科学程有高肄业率的迹象

ⓜ概念注释

　　专业、学位和学校的转换：根据不同的数据源，专业、学位以及学校的转换率有所差异。对在校学生的问卷调查得出的转换率最高；这里包括不会成功完成学业的学生。要进入到后续学习过程的学生无法统计在内。针对毕业生的问卷调查，给出了关于已完成学业的毕业生转专业情况的可靠数据。另一方面，高校数据统计则包含了从相关年份的夏季学期到冬季学期的转专业率的信息。学习过程中较早阶段的专业转换并没有囊括在内。高校数据统计也没有给出学位转换的情况。转校的情况可以通过对比当前学校和首次注册的学校两者的统计数据得出。多次转专业的情况无法说明。

　　总修业年限：总修业年限包括在一所德国高校度过的所有学期（高校学期），从首次注册起一直到顺利毕业注销学籍为止，包括可能因转专业而耽误的学期。

　　以中位数和四分位数作为修业年限的计量标准：修业年限的计量以中位数和四分位数为标准。中位数描述的是一个临界值，50% 的毕业生在这个临界值以内完成了他们的学业。下四分位数给出的值是指，25% 学得最快的毕业生，在该值以下就完成了学业；而上四分位数的值则说明，学得最久的 25% 的毕业生在该值以上才完成学业。

　　专业修业年限：专业修业年限是指在取得学位的专业所修的全部学期（专业学期），包括可能在其他专业所修的、被认可的学期。

　　学业中断与肄业率：大学生没有完成学业而辍学就叫肄业或中断学业。转专业或转校并不算肄业，只要转了之后是顺利完成学业的。按照所谓的 HIS 法计算肄业率，会将各级非同年入学、但本该在该年毕业的学生都算入，但只计算德国学生。用毕业生的数量与对应的界别的新生数相除所得的商，就可以计算出肄业率（详细的计算过程请参见 www.his. de/pdf/Kia/kia200501.pdf）。将来高校数据统计也应当包括对成功毕业率和肄业率的计算。目前联邦统计局正在检测确定合适的计算程序。

[①]　参见：Heublein, U./Schmelzer, R./Sommer, D. (2008): Die Entwicklung der Studienabbruchquote an den deutschen Hochschulen, HIS-Projektbericht-Hannover（www.his.de/pdf/21/his-projektbericht-studienabbruch.pdf）.

F5 高校毕业生

　　目前,至少在某些行业,已经存在受过大学教育的专业人才紧缺的现象,将来还有可能部分加剧,针对这一点,各界都怨声载道,例如经济领域,还有就业市场研究专家也在控诉。于是,增加高校毕业生的数量和比例就成了教育政策着重强调的目标。尤其是工程技术和自然科学方面的毕业生,他们可是德国的技术生产力能否在日益激烈的国际竞争中胜出的关键。高校毕业生的数量实际上紧跟着新生数量的脚步,只是时间上延后一些,但也随肄业率和转专业率的情况而有所变动(参见 F4 章节)。

毕业生数量走势

毕业生数量创新高　　由于 2001 年到 2003 年高校新生人数众多(参见 F1 章节),2006 年获得第一学位的毕业生人数接近 221000,再次创下新高(图 5 - 1)。如此,毕业生人数自 2001 年以来就增加了 30%,现在已经明显超过 1990 年代中期的水平。毕业生率同样也有所提高,不过相比较而言,23% 的毕业生率还是太低了些(表 F5 - 8web)。

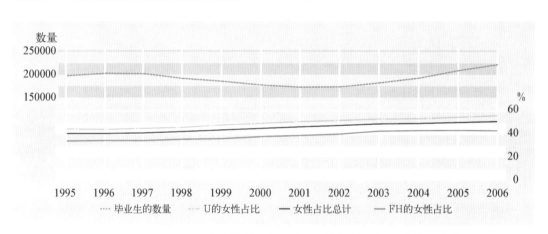

图 F5 - 1　1995 至 2006 年高校第一学业毕业生的数量及占比,按性别统计

来源:联邦及各州统计局,高校数据统计

　　2005 年,女性毕业生人数首次超过男性(图 F5 - 1,表 F5 - 1A),这反映出女性的高教参与度正在不断提高。应用技术大学的毕业生占比约 40%,综合性大学则为 60%。从2000 年开始,毕业生占比就逐渐朝着对应用技术大学有利的方向转变。

　　高校课程结构改革的结果,到目前为止才刚刚开始在毕业生身上体现出来,2006 年只有 6.7% 的第一学位为本科学位(表 F5 - 1A),综合性大学的比例是 7.7%,略高于应用技术大学(5.2%)。而重新开始上升的是师范类的毕业生数量和比例,其中四分之三以上为女性(参见 D4 和 I1 章节)。

博士中女性占比明显低于50%　　2006 年的博士生数量有所减少,约 24000 名,回到了 2001 年的水平(表 F5 - 2web)。其中女性的占比与第一学位的情况不同,还远远低于 50%。尽管第一学位毕业生的数量波动很大,工程技术学专业的博士人数却仍保持相对稳定。与毕业生人数增长趋势平行的是,1995 年至 2006 年间,语言、文化学以及法学、社会学和经济学专业获得博士学位的人数也在上升。而由于信息学专业攻读博士学位的倾向性不高,所以数学和自然科学类的博士人数有所减少。

在国外获得德国高校入学资格的毕业生

2006 年,德国高校毕业生中,国外外籍生源[Ⓜ]的数量又攀新高,达到近 20000 人,是 2000 年的两倍以上(图 F5 - 2,表 F5 - 6web)。其中约三分之一来自亚洲和东欧。大部分外籍毕业生在德国完成了第一学业的学习,也有很大一部分攻读了博士。自然科学和工程技术学的毕业生占比高于平均数(表 F5 - 3web,表 F5 - 5web),他们也许就是满足德国专业人才需求的潜在力量。

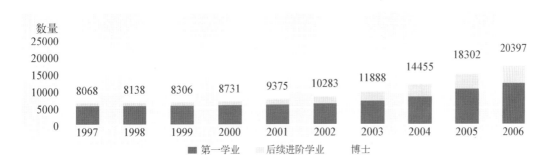

图 F5 - 2　1997 至 2006 年在国外获得高收入学资格的大学毕业生的数量,按学业类型统计

来源:联邦及各州统计局,高校数据统计

毕业生率的国际对比

尽管德国的毕业生人数已有上升,但其毕业生率[Ⓜ]仍远在 OECD 国家的平均水平之下,直到近几年才略有上升(表 F5 - 4web),而其他国家(例如芬兰、瑞典、瑞士)已经部分出现明显上升。很多国家念完大学的年轻人占的比例都比德国高很多,不过也要考虑到每个国家的职业分类、培训过程、教育机构以及高教体系的结构都不同这些因素。假如首先完成了一个较短的学程的毕业生所占的份额较大,那么毕业生率往往也会比较高(表 F5 - 4web)。

值得注意且非常重要的一点是,德国的博士率[Ⓜ]很高,超过平均水平,这关系着学术接班人是否有保障(表 F5 - 4web)。对此,医学和一些自然科学专业的高博士率(表 F5 - 2web)贡献颇大。

德国毕业生率低下

工程技术学和自然科学类的毕业生

工程技术学专业的毕业生人数虽然略有增加,但其所占份额在 2006 年还是继续减少,只有 16% 的毕业生来自该专业(表 F5 - 2web),比 1995 年取得该专业第一学位的毕业生人数少了约 12000 人,相当于四分之一。数学和自然科学科类的毕业生份额比 1995 年提高了 20% 以上,主要是受到信息学的限制。自 1995 年以来,高校毕业生最多的无一例外都是

工程技术学专业的毕业生人数和份额都少于 1990 年代

法学、经济和社会学专业，2006 年达到约 36%（表 F5 - 2web）。

若把数学和自然科学以及工程技术学这些科类合在一起，德国这部分毕业生的比例与国际上相比还是相当高的。然而由于毕业生率低，德国毕业生人数与就业人数之比，就没有其他国家良好（图 F5 - 3，表 F5 - 9web，表 F5 - 10web）。因此，增加这些专业的毕业生人数仍是德国教育政策的核心目标之一。其中的重中之重是工程技术学专业，因为该领域的专业人才由于年龄的关系，很可能要迎来一场大换血。要增加毕业生人数，有几点重要的潜在因素需要注意，一是要加大对女性学生的专业开放力度，二是要降低肄业率（参见 F4 章节），另外还要开辟出更多对高教感兴趣的群体，特别是有从业资格的人群和到目前为止对高教的参与度一直明显较低的社会阶层（参见 H4 章节）。

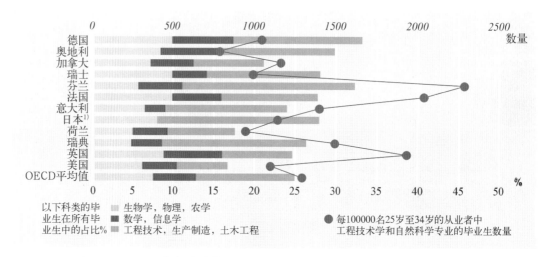

图 F5 - 3   2005 年自然科学和工程技术学的毕业生在大学毕业生中的占比及各国该科类的毕业生在 25 岁至 35 岁的从业者中的占比情况

1）数学和信息学的数据包含在生物学、物理、农学一类中
来源：OECD(2007)，教育概览

Ⓜ概念注释

国内外籍生源/国外外籍生源：参见 F1 章节。

毕业生率：毕业生率（也叫毕业率）描述的是在高等教育 A 领域拿到第一学位的毕业生人数在同龄人口中所占的比重。德国的情况在 OECD 2005 年的净比率值中已经显示，其计算方法是先算出每一个出生年份的毕业生占比，再将各年份的数字相加，得出总的毕业生率（进一步阐释请见表 F5 - 4web）。

博士率：同一年博士毕业的人数占各出生年份的人口的比例之和，即当年的博士率。它作为一个净值（计算过程参见毕业生率）参数，在 OECD 的数据中也有显示。

前景

德国高校数量上的发展展示出了一幅多样化的景象。那些高教政策制定的最重要的发展目标，绝对没有失去现实意义，在国际比较中更是如此。由于在千年转折之际以及新千年之后，高校新生数量众多，高校毕业生的数量也重新上涨（F5 章节）。尽管如此，与国际相比，德国的毕业生率还是一如既往地显著低于其他比较对象国。随着劳动、职业和创造的价值朝着知识型社会的结构转变，对特殊技能的需求越来越强烈，这样的差距几乎已经无法用德国在职业教育领域的特别成就来弥补了。对专业人才的需求，特别是工程技术领域和一些自然科学专业，仍然一直是教育和就业市场政策关注的核心主题。这已经不能单纯地归因于需求不高，也应该看到学习效率低下（F4 章节）的问题。

与 2006 年相比，大学新生的人数和比例都略有增长，但仍然低于 2003 年的水平（F1 章节）。总体来说，已实现的对高教的需求度还远远低于预测的、更确切地说是所追求的目标值。其重要原因之一是对高校产能的利用长期处于满负荷状态，这一点已反映在新的招生限额中，于是人们就指望着《高等教育协定 2020》（I1 章节）能够带来学习名额的扩充。

另一个原因是，很长一段时间以来，学生的学习意愿一直停滞不前。在招生时，鉴于传统的教育环境下的学生已经几乎全部被招完，所以必须首先将眼光放在那些到目前为止能够接受高等教育的机会还比较少的人群身上（H4 章节）。在这一点上，进一步优化 BAföG、增加奖学金供应，就多了一项重要的功能（F3 章节）。另外，还要仔细地观测学费带来的影响（F1 章节）。然而不仅要继续加强高教的社会渗透性，还要持续加大高教对已有专业资格的从业者（H4 章节）的开放力度。正是这一群人，在职业教育和职后教育的深化改革的影响下是发展成为具有特殊知识的专业人才的潜在力量，也是高教的潜在生源。

高校的人员配备对可支配的学习名额数和学习条件也有着决定性的影响（F2 章节）。虽然教师和学生之间的数量比并没有明确的最优标准值，但是可以说，高校的师生比，尽管各专业之间存在很大程度的差异，最近几年，无论是综合性大学还是应用技术大学的情况都没有什么改善。也是得益于"大学精英计划"的支持，高校的科研越来越受重视，但除此之外，要实现高教政策的重大目标，也必须加强重视教学质量。为此，扩大高校师资储备，至少在需求很高的专业，就显得尤为必要了。

这同时也指出了进一步努力提高学习效率的必要性（F4 章节）。虽然学习时间长度和肄业率平均值都略有下降，但其数值仍然很高。改善高校的学习条件，至少与提高学生对高教的需求具有同等重要的意义。在新的本科学程下，学生的学习时间缩短，但到目前为止，他们的学业通过率并没有因此提高（F4 章节），这其中也有转型进程状况不佳且困难多多的原因。目前，高校的师资力量常常还要被分配给新老学程。将来，例如在修订高等教育协定时，会注意全面地改善学习条件，因为这对教学质量和学生的学业通过率都有影响。至于高教改革究竟会对国内和国际大学生的流动性以及高校毕业生的职业能力产生何种程度的影响还有待将来明确的观察。

G 成人继续教育与学习

继续教育,更确切地说是毕生的学习,无论在政界还是学术界都是十分重要的讨论议题。随着人口的发展、人类社会不断向知识型转变,个人是否做好了准备以及是否有能力不断地继续接受教育、继续学习,无论在国内还是国际上,都被看作是促进经济发展、提高国民经济竞争力以及在一个趋于老龄化的社会里提高社会参与度和融入度的最根本的必要条件。

然而,一方面,关于继续教育或终身学习的政治目标一直非常明确;另一方面,调查结果却显示,自 1997 年以来,普通继续教育和职业继续教育的参与度都在下降。这两者之间的矛盾也是 2006 年版教育报告查明的一项重要结果。参与度下降的趋势是否还会继续,是本章要讨论的主要问题之一。与此同样重要的另外一个问题是,社会背景的差异对人们参与继续教育的影响。这些差异能得到何种程度的改变,尤其是除了教育水平、培训水平和工作就业状况这些传统的社会结构特征以外,还有什么是引起差异的原因,这些问题都是在下文要跟进的焦点(G1 和 G3 章节)。

本年度的教育报告,对已在 2006 年版教育报告中呈现的内容重新进行阐释,其特别意义在于可以用上新的国际调查数据,如:"2005 职业继续教育调查"(*Continuing Vocational Training Survey 2005*,CVTS₃)和"2007 成人教育调查"(*AES*)的数据。前者是除"继续教育报告体系"(BSW)以外,在欧洲范围内进行的、针对企业的、有关(职业)继续教育的调查,后者同样也是在欧洲范围内进行的,不过是针对公民个人继续教育行为的调查。这两项调查中有关德国的部分,从经济、内容、和社会结构几个方面深入地阐明了德国的企业和个人的继续教育活动的情况,并且既涉及了形式化的继续教育,也涉及了非正式的学习(G1、G2 和 G3 章节)。采用 CVTS₃ 的调查结果也意味着,本章将以重笔墨描述企业的继续教育情况,而这样做是有充分理由的,因为企业继续教育对个人的继续教育行为而言,本身就有着重大的意义(G1 章节)。

长久以来,在经济领域的讨论中,对普通继续教育和职业继续教育加以区分一直饱受争议。究竟是职业目标还是个人兴趣为先,大多是由个人对所学的使用情况来决定的,与继续教育体系提供的课程并没有必然联系。由于劳动力市场充满着不确定性,知识更替又十分迅速,因此职业继续教育对于企业和个人确保自己在经济领域和劳动力市场上的行动力而言显得越发重要。正因如此,下文将着重讨论职业继续教育以及人们在职业环境中对继续教育的利用情况(G1、G2、G3 章节)。

另一个讨论重点是,在观察继续教育的参与情况和参与形式时加强考量年龄的因素,与此相关的,还会讨论当下有关社会老龄化和延迟退休年龄的问题(G1 章节)。

对职业资格的要求和劳动力市场的容纳力两者,操控着个人和企业的继续教育行为。因此我们还将讨论,参与职业继续教育可以在劳动力市场上获得哪些收益。由于自 2006 年版教育报告以来,市场总体经济情况发生了巨大的变化,所以在下文中还将考察经济形势带来的影响。

G1 普通继续教育和职业继续教育的参与情况

2006 年版教育报告表明到 2004 年为止,普通继续教育和职业继续教育的参与人数都一直在下降,这种情况到 2007 年才达到停滞状态。德国东部的普通继续教育参与人数在 2003 年到 2007 年之间,甚至还有了 5% 的增长;职业继续教育的参与率也比 2003 年上涨了 3 个百分点。与此相反,西部的情况却几乎没有变化(图 G1 - 1,表 G1 - 1A)。

继续教育参与率 15 年来首次上升

新联邦州继续教育 参与率略有上升

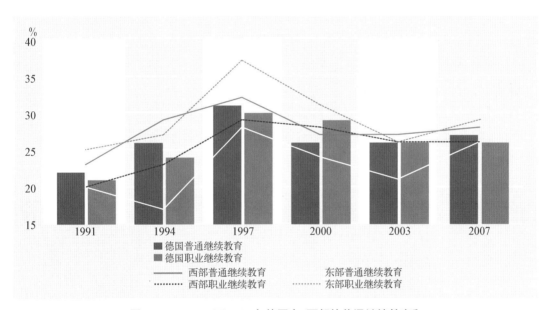

图 G1 - 1　1991 至 2007 年德国东、西部的普通继续教育和
职业继续教育的参与情况比较(单位: %)

来源: TNS Infratest 社会研究,继续教育报告体系(BSW),参见表 G1 - 1A

同样地,社会背景差异对普通和职业继续教育参与的影响,在过去几年也没有什么变化,继续教育的参与模式在过去的十年固定了下来:

- 按照普通学校教育^M的程度来分,1997 年以来,各组别的继续教育参与率都保持稳定。其中,拥有最高级别的普通教育文凭者,即获得高校入学资格者的继续教育参与率,尽管比起 1997 年的最高水平来说有所下降,但仍为较低级别的普通教育毕业者(有普通中学毕业证书和没有普通中学毕业证书者)的两倍。拥有高、中、低级别的普通学校教育文凭的人群,他们的继续教育参与情况呈阶梯式分布,无论是普通继续教育还是职业继续教育,情况都类似(表 G1 - 2A)。

社会背景带来的 差异没有改变

- 若按职业教育文凭的情况来分,最高和最低级别的文凭获得者之间的两极分化情况更为严重。多年来,拥有高校毕业文凭的人群,其继续教育参与率至少是没有职业培训文凭者的4倍(表G1-3A)。

- 按照就业状况来分,情况同样也没有多大变化。2007年,公务员分别以67%和50%参与率在普通继续教育和职业继续教育两个领域都高居榜首(虽然后者的结果与前几年相比还后退了约10个百分点)。自由职业者参加继续教育的比例在2003年到2007年这段观察期内有所提高,主要是在普通继续教育板块有比较明显的增长(2007:35%;2003:29%)(表G1-4A)。

不同类型的继续教育[M]的参与情况

若对人们参加继续教育的动因和主观目标加以区分,很明显,绝大多数均是因职业目标来参与继续教育的,他们与因私人的、非职业导向的目标来参加继续教育的人之比约为4∶1。在职业继续教育中,企业继续教育相对于个人继续教育又占了绝对的主导地位,相比之下,后者对自主性的要求要高于企业继续教育(图G1-2)。这样的事实表明,目前的继续教育参与度对企业继续教育课程的依赖度很高。企业继续教育拥有如此的绝对优势,更需要人们关注它的质量和发展。[①]

职业导向型继续教育,特别是企业继续教育占主导

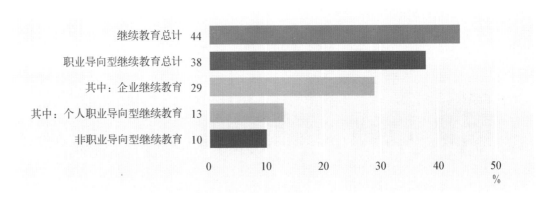

图 G1-2　2007年的继续教育参与情况*,按继续教育类型统计(单位:%)

* 可能出现重复计算的情况

来源:TNS Infratest 社会研究,成人教育调查(AES)

年龄特征在继续教育参与度上的体现:50岁是分水岭

不同的年龄层,在各类型继续教育的参与上,也体现出一些显著的差别:由个体组织的继续教育,无论是职业导向型的还是私人的,参与最多的都是19岁到29岁的最年轻群体,年龄越往上,参与率越低。企业继续教育中,参与度最高的是30岁到49岁的就业主体人群,最低的是50岁到64岁的年长人群,其参与度比最年轻的人群还要低。从三种类型的总体情况来看,无论哪种类型,参与度最低的明显都是年纪最长的群体(图G1-3)。这一结果虽不出所料,但也不是毫无意义,因为它说明了一点:从退休年龄延迟的角度来看,就算资质欠缺的情况不只是早就存在,以后也有可能会出现。

---

① 2007年的成人教育调查采用的是广义的企业继续教育的概念,连一日的课程或者帮助员工熟悉工作的课程也算在内,因此,在总的职业导向型继续教育的参与率中企业继续教育占了很大的比例也就不难解释了。

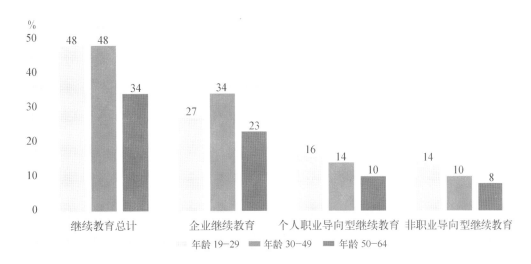

图 G1－3　2007 年的继续教育参与情况，按继续教育类型和年龄统计（单位：％）

来源：TNS Infratest 社会研究，成人教育调查（AES）

性别差异对参与度的影响，在各年龄层体现出的情况相近，最主要在非职业导向型的继续教育中，30 岁及以上男性的参与率基本只有女性的一半；相反，在职业继续教育中，30 岁及以上的女性，参与人数远不及同龄男性（表 G1－5A）。总的继续教育参与率，掩盖了企业继续教育和非职业导向型继续教育中的性别差异。

女性非职业导向型继续教育的参与度高于男性，而在企业继续教育上的参与度低于男性

继续教育的耗时

按每人一年参与继续教育的总小时数计算，各种类型的时间总数相差很大。其平均值为每人每年 79 小时，加上 44％ 的参与率，这意味着德国 19 岁到 65 岁之间的成年人中，基本每 2 人就有 1 人在继续教育上的年耗时约为 2 周（图 G1－4）。与平均数差距最大的是企业继续教育，比年人均耗时最长的个人职业导向型继续教育的 96 小时少了 40 多个小时。这里反映出一个问题：企业继续教育把很多在一天之内就完成的短时教育活动也计算在内。非职业导向型继续教育以 63 小时的平均耗时，排在两个职业导向型之间。

继续教育的参与量：将近二分之一的成年人年耗时约为 2 周

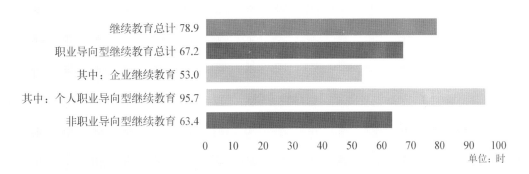

图 G1－4　2007 年参与继续教育的小时数*，按继续教育
类型统计（单位：每人每年参与的小时数）

* 可能出现重复计算的情况

来源：TNS Infratest 社会研究，成人教育调查（AES）

继续教育的参与量也是从 50 岁开始减少

继续教育的耗时长短,既根据教育类型的变化而变化,也依年龄和性别的不同而不同。普遍情况是,最年轻的群体平均耗时最长,其中时间总数最高的为女性。与其他继续教育类型相比,年轻群体在个人职业继续教育活动方面表现出突出的优势,从这一点可以推测,继续教育对他们而言,还是一种职业教育的补充。从继续教育的耗时来看,分水岭仍然是 50 岁,至少在职业导向型继续教育上是如此。回顾前面的分析,可以得出结论,年长者不仅参与度较低,而且时间也较短。随着年龄的增长,参与度回落幅度最小的是非职业导向型继续教育,其各年龄层的耗时总数均保持在每人每年 60 到 70 小时之间(表 G1 - 6A),直到年纪最大的组别,耗时总数才降到 50 小时以下(表 G1 - 7A)。

影响继续教育参与的关键因素的重要性

为考察影响继续教育总参与情况的几个核心因素各自的比重,我们采用一种逻辑回归模型^M进行分析,其主要分界线设在组织结构上的因素和个人经历上的因素之间,得出的结果如下(表 G1 - 8A):

就业状况对继续教育参与的影响出乎意料的大

- 影响继续教育总参与度的因素中,比重特别大的是就业状况:在其他条件相同的情况下,全时就业者参与继续教育的概率是非从业人员的 6 倍,是失业人员的 3 倍左右。

- 一旦把就业状况这一因素列入分析模型,性别因素的影响便随之消失。女性在继续教育上的弱势,显然主要由就业状况造成的,而并非资质或其他因素。

- 以年龄为分析对象,两个变量之间的关系得以证实:50 岁以上的人群参与继续教育的可能性比年轻的群体要小 50%。

其他重要影响因素:年龄、移民背景和职业技能水平

- 有移民背景的人,在继续教育上的弱势,很大一部分原因出在学校教育和职业资格培训上,但即使在控制了就业状况和工作职位的情况下,也无法彻底查明移民背景这一因素的影响力。相比之下,没有移民背景的人参与继续教育的机会是有移民背景的人的 1.4 倍。更准确的分析要参考在有移民背景的设定下,对年龄和就业状况影响的分析。

- 以职位为考察对象,未经培训的工人和半熟练工人参与继续教育的机会最小,技术工人是他们的 1.5 倍,公务员则是他们的 4 倍。

用在职业导向型继续教育上,该模型的解释力明显更高。所提到的各因素的影响大小走势与上面相同,在就业状况这项上,全时就业者的继续教育参与率甚至达到非从业人员的 15 倍(表 G1 - 9A)。

^M**概念注释**

　　普通学校教育:继续教育报告体系(BSW)把西部各州的、有和没有取得国民学校或普通中学毕业证书者,东部各州没有取得中学毕业证书、综合性科技高中 8 年级或国民学校毕业证书者归为“低等学校教育”一类,“中等学校教育”类别中包括中级学校毕业和综合性科技高中 10 年级毕业的人,“高级中学毕业”中则包括取得应用技术大学或综合性大学入学资格者以及扩展高中 12 年级毕业的人。

　　继续教育类型:与继续教育报告体系所采用的职业继续教育和普通继续教育的概念不同,成人教育调查将继续教育分为职业导向型和非职业导向型。职业导向型指的是,参加继续教育的人员主要受到职业兴趣的推动。企业继续教育就被定义为一种职业导向型继续教育,雇主在经费或组织安排上给予支持。此处可能存在重复计算。

逻辑回归模型：效应系数可以解释为影响某一个结果出现概率的因素(这里指影响继续教育的参与率的因素)。某一个给出的系数发生变化,便会影响到某一个类别和另一个相关类别之间的比。范例参见表 G1-8A：在其他条件都等同的情况下,获得了高等学校入学资格者参与继续教育的概率是有和没有普通中学毕业证书者的 2.06 倍。

G2 企业提供的继续教育机会和支出

在有关就业市场政策和继续教育政策的讨论中,企业继续教育的地位越来越高。目前,市场发展的不确定性越来越高,职业资格的要求变化也越来越快,在这样的环境下,无论是公有还是私有的企业,由于它们与就业市场和劳动过程的关系密切,因此在职业继续教育机会的供应和设定方面占有特别重要的地位。

企业继续教育的组织性地位越来越高

由企业提供的继续教育机会和支出具有双重特征：一方面,这是企业为了覆盖明显的或扩大的职业资格需求而作出的战略性选择；另一方面,对在职人员来说,这也是巩固职业资格或提升职业发展前景的机会。在德国,鉴于人口的负增长,同时经济向知识型转变的趋势(参见 A1 和 A2 章节),上述两方面的特征都具有现实意义。从战略选择和就业机会结构这一双重性的角度出发,下列建立在 CVTS^M 基础上的调查结果,可以看作是对企业提供的继续教育机会和支出的变化情况的说明。

企业提供继续教育既是战略性选择,也是为职工提供职业发展的机会

不同规模和不同行业的企业在继续教育活动上的差异

企业在继续教育上的机会供应和支出因企业所属的经济领域、企业的大小和其他因素的影响而各不相同。1999 年至 2005 年间,企业对继续教育活动的参与明显减少(图 G2-1),在这样的环境下,中型企业和规模较大的企业所提供的继续教育机会占据着较大比重,

小型企业提供的继续教育活动占比相对较小

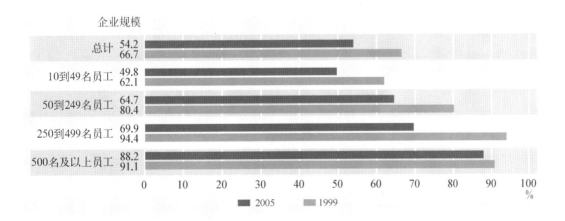

图 G2-1　**1999 和 2005 年提供继续教育课程的企业的比例,按企业规模统计(单位：%)**

来源：联邦及各州统计局,CVTS

高于平均水平(50 人及以上的企业占比与其规模成正比),不过明显按规模呈阶梯式增长:
2005 年,有 88%的大型企业(500 人以上)为员工提供继续教育活动的机会,另外两种中等
规模的企业,提供继续教育机会的比例比大型企业低 20 个百分点左右(图 G2－1)。偏低
的平均值 54%的原因主要在小型企业(10 到 49 人的企业)身上。这些企业当中,提供继续
教育活动的还不到二分之一。2005 年的调查结果显示,德国参加企业提供的职业继续教
育活动的员工还不到三分之一(30%)(表 G2－2A)。

按行业划分,企业提供继续教育活动的情况两极分化严重

建筑业、餐饮业和零售业的员工参与继续教育的机会较差

　　若按企业所属的经济领域来分,在提供继续教育机会这点上,可以说,两极分化的情况
更加明显:比例较高的一极是信贷和保险业,还有其他服务业的企业(尤以技术和商业研
究性服务、发展和咨询服务为主),车辆贸易和保养以及能源与水资源供应类的企业;处在
另一极的则是建筑业、餐饮业和零售业(图 G2－2)。前一组以知识含量较高的行业为代
表,后一组则以职业资格较低的员工占比较高的行业为主。对比的结果显示,2005 年,仅
仅按照企业提供继续教育机会的比例来分,继续教育强势行业的员工参与企业继续教育的
机会平均为继续教育弱势行业[M]的员工的 2 倍。

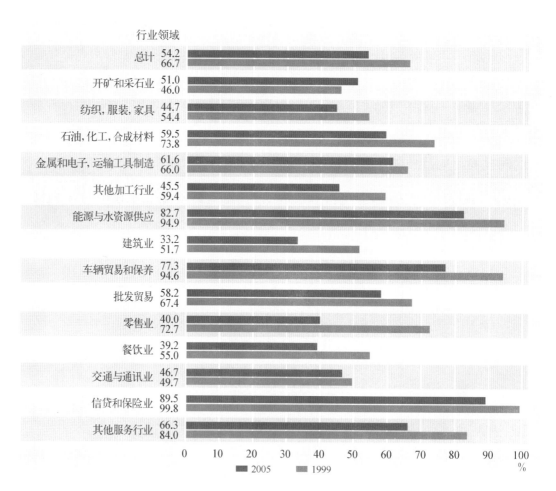

图 G2－2　1999 和 2005 年提供继续教育课程的企业的比例,
按选出的行业领域统计(单位: %)

来源: 联邦及各州统计局,CVTS

在向知识型社会发展转变的讨论中，提高工作的知识密度、加快职业知识储备的推陈出新，成为主导意见。然而事实却与此预期不符。在 1999 到 2005 年间，为其员工提供继续教育机会ᴹ的企业的比例下降了约 12 个百分点，从三分之二降到了略高于二分之一（图 G2‑1），并且几乎覆盖了所有行业（图 G2‑2）。

几乎所有行业的企业提供继续教育活动的比例均大幅下降

企业继续教育的活动强度

单靠提供继续教育机会的企业的占比，只能说明其大致的机会结构和发展情况，完全不能说明其开展继续教育的活动强度。要想描述强度，还必须引入其他的特征，这些特征要既能说明企业全体职工参与继续教育机会的情况，又能说明继续教育对于企业的战略意义。

按照质的特征来说明企业继续教育参与度的差异

只有借助强度指数（表 G2‑1），才能使行业间的继续教育程度差异清晰可见。即使在由继续教育参与度较高的企业组成的经济领域内部，也存在着显著的差异，但企业用于每个员工的继续教育开支和投入的人员比例这两项成本数值仍旧表明，形式化的继续教育（继续教育课程ᴹ）在这些行业中的战略地位绝对高于企业的继续教育参与度较低的行业。继续教育强势行业在每个员工身上的继续教育开支平均为弱势行业的 4 倍，而人员投入方面前者的平均开支约为后者的 3 倍（表 G2‑1）。

各组别的企业在继续教育的开支上存在极大差异

表 G2‑1：2005 年继续教育强势和弱势行业中提供继续教育课程的企业参与继续教育活动的情况，按每年强度描述特征统计

强度描述特征	行业领域		
	继续教育强势行业	继续教育弱势行业	总计
参加继续教育课程的员工比例（单位：%）	44.1	24.7	38.8
平均每个员工参加继续教育课程的小时数（单位：小时）	14.5	5.6	11.5
用于每个员工参加继续教育课程的开支（单位：欧元）	862	207	651
用于继续教育课程的开支在人员开支中所占的份额（单位：%）	2.2	0.8	1.6
参与继续教育课程的时间在工作时间中所占的份额（单位：%）	1.0	0.4	0.74

来源：联邦及各州统计局，CVTS

企业员工对继续教育的参与情况，其差异也与此类似。在继续教育强势的行业，参与继续教育活动的平均员工数量为弱势行业的 2 倍，用于继续教育活动的时间也是后者的 2 倍（表 G2‑1）。

从员工参与企业继续教育机会的数据可以确定，企业提供的继续教育机会无论是在质上还是在量上，都存在极大的行业差异。而这些差异与企业的大小规模并无多大关联（1999 年见表 G2‑3A，2005 年见表 G2‑4A）。

创新活动ᴹ的力度是用于描述企业继续教育活动差异的一个核心特征。在其他特征一致的情况下，在调查年份引入了产品革新或工序革新的企业，其继续教育活动的强度一般较大（表 G2‑5A）。

在继续教育活动的强度和员工参与继续教育的机会上均存在巨大的行业差异

德国企业在继续教育的参与上与其他国家的比较

德国企业 2005 年
的继续教育参与
情况与国际上相
比处于中游水平

　　与其他欧洲国家相比,德国企业在继续教育的参与方面处于中等以下水平,远远落后于丹麦、瑞典、法国和英国等国家(图 G2－3)。

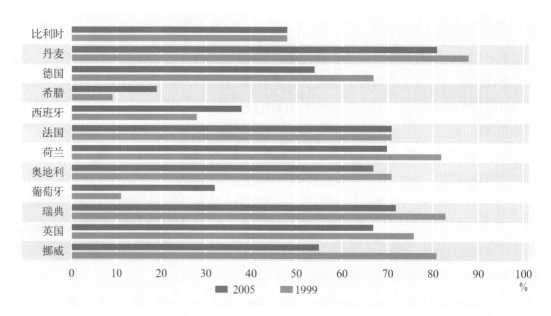

图 G2－3　1999 和 2005 年以下欧盟国家中提供继续教育课程的企业的比例(单位:%)
来源:欧洲统计局,CVTS

　　和德国的情况一样,1999 到 2005 年间,在所有继续教育实力强大的国家,企业的参与度都在下降。参与继续教育活动的企业职工的百分比,明显在参与继续教育的企业的百分比之下。德国的这一数据才刚达到 30%,也处在中等以下水平(表 G2－6A)。

Ⓜ概念注释

　　CVTS:这一节中 2005 年的数据,依据的是 2006 年进行的"第三次欧洲继续职业培训调查"(CVTS3－Third Continiuing Vocational Training Survey),1999 年的依据是 CVTS2。该调查在德国由联邦和各州统计局负责对归属 NACE Rev 1.1 中的 C－K 和 O 的经济领域分支中的、规模在 10 人及以上的企业进行了调查。CVTS 范畴下的所有继续教育活动,均为事先计划好的、有组织的学习形式。在企业中进行的继续教育还有一个特点,即由企业承担全部或部分费用。这一节中的相关说明,仅限于企业以课程、培训班、专题讨论课("六何"提问法)等形式为其员工开设的培训课程。

　　继续教育强势和弱势的经济领域/行业:在企业继续教育方面,被用来作比较的处于强势或弱势极端的群组,分别是 2005 年最强和最弱的 4 个经济领域(依据的是"NACE 20——对 14 个岗位的引言"中对经济领域的总结)。

　　内部课程和外部课程:学程、培训班、讨论课这些形式的课程,其宗旨都是为企业的继续教育服务,在工作地点之外的地方进行。如果由企业自己来负责授课目标、内容和组织,就称之为"内部课程",如果课程是由外部市场上的课程供应方来承担,则称之为"外部课程"。

　　继续教育机会供应:有关继续教育参与者的数据,每位职员只计算一次,无论他在 2005 年一共参与了几项课程。而其耗时则计算的是参与者所上的各类课程的总小时数。继续教育课程的支出,包括所有直接和间接的开支。直接开支指的是像外聘讲师或路费、手续费和每日补贴等开支。因人员空缺所带来的费用,也就是支付给参与培训者的工资,就是企业继续教育的间接费用。

创新活动： 企业引入新的或改良的产品/服务以及工序等的措施。

G3 成人的非正式学习情况

　　有一个已被承认的事实，它对于教育政策的意义仍在被广泛讨论：人们的继续教育不仅仅是在一定的组织下、按照教育学的标准来进行系统的学习，而更多的情况是，人们终生学习的意愿和能力在很大程度上依赖于学习的机会，个人在日常生活中会（能）在组织体系之外学习。欧盟委员会把不是通过教育机构组织的、而是个人自己进行的或在职场和其他社会环境下经历的学习活动（但不算偶然的或附带的学习）归为非正式学习[M]。可见成人的非正式学习活动，绝不仅仅源自个人的学习安排，还与工作和各种生活环境中的学习机会的结构脱不开关系。因此下面将用两页的篇幅，从个人层面和企业层面两方面入手，来讨论与工作有关的、个人的和组织上的非正式学习。

非正式学习是机会结构和个人学习安排两方面的结果

个人的非正式学习情况

　　在 2003 到 2007 年间，不仅非正式职业学习的参与率提高了 7 个百分点，继续教育报告体系（BSW）的个人调查问卷中涵盖的、所有工作中的非正式学习形式都有显著增长。虽然这些形式中的很大一部分仍只有很少人实践（图 G3－1），但从普遍的上升趋势可以看出，知识密集型和交际深化型工作形式正在增加，由此带来的挑战只能通过工作中的学习和个人的适应来战胜。为这一上升趋势作出贡献的，尤数那些在工作场所，借助媒体支持的自学程序，获得和拓展自己的职业技能的在职人员，而他们所占的份额翻了个倍。

所有形式的非正式学习都有普遍增长

　　按照社会和职业结构特征统计的非正式学习的参与情况，虽然从平均值上看，并没有和形式化的继续教育一样严重的两极分化现象（参见 G1 章节），但仍存在明显的阶梯状分级，且越是撇开平均值而关注单个特征差距就越大：按照普通学校教育背景来分，高、中、低三个等级的人群之间存在明显的落差。在职业资格的系谱上，有高校文凭者和没有职业文凭者之间的这一落差更大。按照就业状况，工人参与非正式学习的比例明显要低于公司职员、公务员和自由职业者（表 G3－1A）。①

不同的教育背景、职业资格以及就业状况的人，参加非正式学习的情况大不相同

企业中的非正式学习情况

　　非正式学习对机会结构的依赖性很强，由企业提供的非正式学习形式随经济领域的不同会有很大变化就能证明这一点。总体来说，平均在 66% 的企业有非正式学习的机会（图 G3－3A，表 G3－2A），整体水平较高。而若按经济领域划分，该数值的跨度则从 51%（交通和信息传播等）到 98%（信贷和保险行业）不等。信贷和保险业的员工，在工作中参与非正式学习活动的机会，平均可达交通和信息行业、或者还有餐饮业员工的近两倍。

企业提供学习机会的情况根据所属行业的不同有很大差异

---

①　对于非正式学习和形式化的继续教育之间的高度互补性，《德国国家教育报告（2006）》（德文版，第 132 页）已经指明。

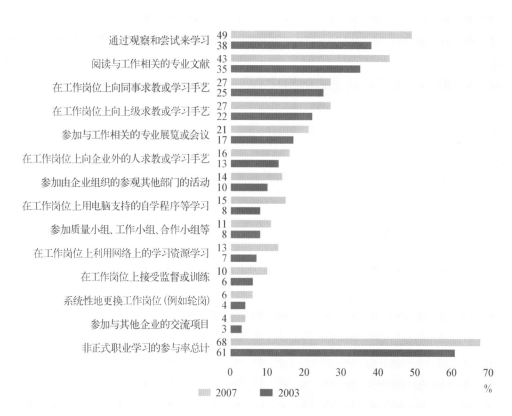

图 G3 - 1　2007 年从业者参加非正式职业学习的情况,按学习形式统计(单位：%)

来源：TNS Infratest 社会研究,继续教育报告体系(BSW)[M]

企业的规模和创新程度也是影响它们提供学习机会的条件

　　在和工作相关的非正式学习机会的分配上,除了行业的归属性以外,企业的规模和创新程度也是很重要的因素。纵观各种形式的非正式学习,其学习机会的多少与公司的规模成正比(图 G3 - 2)。小型企业(员工 10 到 49 人)的机会最少,大型企业(500 人以上)中有68%提供非正式学习机会,占据首位。

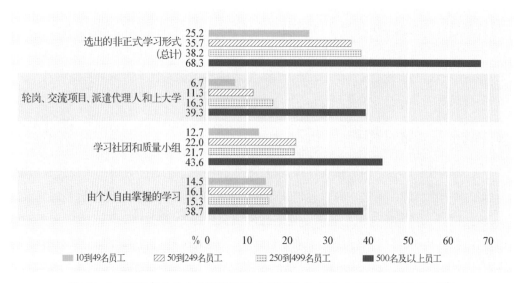

图 G3 - 2　2005 年企业中的主要非正式学习形式,按企业规模统计(单位：%)

来源：联邦及各州统计局,CVTS

一个企业的创新水平高低,会给企业提供的融入到工作中的学习机会带来巨大的影响,这里的创新水平是指,该企业是否归入在调查年份引进了新产品/服务或工序的企业之内,这类创新型企业占所有企业的四分之一(图 G3 - 4A)。虽然无法测定出准确的因果关系,但不同类型的企业之间的差异,的确说明企业所提供的非正式学习机会,与其背后的企业文化和企业的创新能力有着密切的关系。

Ⓜ **概念注释**

成人的非正式学习:在德国的继续教育研究中,关于成人的非正式学习没有一个统一的概念。而欧盟委员会对学习活动的分类(欧盟委员会 2006:CLA-Classification of learning activities,Luxemburg),提供了一个可操作、用来定义学习活动的工具。这里所使用的非正式学习的概念,区别于机构中的、按教育学系统组织的各类形式和非形式化的教育活动。

BSW 和 CVTS:2005 年的数据,依据的是 2006 年进行的"第三次欧洲继续职业培训调查"(CVTS3-Third Continiuing Vocational Training Survey)。该调查在德国由联邦和各州统计局负责,对归属 NACE Rev 1.1 中的 C-K 和 O 的经济领域分支中的、规模在 10 人及以上的企业进行了调查。关于个人的非正式学习行为的数据,依据的是 2007 年进行的继续教育报告体系(BSW)的调查,它对非正式学习的 13 个特征进行了调查研究(图 G3 - 1)。CVTS 和 BSW 两者的调查结果不能直接用来比较,因为它们在调查单位(企业和个人)、调查年份和对非正式学习的定义方面都有区别。

G4 职业继续教育的劳动力市场收益

职业继续教育的劳动力市场收效很难把握,也正因如此,大部分的职业继续教育形式都缺乏数据说明。无论是多样化的个人职业继续教育活动,还是由企业发起或组织的继续教育机会,在工作中或劳动力市场上所体现出的成效,都无法用具体的指标测定进行分析。毕竟就成效而言,如同 2007 年的成人教育调查(AES)中所指出的一样,大多都是人们对教育措施的利用情况所作的主观的自我评估,在科学讨论中的可信度并不高。

2006 年版教育报告把焦点集中在联邦劳动局(BA)推行的"职业继续教育措施项目"(FbW)Ⓜ上。这些措施的目的主要是,使失业者再就业,或使正面临失业危险的人免于失业。目前,这些措施代表的也许是耗资最大、在量上最具规模的一块制度化的职业继续教育。[①]

〔焦点集中于联邦劳动局推行的措施上〕

这些措施的劳动力市场收益可以通过参加者的再就业情况这一核心特征来衡量。本节将在有意识地限定于该项特征的基础上对第一本教育报告的时间序列予以更新补充,并将从经济复苏的角度进行说明。

〔经济的上升是否带来变化?〕

各措施类型的分配情况

如图 G4 - 1 所示,2000 到 2005 年间,加入 FbW 措施的人数直降了 75%。这主要是受

---

① 参见:《德国国家教育报告(2006)》(德文版),第 133 页。

到两方面的影响,一是 BA 的资助经费相当集中,二是一项措施要得到批准实施就必须满足不断上升的质量要求。值得注意的是,自 2005 年到达最低点之后,2007 年,职业继续教育措施的参与人数翻了个倍,从而使职业继续教育的参与率在 2007 年底重新回到了 2003 年的水平,这一上升趋势在德国东西部基本一致。

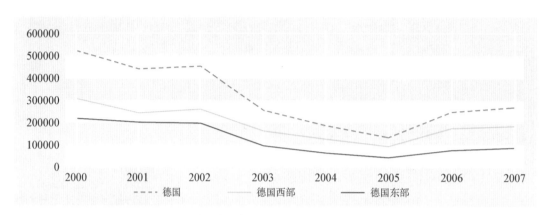

图 G4-1　2000 至 2007 年*德国东、西部参与职业继续教育促进措施者人数情况

* 只从 2007 年 1 月到 2007 年 10 月,最近的数据(3 个月)是临时数据,不是推算所得

来源:联邦劳动局,自己计算得出

向短期措施转变的趋势毫不动摇

　　从量的角度来看,继续教育参与度的新提升,是 2000 年以来向短期措施(6 个月以内)转变之倾向的延续。这种短期措施所占的份额,从 2004 年到 2007 年提高了 17 个百分点,而为期 6 到 12 个月的措施只上升了 3 个百分点,长期措施(12 个月以上)的份额甚至缩减了 14 个百分点(表 G4-1A)。从 2007 年的各类措施所占份额的大小(短期措施占 78%,2000 年只有 40%)可以看出,比较长线的发展措施有向短期的职场适应措施转变的趋势,这一趋势在经济上升期也仍然保持着。因此,职业的转型,似乎无法实现。

促进措施的成果:再就业

　　对于促进措施的成果,下面将借助人们完成培训措施后的就业状态来测评(培训后人员的去向情况[M])。测评的时间节点有两个,分别为完成培训后的 1 个月和 6 个月。在两个时间点所做的测评,呈现出的曲线图的时间走势基本类似,但处于不同水平线(图 G4-2)。

6 个月后的再就业情况有所改善

　　培训结束后 6 个月的走势图显示出更高的再就业率[M],很明显,在完成了促进措施之后,失业人群中有一部分可以立即被看作是过渡性失业,[①]但也只是其中一部分。33% 的人在 6 个月后仍是失业状态,而缴纳法定社保的从业者的比例,在 2004 到 2006 年间增长了约七分之一,从 40% 提高到了 46%(图 G4-2)。总体来看,不同劳动局辖区的再就业率差别很大(表 G4-3A)。相比较而言,德国东部就业者比例的上升幅度和失业者比例的下降幅度都比西部的大(表 G4-2A)。

即使在经济上升期,传统的不均衡性模式仍然存在

　　尽管存在一定的偏差,但传统的、不同性别、年龄层和地域之间的差异,在观察期内仍保持着相对稳定。

---

① 因找工作而发生的暂时失业的情况。

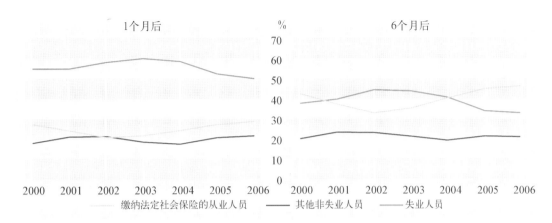

图 G4‑2　2000 至 2006 年职业继续教育促进措施参与者在毕业后
1 个月和 6 个月的去向情况(单位:%)

来源:联邦劳动局,自己计算得出

　　若从再就业率的角度来看,它的变化似乎与向短期措施倾斜的做法有所矛盾。和长期措施相比(12 个月及以上),短期措施完成后 6 个月的再就业率明显较低,却比 6 至 12 个月的措施高出 5 个百分点(图 G4‑3)。尤其对较年长的雇员来说,长期措施的成效明显要比短期或中长期的措施好。随着年龄的增长,完成短期或中长期培训者的被介绍率急剧下降,而完成长期措施的人,其被介绍率则相对稳定(表 G4‑4A)。

措施的时间长度

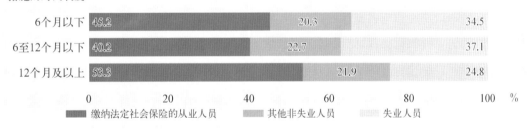

图 G4‑3　2006 年职业继续教育促进措施参与者的去向情况,
按措施的时间长度统计(单位:%)

来源:联邦劳动局,自己计算得出

　　2006 年和 2007 年,参与 FbW 措施的人数有明显上涨,这可以解读为 BA 在经济上升期采取周期性继续教育政策的结果。这一政策本质上是将希望寄托于短期措施,盼其与 2003/04 年相比,为市场带来显著的劳动力增长,但并不要求恢复到 2000 年的水平(与 2000 年的水平有 50% 的差距)。尽管通过措施的期限这一标准进行测量,并不能确定在经济上升期职业继续教育的情况就一定会有好转。但对参与者而言,虽然这些措施的劳动力市场成效确有改善,却仍远低于名为"再就业率和培训后去向预测"(哈茨 I)的政府文件中所设定的 70% 的目标。

BA 的周期性继续教育政策

劳动力市场成效有有限的提高

Ⓜ概念注释
　　职业继续教育的促进情况(FbW):这里给出的相关数据,出自 2007 年 10 月的数据库,是根据《德国

社会福利法典》第三卷第 77 条和第二卷第 16 条,对于相关人员的促进和参与情况的调查数据。这里是按自然年(1 月到 12 月)统计,与官方的再就业结算表的观察期有偏差(7 月到次年 6 月)。联邦劳动局关于人员去向的调查结果中包含了从业人员和失业人员的统计数据。两个数据源产生重叠时(同时登记了在职和失业的人),将重叠部分归入从业人员中。继 2006 年版教育报告之后,数据有了更新,所以特别是在培训后人员去向的数值上会有少量偏差。

　　培训后人员去向情况: 缴纳法定社会保险的从业人员中也包括同时登记了失业的人员;这些人属于处在资助状态下的从业人员(例如受 ABM、SAM 项目的资助)。其他非失业人员包括如公务员、自由职业者、处在培训期的人员或者未就业者。这里的失业者指的是在联邦劳动局登记了失业的人。

　　再就业率: 再就业率是指在完成了继续教育培训措施后的 6 个月缴纳法定社会保险的再就业人员在所有可调查到的完成相应继续教育培训者中所占的份额。失业率是指在联邦劳动局登记的失业人员的比例。

前景

　　个人和企业的继续教育活动的实际情况,与公众讨论中指出的继续教育及终生学习的重要性不符,这一点早在 2006 年版教育报告中就已查明证实。而两者之间的差距从那时到现在,在个人的学习行为这点上变化甚微,企业的继续教育活动的情况甚至更加严峻。过去几年,个人的继续教育参与度保持在和 2003 年差不多的相对较低的水平。主要原因是,迄今为止学校教育程度和职业层次比较低、离继续教育比较远的人群,他们的继续教育参与度并没有多大提高(G1 章节)。

　　在有关人口发展和延迟退休的讨论中,如何获得和继续提高职业资质的问题,尤其是较年长的从业人群的资质,已被提上议事日程。关于继续教育机会,除了由公共资助的继续教育机构提供以外,企业的继续教育活动是一线资源,因为职业资格要求的变化就直接发生在企业里。

　　据最新的欧洲企业继续教育调查(CVTS)的确切消息称:1999 到 2005 年间,除了个别小国以外,其他国家企业提供的继续教育机会都在缩减。这一消息发人深省。德国在该时间段内同样出现了明显的后退,且横跨所有行业和各种规模的企业,以至于 2005 年只有半数的企业提供继续教育机会——是六年前的三分之二(G2 章节)。在科学和劳动力市场政策领域,人们反复强调要不断拓展知识,掌握迅速更新的职业技能,而上述的调查结果,一眼就能看出与此不断提高的要求相互矛盾,其原因需要进一步的探究、阐明。目前,在企业继续教育机会这点上,按照就业结构呈现出两极分化的现象,因为仍然投身继续教育事业的企业加强了它们继续教育的活动强度。这样一种危险的分化不单单是社会性问题,还可能造成职业资格供给不足,从而累积形成经济问题,因为劳动力在工业领域内部的流动会受到影响。

　　很显然,哪怕是在经济形势较好的时期,就连联邦劳动局实施的促进职业继续教育的一系列措施,只要是可以从再就业率来判断其效果的,可以说,它们对劳动力市场收效的提高作用也很有限(G4 章节)。

　　在个人的继续教育行为上,性别和地域(德国东、西部)这两个因素已经丧失了其意义。

但年龄的影响却相当显著。在这里,50 岁是一个分水岭,特别是在职业继续教育方面(G1
章节)。

　　考虑到社会的年龄结构,下面这个问题的紧迫性变得越来越高:如何才能打破维持了
几十年之久的、年龄较长的人群——也就是指 50 岁以上的人群继续教育参与度不高的现
象。这个问题对于社会参与(包括健身行为)和就业两方面同样重要。在职业教育领域,要
打破上述现象,还要面对一系列环境问题,如退休年龄延迟、知识的运行变化加强、就业形
式增加、工作场所趋向于集中、小型企业转变(这些企业到目前为止,提供的继续教育机会
比较大企业和大型企业要少)。此外,有移民背景者的继续教育参与度的问题和继续教育
对于他们融入社会帮助大小的问题均有待继续观察,同时也要探讨对策。另一方面,成年
人自己安排的学习形式(包括使用各种新媒体的学习形式),其作用也有待进一步考察。

H 过渡体系：中等教育—职业教育—高等教育—劳动力市场

H1 过渡阶段的问题之于教育体系的意义

本年度报告的重点议题是中等教育第一阶段结束之后的过渡体系。在这里，我们将把目光对准青年人在完成他们的普通教育之后将走上哪些不同的路。

接下来的这一章，将在前文从 C 到 G 章已经讨论过的各种过渡的基础上，对各种过渡阶段的问题进行系统的分析，包括从普通教育学校进入职业教育、高校或劳动力市场的过渡，从职业教育进入劳动力市场或高校的过渡，以及从高校进入劳动力市场的过渡。其着重关注点将放在过渡的发展进程上。之所以可以进行这样的系统分析，是因为有进一步的数据来源，并且不排除像前面的章节一样，用到一些相关的指标。

过渡阶段的意义在于它的社会必要性和经济必要性，同时它对整个教育体系的调控也具有重大意义。而且，鉴于对个人的教育经历结构的要求越来越高，过渡阶段的存在也就更有意义了。

早在 19 世纪，在德语区，人们就对普通教育和职业教育进行了明确的区分，也是在此影响下，普通教育、职业教育和高等教育体系之间就已有了明显的区别和分割。随着时间的推移，随着各领域之间的机构区划，这样的分割几乎没有削弱，同时，与其他国家相比，德语国家拥有更多的机构分支和过渡部门。

这种机构性的区划，体现在其法规、财政、组织结构特点、课程设置、发展方向以及各机构的人员状况及其专业技能上。尽管有各种各样的改革尝试，但这些改革针对的都是各个子系统，鲜有具备全面性的改革，因此，机构的分化从未消除过。目前，行业性经济正发生巨大转变，一方面对教育质量的要求越来越高，另一方面，随着有职业培训需求的年轻人的多向性越来越突出，职业教育体制组织结构也在不断发生改变。在这样的背景下，普通学校教育和职业教育体系之间以及这两者和高等教育之间的衔接问题便越来越大。

在过去的 20 年里，我们可以看到有越来越多的正在变化中的过渡阶段，其不稳定性和多样性较为明显。这一方面是受限于教育机会的发展和多年来持续不断的供求关系之间的矛盾；另一方面，是因为在从普通教育过渡到职业教育的过程中，交付受训者的教育机构和接收受训者的培训机构之间在衔接方面的摩擦越来越大。此外，青年人的向外探索和定向阶段（例如实习、志愿社会年或生态年）和不断增长的机构化供应的多样性也有利于过渡阶段的个性化。

在上述背景下，我们要特别从以下三个角度来关注中等教育第一阶段结束之后的过渡阶段：

- 首先，从社会层面来看，人们会提出以下问题：过渡进程的结果究竟在何种程度上能满足人才市场的要求？培训市场上，由于人口统计的局限和经济影响造成的、有培训需求的人员的滞留，还有人才市场的结构变化以及高校的改革，会对教育系统内部、以及教育系统和劳动力市场之间的过渡进程造成何种影响？

- 第二，从机构以及个人的角度来看，会提出这样的问题：各种不同的道路是否能通过各个子系统得到更优化的组织安排，尤其是在物质、时间和人力等资源的投入方面？

- 最后，从操作的角度会提出这样的问题：我们过去已经观察到的、教育系统和培训系统的机构性分支的扩张现象仍在持续，与此相关，人们需要做决定的情况也随之增多，这是否会加剧对个别社会群体的歧视，尤其是加固社会的不平等性？这些由机构提供的可能的路，各青年群体实际上能对其利用到何种程度？因此，如何解决过渡中的对接问题以及如何对抗与此相关的歧视问题对政策的制订尤为重要。

在接下来的几个小节中，我们首先会对紧接在普通教育之后的过渡阶段的体制结构予以描述（H2 章节）。然后，会具体讨论从普通教育学校进入职业教育体系的过渡过程（H3 章节）。接下来，则会分析从普通教育和职业教育进入高等教育的过渡（H4 章节）。最后，会考察从不同的教育和培训途径进入劳动力市场的过渡以及从劳动力市场回到教育系统的过渡（H5 章节）。最后一部分，会在 H3 到 H5 章节的分析基础上，研究教育政策的问题现状和制订要求（H6 章节）。

H2 教育体系中的过渡

在结束了普通的学校教育之后，青年人面前有很广阔的学习和培训机会可供他们选择，主要可以概括为以下三条典型的过渡之路：

- 从中学进入中等教育第二阶段的职业培训部分，也就是进入双元制或全日制职业教育体系，部分采取的是迂回路线，先进入职业过渡体系或另外的普通教育项目，然后再进入劳动力市场。

- 从中学毕业并取得高校入学资格后进入大学（应用技术大学或综合性大学）学习，或者进入职业培训，完成之后再进入劳动力市场。

- 从中学毕业，直接进入劳动力市场，部分人中间会有一个在职业过渡体系逗留的经历。

在过去几十年里，中等教育第一阶段结束之后的教育途径的可能性得到了极大的丰富和区分。在这里，我们无法完整地描述出各种机构提供的教育机会，也无法描述出与这些教育相连的、进入职业培训或者大学学习之前的过渡过程以及在此之后、在进入劳动力市场之前的过渡选择。接下来的这个图表（图 H2－1）给出了主要的过渡方式概貌，过渡的起点是各种普通教育学校毕业。

未取得普通中学毕业证书的年轻人的4条主要过渡之路……

对于没有取得普通中学毕业证书的肄业生来说,他们离校之后的过渡之路主要有以下4条:(1)直接进入劳动力市场或者成为待业人员;(2)被双元制职业教育接收;(3)进入过渡体系,在众多有着不同的目标设定、功能、课程重点设置和时间长度的过渡措施中选择一种参与其中;(4)过渡到以取得普通中学毕业证书为目标的普通教育的项目中。至于中学辍学的这些年轻人是直接进入劳动力市场(作为就业者、实习生还是失业者)还是其他的活动范围与当年的毕业年级的数量和他们是否完成义务教育息息相关。

……普通中学毕业生有更多选择

对于取得了普通中学毕业证书的毕业生来说,可供他们选择的过渡形式与肄业生基本类似,不过相比之下,他们在过渡体系和普通教育体系中的路还要更宽一些。首先是接受更高阶段的学校教育的机会,这里指取得中级学校毕业文凭。除此之外,根据各州情况的不同,还有一些全日制职业教育体系中的工作岗位,也对这个群体开放。入选这些岗位的前提条件和岗位的供应情况一样,会因所在州的不同而有很大的差异。总体上来看,通过全日制职业教育体系的机会供给,这些普通中学毕业生过渡的可能性得到了进一步拓宽,尽管对他们开放的职业选择还是十分有限(图H2-1)。

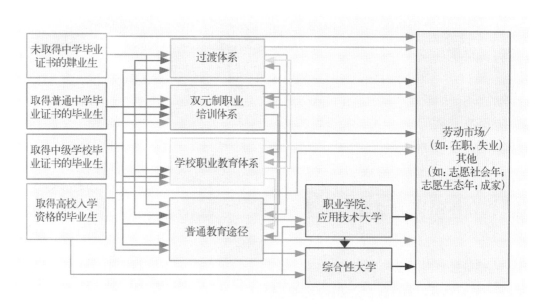

图 H2‑1　青年人在普通教育结束之后各种可能的过渡方式*

* 提供给从普通教育学校离开或毕业后未能成功进入职业培训的青年人的教育途径,可以分为两类,一是普通教育的途径,可提供普通教育的文凭;另一类是过渡体系的教育途径,旨在为职业(培训)做准备,可选择与今后的职业培训相适应的学习内容。

中级学校毕业生拥有更广泛的选择

拥有中级学校毕业文凭的毕业生,在双元制职业教育、全日制职业教育以及常规教育的深造之路上(如攻读应用技术大学和普通的或限专业的大学),通常拥有更广泛的选择。与未取得中学毕业文凭的肄业生或仅有普通中学毕业文凭的毕业生相比,拥有中级学校毕业文凭的毕业生在形式上所有全日制职业教育体系中的职业都对他们开放。他们同样也可以在完成了学校教育之后,直接进入劳动力市场。还有过渡体系提供的机会,也可供他们利用。

所有选择都对取得高校入学资格的毕业生开放

取得了高校入学资格的毕业生,在继续教育和职业培训领域拥有各种选择的可能性(图H2-1)。这些毕业生最主要的一条路,就是直接进入大学继续学习,且一般不会绕道或等待、拖延。他们既可以选择职业学院，也可以选择高等学校所提供的教育机会。此外，还有非常具有吸引力的、且在劳动力市场上拥有良好前景的、在企业的晋升体系中拥有良好发展可能性的双元制中的培训职业也对他们开放（参见 E4 章节）。同时，整个全日制职业教育体系中的各种职业，他们也都可以选择。直接进入劳动力市场或从事其他活动，如志愿服务等（参见 D5 章节），也都是他们众多的过渡方式之一。

H3　从普通教育学校到职业教育的过渡

职业教育一章已经描述了通向职业培训的过渡体系结构（参见 E1 章节），本节将更详细地描述各种具体的过渡进程，着眼于不同的普通教育学校的毕业生经历的过渡过程有哪些，哪些青年人群体会碰到什么样的职业机会和风险？此外，还会特别关注过渡体系中的各种不同措施类型的运行模式：它们实际在何种程度上能给年轻人开辟一条过渡之路，使其在进入职业培训之前就能具备参加培训所必须的专业资质；又或者这种过渡过程的桥接性，在面对时间上的拖延这一事实时是否仍那么重要？

3.1　从社会结构层面观察过渡过程

自 2000 年以来，在结束了前期的学校教育之后进入高等教育层面以下的职业教育，也就是双元制、全日制和过渡体系的新生（有无文凭的都包括在内），对他们的分配逐渐形成了一种被人们普遍接受的固定模式，这种固定模式我们可以把它理解为持续存在的过渡问题。在我们的 6 年观察期内，这种情况的变化微乎其微，唯一的一点改善只体现在 2006 年专业资质级别最低的青年群体身上，无论有无文凭。前期的学校教育结束之后的具体情况如下（图 H3 - 1）：

持续的过渡困难

- 进入职业培训的新生中，没有普通中学毕业证书的，其中约五分之一（2006）能有机会获得一个双元制职业培训的位置。这一时间段内，全日制职业教育体系完全不对他们开放。另外五分之四只得去抓住过渡体系中的专业资质培训机会。
- 取得了普通中学文凭的毕业生，有五分之二可以获得双元制体系中的培训机会，而被收入全日制职业教育体系的只有 8%。这个群体中超过半数的人都是先进入过渡体系的。
- 即便是获得了中级学校毕业证书的，他们的过渡问题也并非不值一提。他们当中超过四分之一的人（从 2000 到 2006 年有缓步上升的趋势），将就着选用了过渡体系中的资质培训措施。在双元制体系中开始接受职业培训的人所占的比例在 50% 上下波动，还有四分之一的人将在全日制职业教育体系中完成他们的职业培训。
- 取得了高校入学资格的毕业生，在高等教育的层面之下开始接受职业教育的，实际上只分布在双元制和全日制职业教育两个体系中，占比分别为三分之二以上和大约三分之一。这种现象，与这个在普通学校教育系统中专业资质级别最高的群体在市场上的

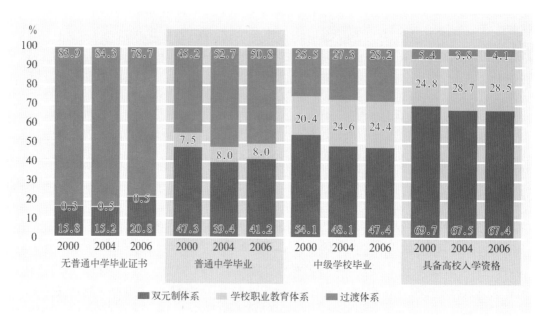

图 H3-1 2000、2004 和 2006 年进入职业教育体系三大板块的新生*
在体系中的分布,按学校预备教育情况**统计(单位:%)

* 除了当年的普通教育学校的应届毕业生以外,还包括之前几年就已离校、先在过渡体系的机构或私人领域活动的往届毕业生

** 不包括持其他文凭的新生;相关注释请参见表 H3-3A

来源:联邦及各州统计局,在学校数据统计的基础上自己的计算和预估;联邦劳动局,自己计算得出

强大竞争力,正好符合。

由于这些职业教育的新生中也包括往届毕业生,所以应届毕业生的占比数值还要更低一些。联邦职业教育研究所(BIBB)对肄业生的典型性调查结果表明,在2006年,取得了普通中学文凭、并在同年进入双元制职业教育的毕业生占比为40%,取得中级学校毕业证书的占比为36%,取得高校入学资格的占比为21%。这些数值之所以富有启发性意义,是因为根据同项调查,70%的普通中学和57%的实科中学应届毕业生在当年的春季就表达了他们要参加双元制培训的意愿。[1] 在这些数据中我们可以看到,目前有多少年轻人在中学毕业之后不能够直接实现他们最初的职业教育的愿望。[2]

很大一批年轻人不能实现他们优选的职业教育形式

反过来,从学校教育之后的各种培训板块的组成来看,这些占比数据表明,和前几年一样,双元制中有将近三分之二、全日制职业教育体系中甚至有超过五分之四的培训位置被拥有中级学校毕业证书或更高的文凭的毕业生占据,这两个板块只分别剩下三分之一和六分之一不到的位置留给有和没有获得普通中学毕业证书的人(表 H3-12web)。无论是中学毕业生融入职业教育各板块的占比数据,还是各职业教育板块的构成比例(参见 E4 章节),都说明双元制已逐渐丧失了它的传统优势,即通过培训帮助受教育程度较低的孩子融入职业领域。与此相对的,取得了中级学校文凭或高校入学资格的年轻人,他们的职业教育的选择面则得以保持,乃至进一步拓宽。

受教育程度较低的年轻人中能够进入双元制职业教育体系的越来越少

---

① 参见《2007年职业教育报告》(德文版),第61页。

② 参见联邦职业教育研究所(BIBB)2007年2月和1月的报告。

外籍青年人的过渡情况

对青年人的过渡阶段有影响的除了前期的学校教育情况以外，还有他们的人种和文化归属性。其具体的影响在长期观察下仅有移民背景情况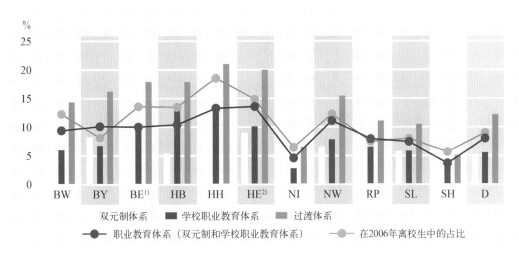这一点可以跟踪，也就是说，虽然方向对了，但对问题严重程度的测度却远远不够。

事实上，在进入职业教育的新生中，外籍青年人的分配情况远不如德国青年。全体新生的分配比例分别为双元制 43.5%，全日制职业教育近 17%，过渡体系 40%（参见图 E1－1），与此对应的外籍青年人的分配比例则为 28%、11.5% 和 60% 以上（表 H3－4A）。也就是说，外籍青年人在完全资格的（双元制和全日制）职业教育体系中人数明显偏少，而在过渡体系中则明显过多（图 H3－2）。

%
25
20
15
10
5
0

BW　BY　BE¹⁾　HB　HH　HE²⁾　NI　NW　RP　SL　SH　D

■ 双元制体系　　■ 学校职业教育体系　　■ 过渡体系
—●— 职业教育体系（双元制和学校职业教育体系）　　—●— 在2006年离校生中的占比

**图 H3－2　2006 年，在选出的各州*中，拥有外国国籍者进入职业
教育体系各版块的新生所占的比例（单位：%）**

*　由于德国东部各州的外国人占比很低，该图表展示的数据仅限于西部各州和柏林；参见表 H3－5A
1)　双元制体系，包括职业基础教育年
2)　不包括卫生学校
来源：联邦及各州统计局，在学校数据统计的基础上自己的计算和预估；联邦劳动局，自己计算得出

外籍青年人在完全资格的职业教育体系中的劣势程度也因地区而异。在那些外国人在中学肄业生和毕业生中占比较高的联邦州，具体是指外国人占比均超过 12% 的市州以及黑森、北威和巴符三个非市州，外籍青年人的机会是最差的（表 H3－5A）。由于和其他州，如下萨克森、石荷和莱普等州相比，北威、黑森和巴符州拥有更多的大城市密集区，可想而知，外籍青年人教育供给的主要高风险区域和大城市密集区有紧密关联（参见 E2 章节）。

外籍青年人的高风险区域在大城市密集地区

目前的现状是长期发展的结果，在这个过程中，外籍青年人的职业教育参与度呈现下降的趋势。数据显示，例如 1980 年后期到 1990 年代初期这一阶段内，从 1986/87 年起，企业提供的职业教育机会供大于求，培训生中外国人的比例直到 1994 年都在持续上涨，而从 1995 年开始，其比例从 8% 持续下降到 4%（图 H3－8A）。这种发展趋势掩盖了行业间的显著差别。

不同培训领域的外籍青年人占比差异显著

性别差异

职业教育新生的
男女配比呈稳定
态势

　　从长期来看,过渡过程中,男女参与完全资格职业教育的情况,呈现出均衡态势,其中,双元制中男性占绝大部分,而全日制中则大多数为女性(图 H3-3,图 H3-9A)。

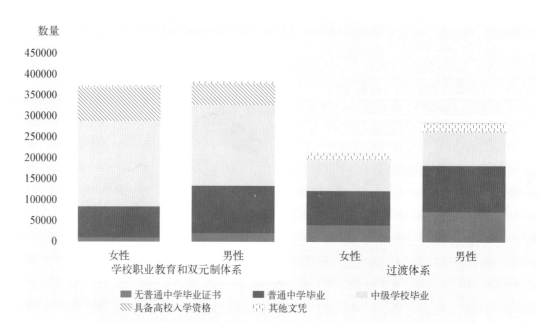

图 H3-3　2006 年进入完全资格的职业培训(双元制和学校职业教育)和过渡
体系的新生在各板块中的分布,按性别和学校预备教育情况*统计

* 相关注释请参见表 H3-3A

来源:联邦及各州统计局,在学校数据统计的基础上自己的计算和预估;联邦劳动局,自己计算得出

　　和女性相比,从学校到职业教育的过渡对年轻男性而言明显更困难。过渡体系中的男性占比,在微弱的上升趋势下,2006 年达到 57%(图 H3-9A)。男性中学毕业生和肄业生在过渡的选择上比女性更不确定,这一点还体现在他们在所有的过渡措施类型中都占多数,尤其是在专业针对性并不强的措施类型中,比如联邦劳动局的职业预备性措施(59%)、职业预备年(61%)或其他职业教育过程(61%);男女比例最接近的是一年制和两年制的职业专科学校(表 H3-6A)。

过渡阶段青年男性
失败的风险提高

　　过渡到职业教育的过程中体现出的性别差异还揭示出一种新的局面。在过去的几十年里,公众关于性别差异的讨论,主要是针对女性在职业教育中遭遇的不公平待遇的问题,因而新的局面几乎未成为过讨论话题。这一新的局面就是,在从普通教育学校向职业教育过渡的过程中,青年男性失败的风险提高,首当其冲的是前期学校教育程度较低的人群,尤其是——这里又要再次提到——那些有移民背景的人(图 H3-3)。

　　这种性别差异上的新形势似乎与三个结构上的发展趋势密切相关,这三个趋势在过去十年里得到了普遍认同,且在前面的章节里也描述过(参见 B,D 和 E 章):一是与女性相比,男性的平均受教育水平有降低的趋势;二是那些传统的、男性占绝对优势的、工业和手工业领域的工商与技术类职业,其发展呈长线倒退形势;三是大城市密集中心区的形成促使服务业经济占到绝对上风，这种行业一般较少在中等教育领域设置完全资格的职业教育的培训位置。

3.2　普通教育学校的肄业生和毕业生离校后的过渡过程[①]

过去几年，大部分离校生从普通教育学校进入职业培训的过渡期，时间明显拉长，其长度根据个人学历情况的不同有很大差别。学生离开普通教育学校后的 30 个月内，其过渡情况显示，所有的离校青年中，超过四分之一（27%）的人在 6 个月后进入了企业的职业培训，比四分之一少一些（23%）的人进入了非企业的学校培训（包括进入大学学习的）。

离校 12 个月后的情况有明显变化。18 个月后各有 34% 的人进入企业和非企业的培训。2 年半以后，这个百分比分别上升到 38% 和 35%，这也意味着，2 年半之后，差不多有四分之三（73%）的肄业生和毕业生都在接受完全资格的职业教育（图 H3 - 4）。

近四分之三的离校生在两年半之后过渡到职业教育中

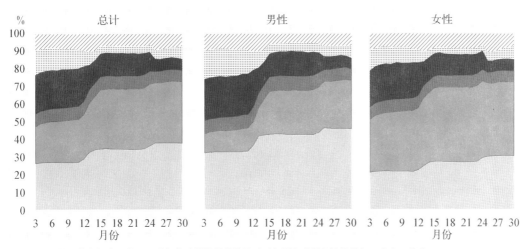

%

|总计|男性|女性|

/// 寻找/等待教育机会，失业，联邦劳动局的促进措施（不包括职业预备性措施），在家，其他
在职，临时工作、兵役/民役，志愿社会年或志愿生态年
过渡体系（职业准备/BVJ，BGJ，非完全资格的培训/EQJ，实习，不提供毕业文凭的职业专科学校）
专科高中，专科/职业文理中学，普通教育学校
非企业职业培训（学校培训，企业外培训，公务员生涯，大学学习）
企业职业培训

图 H3 - 4　青少年在离开普通教育学校体系后的前 30 个月的去向分析情况，按性别统计（单位：%）

统计基础：1982 至 1988 年出生的人，自 2002 年起（首次）离开普通教育学校，至调查的时间节点（2006 年夏）已有 30 个月的经历（未加权案例数：n = 1942
来源：BiBB - 过渡研究

反过来说，这同时也意味着有逾四分之一（27%）的离校生没有成功进入职业教育。虽然与离校 3 个月时候的初始数据相比由一半以上降到 27%，降幅已经很大，但未成功的人

[①]　下面几节以联邦教育研究所 2006 年的过渡研究为基础：Beicht，U./Ulrich，J. G. (2008)：Übergänge von der allgemeinbildenden Schule in eine vollqualifizierende Ausbildung - Ergänzende Analysen für den zweiten nationalen Bildungsbericht zum Schwerpunktthema „Übergänge zwischen Bildung - Ausbildung - Hochschule und Arbeitsmarkt"auf Basis der BIBB-Übergangsstudie 2006，Arbeitspapier - Bonn，S. 49.

数仍占到很大一部分,不容忽视。这一部分人群可以分为四个子群:最大的一个子群是进入过渡体系的,他们所占的比例从初始时候的近四分之一,到18个月后的13%,再到30个月后的6%。第二个子群(初始占比为13%)是在离校之后直接工作,或服兵役和民役或类似活动的人群,该群体的比例在两年半后同样也有显著下降(降到7%)。与其规模大小相同的第三个子群,由那些在普通学校教育结束的两年半后,进入专科高中、专科文理中学或其他普通教育学校继续学习的人群构成(7%)。还有第四个子群(约7%),他们还在寻找培训的机会,或者处于失业或待业在家的状态。

过渡过程中,男女之间最根本的差异在于,离开普通教育学校6个月后进入双元制职业教育的男性(33%)要明显多于女性(22%),而反过来,进入非企业培训(包括上大学)的女性(33%)则远远多于男性(12%)。离校3个月后,有一半以上的男青年进入过渡体系、直接工作、服兵役或民役、失业或继续寻找培训机会,而女性的这一数据只有五分之二。由于这种情况在男性当中持续的时间还要更长一些,因此,这又再次印证了男性在过渡时的困难比女性更大(图H3-4,表H3-7A)。

不同的学校预备教育背景、性别和移民背景的人过渡至完全资格的职业教育（企业职业培训和全日制学校职业教育）的情况

未获得普通中学毕业证书的青年人,过渡至完全资格的职业教育的比例是最低的。直到离校13个月之后,他们当中才有半数的人得到一个培训的位置,而拥有中级学校文凭的毕业生和获得高校入学资格者,分别在离校的3个月和4个月之后就能达到同等程度。而后者之所以平均时间稍长一些,有些是因为找寻位置持续的时间较长,有些是个人原因,还有些是因为要服兵役或民役。而9个月之后,这个群体就显示出绝对的优势和活力,2年半之后,他们当中进入完全资格职业教育者可达95%,持中级学校文凭者的这一数值为77%,而最高学历为普通中学毕业的青年人在同一时间点上的数值只有69%(图H3-10A)。

前期学校预备教育程度较低和中等的群体,他们过渡至企业职业教育的过程曲线和概率,与进入完全资格的职业教育的整体走向类似:最高学历为普通中学毕业的青年人,在离校13个月之后才有半数人成功得到一个培训位置,有中级证书的毕业生达到同等程度只需要3个月。18个月后,前者的比例可以上升到60%,后者以及有更高文凭的青年则可以上升到70%。反过来看,这也意味着一年半以后前者中仍有五分之二、后者中有30%没有获得企业职业教育的培训位置(图H3-5)。

过渡至企业职业教育的过程中,女性无论是在完成过渡的速度上,还是在两年半后达到的程度上,都处于劣势。在该时间点上,女性进入企业职业教育的成功概率为三分之二,男性则几乎可以达到五分之四(图H3-5)。就这点而言,过渡过程中,双元制仍是男性的天下。

虽然在中学之后,有移民背景和没有移民背景的群体努力寻求企业培训机会的程度相当,但无论是从时间长度还是成功概率来看,有移民背景的青年都明显处于劣势:他们当中有50%在离校17个月之后才能得到一个培训位置,没有移民背景的只需要3个月。两年半以后,前者的成功过渡率为60%,后者则可达77%(图H3-5)。这种因移民

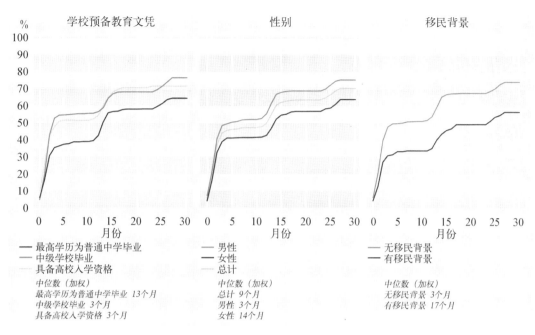

图 H3－5　离开普通教育学校之时正在寻找企业培训机会的青少年过渡至企业职业教育的概率(累计过渡函数)[M](单位：%)

来源：BIBB－过渡研究

背景带来的差异，即使在受教育程度和就业状况相当的情况下，有无移民背景，依然会造成差异。[①]

　　总体来看，过渡到全日制学校职业教育的情况明显比过渡到企业职业教育的情况差，他们在离校 6 个月后仅有 25%，18 个月后 35%，30 个月后只有 45%成功获得培训机会并开始该培训(图 H3－6)。其中的原因部分在于有些全日制职业教育以中级学校文凭为前提，或者要求年满 18 岁。当然，最初想要进入学校职业培训的学生中在离校两年半后只有 45%成功达到目标，这一现象也无法单凭前面所说的这一点原因来解释。

最高学历为普通中学毕业的青年人的过渡情况

　　目前为止所呈现的有关最高学历为普通中学毕业的年轻人的数据都是将他们作为一个整体来统计分析的，这个群体在过渡过程中困难最大，因此有必要予以更仔细的观察和分析。他们在离开普通中学之后的 2 年半期间的职业经历，可以分为以下三大类(图 H3－7)：

- 第一类，在离校 6 个月后成功进入企业职业教育或全日制学校职业教育，人数超过五分之二(43%)。这一类年轻人的发展比较稳定，很少有人中断培训，其中中断企业培训的比中断学校培训的要少(表 H3－8A)。18 个月之后，主要是通过过渡体系的口子，这个群体的规模得以扩大，人数增加约 14%，到 30 个月后，再次增加 3%，最终达到五分之三。

五分之二的最高学历为普通中学毕业的青年人培训过程进展平稳

① 参见：Beicht, U./Friedrich, M./Ulrich, J. G. (2008)：Ausbildungschancen und Verbleib von Schulabsolventen in Zeiten eines angespannten Lehrstellenmarktes - Bielefeld (in Vorbereitung).

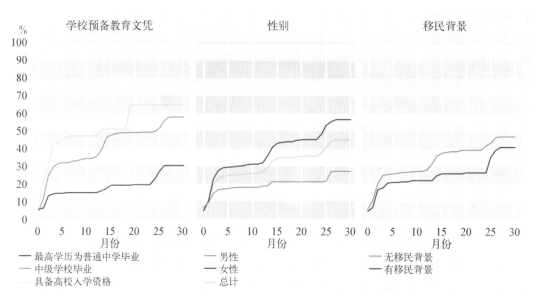

图 H3 - 6 离开普通教育学校体系之时正寻找学校职业培训机会的
青少年过渡至全日制学校职业教育的概率(单位：%)

来源：BIBB - 过渡研究

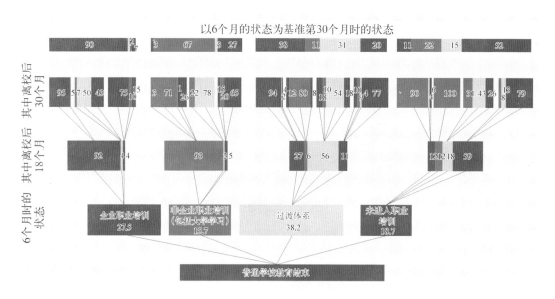

图 H3 - 7 最高学历为普通中学毕业的青少年在离开普通教育学校体系后的
6 个月、18 个月和 30 个月时所处的过渡状态(单位：%)

来源：BIBB - 过渡研究

- 第二类，在初始阶段的规模稍小(38%)，以过渡体系ᴹ的参与者为代表。他们当中只有一小部分(33%)在 18 个月之后能成功换到完全资格的职业培训中，成功率最低的是那些上不提供毕业文凭的职业专科学校的学生：半数以上在 18 个月之后仍然留在过渡体系中，大部分是职业专科学校的学生，这与很多为期两年的职业专科学校不提供毕业文凭有关。到 30 个月的时候，这些年轻人中还会有一部分能够进入完全资格的职业教育，如此一来，成功过渡的最终达到半数左右。这个群体的过渡过程，好比一次长途漂泊要经历过渡体系的各种不同的措施(表 H3 - 8A)。这在德国青年研究所

(DJI)的一项过渡调查中得到了证实，该调查纯以 2004 年离开学校的普通中学肄业生为对象，其结果显示，有移民背景的年轻人在过渡过程中的艰难体现得尤为明显（图H3 - 13web）。

- 第三类，包括在家待业或失业、直接工作或从事其他活动的人，总数约占五分之一（19%）。这个群体中，只有一小部分人（33%）能够过渡到完全资格的职业培训中，进入过渡体系的还要更少一些，两年半后的情况很大程度上并无变化（图 H3 - 7，表H3 - 8A）。

通过对这些青年人的社会结构背景的分析和对他们的过渡进程的观察，可以得出以下结论：

- 从中等教育第一阶段过渡到职业教育过渡体系所设置的门槛，主要对最高学历只有普通中学毕业的学生造成了较大困难，虽然有中级毕业文凭的毕业生在这方面的困难也不容忽视。

过渡体系的问题主要集中在最高学历只有普通中学毕业的青年人身上

- 进入职业教育的过程相对较长，对于相当大一部分年轻人来说，即使离校已经 1 年半，仍然没有成功流入职业教育体系。此处，无论是时间长度还是成功率，过渡至学校职业教育体系的情况都明显比过渡至双元制体系的形势更严峻。因此，影响过渡至全日制学校职业教育进程的因素，有必要尽快澄清并清除。

- 对于最高学历只有普通中学毕业的年轻人而言，不仅过渡至职业教育的过程相当长，而且大部分人开始工作的年龄都超过 20 岁。

- 这些青年人中，从学校到职场能够稳步过渡的，只有五分之二，即那些在学校教育结束之后直接就开始完全资格的职业培训的群体。

- 同样有采取进一步必要措施的问题还有，这些最高学历只有普通中学毕业的年轻人中有五分之二在离开普通中学两年半后还没有获得完全资格的职业培训机会，6.4%则仍滞留于过渡体系中，另有四分之一从事不需要完全资格的工作，或失业、无业。

- 有移民背景的青年人的职业培训融入问题似乎也没有得到满意的解决。他们不仅人数上在完全资格职业培训中所占的比重很小，而且与没有移民背景的人相比，他们的过渡时间也长得多（图 H3 - 13web）。

有移民背景的年轻人的过渡问题日益严峻

3.3 过渡体系的效力

五分之二的职业教育新生所在的过渡体系拥有很多种组织形式。不过，这并不是全部的国家或私人用来调控过渡过程的措施。事实上，还有大量的地方性和区域性的措施，其中部分措施建立在与学校和私立机构合作的基础上，共同支持年轻人进入职业培训或职场的过渡。[①]针对这些措施还有案例研究或评估。对于这些多种多样的措施以及普通教育学校中的为职业做准备、或在职业选择上给予帮助支持的活动，[②]下文将不作深入研究，而只

---

① 参见：Linten，M./Prüstel，S.（2007）：Auswahlbibliografie „Übergänge: Jugendliche an der ersten und zweiten Schwelle"- Bonn.

② 参见：Nagy，G./Köller，O./Heckhausen，J.（2005）：Der Übergang von der Schule in die berufliche Erstausbildung: wer die Sorgen scheut，wird von ihnen ereilt. In: Zeitschrift für Entwicklungspsychologie und pädagogische Psychologie，37（2005），H. 3，S. 156 - 167.

讨论中等教育第一阶段结束后的过渡体系措施。

过渡措施的两个主要的机构类型

这些措施,按照承办机构的性质和干预方式,可以分为以下两类:

- 学校采取的措施,主要是以课程的形式提供,由教育管理部门负责,与劳动力市场没有什么关联,与双元制职业教育(充其量也只在职业基础教育年和职业预备年)有有限的关联;

- 联邦劳动局(BA)提供的职业准备教育措施,为与劳动力市场政策相关的措施提供经济支持,并对其进行调控。如果忽略提供给职业培训申请者的咨询和介绍等服务,那么到目前为止,在这些措施的全体当事人前期所上的学校和后期要争取的培训进程之间还缺少一个系统性的结合。与劳动力市场相关联的还有青少年的初级培训(EQJ)是在联邦政府和德国经济团体间达成的职业教育协定的框架下发展起来的,2006年接收了近5%的过渡体系措施参与者。

公共财政投入大……

每年的公共财政中都有相当可观的一笔资金注入这两大类所囊括的措施(表 H3－1)。[1]

表 H3－1:2005 和 2006 年选出的过渡体系措施的参与者数量和用于该措施的公共支出*

措 施 类 型	2005			2006		
	支出	参与者	每位参与者的支出/年	支出	参与者	每位参与者的支出/年
	单位:欧元	数量	单位:欧元	单位:欧元	数量	单位:欧元
BvB(BA)[1)	770758104	115724	6660	680889135	110778	6146
EQJ(Bund)	40150561	18751	2441	69423027	22793	3046
(1/2 年，BVJ&BGJ)[2)	193409700	333465	5800	1900201800	327621	5800

　*这里的资金对应的是财政年度,而培训位置对应的则是 2005/06 以及 2006/07 学年。统计的内容包括:东部的联邦与州的促进项目,跨企业的职业教育机构的促进措施(只统计资金),手工业的跨企业职业培训课程的促进措施,Jobstarter(项目起始年:2006),STARegio,用于支持企业内的和跨企业的职业培训的补助金,为受歧视的青年提供的培训补助金以及在企业外的机构进行培训的促进措施,此处受资助的参与者的数量按相应年份年终的结算来计

　1) 其中包括课程费用和提供给残障和非残障人士参加非专门针对残障人士的职业预备性措施的培训补助金(BAB)

　2) 估算出的支出(设定用于每个学生的平均支出为 5800 欧元,再乘以参与者人数)

　来源:联邦劳动局,2006 年教育报告,自己计算得出

……政策对过渡问题的关注度也很高,但……

从对过渡体系的大量资金投入和其措施的多样性可以看出,学校到职业教育的过渡,之所以有诸多困难,问题并不在于政策上给予的关注太少。正相反,我们可以看到,各个行政级别——从乡镇到州,再到联邦都采取了大量的过渡措施。[2] 那么人们不禁就要对这些措施和资金投入的效力提出质疑。对此,最好的衡量标准应该是这些措施能否传授给年轻人相关的技能。由于我们无法对技能进行测量,所以只能用一些近似特征来代替,例如取得的文凭、参与者在完成措施后的去向(主要是进入完全资格的职业教育的情况),和过渡到完全资格职业教育的时间长度——该项指标对于检验整个过渡体系的效果具有决定性意义。

---

① 此处不包括乡镇用于过渡管理的费用。

② 参见:Linten, M./Prüstel, S.(2007):引文出处同上。

这些以外部产出为导向的特征，只能衡量措施的直接效果，而无法衡量它在个人素质的提高、行为方式的改变和知识的增长等方面可能产生的持续效应，因此，就这点而言，这些特征并不能正确地评价过渡措施和活动。过渡体系一个相当大的问题，在于体系中运行的多种学习过程透明度有限，但其目标却为其拉回不少分值——过渡体系的目标是使人们通过在体系中的学习顺利完成过渡，主要是过渡到职业培训及/或取得更高级别的普通教育文凭。下面将报告前面提到的外部产出特征，暂且保留透明度有限的问题。

……过渡措施的学习过程和效果透明度有限

根据联邦职业教育研究所（BIBB）的过渡研究，在过渡体系几个大的措施——职业预备教育、职业基础教育和职业专科学校的参与者中，五分之二到将近半数的毕业生最终进入到企业职业教育或其他的完全资格的职业教育中（表H3-2）。另将20%参与了措施但却中断了其学习过程的排除在外，剩下的毕业生分散到了各处，有滞留在过渡体系中的（占最大的一块），有就业的，也有失业的，还有相当大的一部分去向不明（表H3-2）。

过渡体系核心措施的毕业生，50%可进入完全资格的职业教育

表H3-2：过渡体系的毕业生在完成相应教育过程后的第3个月和第15个月的去向（单位：%）

案例数（未加权）	教 育 过 程 类 型			
	职业预备	职业基础教育	职业专科学校	合　计
	270	203	501	
去 向 状 况	单位：%			
毕业后第3个月的去向				
企业职业培训	29	37	31	32
其他类型的职业培训，高校学习	21	11	11	15
普通教育学校，专科高中，专科/职业文理中学	2	1	10	5
过渡体系，过渡措施，实习	22	22	12	18
工作，临时工作	5	5	8	6
失业，待业，等待教育机会	8	11	9	9
其他	2	2	5	5
无审核结果说明[1]	8	10	15	11
毕业后第15个月的去向				
企业职业培训	27	41	34	33
其他类型的职业培训，高校学习	24	10	13	16
普通教育学校，专科高中，专科/职业文理中学	2	1	7	4
过渡体系，过渡措施，实习	14	8	3	8
工作，临时工作	5	5	7	6
失业，待业，等待教育机会	4	3	3	4
其他	1	1	2	1
无审核结果说明[1]	22	31	31	28

1）无完整的月份说明

来源：BIBB-过渡研究

中断这些措施框架下的活动，并不会被简单地记为失败案例，因为学习者也有可能是过渡到了完全资格的职业教育中。按照 BIBB 的过渡研究，中断措施活动者中，约有 40%属于这一类。[1]

根据处于 BIBB 过渡研究的时间跨度范围内的其他评估研究，成功过渡至完全资格职业培训的人在措施参与者总人数中所占的份额要小于 BIBB 过渡研究所得出的结论（图 H3－11A）。[2] 当然，这里主要涉及由联邦劳动局组织的措施，只有一个例外，就是青少年的初级培训(EQJ)，但它却是取决于公司的特殊聘用条件。[3]

基于这里呈现的数据，人们对过渡体系效力的评价偏向负面：虽然通过大量的时间和人力的投入，约半数的过渡体系参与者获得了完全资格的培训机会，但另一方面也意味着，那些没有成功进入完全资格培训的人所耗费的时间成本和学习成本都白费了。

过渡体系还有诸多缺陷，原因多而复杂。其中很重要的原因在于，培训市场上的供应结构和个人的认知、动机、社会能力等背景方面的特征，这两者之间的相互作用很难弄清楚。职业预备教育措施领域的个别模型试验和 EQJ 评估都反复强调，[4]培训措施紧贴企业可以提高过渡至企业培训的成功率。当然，这只是包括 EQJ 在内的模型试验的结果，这样的试验总是建立在高资金投入的基础上，对企业的参与度有很高的要求，且只能测出短时效应，而无法说明同步效应和粘连效应会起到多大的作用，因此也就无法确定，究竟到什么程度才能把一个可以落实的普遍性计划交给过渡体系来组织实施。

Ⓜ 概念注释

BIBB 过渡研究：BIBB 过渡研究是 2006 年进行的一项电话调查，该调查抽取了有代表性的 7230 则可用的采访。调查的母体是在 1982 到 1988 年出生、居住在德国的青年，提问的内容是他们迄今为止的教育和工作经历。

移民情况，移民背景：长期观察必须考虑到移民这个范畴。根据 BIBB 过渡研究的定义，有以下情况者即称为有移民背景：父母双方一方出生于国外，或德语不是其第一语言，或受访者没有德国国籍。

累积过渡函数(kumulierte Einmündungsfunktion)：这里只考察 2002 年和 2005 年离校生的情况，采用乘积极限法(Kaplan-Meier-Methode)完成评估。这里将目标体系以外的替代性培训措施（其中包括学校职业教育，公务员培训，大学教育）定义为"竞争性事件"。对应的案例就按"截取性观察"来处理，纳入计算的观察期缩减为从中学结束到替代性培训开始。

过渡体系：与 E1 当中的定义相比，BIBB 过渡研究中的过渡体系，除了职业基础教育年、职业预备年、联邦劳动局的职业预备性措施、初级培训和不提供文凭的职业专科学校以外，还包括非完全资格的培训和实习。

---

① 10 Beicht，U./Ulrich，J. G. (2008)：引文出处同上，S. 49.

② INBAS (Hrsg.) (2006)：Jugendliche mit Migrationshintergrund im Übergang Schule - Beruf. Berichte und Materialien Band 15，Offenbach；Christe，G. (2006)：Bewertung von Integrationserfolgen Berufsvorbereitender Bildungsmaßnahmen. INBAS (Hrsg.)：Berichte und Materialien Band 14，Offenbach；Komm，U.；Pilz，M. (2005)：Teilqualifizierende Berufsfachschulen：Für Jugendliche eine Warteschleife oder eine Hilfe beim Einstieg in den Beruf? In：Wirtschaft und Erziehung. H. 4，S. 128 - 138；Rützel，J. et al. (2008)：Modellprojekt „Evaluation des vollschulischen Berufsgrundbildungsjahres in Hessen". 3. Zwischen-bericht der wissenschaftlichen Begleitung. Institut für Qualitätsentwicklung - Darmstadt；weitere Literatur siehe Auswahl-bibliografie von Linten M./Prüstel S. (2007)，引文出处同上。

③ Becker，C. et al. (2007)：Begleitforschung des Sonderprogramms des Bundes zur Einstiegsqualifizierung Jugendlicher - EQJ-Programm. 6. Zwischenbericht der Gesellschaft für Innovationsforschung und Beratung mbH (GIB) im Auftrag des Bundesministeriums für Arbeit und Soziales. Berlin.

④ 参见：Christe，G. (2006)：引文出处同上；参见：Rützel，J. et al. (2008)：引文出处同上。

H4 从普通教育到高等教育的过渡

高校的招生和入学不仅直接作用于高教体系，而且也对高教的劳动力市场和就业系统有直接影响。从普通教育学校到高校的过渡不仅对大学生的数量也对将来高质量人才的供应具有重要战略意义。

4.1 通向高校入学资格和学习的途径之改变

今天，取得高校入学资格的教育途径越来越多样化，中等教育第二阶段内很多类型的学校都可以提供高等学校普通入学资格以及应用技术大学入学资格（参见 D7 章节，表 H4 - 4web）。同时，具有高校入学资格者ⓜ也有比较多的选择——无论是在高校体系内还是在体系外。特别是体系外的供应，有一部分显示出很大的吸引力（例如职业学院）。教育经历的差异和变化日益突出，因此，获得高校入学资格和最终的就读决定之间也有一定程度的分离。

2006 年，具有高校入学资格者中的 17% 在取得高校入学资格之前或之后已经获得了职业培训的毕业证书。[1] 2005/06 学年冬季学期新注册的学生中，也有四分之一同样是高中毕业、职业培训毕业和大学新生这样的三合一身份，虽然其数量与 1990 年代相比还是减少了。[2] 学生有三重身份的现象会牵涉到一个定义域的问题，特别是在那些该现象比较突出的专业在学习的组织安排上就需要一些重新定义，例如拓展认证和评价程序或边从业边读书的机会等。

获得高校入学资格和就读决定逐渐分离

四分之一的大学新生已完成职业培训

4.2 高校入学率ⓜ

几年来，获得高校入学资格者的人数一直在增加，与此平行的具有高校入学资格者的比率ⓜ也在增长，这说明，这种增长不仅仅是人口统计学的结果，也是参与度提高的结果（表 H4 - 1A）。尽管拥有入学资格者的人数在增加，但过去几年里，大学新生的人数却有所回落，其数量在 2007 年虽有略微上涨，但仍低于 2003 年的最高水平，这得归因于高校入学率的停滞，或者更准确地说是下降：拥有高校入学资格者中，约有四分之一没有选择上大学，且这一比例在过去几学年中有略微上升的趋势（图 H4 - 1，表 H4 - 2A）。造成学习兴趣低落或停滞的原因各种各样，但是有种现象越来越明显，即高校和职业教育对这个群体的争夺越来越激烈。所以，职业教育领域中的培训学程，特别是把企业职业培训和大学学习

高校入学率降低

[1] 参见：Heine，C./Spangenberg，H./Willich，J.（2008）：Studienberechtigte 2006 ein halbes Jahr nach Schulabschluss. HIS Forum Hochschule 4/2008 - Hannover，S. 98.

[2] 参见：Heine，C./Kerst，C./Sommer，D.（2007）：Studienanfänger im Wintersemester 2005/06. HIS Forum Hochschule 1/2007 - Hannover，S. 70.

以及继续教育结合起来的学程越来越多,这些学程对拥有高校入学资格的人来说具有很大的吸引力。[1]

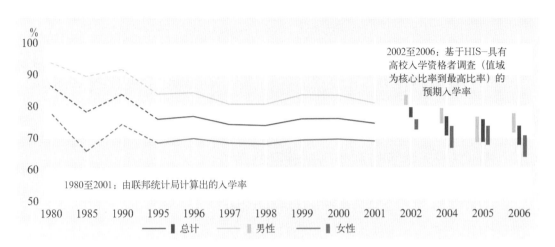

图 H4‐1　1980 至 2006 年获得了高校入学资格的中学毕业生的入学率,按性格统计(单位:%)

来源:联邦及各州统计局,高校数据统计;HIS‐具有高校入学资格者调查

具有高校入学资格者中,不同群体的入学率高低及其发展情况各不相同。通过比较可以发现,他们之中的哪个群体可以更多地被动员去上大学。比较结果显示,女性的入学率还是跟以前一样比较低(图 H4‐1,表 H4‐2A),尽管她们凭借在具有高校入学资格者中的高份额,已经连续几年约占大学新生的一半(参见 F1 章节)。拥有应用技术大学入学资格者的入学率也明显低于平均水平(表 H4‐2A)。在具有高校入学资格者中,比例上升的一个群体恰恰是到目前为止学习积极性最低的群体,这也是高校入学率降低的一个原因。

4.3　向高校过渡时的社会选择性

父母所取得的高校毕业文凭是录取情况的重要考量特征

具有高校入学资格者能否成功开始大学的学习,很大程度上仍然受社会背景和教育背景的左右。不同背景的学生进入大学学习的机会差异很大,首先反映在发生向高校过渡之前的淘汰过程上。[2] 拥有高校入学资格的人实际是一个已经通过了若干过渡门槛筛选的群体,在筛选的过程中已经逐渐形成并固化了一种模式,即高教参与者由特定的社会阶层构成。以父母/父亲的高校毕业文凭为衡量指标所体现出的差异,最能证明这一点(图 H4‐2)。

父母双方有一方有高校文凭的家庭孩子的学习兴趣较高

于是,出生于公务员家庭的孩子,其父亲拥有高校毕业文凭的几乎全部都会上大学(95%,基数为 2005 年的新生),而其父没有大学经历的公务员家庭的孩子高等教育的参与率[M]只有 37%(图 H4‐2)。对于那些个体户、普通职员家庭的孩子来说,其高等教育的参

① 参见:der Bericht der BLK(2003):Perspektiven für die duale Bildung im tertiären Bereich. Materialien zur Bildungsplanung und zur Forschungsförderung,Band 110‐Bonn.

② 参见:Isserstedt,W./Middendorff,E./Fabian,G./Wolter,A.(2007):Die wirtschaftliche und soziale Lage der Studierenden in der Bundesrepublik Deutschland 2006. 18. Sozialerhebung des Deutschen Studienwerks‐Bonn/Berlin,S. 61‐116.

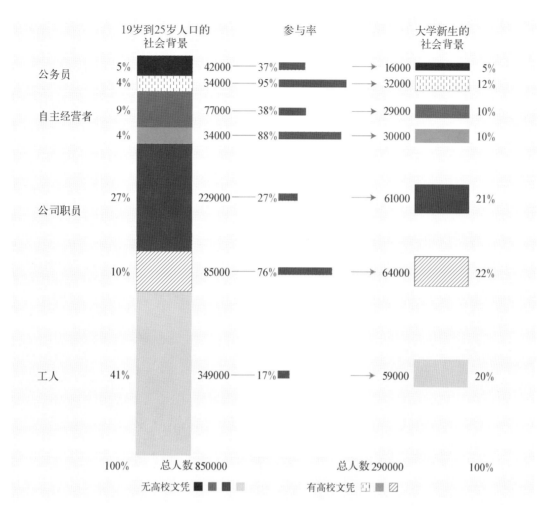

图 H4－2　2005 年的高等教育参与率，按家庭的社会背景*和高等教育背景
　　　　　统计（只统计德国人的绝对值以及百分比，单位：%）**

*　按父亲的职位而定；给出的是一个年份中该年龄层的人群的平均规模（850000）

**　家庭的高等教育背景以父亲的高校教育背景而定。在工人这个群体中，父亲有高校文凭的与父亲无高校文凭的，其子女的高等教育参与率并无差别

例：2005 年，19 岁到 25 岁的人中共有 42000 人，其父没有高校文凭、从事者公务员的工作。这些人中，共有 16000 人进入大学学习，由此得出他们的高等教育参与率为 37%

来源：DSW/HIS2006 年第 18 次社会调查

与率同样因其父母/父亲的受教育情况而显示出巨大的差异。参与率处于较低水平的是工人家庭的孩子，只有 17%。父母未受过大学教育的家庭的孩子高校入学率低，这一结论这些年来总体保持稳定不变（表 H4－7web）。

　　调查结果显示，来自较低社会阶层的孩子其父母均未受过高等教育的在文理中学的高级阶段就已经表现出对高等教育兴趣不大，[1]并且实际选择进入大学学习的也很少。虽然对有强烈大学学习愿望的具有高校入学资格者来说，最终是否将愿望付诸实施很大程度上与他们的教育背景并无关系。但是若换成另外一群人，他们对入学还有很多不确定，或者只把上大学看成是一个替代性的选择。在这种情况下，教育背景对其是否入学的影响便凸

---

①　Maaz. K. (2006)：Soziale Herkunft und Hochschulzugang. Effekte institutioneller Öffnung im Bildungssystem‐Wiesbaden.

显出来：父母受过高等教育的家庭的孩子,高校入学率差不多是其他孩子的两倍。[1]

教育背景和毕业分数对入学有影响

在向高校过渡的过程中,学生的家庭教育背景和其他因素一起共同影响着学生的入学决定,这一点可以通过多变量分析[M]得到证实。[2] 与预估的结果相同,升入大学的首先是高分毕业者和在文理中学高级阶段学习进展总体顺利者,而这两点又与其社会背景特征不无关系。但同时,每个家庭对教育的渴望程度以及与此相关的对年轻人将来的发展道路的想象也各不相同。[3] 在那些父母有一方或双方都有高校文凭的家庭,孩子上大学还有另一个功能,即将家庭已经到达的受教育水平继续保持下去。因此,这样家庭的孩子即使以低分获得高校入学资格,多数也会进入大学学习(图 H4 - 6A)。

4.4 中学之后的教育途径

中学之后的发展道路多种多样

具有高校入学资格者并不是一个整齐划一的群体,相反,由于他们是通过不同的途径获得的高校入学资格,加上其他因素的影响,他们在中学毕业之后的发展道路是多种多样的。2002 学年的具有高校入学资格者,有一半以上直到 2005 年底都在单一地攻读大学学业(表 H4 - 6web)。与 1990 年代相比,选择这种直接进入高校且单一的学习之路的人数量增加了,原因主要是选择双重培训(获得高校入学资格后参加职业培训,紧接着进入高校)的人数减少了,只占具有高校入学资格者的 8%。

另有 10% 的人,在获得高校入学资格之前或同时就完成了职业培训,在此之后他们选择上大学。这部分人所占的比例,与 1990 年代相比有所减少。如果算上所有把职业培训和大学学习结合在一起的人,那么,虽然他们的占比有所减少,但是 2002 年仍有 17%,这个数字还是比较可观的。不同教育途径的堆积,从经验和能力培养的角度来看,也许是颇有成效的,从时间成本的角度来看,则需要新的认定和关联方式。

学生的积极性和入学率也因获得入学资格机构的不同而有很大差异;选择新的职业导向型教育途径的人,其高校入学率较低(图 H4 - 3 以及表 H4 - 6web)。

获取大学入学资格不是主要目标,而是一种附加选择

不是所有州都有的职业或专科文理中学的毕业生,大部分都上职业学院(图 H4 - 7web)。[4] 从一个职业学校毕业之后,获取高校入学资格往往并不是他们最主要的目标,而是被当成一种附加的选择,且只有一部分毕业生会将其利用起来(图 H4 - 3,表 H4 - 6web,图 H4 - 7web)。此处还有巨大的潜力,可以挖掘出更多的大学学习需求。

同样受到父母的教育水平的影响,[5]毕业生对教育途径的选择也清楚地反映在他们对

---

[1] Heine，C./Willich，J. (2006)：Studienberechtigte 2005. Übergang in Studium, Ausbildung und Beruf. HIS Forum Hochschule 6/2006 - Hannover，S. 37.

[2] 参见：Heine，C./Spangenberg，H./Sommer，D. (2006)：Studienberechtigte 2004. Übergang in Studium, Ausbildung und Beruf. HIS Kurzinformation A5/2006 - Hannover，S. 26 - 32.

[3] 关于所谓的影响入学决定的首要和次要因素的问题,请参见：Maay，K. et al. (2006)：Stichwort：Übergang im Bildungssystem. In：Zeitschrift für Erziehungswissenschaft，Heft 3/2006，S. 299 - 327.

[4] 另参见：Watermann，R./Maaz，K. (2004)：Studienneigung bei Absolventen allgemeinbildender und beruflicher Gymnasien. In：Köller，O./Watermann，R./Trautwein，U./Lüdtke，O. (Hrsg.)：Wege zur Hochschulreife in Baden-Württemberg - Opladen，S. 403 - 450.

[5] 参见：Maltrus，F. (2006)：Fachtraditionen bei Studierenden. Studienwahl und elterliche Fachrichtung. Universität Konstanz. Hefte zur Bildungs- und Hochschulforschung，Bd. 47 - Konstanz.

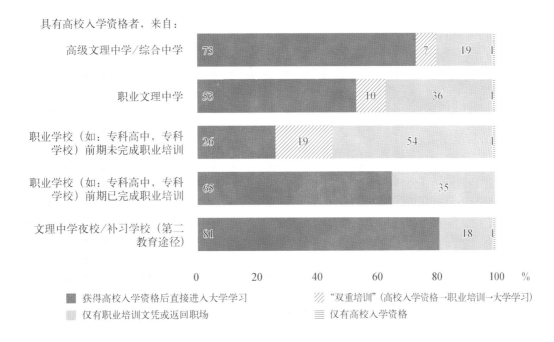

具有高校入学资格者，来自：

图 H4–3　2002 年具有高校入学资格者选择的教育道路[*]，
按所上的学校类型统计(单位：%)

[*]　2002 年具有高校入学资格者调查的第二轮调查在中学毕业后的三年半举行(n=6.787)

专业的选择上。学生在中学把侧重点放在何处，例如对专科文理中学的分支或进阶课程的选择，还有学习成绩等，都对他们之后的大学专业选择有着决定性的影响。[①] 所以，如果学生在文理中学的高级阶段就表现出对化学和物理的兴趣相对不大，[②]那么他们后来选择工程和自然科学类学科的也比较少。同样，在学生所完成的职业培训的方向和所选的大学专业之间，也存在紧密的联系。

4.5　向高校过渡时个体的不确定性和其他问题

无论是在个人层面还是在机构层面，向高校的过渡都牵涉到一系列的配置问题。最根本的入学决定、专业选择、学校及学校类型的选择，很大程度上都是在信息不全面、导向有问题、充满不确定因素的情况下完成的，因此后果就是常常会做出错误的决定，有些错误决定要到学习期间再重新予以修正(参见 F4 章节)。同时，高校还面临着一系列的分配问题：例如，他们必须努力使其学习位置得到最大限度的利用，并从他们的角度出发鉴定出最"合适"的学生。

目前，除了这些早已熟知但可能无法完全避免的分配问题以外，还有一些问题是由高校体制的变革和改革的深化所引起或加深的。由于高校课程结构的改革具有高校入学资

高校改革增加了做入学决定时的不确定性

①　另参见：Watermann/Maaz (2004)；引文出处同上；Nagy, G. (2005)：Berufliche Interessen, kognitive und fachgebundene Kompetenzen；Ihre Bedeutung für die Studienfachwahl und die Bewährung im Studium. Dissertation an der FU Berlin–Berlin.

②　到 2004 年为止，只有约 10% 的文理中学毕业生选择了物理或化学的进阶课程，这些专业中近 90% 是非考试专业；参见：Egeln, J./Heine, C. (2007)：Indikatoren zur Ausbildung im Hochschulbereich. Studien zum Innovationssystem Deutschlands Nr. 06–2007–Berlin, S. 14 (www.technologische-leistungsfaehigkeit.de/pub/sdi-06-07.pdf, Zugriff am 07. 09. 2007)

格者(和他们的顾问)能够依靠的以往经验有限,所以就必须在不确定性提高的情况下作出决定。眼下,对具有高校入学资格者来说还有很多个不确定,例如本科学历能给他们带来怎样的职业前景以及继续进入硕士阶段深造的机会如何等等,而后者对于大部分本科新生而言又具有很大的意义。另一方面,在职业教育体系内,又出现了越来越多的、对具有高校入学资格者而言充满吸引力的学程供应,这又进一步加大了他们在做决定时的不确定性。

鉴于高校在纵向上的差异有扩大的趋势以及各高校为打造自己的鲜明特征而趋向于将课程往更专业化的方向设置这两点,未来对高校的选择将意味着选定了自己今后的发展方向。这种发展趋势反过来又对入学决定提出了更高的要求。

具有大学入学资格者往往没有对大学的要求做好充足的准备在评估个人的准备情况和能力是否能满足大学的专业及跨专业要求时,也存在着不确定的隐患。无论是高校教师的评估,还是具有高校入学资格者自己的感受,[1]抑或就顺利毕业所必备的核心能力对他们进行的测试,以及就他们对科研工作的准备情况展开的调查都得出了一致的结论:[2]前期的普通学校教育为大学学习做的准备不足,中学和大学之间的协调配合不够。[3]总体上,在过去的 20 年里,针对前期的普通学校教育为大学学习所做的准备的评价绝大多数都是负面的,且这种局面还相当稳定(图 H4 - 4)。

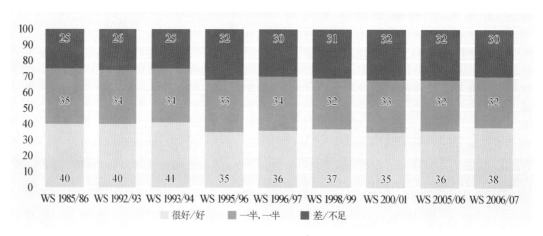

图 H4 - 4　1985 至 2006 年 通过对大学新生的调查,评估前期普通学校教育为大学学习所做的准备情况(单位:%)

* 均为冬季学期(WS)
来源:HIS 大学新生调查

4.6　职业教育和高等教育之间的相互渗透性

在德国,高校的入学与招生,尤其是综合性大学,还是跟以往一样,首先取决于学生取

① 参见:Kazemzadeh, K./Minks, K.-H./Nigmann, R. (1987):„Studierfähigkeit"- eine Untersuchung des Übergangs vom Gymnasium zur. Universität - Hannover; Konegen - Grenier, C. (2001):Studierfähigkeit und Hochschulzugang - Köln.
② 参见:Köller, O./Baumert, J. (2002):Das Abitur - immer noch ein gültiger Indikator für die Studierfähigkeit? In:Aus Politik und Zeitgeschichte, B26, S.12 - 19.
③ 参见:Trautwein, U./Lüdtke, O. (2004):Aspekte von Wissenschaftspropädeutik und Studierfähigkeit. In:Köller, O. u. a. (Hrsg.):Wege zur Hochschulreife in Baden - Württemberg - Opladen, S. 339.

得高校入学资格的情况。在过去几年里，鉴于毕业生率相对较低，对专业人员的需求又很大，职业教育和高等教育之间的渗透性问题——尤其是对已经获得从业资格但没有传统的普通教育学校颁发的高校入学资格的从业者，和挖掘潜在的就学需求一起，重新吸引了越来越多的教育政策方面的关注。还有一点很重要：虽说高校的入学与高级中学毕业挂钩这一点是长期的历史发展结果——人们认为，由于缺乏普通教育，通过职业培训和就业无法获得在高校学习所需的资质，但鉴于高校课程结构的变革和要求的变化以及职业培训质量的提高，高级中学毕业证书之于入学许可的权威性已变得不堪一击。现在，特别是在各种丰富的职业继续教育措施的影响下，很多学院范围之外的现代职业领域都体现出越来越高的职业培训水准，传统的高级文理中学一家垄断大学预备环节，而把职业培训和职业继续教育大面积地排除在外的状况已经无法再维持下去了。

按照普通教育体系的规定提供给从业者的教育机会（例如文理中学夜校和补习学校，合称"第二教育途径"）要与高等教育关于从业者入学许可问题的规定区分开来。从1990年前后开始，针对有职业资质的高等教育申请者的入学许可问题所有的联邦州都引入了新的操作程序，各州的程序在细节安排上各异；个别州甚至有多条教育途径并行。这些教育途径常被合称为"第三教育途径"，由于规定太多样，因而透明度较低。除了有入学考试以外，还有分级考试、各种形式的试学、把师傅资格考试的认证作为入学许可以及其他各种变化形式。[1] 此外，还有各州文教部长联席会议（KMK）协定为有特殊授权的从业者所制定的高校入学资格考试。[2] 虽然途径众多，但却很少被利用。在一些欧盟国家，通过非传统途径进入大学学习的人数比德国的两倍还要多。[3]

已取得职业资格的大学新生的入学途径众多，无法一目了然

在众多可获得高校入学资格的途径中，仍然是高级中学毕业统领着综合性大学领域的入口，90%的大学新生都是通过高级中学毕业上的大学。通过各州的各种不同的、针对从业者的特殊途径进入大学的才刚刚达到0.6%，其重要性微乎其微（图H4-5，表H4-3A）。应用技术大学领域高级中学毕业证书和其他各种形式的应用技术大学入学资格（通过专科高中或专科学校毕业获得）的比重差不多。没有形式上的高校入学资格的从业者，利用其他途径入学的比例虽略高于综合性大学，但也才将近2%，仍然很低。这些通过非传统途径进入大学的新生中，三分之一在25岁以下，一半以上在25到39岁之间；约60%是男性；最常选的专业是法学、经济学、社会学以及工程学（表H4-9web）。从业者经专科学校（例如技工学校或师傅学校，未经职业专科学校教育）教育进入综合性大学的只有0.1%，进入应用技术大学的也只有1.6%，人数很少。

针对从业者的大学入学途径利用率很低

从业者通过非传统途径上大学的份额如此之低，其原因不仅仅在于入学许可程序缺乏透明度和灵活性。与其他国家相比，德国的灵活学习形式供应不足，例如在职的非全时制

---

[1]　KMK（2006）：Synoptische Darstellung der in den Ländern bestehenden Möglichkeiten des Hochschulzugangs für beruflich qualifizierte Bewerber ohne schulische Hochschulzugangsberechtigung auf der Grundlage hochschulrechtlicher Regelungen（Stand：Februar 2006）- Bonn（www.kmk.org/hschule/Synopse2006.pdf，Zugriff am 28.01.2008）.

[2]　KMK1982年5月28日的决议，制定了关于有特殊授权的从业者的高校入学考试问题的协定，见2007年9月20日的文本。

[3]　参见：EUROSTUDET report 2005，S. 36 f.（www.his.de/abt2/ab21/Eurostudent/report2005/Downloads/Synopsis% 20of% 20Indicators/SY）.

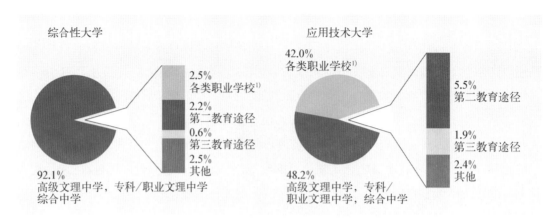

图 H4－5 2006/07 学年冬季学期德国的大学新生构成,按高校
入学资格类型和高校类型统计(单位:%)

1) 各类职业学校:专科高中,职业专科学校,专科学校,专科学院
第二教育途径:文理中学夜校,补习高中
第三教育途径:通过英才考试或因职业资格而获得的高校入学资格
其他:艺术/音乐资格考试,在国外获得的高校入学资格,其他高校入学资格,无说明
来源:联邦及各州统计局,高校数据统计

学习或者远程学习等。[①] 同时,德国认证和评价职业能力的程序在继续教育对高校入学和学习的影响下还不够完善,尽管按照 2002 年的 KMK 决议,最多可达 50% 的大学学习要求,可以通过对在高校以外获得的知识和能力进行认证来达成。[②] 通过联邦的一个模型试验项目目前正在开发、测试和评估一些能够保证质量的、以学习成果为导向的程序,用来评价上述能力,尤其是通过职业进修和继续教育获得的能力。[③] 渗透性这个主题还有一个重要的意义特别是在终身学习的履行上,因为上述那些教育途径的毕业生,他们积累能力和资质的行为正是终身学习的一个范式。高校的入学和学习更大程度地对这个群体开放,或许是条合适的、有益于提高新生率和毕业生率、挖掘更多潜在人才的路。

Ⓜ**概念注释**

具有高校入学资格者:具有高校入学资格者是对拿到毕业证书、已经取得高等学校入学资格(高级中学毕业证书)、限专业高校入学资格或应用技术大学入学资格的一届中学毕业生的总称。

高校入学率:高校入学率是指一个年度的具有高校入学资格者中入学人数所占的比率,不受其入学时间或顺利毕业时间的影响。鉴于部分学生可能延迟入学,该比率按两种方法计算。按照联邦统计局的方法,把同一年获得高校入学资格的新生人数(包括管理应用技术大学的新生)与多年的数据总和相除得出比值。这种计算方法需要 5 年后才可得出准确比率。到 2001 年为止给出的入学率,都是按这种方法计算的。德国高校信息系统(HIS)计算总的大学就学率(不包括管理应用技术大学的新生)的方法,是在中学毕业后 6 个月以及 3 年半对具有高校入学资格者进行具有代表性的书面调查。因此这种方法包含实际计算和预测两方面因素。通过这种方法可以得出接受大学教育的最低比率或核心比率(已接受或确定接受大学教育)和最高比率(核心比率加上预测出的可能接受大学教育的比率)。

具有高校入学资格者的比例:具有高校入学资格者的比例是指在一年中具有大学就学资格者的人数

① 参见:Schuetze,H.-G./Slowey,M. (Eds.) (2001):Higher Education and lifelong learners. International Perspectives on Change/London.

② KMK2002 年 6 月 28 日的决议:Anrechnung von außerhalb des Hochschulwesens erworbenen Kenntnissen und Fähigkeiten auf ein Hochschulstudium.

③ 详细信息请参考 http://ankom.his.de/

占 18 至 21 岁的人口的比例。而该年龄段的人口总数则按前三年的平均数来定。

　　参与率：参与某一特定教育领域（例如高校）的人数在同龄人中所占的比例（参见 A1）。用同样的方法也可以算出子群的参与率，例如按照父母的受教育情况来算。我们用一个例子来加以说明：2005 年，19 至 24 岁的德国青年中，有 82%的人其父没有高校文凭，他们当中有 23%进入高校学习，即该群体的高教参与率为 23%。另外的 18%父亲受过高等教育，他们升入高校的比率为 83%（Isserstedt，W. et al. (2007)：Die wirtschaftliche und soziale Lage der Studierenden in der Bundesrepublik Deutschland. 18. Sozialerhebung des Deutschen Studienwerks - Bonn/Berlin，S. 107）。

　　对教育行为的多变量分析：同时对影响到就学决定的多个因素（变量）进行分析，这样一来，各因素之间的相互制约性便能得以控制。

H5 向劳动力市场的过渡

5.1　从职业教育和高等教育过渡至劳动力市场

　　在向劳动力市场过渡的过程中会清晰地显示出来自各个专业和培训方向的毕业生在何种程度上能满足劳动力市场对资质的要求，哪些某种程度上不可避免的契合性问题会扩大，还有哪里出现了明显的错配？同时，各种培训学程所针对的职业之间是否可以灵活变动，也是讨论的焦点之一。

　　今天，德国的劳动力市场，在一定程度上仍是建立在按所需的专业资质划分的、大的就业板块的基础上的。人们将所有职业划分为以下三大板块：一是不需要或只需要较低的资质的职业，二是需要中等级别的资质的职业，三是需要高级专业资质的职业。这三大板块不仅内部可以按照一些指标进行进一步划分，如按照工作的稳定性、收入、专业性等等，而且从外部来看，它们之间也同样可以按照上述指标相互流动，且流动性有上升的趋势。由于内、外部的差异又随职业类型和供求状况而变化，所以就连由劳动力市场向教育体系发出的信号也要屈从于这些变化。由此可得，劳动力市场上的发展变化对人们培训的决定和大学学业的选择会有中短期的影响。所以，高校领域某些专业的学习需求，在向劳动力市场过渡期间产生的反作用力以及其它因素的影响下会产生周期性波动，或者波动幅度会增强。

　　两个大的资质板块的人才，即中等（双元制和学校职业教育）职业培训的毕业生和高等教育的毕业生，他们过渡至劳动力市场的过程的内、外部差异十分清晰（参见 5.2 和 5.3 章节）。在这里，我们尝试分几个时间间隔去描绘毕业生流入劳动力市场的过程和所从事的职业，以避免只把各培训结束之后紧接着的一段过渡过程纳入观测视野。下面两节将首先讨论高等教育层面以下的职业培训体系的毕业生的过渡过程（参见 5.2 章节），然后再分析高校毕业生的过渡情况。

5.2　从职业教育到劳动力市场的过渡

　　德国的职业教育到劳动力市场的过渡一贯都比较顺利，尤其是和其他国家相比，这是

德国职业教育体系迄今的强项：过渡至职场的过程相对顺利

德国职业教育体系的强项之一。这一强项扎根于德国的工业化经济，它注重优质生产、讲究培训与从业之间的高度吻合。这一内部劳动力市场的战略使职业培训生在核心的经济领域能有比较大的保障，可以在培训结束之后被他们所在的培训企业接收，并尽可能给安排与培训相匹配的工作。

企业接收率略有回落的趋势

这种保障在前几年却已变得不再那么稳固，如从企业对那些只接受了双元制培训的学员的接收率就可以清楚地看出。2000 到 2006 年间，企业接收率先是经历了一波下降，到 2004 年，西部地区下降了 6 个百分点，东部下降了 9 个百分点；从 2004 年起又再次攀升，到 2006 年为止，西部的接收率升至 57%，东部升至 44%（图 H5.2‑1）。也就是说，东部的新联邦州只有五分之二多一些的双元制培训毕业生被企业接收。接收率之所以这么低，其中一个原因，可能是东部的企业外双元制职业培训占比较高。

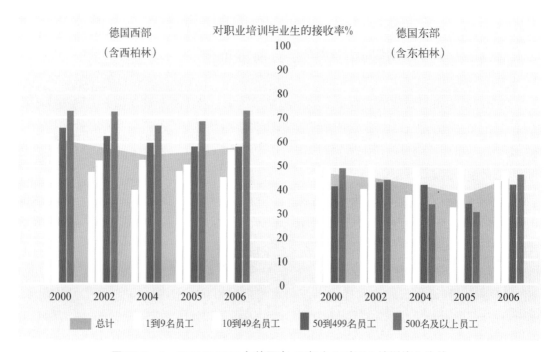

图 H5.2‑1   2000 至 2006 年德国东、西部企业对职业培训毕业生的
接收率，按企业规模和行业领域统计（单位：%）

来源：IAB 企业调查，自己计算得出

企业接收率的行业差异巨大

2004 到 2006 年的小幅上升，估计与经济开始复苏有关。新、旧联邦州的平均接收率之下都掩藏着巨大的行业间的分歧（表 H5.2‑2A）。新联邦州接收率最高的是传统的与工业相关的行业以及信贷和保险业（超过 80%），接收率最低的是一些服务行业。旧联邦州接收率最高和最低的行业与新联邦州相同。按照企业规模来看，东西差距最大的是大型企业，西部大型企业的接收率还有将近 70%，东部则连 50% 都不到。

企业接收率的回落不仅降低了培训毕业生向职场过渡的保障，也削弱了双元制的主要优势和吸引力。至于自 2004/05 年以后的走向能否被理解成趋势的转折，还有待进一步观察。

青年失业率升高

相对而言，企业的高接收率和青年人的低失业率是结合在一起的。青年人的低失业率

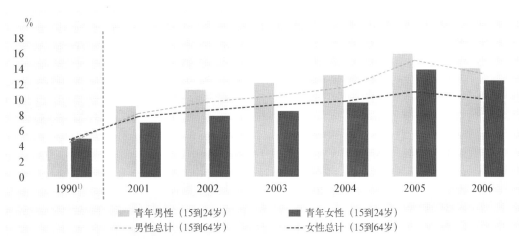

图 H5.2‑2　1990 年、2001 至 2006 年的失业率*，按年龄层和性别统计（单位：%）

* 按 ILO 的定义计算得出
1）1990 年只计算旧联邦州地区
来源：经合组织就业展望（OECD Employment Outlook），劳动力调查，自己的表述

也被看作是德国职业教育体系的另一个优势，其他国家的职业培训更多的是由学校组织的，与他们相比，德国的体系无论是在经济层面还是在社会层面都有较大的优势。然而较长一段时间以来，这一优势也岌岌可危。一方面是因为自 2000 年起，双元制的毕业生在完成培训后，过渡性失业（因找工作而发生的暂时失业的情况）的比率急剧上升，[1] 到 2005 年占到了所有成功完成培训毕业生的约 36%（表 H5.2‑3A）。另一方面，自 1990 年代初期开始青年失业率就持续上升直至 2005 年，2006 年的青年失业率和总体失业率一起有微弱降幅（图 H5.2‑2）。

在失业率发展变化过程中，有两个特别值得注意的事件，它们可能预示着劳动力市场上将会发生对社会影响深远的变迁，发出了对青年人不利的讯号：一是自 2000 年起，总体失业率（15 至 64 岁）和青年失业率（15 至 24 岁）的走向开始交叉分道，青年失业率开始高于总体失业率，且两者之间的差距越来越大，这种情况持续到 2005 年。二是青年男性的失业率一直高于青年女性，2003 年和 2004 年高出约 4 个百分点，而 1990 年代初时，两者之间的关系还是反向的。

青年人失业的风险要高于成年人

观察一下职业培训结束后第一年的求职情况，便可以看到成功毕业的学生在向劳动力市场过渡的过程中所表现出的活力。培训结束 1 个月后，他们当中近六成（58%）得到了一个全时或非全时的工作，另外近三成（28%）做了失业登记，还有十分之一去向不明。半年之后，就业率升高到 63%，失业率降到 16%；一年后就业率只有微弱的提升，但失业率却显著下降（至 9%）（图 H5.2‑3，表 H5.2‑4A）。[2] 在三个时间点，男性的就业率都明显低于女性，半年和一年之后甚至低于女性 10 多个百分点。这究竟能在多大程度上说明真实的过渡问题程度，又或者男性的就业率较低是否有将从事以兵役和民役为目标的工作的那部分男性排除在外的原因都不得而知。毫无疑问，男性的高失业率说明了他们的过渡难度更大。

---

① 参见：Baethge，M./Solga，H./Wieck，M.（2007）：Berufsbildung im Umbruch‑Berlin.
② 从第六个月开始，男性的"去向不明"这一栏增速较高（为 20%，12 个月后为 26%），这主要是因为服兵役和民役的关系。

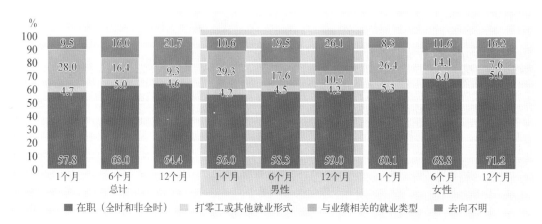

图 H5.2 - 3　2005 年的职业培训毕业生在完成培训后的 1 个月、6 个月和 12 个月的就业状况,按性别统计[M](单位:%)

来源:劳动力市场与职业研究所(IAB),从业者与受益人史料;IAB 的计算结果;自己计算得出

德国培训毕业生和外国培训毕业生向职场过渡的过程几乎没有差异

过渡进程的模式不仅因性别不同而不同,也因国籍不同而变化,最主要的是因职业或职业领域的不同而不同。按国籍来看,1 个月后的就业率差距尚有 6 个百分点(德国人 58%,外国人 52%),而 1 年以后两者的差距也只不过才缩小了一个百分点(表 H5.2 - 5A)。以前,在从学校过渡到完全资格的职业教育这第一个门槛时,外籍年轻人以及有移民背景的年轻人面临着比德国人大得多的困难,与此相比,现在在向职业生涯过渡时,外国人和德国人之间的差距已经算相对和缓。当外国人跨越了职业教育的障碍,那么他们向劳动力市场的过渡也显得容易了很多,且在很大程度上与德国人的过渡过程并无二致。

按培训职业划分差异巨大:培训和职业间的匹配有问题的讯号

按培训职业划分,过渡过程中体现出的差异,不单单能说明哪些行业的年轻人在成功完成培训后能够相对顺利地在职场站住脚,还能传递出关于培训的供应和市场对职业资质的需求之间的匹配问题的信息。在刚开始的阶段,也就是培训结束的一个月,不同职业的就业情况差异就已经大到可以说是两极分化了,最高的是银行和保险业营销员,就业率达 78%,最低的粉刷工和木工,只有 34%。处在正极的除了有完全资质的职员从事的工作以外还有传统的工业领域的专业技术类工作,如与金属和电力有关的工作,这些职业的过渡率在三分之二及以上(表 H5.2 - 1)。负极一端的过渡率在三分之一到五分之二之间,主要是建筑建造业的手工类工作、汽车维修和餐饮业(厨师)。低过渡率和高失业率相伴相随。

手工业的过渡过程较困难

培训结束一年以后,情况较好的职业和较差的职业间的差距虽略有缩小,但两级分化的趋势依然没变,手工业类的职业(现在也包括食品手工生产加工类职业)仍是就业率最低、失业率最高。由于这些职业的失业率下降幅度是就业率上升幅度的两倍还要多,可以得出结论,这些职业领域的失业率的降低相当大的一部分原因在于把那部分参加兵役或民役的青年,尤其是男性,或者还有个体经营者,暂时性地排除在了劳动力市场之外。[①]

三分之一的培训毕业生从事着不对口的工作

除了就业状况以外,工作培训对口性也说明了培训的内容到了劳动力市场上能否得到很好的利用。培训对口[M]在专业层面可以这样来定义:学员所从事的职业是否与培训职业

---

①　其证据可以是:"去向不明"一栏的数据在一年后大幅上涨至最高 30%,尤其是由男性主导的传统职业。

表 H5.2‑1：2005 届的职业培训毕业生在完成培训后 1 个月和 12 个月的就业状况，按选出的职业群统计

职 业 群	1 个 月 后					12 个 月 后				
	总计	其　　中				总计	其　　中			
		在职的(全时和非全时的)	打零工或其他就业形式	与业绩相关的就业类型	去向不明		在职的(全时和非全时的)	打零工或其他就业形式	与业绩相关的就业类型	去向不明
	数量	单位：%				数量	单位：%			
金属成型工(切削)	3650	76.7	2.5	15.2	5.5	3650	76.6	1.8	6.5	15.0
钳工，工具制造工	20971	68.0	2.8	22.1	7.2	20971	67.1	3.0	8.9	20.9
汽车维修工	16304	40.8	5.5	43.3	10.4	16304	51.5	4.8	14.2	29.5
电工	21383	63.4	3.4	24.5	8.8	21383	59.0	4.2	8.3	28.6
食品手工生产加工类职业	6123	49.0	5.5	32.8	12.8	6123	56.8	4.9	12.2	26.1
厨师	8408	34.7	7.1	42.1	16.2	8408	46.6	5.3	14.0	34.1
砖瓦工及木工	7816	45.3	3.7	38.3	12.6	7816	50.4	3.3	15.8	30.5
粉刷工及木工	15626	34.1	4.6	45.6	15.6	15626	46.3	4.7	16.7	32.3
大型商业营销员和个体营销员	31882	58.6	5.9	26.7	8.7	31882	66.3	5.7	10.0	18.0
银行营销员，保险业营销员	15002	78.1	2.6	13.4	5.8	15002	74.2	3.6	3.8	18.4
计算机工作人员	62978	63.6	4.9	24.8	6.7	62978	69.6	4.8	8.3	17.3
护理人员	18196	57.0	2.9	31.1	9.0	18196	81.8	2.4	3.2	12.6
保健	9474	51.8	6.2	28.5	13.5	9474	66.0	5.9	8.7	19.5
(选出的职业)总计	237813	57.9	4.5	28.5	9.1	237813	64.6	4.4	9.4	21.6

来源：劳动力市场与职业研究所(IAB)，从业者与受益人史料，IAB 的计算结果，自己计算得出

属于同一个职业领域，但不一定非得是同一职业。① 培训毕业之后一年，从事与培训不对口的工作的毕业生，总共有三分之一，其中男性的比例(40%)明显高于女性(26%)，外国青年的比例也比德国青年要高(38%对 33%)(图 H5.2‑4)。

　　在培训的对口性这个问题上，各职业间出现了巨大的差异(图 H5.2‑5)。在考察的这些职业中，不对口的比率高于平均水平的是建筑建造业中的手工类工作以及汽车维修、和部分工业领域与金属有关的工作(钳工、工具制造工)，从事对口工作比率比较高的是商业和护理类的培训毕业生。这种按职业划分的差异，也可以用来解释对口性问题上的性别差异：职业间的差异走势是沿着男性占主导和女性占主导的职业之间的分界线来走的(厨师和信贷业营销员例外)。如果将考察对象用特定的职业来替代大的职业领域，那么对口的

---

① 从职业分类系统来看，这里的统计数据指的是以两位数、三位数以及四位数编码的职业间的差距。这里的培训对口的概念并非建立在如 H5.3 里面所说的主观估计的基础上，而是建立在所学的和所从事的职业间的差距的基础上。

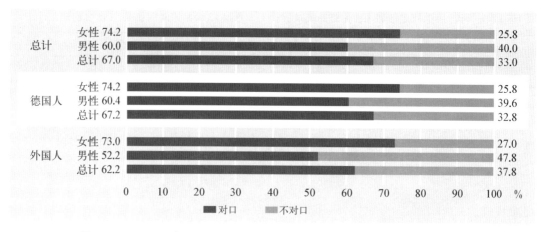

图 H5.2‑4　2005 年职业培训毕业生在毕业 1 年后所从事的工作与其接受的培训的专业对口性,按性别和国籍统计(单位:%)

来源:IAB,从业者与受益人史料,IAB 的计算结果,自己计算得出

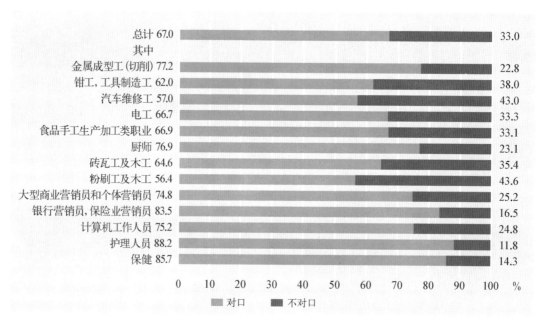

图 H5.2‑5　2005 年职业培训毕业生在毕业 1 年后所从事的工作与其接受的培训的专业对口性,按选出的职业群*统计(单位:%)

* 选出的职业群包含了 270672 名从业者中的 164190 位

来源:IAB,从业者与受益人史料,IAB 的计算结果,自己计算得出

比率还要再低一些(表 5.2‑7web)。

培训和工作之间的匹配性问题对年轻人的职业灵活度提出了高要求

　　有两个现象突出反映了从职业培训向职场过渡的困难:一是一部分培训毕业生找工作的时间拉长、失业率升高,二是三分之一的人从事的是不对口的工作。这两点都会对年轻人的职业灵活性和适应能力造成负面的影响,同时也证实了培训的组织架构和市场需求之间存在严重的匹配性问题,与德国培训体制一贯以来的自身形象——与市场结合紧密、向职场过渡顺利无障碍不尽相符。

　　在向劳动力市场过渡时,德国的培训体系在国际竞争中同样也丧失了部分优势。参与比较的国家中,有些国家自 1990 年代初期起青年失业率的发展情况已与德国相反,即他们的青年失业率在下降，这点尤其表现在像丹麦、荷兰这样的小国身上，还有美国（图 H5.2‑6）。与另一些国家（法国、意大利、英国）相比，德国的优势也明显缩小。这样一来，2006 年德国的青年失业率就已经接近欧盟 15 国的平均水平，且已在 OECD 中位数之上。这种趋势已经不能再单纯地用德国的统一来解释了（图 H5.2‑2）。

与其他国家相比，德国培训体系的竞争优势正在缩水

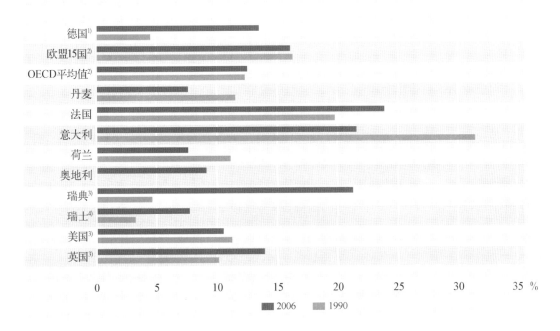

图 H5.2‑6   1990 和 2006 年的青年失业率*（15 岁到 24 岁），按选出的国家统计（单位：%）

*   按 ILO 的定义计算得出

1）1990 年只计算旧联邦州地区
2）只涉及来源表格中纳入总计的国家
3）16 岁至 25 岁
4）1990 年对应的是 1991 年的数据

来源：经合组织就业展望（OECD Employment Outlook），劳动力调查，自己的表述

Ⓜ**概念注释**

　　2005 年的职业培训毕业生：劳动力市场与职业研究所（IAB）的关于从业者和受益人的史料中并没有直接说明职业培训生是否成功毕业。这里的毕业生这个概念，近似地指从初次注册开始，接受培训至少长达 700 天（团体 102 或 142 天）的培训生，过程中可以允许更换企业和不超过 14 天的短期中断。此外还要求这些人到 2005 年最高年龄不超过 27 岁。

　　所选的职业群：以下职业按照联邦劳动局对职业群的分类标准来编号归类：金属成型工（切削）：22；钳工、工具制造：27、29；汽车维修：281；电工：31、321；食品手工生产加工类职业：39、40；厨师：411；砖瓦工与木工：44、45；粉刷工与木工：50、51；大型商业及个体营销员：681、682；银行、保险业营销员：69；计算机工作人员及类似职业：77、78；护理人员及类似职业：853、854，保健员：90。

　　主要职业：在一段时间内，一个学员若登记超过一项工作（从事多个职业、同时有多份收入），则选择其中主要的劳动合同关系纳入考察范围。主要劳动合同关系的确定，主要依该项工作的主次性、报酬和工作时间而定。最主要的信息来源是职业岗位培训的登记记录。

　　培训的专业对口性：专业对口性是指，学员所从事的职业与职业培训的内容相吻合，其评估以学员毕业之后的前两个工作岗位为基础。

5.3 从高等教育到劳动力市场的过渡

过去几十年里,由于国民经济的发展,市场对高校毕业生的需求持续增长,并且据估计,这一增长趋势在未来还将继续。[①] 从中长期来看,高校毕业生在劳动力市场上的前景仍占有绝对优势(参见 I2 章节)。按照职业资质来分,他们的失业率自 1975 年以来一直低于 5%。1993 年以后,取得和未取得普通中学毕业文凭者的失业率开始分道扬镳。2005 年总的失业率为 11.8%,其中高校毕业生的失业率仅 4.1%。[②]

高校毕业生的就业机会和前景会因他们所选的专业方向而有很大差别,而专业方向常常又是与对应的市场板块和工作领域联系在一起的,还有毕业季时的经济大环境和市场容纳力也是影响毕业生就业的重要因素,其中,市场容纳力反过来又会因毕业生数量的波动而受到影响。一直广泛流传的、说学院派毕业生就业情况堪忧的悲观言论,至今未得证实,至少未得普遍证实。至于暂时性的"不相配"、供与求之间的周期性波动等现象,从 19 世纪下半叶以来,就已经得到反复验证。[③] 因此,尽管高校毕业生的就业机会普遍高于平均水平,但在寻求一个合适的工作岗位的道路上仍有一部分人掉队,他们所占的比例因专业的不同而不同,这一部分毕业生不得不去思考并研究出适合自己的适应和过渡方案。

目标:通过课程结构改革使学生更好地为职业做准备

德国的高校课程结构改革实际上也有意要重新构建学业和职业之间的关系,新的学程设置理应使学生更好地适应和满足不同职业领域的要求。传统的学程以专业知识的传授为本,修业年限通常在 4 年或 4 年以上,而学生实际的学习时长往往远超常规修业年限(参见 F4 章节)。现在改革之后,在文凭上增加了新的层级,且也加快了学习进度,缩短了时间。至于新的学士文凭实际究竟能在何种程度上使毕业生具备职业资质、满足"可雇性"的目标,只有学士而没有硕士文凭的毕业生在职业上有些什么选择、又是否预示着职业教育的毕业生将会受到高校毕业生的排挤(抑或反过来)这些问题从实践经验的角度来说在很大程度上目前都还是开放性的问题。

获得大学第一阶段文凭之后的走向

过渡阶段的设置,并不能使每一个高校毕业生都迅速、顺利地进入职场。一部分人毕业之后的过渡过程是比较成问题的(图 H5.3 - 1,表 H5.3 - 1A)。

我们可以以 2005 届为例对毕业生的多种过渡走向进行描述,并归纳出几种典型的过渡模式(图 H5.3 - 1)。这一届之所以特别值得考察,是因为从这一年开始一系列专业方向的首批本科毕业生纷纷进入过渡阶段,因此,这是首次可对他们的过渡情况进行研究。

这一届毕业生中的 70% 左右(不包括本科毕业的)过渡很顺利:他们很快开始正式工作,或进入第二个培训阶段(如见习期),或继续学业,或继续攻读博士学位,即便后者很有

① 参见:Bonin, H. et al. (2007): Zukunft von Bildung und Arbeit. Perspektiven von Arbeitskräftebedarf und -angebot bis 2020. IZA Research Report Nr. 9 — Bonn.

② 参见:Reinberg, A./Hummel, M. (2007): Der Trend bleibt — Geringqualifizierte sind häufiger arbeitslos. IAB Kurzbericht Nr.18/2007 — Nürnberg.

③ 参见:Titze, H. (1990): Der Akademikerzyklus — Göttingen.

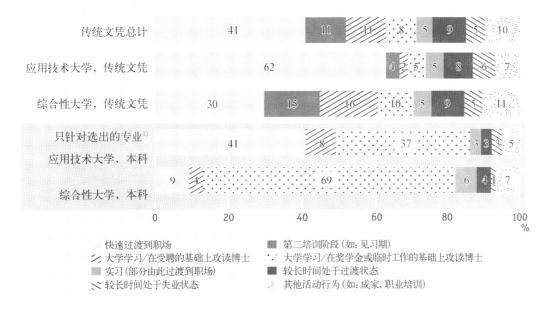

图 H5.3-1　2005 届本科和传统文凭* 的高校毕业生毕业后的
过渡模式**，按就读的高校类型统计（单位：%）

1) 参见表 H5.3-1A 的注释

* 传统文凭：工程硕士，文科硕士，国家资格考试

** 过渡类型的定义以对学生毕业后的前 9 个月的情况作的序列分析为基础

来源：HIS-2005 毕业生调查

可能是一种回避较差的就业环境的策略。综合性大学的毕业生和应用技术大学的毕业生的过渡走向不尽相同，尤其体现在攻读博士和见习期两类的比重上。同时，各专业方向的过渡模式也很不一样（表 H5.3-1A）。攻读博士的同时还有科研工作岗位的博士生主要都在自然科学和工程学专业。

　　过渡过程比较不顺利的，以语言、文化、社会学以及教育学方向的传统工程硕士或文科硕士为主。这个群体中的一部分人要么必须经历较长时间的无业状态，要么先找一些简单的工作，或接一些较小的订单合同，或以实习来过渡。后者在高校毕业生中并不像新闻媒体所报道的那样常见到了所谓"实习一代"的程度。尤其半数的实习期都不超过 3 个月，而且大约四分之三的实习生在实习期之后紧接着就参加了工作。[1] 因此，实习可以被看作是毕业后的这段时间内人们进行职业选择的一个重要方式。

"实习一代"：只有少数毕业生被涉及

　　很多 2005 届的本科毕业生，在完成第一阶段的学业之后不久，就直接过渡至硕士阶段。当然，在此，综合性大学和应用技术大学的本科毕业生有着明显差别（图 H5.3-1）。约三分之二的综合性大学本科毕业生继续攻读硕士，尤其是工程学和自然科学类（图 H5.3-6web），首要原因则是为了增加就业机会，因为人们对本科毕业的就业前景普遍持疑。[2] 从本科到硕士的高过渡率是本科毕业生毕业后头两年的一个显著特征，同时也反映出本科毕业生的数量还比较少，而硕士的学习位置则较多。到目前为止，本科向硕士的过渡似乎受社会背

三分之二的综合性大学本科毕业生过渡至硕士阶段

① 参见：Briedis，K.（2007）：Generation Praktikum — Mythos oder Massenphänomen. HIS-Projektbericht- Hannover.
② 参见：Briedis，K.（2007）：Übergänge und Erfahrungen nach dem Hochschulabschluss. Ergebnisse der HIS-Absolventen-befragung des Jahrgangs 2005 — Hannover，S. 97.

景的影响很小。[1] 将来，硕士阶段的资金支持(参见 F3 章节)将会成为重要的影响因素。

毕业一年后的就业率约为80%,5年后约为90%

这种偶有出现的过渡问题，并不意味着有较大一部分毕业生面临中、长期的困境。总体来说，当然各专业有所不同，大学毕业约一年后，大概80%的毕业生都能找到工作或见习(图 H5.3 - 2，表 H5.3 - 5web)；约有 5% 的人失业；另外的 15% 从事其他活动，这些人中有一大部分继续硕士学习或攻读博士。毕业 5 年后，就业率则提高到接近 90%。在这个时间点上，那些毕业之后先进行见习者的就业模式，也未显示出任何异常(表 H5.3 - 5web)。

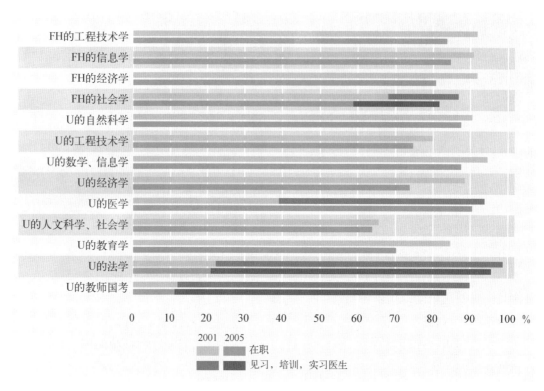

**图 H5.3 - 2 2001 和 2005 届高校毕业生* 在毕业约一年后的
就业比例，按选出的专业方向统计(单位：%)**

* 对于教师、法学和社会学专业，额外算上了见习期；对于医学专业，2001 届算上了当时的培训期，即"实习医生"
来源：HIS 毕业生调查

大学毕业之后，无论是短期的过渡模式和过渡进程还是长期的就业机会和职业前景，都受到两个重要因素的影响：一是所学的专业以及因专业不同而不同的职业资质和工作的分类，二是毕业当季的就业市场环境。由于各专业与市场的关联方式十分多样，所以学的是什么专业就显得尤为重要。[2] 所学的专业方向为经典职业的(医学、教师、法律)，毕业后的职业方向则比较明确，这些行业的门槛部分是有法律规定的，而且都要求有国家资格考试的文凭证书。在这些行业，见习期之后常常还有第二道门槛，到那时候才会真正决定之后的职业生涯走向。工程学、自然科学和经济学科类中的很多专业方向、主要通向私营经济领域的职业的，其毕业生的职业活动和投身领域大多也相对确定。在上述这些领域如

所学专业对过渡过程有决定性影响

---

[1] 这里也受所学专业以及其他因素的影响,如性别或毕业成绩。
[2] 这一节所考察的专业方向,是根据其与就业市场的关联方式选取的,每个考察对象的专业分别属于一种类型。另请参见：Teichler，U. (2002)：Hochschulbildung. In：Tippelt，R. (Hrsg.)：Handbuch Bildungsforschung — Opladen，S. 336 f.

果出现问题，则主要是出现在相应的局部就业市场收缩的时候，例如1980年代和1990年代的教师行业，或是1993年以后的工程师行业。那些对应的职业领域不明确的专业或因对应的就业市场需求明显小于毕业生供应的专业而不得不更多地考虑到过渡和就业的问题。然而，还是与当时的经济环境有关，人文、文化或社会学专业也有毕业一段时间之后，在找工作方面十分成功的例子，可以找到一个能发挥他们的专业技能的工作（表H5.3-5web）。当然，这里的成功除了客观的评价标准以外，也应包括主观的评价和满意度。①

　　对不同人群的对比显示，就业市场对不同专业的高校毕业生的容纳力不同程度地受经济状况以及课程结构因素的影响（图H5.3-2，图H5.3-3，图H5.3-7web）。对比还显示，2005年这一届毕业生的过渡情况相对较差：②认为自己从事着不合适工作的人，所占份额

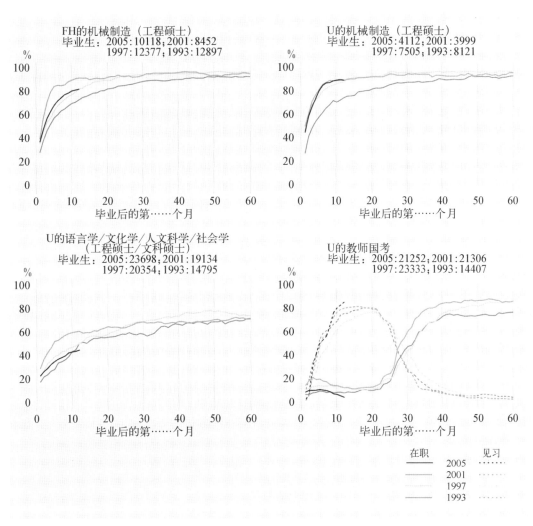

图H5.3-3　不同届别的高校毕业生从毕业到第60个月的
就业情况，按选出的专业方向统计（单位：%）

来源：HIS毕业生调查；联邦统计局，高校数据统计

① 参见：Falk，S./Reimer，M.（2007）：Verschiedene Fächer，verschiedene Übergänge：der Berufseinstieg und „frühe" Berufserfolg bayerischer Hochschulabsolventen. Beiträge zur Hochschulforschung，1/2007，S.34-70.
② 目前尚没有更新的数据。

较前几年相对偏高(表 H5.3 - 9web),同样偏高的还有岗位为普通职员者的占比。从总人数上来看,成功过渡到职业领域的毕业生也比较少(图 H5.3 - 2)。当然,这里还要考虑到一点:这批毕业生进入职业生涯的时间,正处在当时的就业市场恢复期的前夕。

连高校毕业生也面临降薪、雇佣关系有期限等不利条件

就连高校毕业生也无法摆脱近期就业市场的一些特定趋势,如降薪、雇佣关系越来越不稳定等。因此,2005 届的毕业生中,一年之后就已经找到无期限的全时职位的占比也明显下降。同样的,与对比年份 2001 年相比,2005 年这一届的几乎所有专业的毕业生的收入都更低(表 H5.3 - 10web)。

五年后在职业的融入上呈现出明显的性别差异

总体上,高校毕业生在毕业后的前 5 年就业状况趋于逐渐稳定。哪怕过渡比较困难的,比如较长时间周旋于临时工作的几年之后情况一般也会得到缓解(表 H5.3 - 5web)。不过,毕业五年后的就业状况还是会呈现明显的性别差异,究其原因,一方面是男女在专业选择上的不同,另一方面,与男女在毕业几年后,在建立家庭阶段的分工不同也有关系(表 H5.3 - 2A),女性明显更多地暂时退出职场或从事非全职的工作。

另外还有一点不容忽视,即高校毕业生的地区流动性,这对他们的职业前景也十分重要。毕业一年后,大约只剩三分之二的人还留在他们上学的州。吸引力特别大的是南德各州,而相比之下,来自东部的很多毕业生都会外迁(表 H5.3 - 4A,H5.3 - 11web)。[1]

本科毕业生在就业市场上的境况

评价课程结构改革是否成功的重要标准之一就是未取得硕士文凭的本科毕业生在就业市场上能够获得怎样的机会。公开的高教政策称,其目标在于把本科建设成为符合职业资格要求的文凭。但到目前为止,从就业市场反馈回来的信息均与此相悖:大型企业提早为本科毕业生提供入职的机会,而小公司由于一开始对此文凭还不熟悉,所以很难做到这一点,对本科毕业生职业前景的评判也是褒贬不一,连自由职业领域都传来质疑的声音,公共事业板块的情况目前还不明朗。

工程学和经济学类的本科文凭在就业市场上有较好的机会

不过到目前为止,还有较大一部分本科毕业后进入硕士阶段学习的人还没有出现在就业市场上(图 H5.3 - 1)。但第一阶段的分析仍表明,他们的工作前景因专业方向的不同而有差异。应用技术大学的工程学和经济学类的本科毕业生,以及应用技术大学的传统工程硕士毕业生在工作上的职位整体类似。但人文科学和社会科学等专业的情况却不同于此,不过这些专业一贯都有就业困难,而这些专业本科文凭的就业情况比传统的硕士文凭的情况更严峻(表 F5.3 - 7web)。[2] 总体来讲,随着本科毕业生数量的明显增多和其它文凭的逐渐取消,进一步的发展还有待观察。

职业的对口性

在德国的职业系统中,人们所取得的毕业文凭和证书对于职业岗位的分配具有核心意

[1]　参见:Minks,K.-H./Fabian,G. (2007):Erwerbsmobilität von Hochschulabsolventen — Hannover (www.his.de/pdf/pub_vt/22/2007-12-12_Vortrag_Minks_Fabian_Dresden.pdf).

[2]　得出类似结论的还有对更早的届别,即 2002 和 2003 届毕业生所作的调查。参见:Minks,K.-H./Briedis,K. (2005):Der Bachelor als Sprungbrett? Teil II:Der Verbleib nach dem Bachelorstudium,HIS Kurzinformation A4/2005 — Hannover.

义。反过来，人们对岗位的期待也根据自己所持文凭的不同而不同。然而，教育的扩张所带来的，不仅仅是具备高等职业资质的劳动力供应的增长，随之而来的还有各行业领域的质的变化和职业要求的变化。这种变化，部分是供应变化的结果，部分则是与此不相关的以提高职业资质为目的的职业结构变化的结果。随着这些变化而变化的，还有人们对合适工作的期待值，它反过来又影响着人们对于工作对口性的感受。

现有的经验表明，虽然一些高校毕业生会从事低等的、与其资质完全不符的工作（根据所选专业的不同，情况会有很大差别），但这既不是占主导地位的情况，也不能决定就业市场的发展走向。

毕业 5 年后的情况显示，差不多三分之一的毕业生处在（中层的）领导岗位（表 H5.3 - 6web），另有三分之一受雇于要求有科学专业资质的岗位或公务员，还有比较小的一部分从事着有职业资质要求的工作或自由职业。其中，预估的专业差异在此得以印证（表 H5.3 - 6web）。无论如何，仍有四分之三的应用技术大学毕业生和超过 80% 的综合性大学毕业生在毕业 5 年后走上要求必须有或者按照惯例一般都要有高校文凭的岗位。相反，只有二十分之一的毕业生在对高校文凭没有要求的岗位上工作（图 H5.3 - 4，表 H5.3 - 8web）。即使在国际比较中，1999/2000 学年的德国高校毕业生持以下观点的也超过平均水平，即对他们的第一份工作来说，高校文凭就已经是一个必要的先决条件（表 H5.3 - 3A）。

> 毕业 5 年后，约有三分之一到达领导岗位

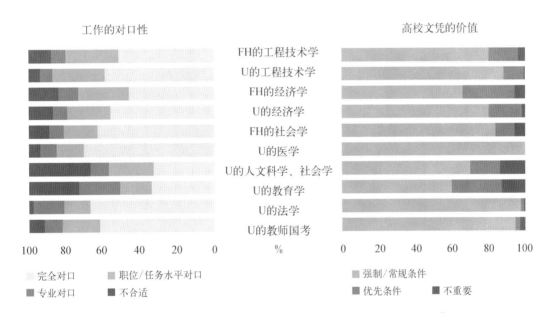

图 H5.3 - 4　**2001 届高校毕业生在毕业 5 年后所从事的工作的对口性**[M]**及其**
**　　高校文凭对其工作的价值，按选出的专业方向统计（单位：%）**

来源：HIS - 2007 毕业生调查

若整体来观察工作的对口性，上述景象则会变得黯淡起来。由于判断标准和期待的不同，对人们的职业资质和其从事的工作之间的对口性的评价也会非常不同，因此，对口性这一概念所描述的，更多的是一种多维度的概念，其下还可以分为任务的对口性、职位的对口性或专业的对口性等。无论如何，2001 届高校毕业生中，约有八分之一认为自己毕业 5 年后的工作仍不对口，另有十分之一仅在自己的专业领域工作，但却认为其职位过低，且就工

> 约八分之一的人工作不对口

作内容来说,觉得自己有些大材小用。此处,个人所选的专业同样非常重要(图 H5.3 - 4,表 H5.3 - 9web)。

Ⓜ **概念注释**

职业的对口性:职业的对口性是一个多维度的概念,对于专业的对口性、职位的对口性以及工作任务的水平要求都要有同等程度的考虑。我们对这三个方面进行评估,将其分别分为五个等级,再整合成以下四个类型:(1)每个方面都完全对口;(2)在这三方面没有任何一方面对口。还有两个混合型:(1)主要是职位以及任务水平方面的对口,例如处于领导岗位,而对专业资质方面的要求则相对较松;(2)主要是专业上的对口,但其工作虽然对专业基础有要求,从业人自身却认为还没有达到合适的职位。

H6 过渡阶段的问题与挑战

在前几节中,我们已经对从中等教育第一阶段开始直到进入就业市场的整个过程中的各个教育领域之间的过渡进行了详尽的分析。本节将从以下几个方面对一些重要的问题的现状进行总结:

- 各种文凭之间的渗透性和灵活性,
- 社会背景和移民背景影响下的不平等性,(以及)
- 文凭价值的变化。

最后将从这些描述总结出,德国教育在制定过渡阶段的教育政策和实施教育实践时所面临的挑战。

6.1 渗透性和灵活性

渗透性作为一种系统性的质素,存在于一个教育体系的潜能之中,要看该教育体系是否能让其参与者有机会实现各种不同导向、不同要求的教育道路之间的过渡,并通过这些过渡保障他们的教育之路不陷入死巷。由于渗透性还可以为之前所选的错误道路提供修正的机会,所以对教育参与个体来说,它是实现灵活性的重要先决条件。作为一种检验过程质量的指标,灵活性则是在教育体系提供的渗透性潜能真正能被教育参与者利用起来的时候才称得上名副其实。德国教育体系中的渗透性在从普通教育过渡到职业教育和从普通教育到过渡高等教育时都严重受限,建立在此基础上的灵活性也同样受限,这一点,前文对教育参与者在完成义务教育之后紧接着踏入职业教育和高等教育的情况的分析尽可说明。

最高学历为普通中学毕业的人中,在毕业 6 个月后约有五分之二、在 30 个月后才只有大概五分之三的人进入到完全资格的双元制职业教育或学校职业教育体系中。而肄业者中 27%的人,在离开学校的 2 年半后仍未成功进入职业教育体系,对他们而言,学校和职业教育体系并未提供或仅提供了很小的修正机会让他们能够补修未达到的学历文凭并找到一个培养职业资格的、有发展前景的职业教育机会。对于这部分年轻人来说，教育和培训体系的渗透性潜能开发得实在太少了，更不用谈灵活性。虽然对于普通中学肄业生和毕业生来说，之后再补修并取得普通教育学校的文凭还是绝对有机会的，过渡体系中也有提供给他们的、经培训获取部分职业资格的机会，但总体的渗透性还是太低，并且还伴随着学历认可上的限制。

取得了高校入学资格的这部分年轻人的情况呈现的则是另一幅景象：一方面，通向高校入学资格的学校教育之路更多样，而另一方面，通过非普通教育学校取得高校入学资格的路更像是狭窄的独木桥而非明显拓宽的大路。在所有取得高校入学资格的年轻人中，目前约有四分之一是在传统的高级文理中学之外获得该资格的——14%通过专科文理中学和职业文理中学或类似的教育机构，10%通过非文理中学、非普通教育学校（如综合中学和第二教育途径的学校）。在授予高校入学资格的问题上，文理中学的垄断地位受到限制，这在学校类型和文凭的脱离上就有体现。即便有这样的限制以及与此相关的渗透性及其对错误选择的修正潜能，也不意味着伴随而来的就是有职业资质的高等教育的申请者可以在没有普通教育学校颁发的高校入学资格的情况下拥有相当多的进入大学学习的机会。大学新生中，应用技术大学只有1.9%、综合性大学甚至只有0.6%的学生是没有正式的高校入学资格证书的。这就证明了与职业教育体系相比高等教育体系的渗透性几乎为零。

6.2　社会背景和移民背景影响下的不平等性

教育参与中的不平等以及由此导致的社会参与的不平等，其产生和加剧都发生在教育过程的接合处，也就是说在机构和体系之间的分界点。在教育生涯的不同阶段所选择的道路无论是自己所作的选择还是或多或少的外部条件的不充分，最终都导致人与人之间的差异。通过对各国学生成绩的比较研究得出，社会背景与学习成果之间存在一定的关联，德国的情况尤为突出，而对从普通教育学校到职业教育和高等教育的过渡的分析更是表明，这种关联在教育生涯中的过渡阶段仍在继续，部分甚至加剧。

观察一下到职业教育的过渡便可得出，在分块现象突出的教育体系，如德国的普通教育和职业教育体系，存在较多的社会选择的过程。这一点，特别是在最高学历为普通中学毕业的年轻人所走的培训道路上体现明显，他们当中还有很大一部分在结束了学校的学习后认知能力还有很大缺陷。这些最高学历仅为普通中学毕业的年轻人，主要来自有或没有移民背景的、社会地位较低的家庭。考察一下职业教育的新生情况便可发现，没有普通中学毕业证书的只有六分之一到五分之一、有普通中学毕业证书的只有五分之二的人在双元制体系中获得了一个培训位置。进入普通中学接受教育的道路与学生的社会背景密切挂钩，而对一大部分年轻人来说，在此接受教育的情况，又预先判定了其今后过渡到职业教育的过程，是否旷日持久以及最终是否会成功。普通教育学校的这种社会选择性，在过渡到职业教育的过程中，并没有任何减弱，而是延续。

在从普通教育学校到高等教育的过渡过程中，同样存在这样的社会选择过程。这些本来就经过了严格的社会选择的具备高校入学资格者，在是否接受大学学习的问题上体现出的差异,也与他们的出身背景有关:来自父母受过高等教育的家庭的,接受大学学习的比例要远远高于来自父母未受过高等教育的家庭的学生。

6.3　各类文凭价值的变化

不同的文凭关系到人们在培训市场和就业市场上的不同选择,决定着人们获得培训位置的机会和其职业发展道路,它们还影响着人们将来的事业发展机会以及职业声誉和收入方面的配置。随着教育的扩张,普通教育学校文凭的发放发生变化,同时,就业体系对资质的要求也在变化,在这两者的相互作用下,各教育文凭的价值也发生了变化。普通中学的文凭的价值大大降低,这对中级学校的文凭价值来说大大有利;另一方面,高校入学资格(无论是应用技术大学的入学资格还是普通入学资格)由于与其关联的选择增多,价值明显提高。

双元制中约三分之一、学校职业教育体系中约六分之一的培训位置,由最高学历为普通中学毕业的学生占据(剩下的人拥有中级学校毕业文凭或高校入学资格),这一事实向我们指明,双元制过去的强项之一,即通过职业培训将受教育程度较低的青年人集结成一个整体正面临丧失的危险。

同时,拥有中级学校毕业文凭或高校入学资格的这部分年轻人,大量出现在双元制和学校职业培训体系中,这清楚地表明,这一群体能够把握他们的培训选择权,一部分甚至能进一步扩大自己的选择范围。这与一些培训职业的要求提高有着紧密的联系。特别是对取得了高校入学资格的青年人而言,近年来市场对高校毕业生的需求持续上涨,只要他们进入大学学习并顺利毕业,尽管因专业方向的不同存在一定的差异,但总体的就业情况和收入状况都非常好。支持这一结论还有一佐证,实习阶段对于高校毕业生的职业融入,意义远不及预想的那么大。

6.4　挑战

通过这里展示的对普通教育、职业教育、高等教育以及就业市场之间的过渡的分析,可以得出以下的普遍性结论:就过渡阶段而言,德国的教育体系为一些特定的青年群体提供了不可低估的有利条件,但另一些群体,主要是成绩较差的和社会背景低下或有移民背景的青年人,在过渡体系中仍处于不利地位,或者说在过渡过程中,尽管有各种措施的承办方的诸多努力,已存在的不平等现象仍有加剧。鉴于这些不平等或歧视、过渡过程的旷日持久以及进入培训的成功率较低等问题,人们不禁要对过渡体系的有效性产生质疑。反观政界和学术界的讨论便可得知,我们必须要采取战略性措施来应对越来越明显可见的挑战,至少要找出实现以下目标或解决问题的办法:

- **消除机构间协调的鸿沟**:从普通教育学校到职业教育、到高等教育,再到就业市场的过渡过程之所以如此复杂,有这样的原因:过渡阶段的机构包含了教育和培训以及就业市场上的各种机构,它们基本都遵循着不同的控制和组织原则。普通教育学校和学校职业培训机构服从国家政策的调控；在双元制中，企业内的和跨企业的培训机构和进入就业市场的过渡，更多地跟随市场机制以及相互之间的协调。这种多种不同控制机制的共同存在会导致机构的杂乱无章，因此亟待更好的协调和系统化。与此相关的调整问题无法仅通过教育政策来解决，而更多的是需要就业市场和教育政策的所有参与者的共同协作。

- **时间和财力资源的利用要更切实、更有效率**：从普通教育学校到高校以外的职业资格培训的过渡，对于很大一部分对培训有兴趣的人来说，或多或少都打上了悠长等待期的烙印。他们在过渡体系中参与的措施，对于那部分没有衔接到职场就已离开过渡体系的人来说是没有实效的。同样对于这部分人来说，由于牵涉到大量的资源消耗，这样的措施也是没有效率的。单从各类措施的丰富程度——学校体系、联邦劳动局以及其他众多载体都有提供就可以清楚地看出，问题的核心似乎既不在人们对过渡至职业培训的问题给予了太少的关注，也不在投入的资金过少，关键还是要将过渡体系的措施与之前和之后的普通教育学校和培训机构良好地衔接，以便更好地计划组织，使其更具渗透力、能够被更好地利用。

- **过渡阶段的设计也是教育界面临的挑战**：让年轻人更好地为过渡的决定做准备，从教育学的角度在他们走教育之路时给予陪伴和支持，这也是对整个教育体系以及在其中任职的人的挑战。为了完成这项任务，所有的老师、培训师以及高校的教师都必须比现在更有针对性地做好准备。为此，仅有现行的一般性资格培养和深造措施还不够，教师们需要具备专门的在高度完善的鉴定体系下取得的咨询鉴定书，并且同时还要有专业咨询人员的帮助，这样的帮助主要是以专业的支持和在每日工作过程中提供咨询（教练等）的形式来实现。此外，教师还需要对各教育和培训阶段之前和之后的阶段以及各种衔接可能有更确切的认识。最终，他们必须有更强的意识，要意识到毕竟他们对一个教育学上最佳的过渡体系的构建是负有责任的。除了这些以外，合理的课程设置也是必须的，要使各教育领域的课程设置相互之间能够更好地协调统一和融合，从而减少和缓解过渡阶段的契合性问题。同样属于本小点下的还有，要进一步持续发展机构网的构建，加强不同级别和学程的各教育机构间的合作。近几年，已经有一大批专门的资助项目和团体相继出现，为的就是为年轻人在寻找培训位置和规划自己的教育和培训之路时提供支持和帮助，在企业内和跨企业培训的框架下，挖掘出更多的培训和就业潜能。那些一般在地区层面或在专门的、有对应目标群体的资助项目的框架下存在发展的课程，连同其机构和组织的框架条件及其各自专门的课程设置和教学方法计划、教育学的课程以及辅导项目都要更有针对性地按照前面已经指明的年轻人的发展模式来量身定做。在未来还要特别关注，不仅仅是特定的职业学校的、而是包括普通教育体系中的所有学校的职业导向。

- **要改变以往的调控方式，因为它已经导致了不小的一部分年轻人被职业教育拒之门外**：他们在前文所描述的过渡过程的最后，因没有获得职业资格培训的机会而滞留于过渡体系内。这部分年轻人，绝大多数来自社会地位低下的家庭，或有移民背景，或在欠发达地区长大。这些年轻人在教育和培训的跑道上奔跑时必须面对很多障碍，其成因既有培训位置供需结构上的矛盾,也有普通教育学校肄业生和毕业生的认知、动力和行为表现之间的矛盾。两方面的原因在现实中融合在一起,我们无法判定哪些问题应归因于市场的拒绝,哪些问题的原因更多的在于学生真正的促进需求未得到满足。尽管各诱因的比例尚不明确,但把很大一部分年轻人排除之外,使他们无法拥有一个由工作和学习构成的即便常有不稳定现象出现但仍具备长久的远景和前途的生活。这种现实的的确确在提醒着我们,不仅在预备的普通学校教育阶段而且也在拓宽更有发展前景的职业教育位置的供应时有必要改变调控方式,例如通过对学校职业教育和双元制培训体系的进一步扩建和对过渡体系进行以提高衔接能力为目的的优化。总体而言,德国教育和培训体系以及就业系统中的各领域之间的衔接契合状况必须得到明显的改善。

I 教育的影响和收益

本章旨在探讨教育事业究竟能在何种程度上帮助实现教育的三个根本目标：其一，使受教育者收获个体的自我规范能力，包括个人在不确定性和不安全感越来越多的不利条件下积极塑造自己的生平经历和经营与周遭环境关系的能力；其二，教育事业要为这个已经全球化的、社会的人力资源的发展贡献力量；其三，要促进社会参与和机会平等，换言之，人们期待着教育体系能够发挥其平衡性的功能，补偿因社会背景带来的不公平。① 这些目标是教育报告的总体基础，但这里还是从全局的角度来观察探讨一下其实现的情况，尤其是社会和个人相对于其投入来说可期待的教育收益。

从社会的层面来看，人们期待着对教育的投入能对国民经济产生正面的效应，这主要涉及两方面：一、通过教育，社会对劳动力的质与量的需求能在何种程度上得到满足；二、教育为技术的发展和国民经济的增长带来了哪些贡献？除了经济方面的效应以外，教育还应发挥其社会效应，以社会的团结和稳定为出发点发挥其正面影响。所提到这些效应大多是非直接效应，而是间接与教育相关，因此只能在有限的程度上归因到单个的教育活动上。

这一章将重拾 2006 年版教育报告中关于教育与社会收益之间的基本关联之议题，并从新的角度对其进行探讨。因此，除了教育和经济增长之间的关联以外，还将分开讨论教育事业之于保障劳动力质与量两方面需求的贡献。这章还将单独探讨教育的收益对教育体系本身的劳动力状况的作用，因为该体系吸纳了不小一部分高等资质的专业人员（I1 章节）。

有关个体的自我规范能力的获取，值得讨论的是，各种不同的教育文凭和经其所获得的能力，究竟对人们职业的成功以及对社会的融入和对社会生活的参与有何影响（I2 章节）？获得能够发挥其专门能力资质的工作机会的大小仍是评判职业成功与否的标准之一。此外，随着对教育投资回报率的观察出现了新的强调重点。除了在工作方面的作用以外，教育对个人生活的其他方面也发挥着重要的影响，对此，下文将以其对与健康相关的冒险行为和对社会参与等方面的影响为例进行具体描述。

最后，本章的第三节将重拾前文各章节提到过的教育体系中的机会均等性问题，并对其进行跨领域的观察和讨论（I3 章节）。

---

① 参见：教育报告编写组，《德国国家教育报告（2006）》（德文版），第 2 页。

I1 教育、经济增长与劳动力市场

普通教育和职业教育是经济增长的重要决定因子

当前的很多研究和对近期源自实践的经济增长研究的分析都证明,通过教育传授的能力是经济增长的一项重要的决定因子。[①] 随着时代的发展,人力资本对于经济和社会的意义不断提升,在一些高度发达的国民经济体系中,人力和物力资本之间的比例已经朝着利于非物质资本的方向发生了显著的改变。过去的 10 到 15 年,人们将教育和国民经济效益之间的关系模式化,在模式化过程中所取得的理论和方法上的进步以及修订完善过的数据库和我们所进行的一些经验性研究都不断地表明,较高的教育投入对经济的增长有着显著的影响,一个社会的人力资本不仅决定着人均收入,而且也影响着社会的经济活力,尤其是创新力。[②]

除了对生产力和经济增长的影响以外,教育投入对社会发展还有其他一系列的正面效应(外部收益),这些效应反过来又会作用于经济,例如带来更高的税收收入、提高公民的信息掌握度和社会的团结稳定。

公共事业是否能从对教育的投入中获利、能在何种程度上获利,这个问题的答案可由国家收益率[M]给出。此处 OECD 国家的计算结果展示出了如下图景:中等教育第二阶段和其后期的教育阶段的文凭,若是尽可能紧接之前的教育阶段而获得,那么其对应的收益率较高。此外,很明显的一点是,在大多数 OECD 国家,大学文凭对应的收益率均高于非高等教育的职业教育文凭。例如在芬兰,高等教育文凭(ISCED5/6)对应的国家收益率,男性约为 14%,女性为 11%左右。在挪威,男女均为 10%左右(表 I1 - 1A)。

高等教育文凭对应的国家收益率较高

教育与劳动力市场

在一个面临行业领域巨大变迁和人口挑战的社会,教育体系对于保障劳动力质与量两方面的需求起着至关重要的作用。劳动力市场的景象反射出,未来的经济结构将呈现以高质量、高研究与开发密集度的产品和服务为标志的特点(参见 A2 章节)。从行业领域的分布来看,一方面,与企业相关的服务和社会服务领域的工作明显增多,而另一方面,原始的经济领域和加工业的工作进一步减少(表 I1 - 2A)。

从目前到 2020 年的劳动力市场情况反射出接下来的数年内对高素质的劳动力资源的需求将继续增加,同时,资质较差的劳动者所能从事的工作将继续大大减少。[③] 这种向高等资质倾斜的趋势并非德国独有,大多数欧盟国家皆是如此。[④] 在反射观察期内保持相对

[①] 参见:Descy,P./Tessaring,M.(2006):Der Wert des Lernens. Evaluation der Wirkung von Bildung und Ausbildung. Cedefop Reference Series,66 — Luxemburg,S. 202 ff.;另参见:Hanushek,E. A./Wößmann,L.(2007):The Role of Education Quality in Economic Growth. World Bank Policy Research Working Paper 4122 — Washington.

[②] 参见:de la Fuente,A./Ciccone,A.(2003):Das Humankapital in der wissensbasierten globalen Wirtschaft. Abschlussbericht. Brüssel:Europäische Kommission.

[③] 参见:IAB(2007):Die Grenzen der Expansion. Kurzbericht Nr. 26/2007.

[④] 参见:Bonin,H. et al(2007):Zukunft von Bildung und Arbeit. Perspektiven von Arbeitskräftebedarf und -angebot bis 2020. IZA Research Report No. 9,Bonn;另参见:CEDEFOP(2008):Future Skill Needs in Europe. Medium-term forecast. Systhesis Report — Luxemburg.

平稳的是要求有职业培训文凭的工作岗位的占比。需求上升的,首先是有师傅、技术员文凭或专科学校毕业证书以及应用技术大学和综合性大学毕业的人才(图 I1 – 1,表 I1 – 3A)。

对高素质从业者的需求增加,对资质较差者的需求减少

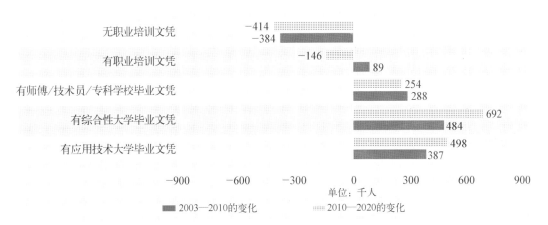

图 I1 – 1　2003 至 2020 年市场对劳动力的需求的发展情况,
按职业教育文凭类型统计(单位:千人)

来源:Bonin,H. et. al. (2007),教育和职业的未来,第 81 页

从劳动力市场的投射结合人口的发展情况来看,劳动力的供应长线来讲会显著减少,并且越来越老龄化(参见 A1 章节)。此外,一直在持续的、优质的专业劳动力内部流失的趋势,尤其是从东部流向西部,对于某些地区来说还将加剧。[①] 关于高校毕业生流动情况的调查显示,东部的新联邦州,包括柏林,迁移逆差(–18%)覆盖所有的专业方向,技术类专业的迁移逆差甚至达到–41%(表 I1 – 4A)。对于这些持续受迁移逆差影响的地区而言,长期的劳动力供应减少,意味着经济增长的潜力遭到削弱以及经济的创新潜能受到危害,尤其是知识密集型行业。

德国东部高等资质的劳动力流失

在上述背景下,教育储备金的充分利用,对于满足劳动力的需求和解决受人口发展影响下的劳动力供应问题有着重要的意义。在此过程中,因教育系统本身的问题而导致严重化的一系列累积效应将逐渐形成对未来的劳动力潜能的严肃危害,其中包括普通教育学校的肄业率持高不下、取得高校入学资格的毕业生占比虽缓慢上升但依然太低(参见 D7 章节);双元制培训体系的融入和资格培养功能降低,尤其是对受教育程度较低或没有取得普通教育学校毕业文凭的年轻人而言(参见 E2 和 H3 章节);学校职业教育体系发展缓慢(参见 E3 章节),其培训课程主要针对正在形成中的社会服务或与企业相关的服务的职业领域;还有受教育程度低下的人群的教育灵活性十分有限(参见 H 章和 G1 章节)。受限于人口的发展,取得高校入学资格者人数减少,在这样的背景下,德国的大学新生率(参见 F1 章节)远低于原定目标和 OECD 平均值,这同样也是缺乏教育潜力从而缺乏高素质的劳动力的原因之一(表 F1 – 1A,表 F1 – 3A)。

教育扩张的停滞不前,使国际竞争力受到威胁……

特别值得注意的是,18 岁至 25 岁未取得中等教育第一阶段毕业文凭且没有处在任何教育措施之中的群体所占的份额居高不下,德国这一群体的人数在 2000 到 2006 年甚至还

---

① 参见:Schultz,A. (2006):Brain drain aus Ostdeutschland — Implikationen für das Bildungssystem. In: Mitteilungen der Deutschen Gesellschaft für Demographie e. V. — Berlin,Nr. 9,3/4.

略有上涨(参见 D7 章节,表 D7－5A)。这里至少体现出两方面的问题:一是这个群体的整体资质情况只符合一些简单工作的要求,而社会对此类工作的需求越来越少,在工作岗位的削减过程中它们也是首当其冲;另一方面,由此会产生巨大的社会排斥危险。

……产生社会排斥的危险加剧

所描述的这些趋势如果继续下去,则意味着从中长期来看教育事业要完成其保障劳动力需求和社会和谐稳定的任务将会受到巨大的制约。

教育体系本身充当兼职工作市场

教育体系作为雇主的突出意义

教育体系本身也在发展工作岗位这点上,也一如既往地发挥着突出作用:它是重要的雇主之一,不仅为其他的工作领域也为自己培养后备力量。鉴于对所需的预备力量有年龄上的限制,高等教育的地位越来越高,人们要求对学习和工作阶段的重新分配,公共教育领域和私营领域对有资格的专业人员的需求都越来越大。本书的 B4 一节已经对教育体系总体的人员结构进行了跨领域的分析,在 C3、D4 和 F2 三节则对各领域的不同群体进行了区别分析。接下来,我们将对如何从教育学和经济两方面满足人才的需求进行进一步观察。

婴幼儿时期的教育和照管这一块,除了有年龄方面的限制以外,还因为为 3 岁以下婴幼儿提供的照管服务的扩充,接下来几年会有更多的人员需求。预计会新增近 50000 个幼托机构的专业人员岗位,以及 33000 到 50000 个保育人员岗位。[1] 这是否会带来非全职工作人员数量的进一步上涨,又是否会对这些机构教育目标的实现和教育计划的实施产生影响都有待进一步观察(参见 C3 章节)。

2006 年新聘的师资超过了见习期应届毕业生的数量

在普通教育学校和职业学校,仅仅因为年龄结构的问题,接下来几年各学科和年级对有教育资格的教师需求,虽会有一些地区性差异,但都会明显上涨(参见 B4 章节,表 B4－2A,D4 章节)。2006 年新聘的师资就已经超过了见习期应届毕业生的数量。[2] 过去几年内失业的教师数量减少,这首先带来的是短期失业教师(失业 12 个月以下)的占比减少。[3] 所谓的转行从教者[M],其份额在 2006 年新聘的师资中占到约 3%,主要在各种不同类型的学校从教于物理、数学和外语以及金属和电工技术等学科。

数学、自然科学以及技术工商业等学科专业教师短缺

最新的州层面的估测显示,尤其是西部各州,在普通教育学校对物理、化学、信息学、数学和拉丁语这些科目,在职业教育领域对金属和电工技术等学科有较大的招聘需求。应聘者的专业选择和教职所需的专业之间的差异已是众所周知的客观现实,它严重威胁着相关学科的课程供应。缺少具有专业资格的教师这一点,早在 2003 年就有中学校长在国际学生评估项目(PISA)的框架下提出过,2006 年又被重新强调(表 I1－5A)。

从申请教职者的数量和其资格来看,2006 年参加教师考试的大学生虽然比之前 3 年都多,但他们大多考的学科都是需求较小的语言和文化学科目,这部分的人数在 2006 年占到了参加教师考试总人数的 63%。而数学和自然科学的考试人数则只占 19%,明显低于前者(图 I1－2,表 I1－6A)。

---

① 参见:Schilling,M./Rauschenbach,T. (2008):Die Last zuverlässiger Bedarfsbestimmungen. In:Thole,W. et al. (Hrsg.):Bildung und Kindheit. Pädagogik der Frühen Kindheit in Wissenschaft und Lehre — Opladen u. a.,S. 295－316.

② KMK:Einstellung von Lehrkräften 2006.

③ 参见:Bundesagentur für Arbeit:Arbeitsmarkt Kompakt 2007. Lehrer,S. 4.

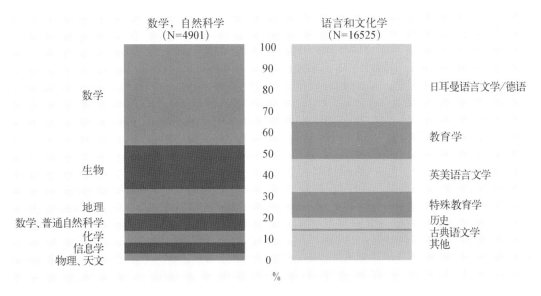

图 I1‑2　2006 年各科类通过教师资格考试的人数

来源：联邦及各州统计局，2006 年高校数据统计

在语言和文化学，绝大多数考生考的是日尔曼语言文学、教育学和英美语言文学，而需求较大的专业占比却最低，如拉丁文和现代欧洲语言（如法语、西班牙语）只有不到 1％ 和 4％。数学和自然科学的情况也并不比此乐观多少。招聘需求上升的专业，如物理、信息学和化学的占比只有 3％ 到 5％，在成功通过的考试中为最小的一部分。

物理、化学和信息学的毕业生少

目前教师专业的大学新生中，第一专业为语言学和文化学的人数一如既往地占据统治地位，占比达 58％。从专业的优先选择体现出来的兴趣点，很可能会锐化相关专业人才短缺的问题，如对经济意义尤其重大的数学自然科学和技术领域，专家紧缺的问题恐怕会日趋严重（参见 F5 章节）。尽管过去 3 年，在第一专业的选择上，各专业的人数占比有些许变动，且是朝着有利于数学和自然科学（2006/07 年度约为 26％）的方向，生物学占比有减小的趋势，这对数学和物理两科有利（表 I1‑7web）。至于数学、自然科学专业新生人数的上涨是否会使这些专业参加教师考试的毕业生人数有所增加还有待观察。由于教师专业学程中女性的占比始终稳居高位，而女性在专业选择时又始终偏向人文科学和社会学领域，这就更加固化了应聘者所学的专业与学校需求之间的矛盾。

语言学和文化学教师专业学生人数居高不下

专业教师的供应不足还会引发各州为抢得最好的应聘者而展开的激烈竞争。除了要保障量上的需求以外，教师个人的素质也不容忽视。几个比较具有代表性的学校成绩调查研究，如 PISA 2003 和 DESI 就指出，[1]教师的专业能力，其中首先是专业教学方面的能力，对于学生成绩的提高十分关键。因此，由对专业不熟悉的英语教师所教出来的学生，成绩提高幅度相对较小。对数学这门科目，还有一个 PISA 2003 的补充调查，[2]其结果显示，比较成功的课所选用的练习，对认知水平具有较高的要求，并紧密贴合教学计划，而这种内容

---

[1] Prenzel，M. et al（2006）：PISA 2003 — Untersuchungen zur Kompetenzentwicklung im Verlauf eines Schuljahres — Münster；DESI-Konsortium（2008）：Unterricht und Kompetenzerwerb in Deutsch und Englisch — Weinheim.

[2] 有关 COAKTIV-Studie 参见：Baumert，J. et al.（unter review）：Teachers' Mathematical Knowledge，Cognitive Activation in the Classroom，and Student Progress. American Educational Research Journal.

教师的专业教学能力是一堂课是否成功的重要先决条件

上的高质量又依赖于教师的专业教学知识。此外,清晰、目的明确、防止外界干扰的课堂引导方式,以及以学生为中心、教师从旁支持的课堂氛围也是课堂是否成功的参考特征(参见图 I1－3web)。让教师继续参加培训和进修,使其能够平衡地达到这多方面的要求,是一个很大的挑战。

高校领域对有专业资格人员的需求,与普通教育学校的明显不同。2000 年以来,教职人员的年轻化趋势已经显现,因此,与普通教育学校相比,高校因自然退休而产生的人员空缺明显较少。不过,高校的合同教师的数量增长幅度却引人注目,从 1997 年到 2006 年增长了约 45%,以填补学生教育和管理方面的人员空缺。这也是师资储备不足的佐证之一,特别是在当下的高等教育改革过程中(参见 F2 章节,表 F2－5web)。鉴于教育政策以及就业政策力求提高大学新生率,[①]现在已经很明显的教育和管理人员的短缺意味着师资队伍的扩充需求会显著上升。而对教育和管理师资这种上升的需求,很难通过合同教师来满足。

教育系统与其他经济领域争夺高素质劳动力的竞争日益激烈

劳动力需求的发展情况显示,对优质劳动力的利用率相对较高。这将加剧教育体系和其他经济领域之间为争夺高素质劳动力而发生的竞争。从这些现状来看,我们的确有理由担心,对于已知的劳动力质和量两方面的需求教育体系自身能否妥当地应对。

Ⓜ 概念注释

国家收益率:国家收益率是一种衡量标准,例如衡量取得某一教育文凭需要的成本投入与取得该文凭之后产生的长期社会收益之比,以对比成本与总的额外收入的方式来计算。参见:www.oecd.org/edu/eag2007 的附件 3。

转行从教者:转行或称跨行从教者,是指那些取得了(综合性)大学毕业文凭但未经过教师专业的培训、针对某些特定的科目以及科目的结合而被录用进学校教学岗或预备岗的申请者。如果他们参加了第二次教师国考则不再是转行从教者。

I2 个人的教育收益

从个人的角度,在教育上付出的努力会带来多方面的回报。一是职业上的成功指标会因受教育程度的提高而提高(更高的就业率,更低的失业风险,更高的收入),并且职业的选择以及个人在工作中的发挥和发展机会也会随之增多。另则,个人从教育当中的收益还会发挥在职业生活以外的地方(例如会在获得各种能力时),或在个人的生活方式中。

教育、个人生活与社会参与

各种教育的参与者,可以从教育中获得的对个人生活有利的直接收益,主要体现在其能力的进一步发展上,另外还有在今后的生活中,这些人比其他人生活得更健康、更积极、

---

① BMBF（2007）：Bekanntmachung der Verwaltungsvereinbarung zwischen Bund und Ländern über den Hochschulpakt 2020 vom 05. 09. 2007, veröffentlicht im Bundesanzeiger Nr. 171, S. 7480.

也更成功。由罗伯特-科赫-研究所(Robert-Koch-Institut)负责的 2006 年儿童和青少年健康调查结果表明，[1]儿童和青少年对待健康的态度和行为方式，因其受教育程度的不同而不同：关于吸烟和饮酒的调查结果显示，这些行为与个人参与的教育学程有很大关系，同时也在社会地位、移民背景和所在地区等因素的影响下有很大差异。普通中学的男、女生抽烟的机率分别是同龄的高级文理中学的男、女生的 4.6 和 3.4 倍。同样，普通中学的男生有日常饮酒习惯的概率接近文理中学的两倍(表 I2－7web)。至于其他关乎健康的行为，例如饮食习惯、业余活动安排、体育运动或处理冲突的方式同样也与人们的受教育程度和社会背景有关。[2] 在儿童时期和青少年时期所形成的关乎健康的行为方式就如 2006 年版教育报告中所指出的那样，在今后的生活道路上会一直保持，很难改变。

因学校教育程度的不同，人们对于主动参与社会生活的机会、把个人的利益与个人在重要社会领域施加影响相结合的机会的把握程度也会不同。[3] 在儿童和青少年时期就会体现出人们参与社会活动的意愿也与其受教育的程度成正比(参见 D5 章节)，并且在今后整个生活过程中对个人的生活方式都是一个很重要的影响因素。有新的关于社会志愿服务参与度的调查表明，青少年的参与度与其所取得的学校文凭类型成正比。[4]

早期的社会参与发展情况随参与的教育学程和受教育程度而变化……

这种随着受教育的程度而改变的社会参与度在人们今后的生活中也将继续。正如 SHARE 研究[M]的结果证明的那样，中老年人当中受教育程度较高者参与义务活动的明显多于受教育程度较低的。50 岁以上的人当中，受教育程度较低的只有 5% 积极参与社会活动，而受教育程度较高者中则有 10% 以上，儿童和青少年的情况也与此类似。[5] 在社会老年学研究的背景下，鉴于人口的发展状况，中老年一代对社会义务活动的参与，除了体现出教育的个人收益以外，也是一种重要的国民经济资源和社会资源，其作用的发挥同样与教育程度相关(表 I2－13web)。

……并在今后的生活中保持稳定不变

教育与工作

教育水平的高低，从两个方面影响着人们的职业生活的参与情况以及就业状况[M]：一方面，它影响着在一个有同类资格的群体中从业的、正找工作的和失业的人群各自的占比；另一方面，它还影响着非从业人员的占比高低。由此，2006 年在 25 岁到 65 岁以下的人群中未经职业培训的、非从业者的占比达到约 34%，而高校毕业生中的非从业者则只有 11% 不到(图 I2－1，表 I2－2A)。

2006 年，在没有职业教育文凭的人中，失业人员占到 12% 左右，而在有高校文凭的人中，失业人员只有 4%。1991 年，没有职业教育文凭的人中，失业人员占比为 6% 不到，仅为高校文凭者中失业人员占比(约 4%)的 1.5 倍左右，而这一差距到了 2000 年却扩大了 2 倍，2006 年甚至扩大到了 3 倍(表 I2－4A)。同样，对于在中等教育第二阶段取得了职业文

就业市场上由教育水平所决定的差异越来越大

---

[1]　Robert-Koch-Institut (2007)：Erste Ergebnisse der KiGGS-Studie zur Gesundheit von Kindern und Jugendlichen in Deutschland.

[2]　参见：Schlack，R./Hölling，H. (2007)：Gewalterfahrungen von Kindern und Jugendlichen im subjektiven Selbstbericht. In：Gesundheitsblatt — Gesundheitsforschung — Gesundheitsschutz 5/6，S. 819－826.

[3]　参见：《德国国家教育报告(2006)》(德文版)，第 118 页起。

[4]　Düx，W. et al. (2008)：Kompetenzerwerb und freiwilliges Engagement，Wiesbaden，S. 33 ff.

[5]　Erlinghagen，M./Hank，K./Wagner，G.：Freiwilligenarbeit der älteren Bevölkerung in Europa. Wochenbericht DIW Nr. 10/2006.

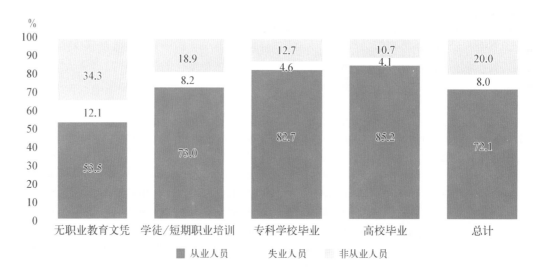

图 I2-1 2006 年 25 岁到 65 岁以下的从业人员、失业人员和非从业人员分别占
该群体人口的比例,按职业教育文凭类型统计(单位:%)

来源:联邦及各州统计局,2006 年微型人口普查

凭的人来说,失业的风险也在提高。1999 年,该群体的失业率还只有不到 5%,2006 年就已经达到了约 8%。教育的扩张使得高素质劳动力的占比提高,这部分劳动力依然广泛地被就业市场所吸收,与此同时,随着时间的推移没有职业文凭的人与获得了高校文凭的人所面临的失业风险,其差距越来越大。

这种表现模式在所有的年龄段以及在各州的比较中都是如此(表 I2-2A,表 I2-4A)。所有的州,没有职业文凭者的就业率都很低,即便因各州的经济能力的强弱会有所不同,如萨克森州,25 岁到 65 岁以下的人中没有职业文凭的从业者占比为 40%,而巴登-符腾堡州和巴伐利亚州则有近 60%。萨克森州有高校文凭的人中从业者占比达到两倍以上(83%),巴符州和巴伐利亚州这部分人群的占比则分别为 87% 和 86%。总体来看,教育水平高的人群中就业情况的地区差异较小。这样的结果不仅是因为地区间的经济实力不同,也与职业资质越好、地域流动的灵活性就越大有关系。

更好的教育使女性的就业率上升,但与男性的差距依然很大

2006 年,各个文凭类型群体中的男性就业率较 1991 年有所下降,而女性的就业率则有上升,特别是在非从业者占比下降的情况下,这一变化并不能平衡男女在就业率上长久以来存在的差异。女性的非从业者在各个资质群体中的占比都约为男性的两倍。总体上,男女的就业情况无论是在水平上还是在结构上都和以前一样有很大差异。这一点,在资质水平较低的群体中表现得尤为明显。获得专科学校文凭的群体中,男女从业者占比的差距在 7 到 8 个百分点,而没有获得职业文凭的人群中,女性从业者的占比比男性要低 17 个百分点(表 I2-3A)。

在其他国家,德国所报告的这一趋势也同样存在:从业者的教育水平越高,就越容易融入就业市场(表 I2-8web)。没有获得中等教育第二阶段文凭的人,在所有的 OECD 国家都是面临着最高失业风险的人群。

教育、收入与投资回报率

取得层次较高的教育文凭,不仅在就业上更有优势,且一般收入状况也会更好。国际比较显示，在所有的国家，获得了高等教育文凭的毕业生，其收入都比仅取得了中等教育第二阶段或后中等教育阶段、非高等教育文凭的毕业生要高。[①] 在德国，前者的收入大约比后者要高出一半左右。与此相比，所取得的文凭低于中等教育第二阶段的从业者，和取得中等教育第二阶段文凭的人之间，收入差距要小一些（表 I2 - 5A）。

更高级别的职业文凭意味着在收入上有更多优势

　　人们对教育的投资回报率[M]的估计与上述情况是一致的。这里的估值说明，与低一个层级的文凭相比，人们对于在教育上每多花一年、或者每获得更高一级的文凭，所带来的增加收入的期待值。图 I2 - 2 展示的是，2006 年德国持有各类文凭的全时工作者与参考对象（没有取得普通教育学习文凭或仅有普通中学毕业文凭的全时工作者）相比，所得的教育的投资回报率情况（表 I2 - 6A）。

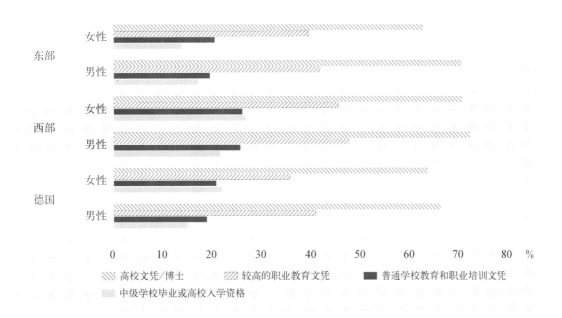

图 I2 - 2　全德、东部和西部的教育投资回报率，按文凭类型和性别统计（单位：%）

参照对象：无普通学校教育文凭，只有普通中学毕业但无职业文凭的人
来源：联邦及各州统计局，2006 年微型人口普查，自己计算得出

　　与预期的一样，拥有高等教育文凭的全时工作者的教育投资回报率最高，不过与其所学的专业还是有很强的关联性，不同专业之间的投资回报率差异很大（图 I2 - 3web，表 I2 - 9web，表 I2 - 10web）。[②] 与双元制职业教育毕业的全时工作者相比，高校毕业的平均投资回报率要高出超过 46 个百分点。在男女比较上，除了一处例外以外，在两个较低的资质群体中女性的投资回报率都高于男性，也就是说，在这个资质板块，女性因受教育程度较高，从教育中获得的收益普遍高于男性。而在两个较高的资质群体中情况则是相反的。这背后可能有多种原因：可能是较大一部分女性从事着低于自己资质水平的工作，[③]还有男女在专业选择上的不同以及职场运作机制中女性一如既往地遭受到不公正

①　参见：OECD（2007）：Bildung auf einen Blick —— Paris，S. 155 ff.
②　参见：Wahrenburg，M./Weldi，M.（2007）：Return on Investment in Higher Education —— Evidence for Different Subjects，Degrees and Gender in Germany —— Universität Frankfurt，S. 19.
③　参见：《德国国家教育报告（2006）》（德文版），第 186 页。

待遇等。

基于 SOEP 的数据计算出的高等资质水平群体的教育投资回报率显示：首先，随着教育的扩张，优质劳动力的增加并未导致投资回报率的降低。第二，从 1989 年起直到现在 21 世纪初，东西部有高校毕业文凭的全时工作者的教育投资回报率一直存在着差异，但这一差异在此期间正逐渐趋于平衡(表 I2‐11web)。1992 年，德国西部这一资质群体的教育投资回报率尚高出东部 30 个百分点，到了 2006 年只高出约 10 个百分点。

有移民背景的从业者，其获得的教育投资回报率明显低于德国从业者。投资回报率的平均差距与形式上的资格水平成正比。[1] 男性的差异普遍大于女性的差异。另外，各同等级别的资质群体内部，受教育程度较高的、有移民背景的女性的投资回报率大多高于同类的男性(表 I2‐1)。

表 12‐1：男性和女性的教育投资回报率，按移民背景情况统计(单位：%)

获得的最高文凭	无 移 民 背 景			有 移 民 背 景		
	合计	男性	女性	合计	男性	女性
中级学校毕业或高校入学资格	21.9	21.0	27.1	3.5	2.0	15.4
普通学校教育和职业培训文凭	22.5	21.6	21.6	10.9	9.3	16.6
较高的职业教育文凭(专科学校毕业，师傅学校/技工学校)	42.7	44.4	35.8	22.3	23.7	25.0
高校毕业/博士	70.1	69.2	67.0	43.5	45.1	48.1
数量	83650	55686	27964	13226	9276	3950

参照对象：无职业文凭的从业者

来源：联邦及各州统计局，2005 年微型人口普查(30 到 60 岁的全时在职人员抽样调查)，自己计算得出

另外还值得注意的一点是，人们的高校毕业文凭或较高级别的职业教育文凭是在哪里获得的(在德国还是在国外)，在该项指标下，有移民背景且在德国获得文凭的从业者事实上与德国人的投资回报率没有什么区别。相反的，那些在移民来德国之前就已经完成了较高级别的职业教育或高等教育的人所获得的投资回报率明显低于在德国本土取得文凭的从业者(表 I2‐12web)。其原因可能是工作的对口性较差，也可能是他们之前所受的培训不符合德国就业市场的要求。[2]

按照个人不同的教育投资情况来看可以得出以下结论，受教育程度越高，在工作上得到的投资回报率就越高。那些连一个职业文凭都没有的人与有职业文凭且受教育程度较高的人相比不单单面临着大得多的失业危险，而且他们在收入上也有很大的劣势。由此可见，较高级别的教育资质给个人带来的收益不仅体现在与工作相关的方面，而且会因收入上的优势对投资回报率的计算有一定影响。以经验为基础的研究证明，无论是在工作领域之内还是之外，教育都有大量的积极效应(例如可以获得更好的工作条件，职业上

---

[1] 为了获得足够的研究基数，这里的参考对象选择了一个较大的群体(没有获得培训文凭的)。还要注意的是，这边的人数是 2005 年的数据，因为是在这一年，而不是 2006 年，另外对父母的来源进行了微调查。

[2] 参见：Kreyenfeld，M./Konietzka，D. (2002)：The Transferability of Foreign Educational Credentials —— the Case of Ethnic German Migrants in the German Labor Market.

更多更好的进修机会,参与社会活动时能将个人利益更好地结合进去或实现,更好的健康预防措施等)。[①]

Ⓜ概念注释

SHARE: „Survey of Health, Ageing and Retirement in Europa":"欧洲健康、老化和退休调查"于 2004 年首次在 10 个欧洲国家(丹麦、德国、法国、希腊、荷兰、意大利、奥地利、瑞典、瑞士、西班牙)进行。该调查包括了 50 岁以上的 22000 多人的健康、经济和社会地位的信息。

就业状况:所谓的从业人员是指处在每周至少有一个小时的工作的劳动关系中的人员或是独立经营和自由职业者,又或是作为帮忙的家庭成员。根据 ILO 对劳动力的定义,如果一个人在报告周内没有从事与收入挂钩的工作也不是独立经营者,并且在过去的四周内都在积极地寻找工作,这样的人被定义为失业人员,此外,他们必须在两周内可以接受一个工作,也就是说可以为劳动力市场所用。非从业人员既非从业人员也非失业人员。这里所提交的分析与 ILO 的定义范围有所出入(参见词汇表)仅限于 25 岁到 65 岁以下的人员。就业率的计算基数是处在该年龄范围中的人口数。由此,从业人员、失业人员和非从业人员的占比相加应为 100%。失业率是以所有人口总数为基数,而不是以从业的人口为基数来计算的。

教育的投资回报率:教育的投资回报率指出的是对某一项教育措施(额外的培训年、更高一级的教育文凭的获得)可期待的相对收入优势。其计算公式明瑟方程(Mincer-Funktion)是一个回归分析法的估量计算函数,用来计算出工资对数(因变量)与学校和职业教育的时间长度、或取得的文凭以及职业经验年数(自变量)之间的关系。

估算教育投资回报率所用的数据:教育投资回报率的计算依据的是 2006 年的微型人口普查和社会经济调查(SOEP)有关全时工作者的数据。由于微型人口普查中的收入等级只引用了净收入,所以在计算个人的收入时会用给出的收入等级的中间值来近似计算。"职业经验"这一变量则取年龄与受教育年数的差来近似处理。按照移民背景情况统计的投资回报率,其移民背景的定义则依据的是为 2005 年的微型人口普查所制定的计划(参见《德国国家教育报告(2006)》(德文版),第 140 页)。只有在描述两个差异不大的资格群体(较高级别的职业教育文凭和高等教育文凭,其参考对象:中等教育第二阶段或更低的文凭)时用到了 SOEP 数据,在描述其投资回报率的长期发展情况时,此处的教育投资回报率计算以总的小时工资为基础。

I3 教育经历与机会均等

我们期待教育事业能帮助建立机会均等。上世纪 60 - 70 年代的教育扩张使德国所有的社会群体的教育水平都得到了提升。在此过程中,地区间的差异和性别差异都得以减小,而消除社会不平等性的达成程度却明显小得多。此外,在过去的 40 年里,自身或父母以及祖父母是移民来德国的人在教育上仍面临着不公正的待遇。2006 年版教育报告就社会、经济原因所造成的教育的不平等性问题,尤其是有移民背景的人面临的棘手的困境作了相关描述。本书继承了这些调查结果并对其进行补充,在单个的章节以及重点章节中,将其单列出来加以分析。下面将按照"终生教育"这一主旨对这些调查结果进行总结陈述。

[①] 参见:Psacharopoulos, G. (2007): The Cost of School Failure. A Feasibility Study, a. a. O., S. 10 - 19.

社会背景与教育经历

子女的教育水平一如既往地与父母的教育水平有很大关联

　　1970 年到 1980 年代初进入小学的一代,回顾他们从上学开始到中年的教育经历,情况如下:人们取得的最高学历与其父母的教育水平有很大关联。父母的受教育程度是中等第二阶段,子女同样停留于该水平的概率高达 96%。如果父母的教育水平在此之下,子女的受教育程度与父母相同的概率为 80%(参见 B3 章节)。高校入学资格的获得与否与父母的教育水平更有关系,而不是父母的职业状况和收入(参见 D7 章节)。很显然,对一部分孩子来说,父母的教育经历和期望值的确对其产生了很大影响,从而使得社会阶层的差距通过下一代延续下去。

　　来自较高社会阶层的孩子,从学校成绩的比较来看,更多的是上高级文理中学(参见 D1 和 D7 章节),在 15 岁时就已经表现出明显的能力优势(参见 D6 章节),大部分常常能够进入高要求的职业培训学程(参见 H3 章节)或高校学习(参见 H4 章节)。而究竟要不要进入高校学习,这个决定大多在中学的学习过程中就做好了。由于普通学校教育经历的选择又是与父母的社会经济状况和教育水平相关,因此它作为一种社会选择的模式会继续下去。

双元制职业教育吸纳来自受教育程度较低的家庭的孩子的功能逐渐降低

　　来自受教育程度较低家庭的孩子,能够成功进入双元制职业教育的越来越少(参见 H3 章节)。2006 年,取得了普通中学文凭的毕业生仅有 41% 直接从普通学校进入到双元制培训中;约半数(未获得普通中学文凭的甚至有 80%)到了过渡体系。这样的社会差异,历经学校教育和职业教育最终还会延续到继续教育和成人的非形式教育中(参见 G3 章节)。

　　PISA 的研究结果显示,2000 到 2006 年之间,德国 15 岁的青少年通过教育所获得的能力,与其家庭的社会经济背景之间的关联性有所减弱,但在国际比较中仍然很突出。目前,有 28% 的 18 岁以下的青少年正面临一定的社会风险(来自有贫困风险的家庭,父母失业或不在培训中;参见 A3 章节),还有三分之一的大学生,其手头的经费不足法定赡养费的标准(参见 F3 章节),鉴于这些事实情况,保障社会地位较低的群体能够接受教育,已是教育政策刻不容缓的议程。

男性和女性的教育经历差异

女性在整个教育过程中比男性更成功……

　　从性别的角度来考量,现如今教育的很多领域的情况已经与 1960 年代大相径庭。如果说今天 30 岁到 35 岁的男性职业教育水平差不多是过去 60 岁到 65 岁的男性的水平,那么年轻一代的女性与其母亲那一代相比,甚至与同龄的男性相比,都要高出很多。在学习行为上,从小学到大学,女性都证明自己是更成功的一个群体:女生平均比男生入学早(参见 C4 章节),在核心能力阅读上成绩更好(参见 D6 章节),留级的频率比男生低(参见 D2 章节),肄业的现象也更少(参见 D7 章节),从中学到职业教育的过渡更顺利(参见 H3 章节),在职业教育中也是更多的毕业于层次和要求较高的板块(参见 E4 章节),获得高校入学文凭的比例也明显更高(参见 D7 章节),新生率也更高(参见 F1 章节),中断学业的较少(参见 F4 章节),在大学毕业生中占大多数(参见 F5 章节),年轻人的失业率较低(参见 H5 章节),并且在工作的同时对继续教育机会的利用率也更高(参见 G1 章节)。

女性在教育系统内表现出来的明显的成功优势,在工作中却部分丧失(参见 H5 章节)。虽然过去几年内,女性在典型的女性职业中的占比仍在持续上升(参见 A2 章节),其中也包括教育行业的工作:在所有的从业者中女性占比不到半数,但在教育机构的教学和科研人员中女性却占到了三分之二,且普通教育学校中的女性比例还在增长(参见 B4 和 D4 章节)。但是,在就业率和职业的模式上,还是一直存在着巨大的男女差异。虽然更高层次的教育水平提高了女性的就业率,但是在高等资质的群体中女性所能获得的教育投资回报率平均仍然低于男性(参见 I2 章节)。大学毕业 5 年后,女性从业的比例要低于男性(参见 H5 章节)。在成功完成博士学业的人当中女性的占比在所有的专业都远远不到50%(参见 F5 章节),虽然在高校教师中女性占比在上升,却仍然不到六分之一(参见 F2 章节)。

……但在职业体系中却仍处于劣势

对性别差异的分析,揭露了一种发展趋势,它在关于对女性的歧视的公开讨论中,几乎未曾论及:年轻男性,特别是自身或父母受教育程度较低的其中又以有移民背景者为最,这些人面临的失败风险本来就高,在过去几年又显著上升。最高学历为普通中学毕业的男性,在双元制体系中的占比减小,减少的这部分也没能通过学校职业教育中的完全资格的职业培训来弥补(参见 H3 章节)。25 岁以下的年轻男性失业率升高同样是指明上述问题的一个点,需要严肃对待。因此,因不同的性别所导致的个人教育经历的差异,必须重新给予关注。

高风险群体:没有或仅有较低层次的学校文凭的年轻男性。

教育经历与移民背景

有移民背景的人在德国西部占全部人口的 21%,在东部占 8%。在教育参与度特别高的年龄段(25 岁以下)有移民背景的人在西部的占比达到 30%,若按地区来分,他们在人口稠密地区甚至高达 50%(参见 A1 章节)。这个群体对教育体系来说是一项越来越严峻的挑战。

相比之下,有移民背景者的教育参与度比较低(参见 A1 章节)教育水平也较低(参见 B3 章节),因此,他们要在教育的道路上取得成功、获得适当能力的机率也明显偏低:有移民背景的小学生在从初等教育向中等教育过渡时即使在对社会和经济状况进行控制的情况下仍少有进入高级文理中学的(参见 D1 章节)。尤其是第二代移民(也就是在德国出生的),其中半数以上都是土耳其的后裔,他们的能力值相比之下远不及没有移民背景的学生(参见 D6 章节)。非德裔的青少年获得高校入学资格的机率也比较少,肄业率却较高(参见 D7 章节)。与此相应,他们进入职业教育的过渡也耗时更长,难度更大。在双元制培训中,非德裔青年人的占比明显较低,而在过渡体系中的占比则相应较高(参见 H3 章节)。十多年以来,外裔男性青年在双元制中的占比下降,从而导致他们在进入职业培训的过渡中受到歧视,蕴藏着巨大的遭社会排斥的风险。

移民背景带来的差距尤其影响到向职业培训的过渡

移民背景带来的各种问题,一方面似乎体现在空间上还有制度上的种族隔离,这在2006 年有关普通学校教育的报告中已有描述,其实更多地存在于日托机构中(参见 C2 章节)。另一方面,从普通教育学校到职业培训的过渡过程已证实是一个关键的障碍。这些歧视,有一部分是由移民的社会背景和经济状况造成的。

在向职业生活过渡的过程中,没有出现更多的差异

有趣的是,一旦他们成功进入了职业教育并且顺利毕了业,这之后就不会再显出什么差距来。对从培训进入职业生活的过渡而言,移民背景显然不再有多大影响(参见 H5 章节)。外国人的继续教育参与度低,这是由其所接受的不同的学校和职业教育造成的(参见 G1 章节)。有移民背景的从业者的教育投资回报率与德国人无异,只要他们的文凭是在德国取得的(参见 I2 章节)。因此,努力促进有移民背景的学生向职业培训过渡,就变得更加重要。

教育政策面临的挑战：更好地支持所有的儿童和青少年

受教育程度较高的人,一般都能对教育方方面面的益处(教育生涯、职业生涯、个人发展、寻找伴侣、个人的生活方式)加以利用,而没有职业文凭的人,自主决定生活方式和社会参与的机会就会明显受到一定限制。在未来,教育政策在继续改善外部框架条件,为有能力、有天赋的人的发展提供支持的同时,还得将主要的关注点放在没有培训和职业文凭以及受培训程度较低的人身上来。针对这一群体,尤其需要加强干预措施和促进措施,以大力提高他们的工作和社会生活参与度。当前的这些调查研究已经证明,这些措施,如果早日被利用起来,可能的话从婴幼儿的教育、照管和培养就开始,最晚也要在学龄期开始,那么它们不仅会带来可观的社会收益,①而且也会对机会均等的建立做出巨大贡献。

---

① 参见：Heckman, J. J.（2007）：The economic, technology and neuroscience of human capability formation. In: Proceedings of The National Academy of Sciences 104（33）, p. 13250 - 13255; Fritschi, T./Oesch, T.（2008）: Volkswirtschaftlicher Nutzen von frühkindlicher Bildung in Deutschland — Gütersloh.

表格附件

对教育报告中的所有数据会进行定期检测和审核。因在重新统计特征数的过程中会再进行审核或者纳入其他数据源,所以新的结果会与之前报告存在偏差(修正值)!

    — = 无

    0 = 数值大于零,但小于单位值的一半

    / = 因数值不确切,暂无说明

 (n) = 因抽样范围小,所得值意义有限

    · = 无可用数据

    X = 类别不适用

 x( ) = 数据已含于此表另一类别或另一栏中

因部分数值化整,总数会存在一定偏差。

表 A2 - 1A: 1995 年至 2007 年,按性别统计的以下各国的失业率情况[*](单位: %)

国 家	1995	1996	1997	1998	1999	2000	2001	2002	2003	2004	2005	2006	2007
	\multicolumn{13}{c}{%}
\multicolumn{14}{c}{总 计}
德国	8.0	8.7	9.3	9.1	8.2	7.5	7.6	8.4	9.3	9.7	10.7	9.8	8.4
法国	11.0	11.5	11.5	11.0	10.4	9.0	8.3	8.6	9.0	9.3	9.2	9.2	8.3
意大利	11.2	11.2	11.3	11.3	10.9	10.1	9.1	8.6	8.4	8.0	7.7	6.8	6.1
荷兰	6.6	6.0	4.9	3.8	3.2	2.8	2.2	2.8	3.7	4.6	4.7	3.9	3.2
奥地利	3.9	4.3	4.4	4.5	3.9	3.6	3.6	4.2	4.3	4.8	5.2	4.7	4.4
芬兰	15.4	14.6	12.7	11.4	10.2	9.8	9.1	9.1	9.0	8.8	8.4	7.7	6.9
瑞典	8.8	9.6	9.9	8.2	6.7	5.6	4.9	4.9	5.6	6.3	7.4	7.0	6.1
英国	8.5	7.9	6.8	6.1	5.9	5.4	5.0	5.1	4.9	4.7	4.8	5.4	5.3
欧盟 27 国	·	·	·	·	·	8.7	8.5	8.9	8.9	9.0	8.9	8.1	7.1
美国	5.6	5.4	4.9	4.5	4.2	4.0	4.8	5.8	6.0	5.5	5.1	4.6	4.6
\multicolumn{14}{c}{男 性}
德国	7.2	8.2	9.0	8.8	8.1	7.5	7.8	8.8	9.8	10.3	11.2	10.2	8.5
法国	9.3	10.0	10.0	9.4	8.9	7.5	7.0	7.7	8.1	8.4	8.4	8.4	7.8
意大利	8.6	8.7	8.7	8.8	8.4	7.8	7.1	6.7	6.5	6.4	6.2	5.4	4.9
荷兰	5.5	4.8	3.7	3.0	2.3	2.2	1.8	2.5	3.5	4.3	4.4	3.5	2.8
奥地利	3.1	3.6	3.6	3.8	3.3	3.1	3.1	4.0	4.0	4.4	4.9	4.4	3.9
芬兰	15.7	14.3	12.3	10.9	9.8	9.1	8.6	9.1	9.2	8.7	8.2	7.4	6.5
瑞典	9.7	10.1	10.2	8.4	6.6	5.9	5.2	5.3	6.0	6.5	7.5	6.9	5.8
英国	9.9	9.2	7.6	6.8	6.5	5.9	5.5	5.6	5.5	5.0	5.2	5.7	5.6
欧盟 27 国	·	·	·	·	·	7.8	7.7	8.2	8.4	8.4	8.3	7.6	6.6
美国	5.6	5.4	4.9	4.4	4.1	3.9	4.8	5.9	6.3	5.6	5.1	4.6	4.7
\multicolumn{14}{c}{女 性}
德国	9.0	9.2	9.8	9.4	8.4	7.5	7.4	7.9	8.6	9.1	10.1	9.4	8.3
法国	13.0	13.3	13.2	12.8	12.1	10.8	9.9	9.7	9.9	10.3	10.2	10.1	8.9
意大利	15.4	15.2	15.3	15.4	14.8	13.6	12.2	11.5	11.3	10.5	10.1	8.8	7.9
荷兰	8.1	7.7	6.6	5.0	4.4	3.6	2.8	3.1	3.9	4.8	5.1	4.4	3.6
奥地利	5.0	5.3	5.4	5.4	4.7	4.3	4.2	4.4	4.7	5.3	5.5	5.2	5.0
芬兰	15.1	14.9	13.0	12.0	10.7	10.6	9.7	9.1	8.9	8.9	8.6	8.1	7.2
瑞典	7.8	9.0	9.5	8.0	6.8	5.3	4.5	4.6	5.2	6.1	7.4	7.2	6.4
英国	6.8	6.3	5.8	5.3	5.2	4.8	4.4	4.5	4.3	4.2	4.3	4.9	4.9
欧盟 27 国	·	·	·	·	·	9.8	9.4	9.6	9.7	9.8	9.6	8.9	7.8
美国	5.6	5.4	5.0	4.6	4.3	4.1	4.7	5.6	5.7	5.4	5.1	4.6	4.5

[*]这里的失业率指的是所有可工作人群中失业者的比例。在 15 岁至 74 岁的人群里,以下情况算作失业者: a) 在报告周内无工作的人, b) 临时有工作的人,即在报告周接下来的两周内拥有一份工作或者独立作业的人,c) 积极寻找工作的人,即在过去 4 周内(包含报告周)为了寻找工作或一份独立作业而进行了特殊举措的人,或者是已经找到一个工作岗位但是要以后(最多 3 个月之内)才开始工作的人

来源:欧盟统计局,欧洲劳动力数据统计

表 A2－2A：1995 年至 2006 年,联邦、各州和各乡镇在税收分配之前的税收收入(单位：百万欧元)

税 收 形 式	1995	2000	2002	2004	2006
	百万欧元				
总税收	416337	502425	479416	479495	486841
其中					
根据基本法第 106 条第 3 款规定的共享税	296128	368426	341002	332976	355337
联邦税收	68547	75504	83494	84554	72235
关税	3639	3394	2896	3059	3186
州税收	18714	18444	18576	19797	19564
乡镇税收	29308	36658	33448	39110	36520

来源：联邦及各州统计局,税收数据

表 A2－3A：1995 年至 2006 年根据职业群体和性别统计的就业者情况

年 份	就业者总计	其中：服务行业的就业者							
		总 计		其 中					
				知识和信息领域		与人打交道的服务行业		其他服务业	
	单位：千	单位：千	%[1]	单位：千	%[1]	单位：千	%[1]	单位：千	%[1]
总 计									
1995	36048	22488	62.4	5057	14.0	4932	13.7	12499	34.7
2000	36604	24348	66.5	5681	15.5	5771	15.8	12896	35.2
2002	36536	24806	67.9	5965	16.3	6043	16.5	12798	35.0
2004	35659	24679	69.2	6018	16.9	6134	17.2	12527	35.1
2006	37344	25774	69.0	6058	16.2	6658	17.8	13058	35.0
男 性									
1995	20939	10362	49.5	3115	14.9	1067	5.1	6180	29.5
2000	20680	10953	53.0	3493	16.9	1222	5.9	6238	30.2
2002	20336	11052	54.3	3639	17.9	1269	6.2	6144	30.2
2004	19681	10960	55.7	3620	18.4	1258	6.4	6082	30.9
2006	20477	11234	54.9	3572	17.4	1362	6.7	6300	30.8
女 性									
1995	15109	12127	80.3	1942	12.9	3867	25.6	6318	41.8
2000	15924	13388	84.1	2186	13.7	4548	28.6	6654	41.8
2002	16200	13750	84.9	2326	14.4	4774	29.5	6650	41.0
2004	15978	13715	85.8	2396	15.0	4878	30.5	6441	40.3
2006	16867	14540	86.2	2487	14.7	5297	31.4	6756	40.1

1) 就业者的比例
根据就业者从事的工作对其进行分组。服务行业的定义遵照 1992 年出版的对于职业的分类。以下职业群体被考虑在内：
知识和信息领域：60,61,735,75,77,82,83,87,88
与人打交道的服务业：84－86,89－93
其他服务业：66－74(不含 735),76,78－81
来源：联邦及各州统计局,微型人口普查

表 A3－1A：按照几个特征统计的 1996 年至 2006 年人民的生活方式

特　　征	人口总计	有孩子的家庭						婚姻伴侣	同居伴侣	单身
		夫　妻		同 居 者		单亲家长				
		父母	单身的孩子	父母	单身的孩子	父母	单身的孩子			
	单位：千	%								
1996										
人口[1]总计	*81114*	*25.7*	*22.1*	*1.3*	*0.9*	*2.8*	*3.8*	*22.6*	*3.3*	*17.5*
年龄层										
25 岁以下	21996	1.6	74.8	0.3	3.3	0.4	11.1	1.3	2	5.1
25 岁- 35 岁	12964	39	9.9	3.5	0.1	3.6	2.9	11	8.9	21
35 岁- 45 岁	11979	63.3	1.5	2.8	/	5.2	1.3	9.9	3.1	12.8
45 岁- 55 岁	10370	47.3	0.2	1.2	/	4.2	0.7	31	2.6	12.8
55 岁- 65 岁	10935	21	/	0.3	—	2.8	0.3	56.5	2.2	17
65 岁及以上	12870	4.8	/	0.1	—	2.5	0	47.2	1.4	44
其中 15 岁- 65 岁	55237	36.6	12.8	1.8	0.3	3.5	2.9	22.2	4.5	15.4
国籍										
德国	74212	24.9	21.3	1.3	1	2.8	3.9	23.5	3.4	18
外国人	6903	34.4	30.9	0.8	0.4	2.5	3.5	13.4	1.8	12.1
就业参与度										
可工作人群	39293	39.9	9.2	2.2	0.2	3.6	2.4	5.5	16.8	15.3
无业者	3450	40.7	9.3	2.1	0.2	3.4	2.3	5.6	16.4	14.9
就业者	35843	31.2	9.3	2.1	0.2	3.4	2.3	5.6	16.4	14.9
无就业能力者	41821	12.3	34.2	0.3	1.6	2	5.1	1.2	18.2	16
职业教育文凭										
获得文凭的总计	44704	36	5.2	1.9	0.1	3.2	1.5	28.7	4.6	18.8
短期/长期职业教育文凭[2]	32910	34.4	5.8	1.9	0.1	3.3	1.7	29	4.6	19.1
专科学校文凭[3]	4695	40.4	3.2	1.8	/	3	0.9	31.5	3.8	15.3
高等专科学校文凭[4]	2436	40.6	3.7	1.5	/	2.5	1.1	26.8	5.5	18.2
高等学校毕业文凭[5]/博士	4152	42	2.8	1.8	/	3.2	0.9	23.6	5.2	20.5
没有毕业形式的说明	510	28.6	9	1.8	/	3.1	2	30	4.5	20.6
没有职业文凭	31902	11.4	47.7	0.4	2.2	2	7.3	13	1.3	14.6
没有文凭说明	4509	23.6	9.6	1.1	0.2	3.3	2.3	30.8	3.5	25.5
2006										
人口[1]总计	*81690*	*22*	*19*	*1.8*	*1.3*	*3.3*	*4.5*	*23.7*	*4.1*	*20.2*
年龄层										
25 岁以下	21003	0.9	68.1	0.5	5.1	0.5	14.6	0.9	2.4	7
25 岁- 35 岁	9777	27.8	9.8	4.8	0.2	3.8	2.8	10	11.9	29

（续表）

特　征	人口总计	有孩子的家庭						婚姻伴侣	同居伴侣	单身
		夫　妻		同　居　者		单亲家长				
		父母	单身的孩子	父母	单身的孩子	父母	单身的孩子			
	单位：千	%								
35 岁-45 岁	13666	52.3	1.6	4.8	/	6.7	1.4	9.3	5	19
45 岁-55 岁	11886	46.1	0.4	1.9	/	5.9	1	24.4	3.6	16.7
55 岁-65 岁	9650	18.8	0.1	0.4	/	2.5	0.4	56.1	2.8	19
65 岁及以上	15708	4.1	/	0.1	—	2.1	0	54.8	1.9	37
其中 15 岁-65 岁	54737	31.7	12.4	2.7	0.5	4.2	3.7	19.6	5.6	19.6
国籍										
德国	74422	20.9	18.9	1.9	1.4	3.2	4.6	24.2	4.2	20.6
外国人	7268	33	20.6	1.3	0.5	3.4	3.7	18.2	2.8	16.5
就业参与度										
可工作人群	41570	34.4	8.3	3.2	0.3	4.6	2.6	18.7	6.6	21.3
无业者	4257	24.5	9.3	3.9	0.5	7.8	4.5	16.6	4.4	28.5
就业者	37312	35.5	8.2	3.1	0.3	4.3	2.4	18.9	6.8	20.5
无就业能力者	40121	9.2	30.1	0.5	2.4	1.8	6.5	28.9	1.5	19.1
职业教育文凭										
获得文凭的总计	49134	29.8	3.8	2.6	0.1	3.9	1.3	30.5	5.6	22.5
短期/长期职业教育文凭[2]	35544	28.8	4.4	2.6	0.1	4	1.5	30.7	5.5	22.4
专科学校文凭[3]	4867	31.7	2	2.7	/	3.9	0.7	33.8	4.8	20.4
高等专科学校文凭[4]	3084	33.5	2.7	2.1	/	3	0.9	29.2	6.7	22
大学文凭[5]/博士	5308	32.9	2	2.3	/	3.6	0.8	26.8	6.3	25.3
没有毕业形式的说明	332	29.5	3.9	3	/	4.8	/	30.1	3.3	24.4
没有职业文凭	32556	10.2	42	0.8	3.2	2.3	9.4	13.5	1.9	16.7

1）拥有常住地的家庭或生活方式的人口
2）包括职业实习、职业准备年、公共管理中等职位的准备年、职业/专科学校的职业资质文凭，一年制的卫生学校文凭
3）师傅/技工培训或者同等水平的专科学校文凭，两年或三年制卫校文凭、专科或职业学院文凭或者旧联邦州的专科学校的文凭
4）包括行政管理高等专科学校文凭和工程学校文凭
5）研究型高校和艺术高校

表 A3－2A：2006 年，根据就业参与度、家庭形式和最小孩子的年龄统计的母亲和父亲的情况

家 庭 形 式	就业者总计	正在就业中			暂时度假中[2]
		总计	全职[1]	半职[1]	
		%			
母　亲[3]					
总　计					
总计	63.9	57.2	17.1	40.1	6.7
妻子	63.2	56.5	14.5	42	6.8

家 庭 形 式	就业者总计	正在就业中			暂时度假中[2]
		总计	全职[1]	半职[1]	
		%			
同居女伴	68.2	58.8	25.7	33.1	9.4
单亲妈妈	65.2	59.8	25	34.8	5.4
其　中					
最小的孩子低于 15 岁					
总计	61.2	54	14.4	39.7	7.2
妻子	60.6	53.3	12	41.3	7.3
同居女伴	66	56	22.8	33.3	10
单亲妈妈	61.8	56.4	20.9	35.5	5.4
最小的孩子低于 3 岁					
总计	43.4	28.2	7.6	20.6	15.1
妻子	43.9	28.3	6.9	21.4	15.6
同居女伴	49.2	32.1	11.3	20.4	17.1
单亲妈妈	33.5	23.6	8.5	15.1	9.9
最小的孩子 10 岁至 15 岁					
总计	73.2	68.8	19.9	49	4.3
妻子	72.1	67.9	16.7	51.2	4.2
同居女伴	83.8	79.3	36	43.2	5.4
单亲妈妈	74.3	69.7	27.8	41.9	4.6
父　亲[3]					
总　计					
总计	89.2	84.4	80.1	4.3	4.8
丈夫	90.1	85.3	81.3	4.1	4.7
同居男伴	83.1	78.5	72.1	6.2	4.8
单亲爸爸	78.4	73.5	65.4	8	4.9
其　中					
最小的孩子低于 15 岁					
总计	89.3	84.5	80.1	4.5	4.7
丈夫	90.2	85.5	81.3	4.2	4.7
同居男伴	83.1	78.3	71.6	6.5	4.8
单亲爸爸	76	71.9	62.5	9.4	/
最小的孩子低于 3 岁					
总计	87.4	82.5	77.2	5.3	4.9
丈夫	89	84.1	79.2	5	4.8

（续表）

家庭形式	就业者总计	正在就业中			暂时度假中[2]
		总计	全职[1]	半职[1]	
		%			
同居男伴	79.2	73.3	66.3	7.1	5.8
单亲爸爸	/	/	/	/	/
最小的孩子 10 岁至 15 岁					
总计	89.3	84.6	80.8	3.8	4.7
丈夫	89.8	85	81.5	3.6	4.8
同居男伴	87.2	83.5	78.9	4.6	/
单亲爸爸	77.4	73.6	66	/	/

1）受访者的自我定位
2）例如产假、父母假
3）就业年龄的父母和家里最小的孩子低于 18 岁，继子和养子也算在内。
来源：联邦及各州统计局，2006 年微型人口普查

表 A3－3A：2000 年和 2006 年，根据父母的危机状况（就业状态、教育文凭和平均等值收入）统计的 18 岁以下孩子的情况

联邦州	总计	危机					危机				
		父母双方或单亲家长		收入低于家庭平均等值收入的60%[1]	至少面临一种危机	面临所有三种危机	父母双方或单亲家长		收入低于家庭平均等值收入的60%[1]	至少面临一种危机	面临所有三种危机
		无业或无就业能力	最高的学校文凭或职业资质低于ISCED3				无业或无就业能力	最高的学校文凭或职业资质低于ISCED3			
		单位：千					%				
2000											
德国	15192	1586	2629	3491	4711	544	10.4	17.3	23	31	3.6
巴登－符腾堡州	2105	129	398	397	612	56	6.1	18.9	18.9	29.1	2.7
巴伐利亚州	2342	122	357	404	640	36	5.2	15.2	17.3	27.3	1.5
柏林	543	108	107	117	180	27	19.9	19.7	21.5	33.1	5
勃兰登堡州	469	59	29	114	129	10	12.6	6.2	24.3	27.5	2.1
不来梅	102	19	34	27	37	9	18.6	33.3	26.5	36.3	8.8
汉堡	273	41	73	69	105	15	15	26.7	25.3	38.5	5.5
黑森州	1135	120	229	262	360	49	10.6	20.2	23.1	31.7	4.3
梅克伦堡－前波莫瑞州	313	53	28	86	105	8	16.9	8.9	27.5	33.5	2.6
下萨克森州	1513	180	267	334	424	76	11.9	17.6	22.1	28	5
北莱茵－威斯特法伦州	3362	382	741	937	1190	170	11.4	22	27.9	35.4	5.1

(续表)

联邦州	总计	危机					危机				
		父母双方或单亲家长		收入低于家庭平均等值收入的60%[1]	至少面临一种危机	面临所有三种危机	父母双方或单亲家长		收入低于家庭平均等值收入的60%[1]	至少面临一种危机	面临所有三种危机
		无业或无就业能力	最高的学校文凭或职业资质低于ISCED3				无业或无就业能力	最高的学校文凭或职业资质低于ISCED3			
		单位：千					%				
莱茵兰-普法尔茨州	736	65	132	157	215	27	8.8	17.9	21.3	29.2	3.7
萨尔州	173	20	41	42	54	9	11.6	23.7	24.3	31.2	5.2
萨克森州	742	106	36	184	221	12	14.3	4.9	24.8	29.8	1.6
萨克森-安哈特州	435	85	30	126	151	11	19.5	6.9	29	34.7	2.5
石勒苏益格-荷尔斯泰因州	529	50	88	117	154	21	11.9	20.9	27.8	36.6	5
图林根州	421	47	39	115	134	9	8.9	7.4	21.7	25.3	1.7
2006											
德国	14099	1658	1910	3457	4232	491	11.8	13.5	24.5	30	3.5
巴登-符腾堡州	1992	134	256	384	512	44	6.7	12.9	19.3	25.7	2.2
巴伐利亚州	2260	158	240	353	501	40	7	10.6	15.6	22.2	1.8
柏林	495	133	106	114	183	31	26.9	21.4	23	37	6.3
勃兰登堡州	356	50	21	119	124	8	14	5.9	33.4	34.8	2.2
不来梅	104	28	29	33	39	10	26.9	27.9	31.7	37.5	9.6
汉堡	267	42	53	78	93	16	15.7	19.9	29.2	34.8	6
黑森州	1054	107	159	228	312	30	10.2	15.1	21.6	29.6	2.8
梅克伦堡-前波莫瑞州	239	47	25	82	88	9	19.7	10.5	34.3	36.8	3.8
下萨克森州	1466	191	202	375	434	68	13	13.8	25.6	29.6	4.6
北莱茵-威斯特法伦州	3260	409	567	967	1132	155	12.5	17.4	29.7	34.7	4.8
莱茵兰-普法尔茨州	728	71	89	162	200	21	9.8	12.2	22.3	27.5	2.9
萨尔州	170	23	25	52	59	6	13.5	14.7	30.6	34.7	3.5
萨克森州	559	90	22	147	166	10	16.1	3.9	26.3	29.7	1.8
萨克森-安哈特州	326	62	29	124	133	11	19	8.9	38	40.8	3.4
石勒苏益格-荷尔斯泰因州	513	61	62	126	138	21	11.9	12.1	24.6	26.9	4.1
图林根州	313	52	25	111	117	10	16.6	8	35.3	37.4	3.2

1) 等值收入是基于家庭收入基础上计算得出

来源：联邦及各州统计局，微型人口普查

表 B1－1A：2005、2006 年按照各教育领域、出资方和占国民生产总值的比例统计的教育预算

教育领域		支出									
		10 亿欧元								占 BIP 百分比	
		2005							2006	2005	2006
		公共财政				私人领域	国外	国民经济			
		联邦	各州	乡镇	总计						
A	根据 ISCED 分级的国际上的教育预算[1]	9.3	71.1	21.2	101.6	25.6	0.3	127.6	129.2	5.7	5.6
A10	对公立教育机构的支出	2.6	62.6	16.6	81.8	5.0	0.3	87.2	88.6	3.9	3.8
A11	ISCED 0 -学前领域[2]	0.0	0.9	2.8	3.7	1.1	0.0	4.8	/	0.2	/
A12	ISCED 1－4 -中小学及其相关领域	0.2	41.9	13.3	55.4	1.1	0.0	56.5	/	2.5	/
	其中：基础教育领域	0.0	36.0	9.9	45.9	1.0	0.0	46.9	/	2.1	/
	职业教育[3]	0.0	5.4	1.4	6.8	0.1	0.0	6.9	/	0.3	/
	双元制体系中的企业培训[4]	0.2	0.5	0.4	1.0	0.0	0.0	1.0	/	0.0	/
A13	ISCED 5/6 -高等教育领域[5]	2.3	17.7	0.4	20.4	2.8	0.3	23.5	/	1.0	/
A14	其他(未归类在 ISCED 等级)[6]	0.1	2.1	0.2	2.4	0.0	0.0	2.4	/	0.1	/
A20	对私立教育机构的支出	3.4	4.3	4.0	11.7	15.5	0.0	27.3	27.5	1.2	1.2
A21	ISCED 0 -学前领域[2]	0.0	0.6	3.9	4.4	2.0	0.0	6.4	/	0.3	/
A22	ISCED 1－4 -中小学及其相关领域	3.4	3.5	0.2	7.0	12.7	0.0	19.7	/	0.9	/
	其中：基础教育领域	0.0	2.7	0.1	2.9	0.4	0.0	3.2	/	0.1	/
	职业教育[3]	0.0	0.5	0.0	0.6	0.1	0.0	0.6	/	0.0	/
	双元制体系中的企业培训[4]	3.4	0.3	0.0	3.6	12.3	0.0	15.9	/	0.7	/
A23	ISCED 5/6 -高等教育领域[5]	0.0	0.3	0.0	0.3	0.8	0.0	1.1	/	0.0	/
A24	其他(未归类在 ISCED 等级)[6]	0.0	0.0	0.0	0.0	0.0	0.0	0.0	/	0.0	/
A30	对公立和私立结合的教育机构的支出	6.0	67.0	20.7	93.6	20.6	0.3	114.5	116.1	5.1	5.0
A31	ISCED 0 -学前教育领域[2]	0.0	1.5	6.6	8.1	3.2	0.0	11.3	/	0.5	/
A32	ISCED 1－4 -中小学及其相关领域	3.5	45.4	13.5	62.4	13.8	0.0	76.2	/	3.4	/
	其中：基础教育领域	0.0	38.7	10.0	48.7	1.4	0.0	50.1	/	2.2	/
	职业教育[3]	0.0	5.9	1.4	7.3	0.2	0.0	7.5	/	0.3	/
	双元制体系中的企业培训[4]	3.5	0.7	0.4	4.6	12.3	0.0	16.9	/	0.8	/
A33	ISCED 5/6 -高等教育领域[5]	2.4	17.9	0.4	20.7	3.6	0.3	24.6	/	1.1	/
	其中：科研和高校发展	1.8	5.7	0.0	7.5	1.4	0.3	9.2	/	0.4	/
A34	其他(未归类在 ISCED 等级)[6]	0.1	2.1	0.2	2.4	0.0	0.0	2.4	/	0.1	/
A40	私人财政对于教育机构之外的教育产品及服务的支出	0.0	0.0	0.0	0.0	5.0	0.0	5.0	5.2	0.2	0.2

（续表）

教育领域		支　出								占 BIP 百分比	
		10 亿欧元									
		2005							2006	2005	2006
		公共财政				私人领域	国外	国民经济			
		联邦	各州	乡镇	总计						
A50	对于受教育者在 ISCED 教育过程中的提升的支出	3.4	4.1	0.5	8.1	0.0	0.0	8.1	8.0	0.4	0.3
B	国家层面的附加教育相关性支出	2.6	1.3	2.4	6.4	7.6	0.1	14.0	13.7	0.6	0.6
B10	企业继续教育[7]	0.3	0.6	0.3	1.2	6.7	0.0	7.9	8.1	0.4	0.3
B20	对于其他教育活动的支出	1.1	0.7	2.1	3.9	0.9	0.0	4.8	4.7	0.2	0.2
B21	公立的托儿所和学童托管所	0.0	0.3	0.8	1.1	0.3	0.0	1.5	1.5	0.1	/
B22	与青少年工作相关的机构[8]	0.1	0.1	1.1	1.3	0.1	0.0	1.4	1.4	0.1	/
B23	教师培训	0.0	0.1	0.0	0.1	0.0	0.0	0.1	0.1	0.0	/
B24	业余大学	0.0	0.1	0.2	0.4	0.5	0.0	0.9	0.9	0.0	/
B25	其他教育活动的促进	0.9	0.0	0.0	0.9	0.0	0.0	0.9	0.7	0.0	/
B30	受教育者对继续教育的促进[9]	1.3	0.0	0.0	1.3	0.0	0.0	1.3	0.9	0.1	0.0
A＋B	教育预算总计	12.0	72.4	23.6	108.0	33.2	0.4	141.6	142.9	6.3	6.2

*根据 2005 年的计划执行计算，2006 年数值为估算

1）根据 ISCED 分类进行界定：国际教育标准分类

2）幼儿园、学前班、学校幼儿园

3）不包含专科学校、专科学院、职业学院、高等教育领域的卫校

4）包括联邦劳动局的相关补贴

5）不包括对医疗的支出，包括对专科学校、专科学院、职业学院、中等教育领域的卫校、高校的科研和发展以及大学生服务中心的支出

6）无法对单个 ISCED 级别进行归类(包含对公务员培训、公共管理的服务能力以及学术研讨会的估测支出)。

7）基于微型人口普查获得的就业者(不包含接受培训者)数据和基于欧盟对职业继续教育调查统计(CVTS)得来的每位就业者的平均继续教育花费，对于内部和外部的继续教育的花费(不包含参与者的人工成本)进行估计。外部的继续教育活动中可能发生的重复计数(例如在高校里)不能被排除

8）公立机构促进的活动

9）联邦劳动局对于参与继续教育者的支出；可能发生的重复计数(双元制培训、继续教育)无法被排除

来源：联邦及各州统计局，2005/06 学年教育预算

表 B1 - 2A：1995 年至 2006 年，按照教育领域和占国民生产总值的比例统计的教育预算*

教育领域		支　出							
		10 亿欧元				占 BIP 百分比			
		1995	2000	2005	2006	1995	2000	2005	2006
A	根据 ISCED 分级的国际上的教育预算[1]	107.4	116.5	127.6	129.2	5.8	5.6	5.7	5.6
A30	对公立和私立结合的教育机构的支出	99.0	106.2	114.5	116.1	5.4	5.1	5.1	5.0
A31	ISCED 0 - 学前教育领域[2]	8.9	9.4	11.3	/	0.5	0.5	0.5	/

（续表）

教育领域		支　出							
		10 亿欧元				占 BIP 百分比			
		1995	2000	2005	2006	1995	2000	2005	2006
A32	ISCED 1－4－中小学及其相关领域	67.7	73.3	76.2	/	3.7	3.6	3.4	/
	其中：基础教育领域	45.5	47.6	50.1	/	2.5	2.3	2.2	/
	职业教育[3]	5.8	6.7	7.5	/	0.3	0.3	0.3	/
	双元制体系中的企业培训[4]	14.9	16.7	16.9	/	0.8	0.8	0.8	/
A33	ISCED 5/6－高等教育领域[5]	20.5	21.9	24.6	/	1.1	1.1	1.1	/
	其中：科研和高校发展	7.4	6.9	9.2	/	0.4	0.3	0.4	/
A34	其他（未归类在 ISCED 等级）[6]	1.9	1.6	2.4	/	0.0	0.0	0.0	/
A40/A50	国际层面上的其他支出	8.3	10.3	13.1	13.2	0.5	0.5	0.6	0.6
B	国家层面的附加教育相关性支出	20.9	21.3	14.0	13.7	1.1	1.0	0.6	0.6
B10	企业继续教育[7]	8.9	9.3	7.9	8.1	0.5	0.4	0.4	0.3
B20	对于其他教育活动的支出	6.7	7.6	4.8	4.7	0.2	0.3	0.2	0.2
B30	受教育者对继续教育的促进[9]	5.3	4.5	1.3	0.9	0.3	0.2	0.1	0.0
A＋B	教育预算总计	128.2	137.8	141.6	142.9	6.9	6.7	6.3	6.2

* 根据 2005 年的计划执行计算，2006 年数值为估算
脚注参见表 B1－1A
来源：联邦及各州统计局，2005/06 学年教育预算

表 B2－1A：2005/06 学年，按照年龄层和性别统计的各教育领域受教育者数量和总人口数

年 龄 层	受 教 育 者					总人口数
	总 计	其　　中				
		入学前的幼托机构[1]	普通教育学校	职业教育学校	高 校	
		数　　量				
	总　　计					
0－3	316458	316458	—	—	—	2104594
3－6	2005028	1992259	12769	—	—	2241551
6－10	3148970	286105	2862865	—	—	3193233
10－16	5061093	—	5022144	38886	63	5075862
16－19	2664949	—	1610479	1045582	8888	2910177
19－25	2727445	—	380013	1302257	1045175	5814052
25－30	708859	—	19873	54857	634129	4852077

（续表）

年龄层	受教育者						总人口数
	总　计	其　中					
		入学前的幼托机构[1]	普通教育学校	职业教育学校	高　校		
	数　量						
30－35	207703	—	6734	34360	166609		5003176
35－40	87096	—	—	17674	69422		6691142
40 岁及以上	61509	—	—	30	61479		44552131
不明	29294	—	429	—	28865		—
总计	17018404	2594822	9915306	2493646	2014630		82437995
男　性							
0－3	162025	162025	—	—	—		1079389
3－6	1025893	1019321	6572	—	—		1148513
6－10	1615730	155582	1460148	—	—		1639186
10－16	2598620	—	2576500	22094	26		2604144
16－19	1370304	—	780127	587149	3028		1493504
19－25	1383017	—	191865	690487	500665		2952088
25－30	404333	—	11172	32152	361009		2459058
30－35	119591	—	2817	16223	100551		2544755
35－40	48953	—	—	8595	40358		3428625
40 岁及以上	31534	—	—	28	31506		20990699
不明	16399	—	260	—	16139		—
总计	8776399	1336928	5029461	1356728	1053282		40339961
女　性							
0－3	154433	154433	—	—	—		1025205
3－6	979135	972938	6197	—	—		1093038
6－10	1533240	130523	1402717	—	—		1554047
10－16	2462473	—	2445644	16792	37		2471718
16－19	1294645	—	830352	458433	5860		1416673
19－25	1344428	—	188148	611770	544510		2861964
25－30	304526	—	8701	22705	273120		2393019
30－35	88112	—	3917	18137	66058		2458421
35－40	38143	—	—	9079	29064		3262517
40 岁及以上	29975	—	—	2	29973		23561432
不明	12895	—	169	—	12726		—
总计	8242005	1257894	4885845	1136918	961348		42098034

1）年龄的界限基于出生年份而定

来源：联邦及各州统计局，2006 年儿童和青少年福利中心数据统计，2005/06 学年普通教育学校数据，2005/06 学年高校数据，2005 年人口统计

表 B2－2A：按照教育领域和教育机构承办方统计的 1995/96 学年到 2005/06 学年的受教育者

年　份	总　计	其　中						无归类
		学前教育领域[1]	初等教育领域	中等 I 级教育领域	中等 II 级教育领域	高等教育领域		
		ISCED 0	ISCED 1	ISCED 2	ISCED 3－4	ISCED 5B	ISCED 5A	
数　量								
总　计								
1995/96	16599419	2332924	3804887	5279835	2980839	286263	1857906	56765
1996/97	16784231	2343520	3859490	5340250	3042085	293808	1838099	66979
1997/98	16850908	2283308	3865724	5463321	3070779	311756	1785938	70082
1998/99	16913481	2332585	3767460	5508075	3146558	319066	1767978	71759
1999/00	16847079	2297821	3655859	5560251	3206690	312604	1742234	71621
2000/01	16913190	2398104	3519051	5640017	3214627	317211	1766734	57445
2001/02	16863525	2352829	3373176	5683280	3226696	324150	1835558	67837
2002/03	16842054	2316687	3303737	5664594	3245306	339989	1902408	69333
2003/04	16821659	2238270	3305386	5585642	3290667	349084	1981373	71237
2004/05	16699519	2232306	3306136	5452563	3366762	341442	1927299	73011
2005/06	16837084	2443550	3329349	5285381	3414050	335961	1953504	75289
公立教育机构								
1995/96	14430315	891363	3734036	4951231	2822485	161613	1820093	49494
1996/97	14764615	1078419	3786655	5003725	2873438	164701	1799388	58290
1997/98	14839671	1047950	3790298	5113136	2886795	195418	1745297	60777
1998/99	14845910	1066714	3689362	5147670	2952686	202773	1724699	62006
1999/00	14671574	946152	3574886	5189440	3003891	197584	1697958	61663
2000/01	14653426	984040	3435078	5256774	3005491	203850	1718912	49281
2001/02	14601193	965007	3286573	5289838	3010922	208520	1782318	58015
2002/03	14573317	954170	3213893	5262209	3019238	220202	1844489	59116
2003/04	14555881	922241	3210821	5176004	3046185	223220	1916880	60531
2004/05	14395929	916122	3203000	5040022	3099760	219150	1855985	61890
2005/06	14277910	911205	3218712	4867184	3132977	210347	1874181	63007
私立教育机构								
1995/96	2169104	1441561	70851	328604	158354	124650	37813	7271
1996/97	2019616	1265101	72835	336525	168647	129107	38711	8689
1997/98	2011237	1235358	75426	350185	183984	116338	40641	9305
1998/99	2067571	1265871	78098	360405	193872	116293	43279	9753
1999/00	2175505	1351669	80973	370811	202799	115020	44276	9957

(续表)

年　份	总　计	其　中						无归类
		学前教育领域[1]	初等教育领域	中等I级教育领域	中等II级教育领域	高等教育领域		
		ISCED 0	ISCED 1	ISCED 2	ISCED 3-4	ISCED 5B	ISCED 5A	
		数　量						
2000/01	2259764	1414064	83973	383243	209137	113361	47822	8164
2001/02	2262332	1387822	86602	393442	215774	115630	53240	9821
2002/03	2268737	1362517	89844	402385	226068	119787	57919	10217
2003/04	2265778	1316029	94565	409638	244482	125864	64493	10706
2004/05	2303590	1316184	103136	412541	267002	122292	71314	11121
2005/06	2559174	1532048	110637	418197	281073	125614	79323	12282

1) 幼托机构在 2004/05 学年之前的数据来自微型人口普查,自 2005/06 学年起使用的数据来自儿童和青少年福利中心数据统计

来源:联邦及各州统计局,微型人口普查,儿童和青少年福利中心数据统计,普通教育学校数据,高校数据

表 B2-3A:2005/2006 学年按照年龄层和性别统计的各州的教育参与度*(单位:%)

联　邦　州	各年龄层的教育参与度[1]				
	0 到 3 岁	3 岁到 6 岁	16 岁到 19 岁	19 岁到 25 岁	25 岁到 30 岁
	%				
总　计					
德国	15.0	89.4	91.6	46.9	3.7
巴登-符腾堡州	11.4	95.8	91.6	48.1	1.7
巴伐利亚州	9.7	87.9	91.0	40.8	1.9
柏林	38.4	88.4	90.5	51.1	10.1
勃兰登堡州	40.1	91.6	87.4	37.6	12.1
不来梅	9.0	87.5	115.5	64.0	2.1
汉堡	19.4	83.8	96.3	56.1	5.2
黑森州	10.9	91.4	91.8	49.9	2.3
梅克伦堡-前波莫瑞州	38.0	91.0	90.7	40.4	11.1
下萨克森州	6.3	82.8	90.2	47.4	1.3
北莱茵-威斯特法伦州	7.2	87.1	96.1	52.2	1.4
莱茵兰-普法尔茨州	13.1	95.3	84.2	44.9	1.5
萨尔州	14.2	95.3	89.4	48.1	2.2
萨克森州	35.5	93.2	91.2	45.4	9.3
萨克森-安哈特州	54.2	92.0	86.6	41.3	16.4
石勒苏益格-荷尔斯泰因州	8.0	83.6	87.8	44.1	1.5
图林根州	41.5	95.4	88.1	39.8	8.8

（续表）

联 邦 州	各年龄层的教育参与度[1]				
	0 到 3 岁	3 岁到 6 岁	16 岁到 19 岁	19 岁到 25 岁	25 岁到 30 岁
	%				
男　　　性					
德国	15.0	89.3	91.8	46.8	3.8
巴登-符腾堡州	11.4	96.0	92.5	48.8	1.8
巴伐利亚州	9.4	86.8	92.1	41.1	1.9
柏林	39.7	88.9	89.7	50.3	10.7
勃兰登堡州	40.4	91.6	87.4	35.8	11.6
不来梅	8.8	88.2	117.7	66.2	2.1
汉堡	19.2	84.0	96.4	58.2	5.4
黑森州	10.7	91.9	92.2	51.9	2.4
梅克伦堡-前波莫瑞州	38.3	91.2	90.1	37.4	10.5
下萨克森州	6.2	82.3	89.5	46.9	1.4
北莱茵-威斯特法伦州	7.1	87.3	96.1	53.1	1.5
莱茵兰-普法尔茨州	12.9	94.8	84.9	44.4	1.5
萨尔州	14.1	95.9	89.2	47.9	2.3
萨克森州	35.8	93.3	91.1	43.7	9.0
萨克森-安哈特州	54.7	92.4	85.1	38.1	15.7
石勒苏益格-荷尔斯泰因州	8.0	83.0	87.7	44.8	1.5
图林根州	41.3	95.6	88.4	37.7	8.2
女　　　性					
德国	15.1	89.6	91.4	47.0	3.7
巴登-符腾堡州	11.4	95.5	90.7	47.4	1.6
巴伐利亚州	10.0	89.1	89.8	40.4	1.9
柏林	37.1	87.9	91.4	51.9	9.5
勃兰登堡州	39.8	91.5	87.4	39.8	12.6
不来梅	9.2	86.8	113.4	61.9	2.1
汉堡	19.5	83.6	96.2	54.1	5.0
黑森州	11.0	90.9	91.4	47.9	2.2
梅克伦堡-前波莫瑞州	37.7	90.7	91.3	43.8	11.8
下萨克森州	6.4	83.4	90.9	47.9	1.3
北莱茵-威斯特法伦州	7.3	87.0	96.1	51.3	1.4
莱茵兰-普法尔茨州	13.3	95.9	83.4	45.4	1.4
萨尔州	14.3	94.7	89.7	48.4	2.1

（续表）

联 邦 州	各年龄层的教育参与度[1]				
	0 到 3 岁	3 岁到 6 岁	16 岁到 19 岁	19 岁到 25 岁	25 岁到 30 岁
	%				
萨克森州	35.3	93.2	91.4	47.3	9.7
萨克森-安哈特州	53.7	91.6	88.3	45.1	17.3
石勒苏益格-荷尔斯泰因州	8.1	84.1	87.8	43.5	1.4
图林根州	41.8	95.2	87.8	42.2	9.5

*教育参与度：教育机构里的受教育者数量占该州的居民人口比例。年龄的界限基于出生年份而定

1) 6 岁到 16 岁的教育参与度没有给出，因为该年龄层为义务教育阶段，所有州里该年龄层的教育参与度都几乎为 100%

来源：联邦及各州统计局，2006 年儿童和青少年福利中心数据统计，2005/06 学年普通教育学校数据，2005/06 学年高校数据

表 B3‑1A：2006 年，按照普通教育文凭、年龄层和性别统计的人口情况（单位：%）

年 龄 层	总计	仍处于基础教育中	拥有普通教育文凭					没有普通教育文凭
			普通中学毕业文凭[1]	技术类高中毕业文凭	中等毕业文凭	高等学校入学资格[2]	没有对文凭类型给出说明	
			%					
总 计								
15－20	100	63.3	13.2	—	17.2	3.3	0.3	2.6
20－25	100	3.6	21.5	—	33.6	37.4	0.6	3.2
25－30	100	0.3	22.6	/	32.7	40.2	0.5	3.5
30－35	100	/	24.7	7.0	27.9	36.0	0.6	3.9
35－40	100	/	26.7	11.9	25.7	31.7	0.5	3.5
40－45	100	/	30.3	13.4	24.1	28.0	0.7	3.4
45－50	100	/	34.9	13.8	22.1	25.2	0.6	3.4
50－55	100	/	40.9	13.9	17.8	23.5	0.6	3.3
55－60	100	/	48.9	11.1	15.9	19.9	0.6	3.7
60－65	100	/	58.4	3.5	16.3	17.8	0.7	3.3
65 岁及以上	100	/	71.8	0.8	11.7	10.9	1.3	3.5
总计	100	4.6	41.2	6.5	20.7	22.9	0.7	3.4
男 性								
15－20	100	61.3	15.9	—	16.8	2.7	0.3	2.9
20－25	100	3.7	26.0	—	32.6	33.4	0.6	3.6
25－30	100	0.4	26.4	/	30.9	38.1	0.5	3.6
30－35	100	/	27.8	6.9	25.1	35.8	0.6	3.6
35－40	100	/	30.0	11.7	21.2	33.2	0.6	3.3
40－45	100	/	33.8	13.1	19.8	29.3	0.6	3.4

（续表）

年　龄　层	总计	仍处于基础教育中	拥有普通教育文凭					没有普通教育文凭
			普通中学毕业文凭[1]	技术类高中毕业文凭	中等毕业文凭	高等学校入学资格[2]	没有对文凭类型给出说明	
			%					
45－50	100	/	36.8	13.7	18.0	27.6	0.6	3.4
50－55	100	/	40.7	13.7	14.8	27.4	0.5	2.8
55－60	100	/	47.8	10.3	13.2	24.7	0.7	3.3
60－65	100	/	56.7	3.3	12.9	23.1	0.8	3.2
65 岁及以上	100	/	67.8	0.9	10.4	17.0	1.0	2.9
总计	100	4.8	40.7	6.5	18.5	25.6	0.7	3.2
女　性								
15－20	100	65.5	10.4	—	17.6	3.9	0.2	2.2
20－25	100	3.5	16.8	—	34.6	41.8	0.6	2.8
25－30	100	0.3	18.7	—	34.6	42.4	0.6	3.5
30－35	100	/	21.4	7.1	30.8	36.1	0.5	4.1
35－40	100	/	23.3	12.1	30.3	30.1	0.5	3.7
40－45	100	/	26.6	13.7	28.7	26.7	0.7	3.5
45－50	100	/	32.9	14.0	26.3	22.7	0.7	3.3
50－55	100	/	41.1	14.1	20.7	19.7	0.6	3.8
55－60	100	/	49.9	11.8	18.5	15.2	0.6	4.0
60－65	100	/	60.0	3.5	19.6	12.6	0.6	3.5
65 岁及以上	100	/	74.7	0.8	12.6	6.5	1.5	3.9
总计	100	4.5	41.6	6.4	22.7	20.4	0.8	3.6

1）包含国民学校毕业文凭
2）包含应用技术大学入学资格
来源：联邦及各州统计局，2006 年微型人口普查

表 B3－2A：2006 年，按照职业教育文凭、年龄层和性别统计的人口情况（单位：%）

年　龄　层	总计	拥有职业教育文凭				没有职业教育文凭	
		学徒/培训文凭[1]	专科学校毕业文凭[2]	高等学校毕业文凭[3]	没有对文凭类型给出说明	总计	没有正在接受培训的人[4]
		%					
总　计							
15－20	100	3.0	0.1	—	/	96.9	6.9
20－25	100	40.2	2.0	1.8	0.3	55.7	18.1
25－30	100	54.3	5.3	12.8	0.4	27.2	17.0
30－35	100	55.2	7.1	18.6	0.5	18.5	17.0

（续表）

年 龄 层	总计	拥有职业教育文凭				没有职业教育文凭	
		学徒/培训文凭[1]	专科学校毕业文凭[2]	高等学校毕业文凭[3]	没有对文凭类型给出说明	总计	没有正在接受培训的人[4]
		%					
35－40	100	57.9	8.3	17.5	0.5	15.8	15.5
40－45	100	58.6	9.4	15.7	0.6	15.7	15.5
45－50	100	58.2	9.2	15.5	0.6	16.5	16.5
50－55	100	57.7	8.5	16.3	0.6	16.9	16.9
55－60	100	56.9	8.5	14.7	0.6	19.4	19.3
60－65	100	56.7	8.5	13.4	0.6	20.9	20.9
65 岁及以上	100	48.2	6.6	7.7	0.9	36.7	36.7
总计	100	50.2	6.9	11.8	0.6	30.6	21.0
男　性							
15－20	100	2.8	/	—	/	97.1	7.4
20－25	100	41.6	1.3	1.2	0.3	55.7	19.0
25－30	100	55.0	4.8	11.2	0.4	28.6	16.5
30－35	100	54.6	8.0	19.2	0.5	17.7	15.9
35－40	100	56.0	9.5	19.6	0.5	14.4	14.0
40－45	100	56.6	10.8	18.1	0.6	13.9	13.8
45－50	100	56.7	10.6	18.1	0.6	14.1	14.0
50－55	100	57.0	10.3	19.4	0.6	12.6	12.6
55－60	100	55.8	10.9	18.9	0.6	13.8	13.7
60－65	100	55.9	11.2	18.7	0.7	13.5	13.5
65 岁及以上	100	56.6	11.1	13.4	0.8	18.1	18.1
总计	100	51.2	8.6	14.5	0.6	25.1	14.8
女　性							
15－20	100	3.1	/	—	/	96.6	6.3
20－25	100	38.8	2.8	2.4	0.2	55.7	17.2
25－30	100	53.5	5.9	14.4	0.4	25.7	17.5
30－35	100	55.9	6.3	18.1	0.4	19.3	18.2
35－40	100	59.9	7.0	15.2	0.5	17.3	17.0
40－45	100	60.6	7.9	13.3	0.6	17.6	17.4
45－50	100	59.7	7.8	12.9	0.6	19.0	18.9
50－55	100	58.4	6.8	13.2	0.5	21.1	21.1
55－60	100	57.9	6.1	10.6	0.5	24.9	24.9

（续表）

年龄层	总计	拥有职业教育文凭				没有职业教育文凭	
		学徒/培训文凭[1]	专科学校毕业文凭[2]	高等学校毕业文凭[3]	没有对文凭类型给出说明	总计	没有正在接受培训的人[4]
		%					
60－65	100	57.4	5.8	8.2	0.6	28.0	28.0
65 岁及以上	100	42.1	3.3	3.5	0.9	50.1	50.1
总计	100	49.3	5.2	9.2	0.6	35.7	26.8

1) 包含等值的职业专科学校文凭、职业准备年或职业实习
2) 包含师傅/技工培训、卫校文凭以及原德国东部的专科学校文凭
3) 包含应用技术大学文凭、工程技术学校文凭、管理类应用技术大学文凭、教师培训以及攻读博士
4) 在数据调查时没有就读于学校或高校的人
来源：联邦及各州统计局，2006 年微型人口普查

表 B3－3A：2006 年，按照普通教育文凭统计的各州 25 岁到 65 岁人口情况（单位：%）

联 邦 州	总计	仍处于基础教育中	拥有普通教育文凭					没有普通教育文凭
			普通中学毕业文凭[1]	技术类高中毕业文凭	中等毕业文凭	高等学校入学资格[2]	没有对文凭类型给出说明	
			%					
德国	100	0.1	35.3	9.9	22.9	27.8	0.6	3.5
巴登符腾堡州	100	/	41.2	1.0	26.1	27.6	0.4	3.7
巴伐利亚州	100	/	46.9	1.1	23.6	25.0	0.8	2.7
柏林	100	/	19.6	13.2	20.9	40.3	/	5.8
勃兰登堡州	100	/	14.1	47.9	11.5	22.6	2.3	1.5
不来梅	100	/	32.9	/	25.3	33.9	/	5.8
汉堡	100	/	24.5	1.1	24.4	42.2	2.5	5.2
黑森州	100	/	33.9	1.3	28.4	32.6	0.4	3.3
梅克伦堡-前波莫瑞州	100	/	15.7	51.1	10.7	20.3	0.6	1.5
下萨克森州	100	/	38.3	1.2	30.9	25.1	1.0	3.4
北莱茵-威斯特法伦州	100	0.1	39.9	0.7	23.3	30.7	0.2	5.1
莱茵兰-普法尔茨州	100	/	45.8	0.7	24.2	25.7	0.3	3.2
萨尔州	100	/	48.5	/	21.6	24.0	1.1	4.2
萨克森州	100	/	10.9	55.5	9.1	23.5	/	1.0
萨克森-安哈特州	100	/	15.7	51.2	11.9	19.1	0.8	1.1
石勒苏益格-荷尔斯泰因州	100	/	37.0	1.1	31.1	26.1	1.4	3.2
图林根州	100	/	14.3	54.4	8.0	21.5	0.4	1.3

1) 包含国民学校毕业文凭
2) 包含应用技术大学入学资格

来源：联邦及各州统计局，2006 年微型人口普查

表 B3－4A：2006 年，按照职业教育文凭统计的各州 25 岁到 65 岁人口情况(单位：%)

联 邦 州	总 计	拥有职业教育文凭				没有职业教育文凭
		学徒/培训文凭[1]	专科学校毕业文凭[2]	高等学校毕业文凭[3]	没有对文凭类型给出说明	
		%				
德国	100	57.1	8.2	15.7	0.5	18.5
巴登符腾堡州	100	53.8	9.1	16.5	0.3	20.3
巴伐利亚州	100	56.6	8.4	15.6	0.7	18.8
柏林	100	44.2	8.1	25.9	/	21.7
勃兰登堡州	100	61.0	14.1	14.9	1.7	8.3
不来梅	100	48.1	5.3	17.3	1.9	27.3
汉堡	100	47.7	4.8	21.7	1.7	24.2
黑森州	100	54.1	7.1	18.7	0.3	19.8
梅克伦堡-前波莫瑞州	100	62.8	12.7	13.2	0.8	10.4
下萨克森州	100	60.2	6.6	13.5	0.9	18.8
北莱茵-威斯特法伦州	100	57.8	5.5	14.3	0.2	22.2
莱茵兰-普法尔茨州	100	57.6	6.8	14.3	0.3	21.1
萨尔州	100	60.9	4.4	11.4	/	22.6
萨克森州	100	61.7	16.2	16.0	/	6.2
萨克森-安哈特州	100	66.3	12.3	11.4	0.9	9.1
石勒苏益格-荷尔斯泰因州	100	61.4	6.3	13.8	1.7	16.7
图林根州	100	63.2	13.4	13.7	0.4	9.4

1) 包含等值的职业专科学校文凭、职业准备年或职业实习
2) 包含师傅/技工培训、卫校文凭以及原德国东部的专科学校文凭
3) 包含应用技术大学文凭、工程技术学校文凭、管理类应用技术大学文凭、教师培训以及攻读博士
来源：联邦及各州统计局，2006 年微型人口普查

表 B4－1A：2005/06 学年各州按照职能统计的教育领域工作者情况

联 邦 州	人 员 总 计		其 中			
			教学/科研人员		其他人员	
	数 量	全时等量[1]	数 量	全时等量[1]	数 量	全时等量[1]
巴登-符腾堡州	293400	211300	229500	168600	63800	42700
巴伐利亚州	295400	213900	225900	167900	69500	46000
柏林	96000	76900	71200	56100	24900	20700
勃兰登堡州	49800	39800	42300	33700	7500	6000
不来梅	17600	13000	14000	10500	3500	2500
汉堡	48000	35800	35900	26400	12100	9400
黑森州	146500	108500	111500	83600	35000	24900

（续表）

联 邦 州	人 员 总 计		其　　中			
			教学/科研人员		其他人员	
	数　量	全时等量[1]	数　量	全时等量[1]	数　量	全时等量[1]
梅克伦堡-前波莫瑞州	39300	32200	29400	24000	9900	8200
下萨克森州	177600	131500	138000	106700	39600	24800
北莱茵-威斯特法伦州	398500	315700	320400	257200	78100	58500
莱茵兰-普法尔茨州	99400	71500	78200	57700	21200	13800
萨尔州	25300	19900	18300	14600	7000	5300
萨克森州	100100	79200	79500	62200	20700	16900
萨克森-安哈特州	59200	47600	45300	36000	13900	11600
石勒苏益格-荷尔斯泰因州	61500	47100	46600	36500	14800	10600
图林根州	58400	44900	44700	34300	13700	10600
全德国	1966100	1488600	1530800	1175900	435300	312700
其中						
幼托机构和保育机构	440800	332500	365100	294200	75700	38500
中小学	1046500	806400	925500	726100	121000	80300
高校	478800	349700	240200	155800	238600	193900
其中						
学徒	X	107700	X	72500	X	35200
科研和发展	X	85800	X	55800	X	30000
医疗	X	106000	X	26300	X	79800
服务[2]	X	50200	X	1200	X	49000

　　1）全职工作者的工作时长被认为是全时，半职工作者会按其工作时长进行折算。日托照管人员的兼职系数会按照其照管范畴进行评定。对于幼托机构计数的是每周工作小时数（全时＝38.5小时）。对于中小学的全职教师使用的是德国文教部长联席会议的规定。对于高校的全职、部分时间在岗的教师乘以系数0.5，兼职人员乘以系数0.2

　　2）例如图书管理员和行政人员

　　来源：联邦及各州统计局，2005/06学年教育领域工作者的情况统计

表 B4‑2A：2005/06 学年按照教育领域统计的各州 50 岁及以上的教学及科研人员比例，以及其占所有就业者的比例（单位：%）

联　邦　州	幼托机构和保育机构	普通教育学校和职业学校	高等教育学校	所有教育机构	所有就业者
	%				
德国	18.8	49.6	25.2	38.4	25.5
巴登-符腾堡州	15.7	51.3	26.5	39.4	25.6
巴伐利亚州	13.8	48.8	23.3	37.6	24.9
柏林	20.6	53.1	26.9	38.4	25.2
勃兰登堡州	32.2	40.2	31.6	36.9	25.3

（续表）

联 邦 州	幼托机构和保育机构	普通教育学校和职业学校	高等教育学校	所有教育机构	所有就业者
	%				
不来梅	21.5	62.2	30.8	44.7	26.5
汉堡	21.0	55.2	28.5	39.4	23.1
黑森州	16.0	52.0	23.9	37.7	26.1
梅克伦堡-前波莫瑞州	32.1	41.6	27.8	36.7	24.8
下萨克森州	16.5	52.6	25.4	40.7	25.7
北莱茵-威斯特法伦州	15.2	52.8	22.8	39.8	25.1
莱茵兰-普法尔茨州	16.6	47.8	26.8	37.3	25.9
萨尔州	17.9	55.0	17.9	38.3	25.5
萨克森州	30.2	37.8	26.3	33.8	26.8
萨克森-安哈特州	32.2	35.6	29.6	33.8	26.3
石勒苏益格-荷尔斯泰因州	16.8	48.5	25.0	37.5	27.0
图林根州	31.5	44.9	24.8	38.9	26.3

*年龄的界限基于出生年份而定

来源：联邦及各州统计局，2005/06学年教育领域工作者的情况统计，2006年微型人口普查

表 B4-3A：2005/06 学年按照教育领域统计的各州 50 岁及以上的女性教学及科研人员比例，以及 2006 年各州女性就业者的比例(单位：%)

联 邦 州	幼托机构和保育机构	普通教育学校和职业学校	高等教育学校	所有教育机构	所有就业者
	%				
德国	97.1	63.6	31.4	66.5	45.2
巴登-符腾堡州	97.8	59.8	28.4	63.2	44.8
巴伐利亚州	98.3	60.1	29.7	63.2	44.8
柏林	94.1	68.6	35.4	65.6	47.7
勃兰登堡州	98.4	76.4	33.7	79.1	47.1
不来梅	91.4	59.1	29.9	59.7	46.1
汉堡	93.5	61.7	31.4	63.2	46.0
黑森州	95.6	61.8	31.6	66.2	44.9
梅克伦堡-前波莫瑞州	98.7	78.0	34.3	78.0	46.3
下萨克森州	97.0	61.9	32.7	65.8	44.5
北莱茵-威斯特法伦州	96.4	62.6	30.8	66.0	44.6
莱茵兰-普法尔茨州	97.4	60.6	31.2	66.4	44.5
萨尔州	97.5	55.3	33.7	60.2	44.6

（续表）

联 邦 州	幼托机构和保育机构	普通教育学校和职业学校	高等教育学校	所有教育机构	所有就业者
	%				
萨克森州	98.4	73.5	33.9	73.1	46.5
萨克森-安哈特州	99.1	76.3	34.5	76.6	46.8
石勒苏益格-荷尔斯泰因州	95.4	63.4	33.2	68.0	45.6
图林根州	99.1	73.8	32.9	73.6	45.3

来源：联邦及各州统计局，2005/06 学年教育领域工作者的情况统计，2006 年微型人口普查

表 C1－1A：1998 年到 2007 年，德国东部和西部根据机构类型统计的幼托机构数量

机 构 类 型	1998	2002	2006	2007	改　变	
					2002 年到 2006 年	2006 年到 2007 年
	数　量				%	
德　国						
接收 0 到 3 岁儿童的幼托机构	693	799	605	798	－ 24.3	31.9
接收 2 岁到 8 岁儿童的幼托机构（不含小学生）[1]	30117	28406	25699	25335	－ 9.6	－ 1.4
接收多年龄层群体的机构：[2]						
针对群体年龄相同的机构	4606	4863	4989	5349	2.6	7.2
针对混合年龄群体的机构	5323	6202	4624	5218	－ 25.6	13.1
针对群体年龄相同以及混合年龄群体的机构	3702	4253	9335	8852	119.7	－ 5.3
总计	44441	44523	45252	45552	1.6	0.7
旧联邦州						
接收 0 到 3 岁儿童的幼托机构	578	688	516	716	－ 25	38.8
接收 2 岁到 8 岁儿童的幼托机构（不含小学生）[1]	29242	27734	24071	23847	－ 13.3	－ 0.9
接收多年龄层群体的机构：[2]						
针对群体年龄相同的机构	1747	1868	1846	2211	－ 1.2	19.8
针对混合年龄群体的机构	1781	2830	3160	3071	11.2	－ 2.4
针对群体年龄相同以及混合年龄群体的机构	1708	2261	6720	6726	197.6	0
总计	35056	35381	36313	36571	2.6	0.8
新联邦州						
接收 0 到 3 岁儿童的幼托机构	115	111	89	82	－ 19.8	－ 7.9
接收 2 岁到 8 岁儿童的幼托机构（不含小学生）[1]	875	672	1628	1488	142.3	－ 8.6
接收多年龄层群体的机构：[2]						
针对群体年龄相同的机构	2859	2995	3143	3138	4.9	－ 0.2

（续表）

机 构 类 型	1998	2002	2006	2007	改　变	
					2002 年到 2006 年	2006 年到 2007 年
	数　量				%	
针对混合年龄群体的机构	3542	3372	1464	2147	− 56.6	46.7
针对群体年龄相同以及混合年龄群体的机构	1994	1992	2615	2126	31.3	− 18.7
总计	9385	9142	8939	8981	− 2.2	0.5

1) 接收 2 岁到 8 岁儿童的幼托机构(不含小学生)：截至 2002 年的幼托机构调查中，同龄群体的划分是 0 到 3 岁和 3 岁到入学年龄。3 岁到入学年龄儿童是典型的幼儿园儿童，自 1996 年起该年龄层儿童享得获得幼儿园照管席位的权利。为了扩建针对 3 岁以下儿童的教育机会，在部分州里，孩子在满 3 周岁之前就有权获得幼托照管席位，幼托机构接收的 2 岁儿童整体有所增加，所以产生了一种新的群体形式，在这一群体中，主要是 3 岁以上的儿童被照管，但最多也可以有 6 名 2 岁儿童在该群体中被照管。由于这种群体形式没有被引入到所有群体中，所以没有对其定义新的机构类别。为了能够解释这一时间跨度，联邦统计局决定，把到 2002 为止定义的幼儿园概念改为"接收 2 岁到 8 岁儿童的幼托机构(不含小学生)"。这类机构也被归类为群体年龄相同的机构。群体年龄相同指的不是像小学里那样的单个年级，而是指实际年龄相同的群体，所以这类机构应当叫作群体年龄相同的机构

2) 接收多年龄层群体的机构：有的机构明确将 3 岁以下儿童(托儿所儿童)和 2 岁/3 岁到入学年龄儿童(幼儿园儿童)区分在两个群体中照管；有的机构将 3 岁以下儿童和幼儿园年龄的儿童混合在一起照管。后一类机构常常被称作混合年龄群体的机构，或者被称作"小型混合年龄群体"的机构(相比照管婴儿的"大型混合年龄群体"而言)

来源：联邦及各州统计局，儿童和青少年福利中心数据

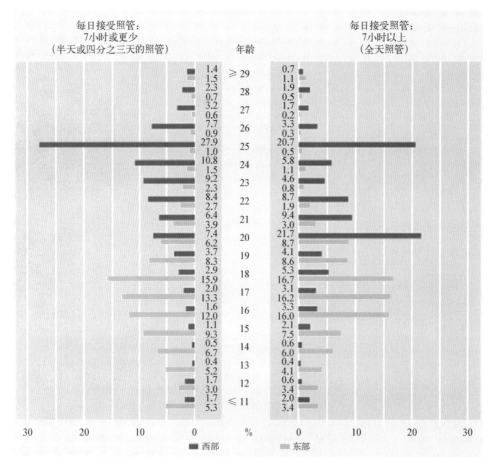

图 C1－2A：2006 年德国东西部根据每日接受照管时间统计的 3 岁到入学前儿童的班群大小(单位：%)

来源：联邦及各州统计局，儿童和青少年福利中心数据，基于各州研究数据中心提供的微型数据而进行的特殊分析，多特蒙德市儿童和青少年福利中心数据

表 C2－1A：根据年龄统计的 2006 年和 2007 年德国东部和西部儿童在幼托机构和保育机构中教育参与度的比例情况[*]（单位：%）

儿童的年龄	2006			2007			2007 年相比 2006 年的变化		
	幼托机构中的儿童[1]	保育机构中的儿童[1]	总计[1]	幼托机构中的儿童[1]	保育机构中的儿童[1]	总计[1]	幼托机构中的儿童[1]	保育机构中的儿童[1]	总计[1]
	教育参与度%						%		
德　国									
3 岁以下	12.1	1.6	13.6	13.5	2.1	15.5	1.4	0.5	1.9
3 岁到 6 岁	87.1	0.5	87.6	89.2	0.6	89.8	2.1	0.1	2.2
1 岁以下	1.5	0.8	2.3	1.6	1.0	2.6	0.1	0.2	0.3
1 岁	9.6	2.1	11.6	10.9	2.7	13.6	1.3	0.6	2.0
2 岁	24.7	1.9	26.6	27.2	2.5	29.7	2.5	0.6	3.1
3 岁	76.0	0.7	76.7	79.5	0.9	80.4	3.5	0.2	3.7
4 岁	91.5	0.5	92.0	92.5	0.6	93.1	1.0	0.1	1.1
5 岁	93.0	0.4	93.4	94.8	0.5	95.3	/	0.1	/
德国西部									
3 岁以下	6.8	1.2	8.0	8.1	1.7	9.9	1.4	0.5	1.9
3 岁到 6 岁	86.2	0.5	86.8	88.3	0.6	89.0	2.1	0.1	2.2
1 岁以下	0.8	0.7	1.5	0.9	0.9	1.8	0.1	0.2	0.3
1 岁	3.9	1.5	5.4	5.0	2.2	7.2	1.1	0.6	1.8
2 岁	15.3	1.4	16.7	18.0	2.1	20.1	2.7	0.6	3.3
3 岁	73.4	0.7	74.0	76.8	0.9	77.7	3.5	0.2	3.6
4 岁	91.4	0.5	91.9	92.4	0.6	93.0	1.0	0.1	1.1
5 岁	93.0	0.4	93.4	94.9	0.5	95.4	/	0.1	/
德国东部									
3 岁以下	36.2	3.2	39.3	37.1	3.6	40.7	1.0	0.4	1.4
3 岁到 6 岁	91.2	0.6	91.9	93.2	0.7	93.9	1.9	0.0	2.0
1 岁以下	4.6	1.2	5.8	4.8	1.4	6.3	0.2	0.2	0.5
1 岁	35.3	4.5	39.8	37.2	5.1	42.3	1.9	0.6	2.5
2 岁	68.7	3.8	72.5	68.7	4.3	73.1	0.0	0.6	0.6
3 岁	88.5	1.0	89.5	91.9	1.1	93.0	3.4	0.1	3.5
4 岁	92.2	0.5	92.7	93.0	0.5	93.5	0.8	0.0	0.8
5 岁	93.0	0.4	93.3	94.7	0.4	95.1	/	0.0	/

[*] 在计算各年龄教育参与度比例时采用的是 2005 年 12 月 31 日以及 2006 年 12 月 31 日在幼托机构和保育机构中的相应年龄层的儿童数量。在 B2 中计算比率时采用的是实际周岁年龄，所以得出不同的数值

1）3 岁到 6 岁儿童的比例中，在学前机构就读和上小学的儿童也被考虑在内。5 岁儿童的比例中，2006 年 3 月 15 日之前也把在学前机构就读和上小学的儿童考虑在内。在 3 岁和 4 岁儿童的比例中，不能将就读于学前机构的儿童考虑在内，因为没有针对学龄前儿童该年龄层的精确划分。2006 年 3 月 15 日时还没有关于就读学前机构和小学的 5 岁儿童的特别规定。出于这个原因，该年龄层 2007 年相比 2006 年的变化没有被给出。总的比例是由就读幼托机构和保育机构的儿童比例之和得出，不考虑个别儿童是否在就读幼托机构的同时也接受保育机构照管

来源：联邦及各州统计局，儿童和青少年福利中心数据；学校数据统计；人口统计

表 C2‑2A：2007 年,德国西部和东部 3 岁到 6 岁儿童在幼托机构和保育机构中的情况

地区	3岁到6岁儿童总计	教育参与度 保育机构和学前机构					教育参与度 保育机构和学前机构				
		总计	保育机构 总计	幼托机构	保育机构	学前机构	总计	保育机构 总计	幼托机构	保育机构	学前机构
		数 量					%				
德国	2175175	1953604	1940928	1926915	14013	12676	89.8	89.2	88.6	0.6	0.6
西部	1800746	1602187	1590601	1579111	11490	11586	89.0	88.3	87.7	0.6	0.6
东部	374429	351417	350327	347804	2523	1090	93.9	93.6	92.9	0.7	0.3

来源：联邦及各州统计局,2007 年儿童和青少年福利中心数据;2006/07 学年学校数据统计;2006 年人口统计

表 C2‑3A：2007 年,各州 3 岁以下儿童就读幼托机构和保育机构的情况

联邦州	3岁以下儿童	教育参与度 总计	幼托机构	保育机构	教育参与度 总计	幼托机构	保育机构
		数 量			%		
德国	2069988	321323	278642	42681	15.5	13.5	2.1
西部	1690227	166592	137660	28932	9.9	8.1	1.7
东部	379761	154731	140982	13749	40.7	37.1	3.6
巴登-符腾堡州	284787	33027	26978	6049	11.6	9.5	2.1
巴伐利亚州	325935	35117	31091	4026	10.8	9.5	1.2
柏林	86784	34535	31363	3172	39.8	36.1	3.7
勃兰登堡州	55222	23993	21013	2980	43.4	38.1	5.4
不来梅	16058	1696	1404	292	10.6	8.7	1.8
汉堡	47103	10457	8286	2171	22.2	17.6	4.6
黑森州	158909	19747	15759	3988	12.4	9.9	2.5
梅克伦堡-前波莫瑞州	37916	16737	12899	3838	44.1	34.0	10.1
下萨克森州	203975	14052	12283	1769	6.9	6.0	0.9
北莱茵-威斯特法伦州	461177	31997	23834	8163	6.9	5.2	1.8
莱茵兰-普法尔茨州	98753	11892	11150	742	12.0	11.3	0.8
萨尔州	22403	2717	2565	152	12.1	11.4	0.7
萨克森州	98434	34104	31182	2922	34.6	31.7	3.0
萨克森-安哈特州	51188	26538	26309	229	51.8	51.4	0.4
石勒苏益格-荷尔斯泰因州	71127	5890	4310	1580	8.3	6.1	2.2
图林根州	50217	18824	18216	608	37.5	36.3	1.2

来源：联邦及各州统计局,2007 年儿童和青少年福利中心数据,2006 年人口统计

表 C2‐4A：2007 年，按照每天接受照管时间统计的德国东西部 3 岁以下儿童在幼托机构和保育机构中的情况

地 区	保育机构中的儿童总量	5 小时及以下	5 小时到 7 小时，必要时中午有间断	超过 7 小时
	数 量		%	
德 国	321323	25.1	27.7	47.2
西 部	166592	33.3	34.1	32.6
东 部	154731	16.3	20.9	62.8

来源：联邦及各州统计局，2007 年儿童和青少年福利中心数据

表 C2‐5A：2007 年，按照每天接受照管时间统计的德国东西部 3 岁到入学儿童在幼托机构和保育机构中的情况

地 区	保育机构中的儿童总量	5 小时及以下	5 小时到 7 小时，必要时中午有间断	超过 7 小时
	数 量		%	
德 国	2329129	28.3	44.5	27.2
西 部	1915694	31.6	48.9	19.6
东 部	413435	13.0	24.5	62.5

来源：联邦及各州统计局，2007 年儿童和青少年福利中心数据

表 C2‐6A：根据幼托机构类型统计的 1998 年至 2007 年幼托机构数量和席位数量，以及残障儿童数量，2007 年残障儿童教育参与度

机 构 类 型	1998	2002	2006	2007
	数 量			
	机 构			
一体化幼托机构	7789	9825	12764	13414
特殊机构	691	307	334	346
	席 位		儿 童	
一体化幼托机构	34742	45229	42104	44911
特殊机构	21380	11063	12714	13546
总计	56122	56292	54818	58457
2007 年，残障儿童在一体化幼托机构和特殊机构中的教育参与度（与同龄人口相比）				
	2 岁	3 岁	4 岁	5 岁
	%			
一体化机构中的儿童/特殊机构中的儿童	0.2	1.0	1.8	2.4

来源：联邦及各州统计局，儿童和青少年福利中心数据，人口统计

表 C2‒7A: 2007 年,根据移民背景和年龄层统计的各州 0 岁到入学儿童在幼托机构中的情况

联 邦 州	幼托机构中相应年龄层的儿童数量	父母至少有一方来自国外的儿童		家庭用语主要不是德语的儿童	
	数 量	数 量	%	数 量	%
3 岁以下儿童					
德国	278642	37879	13.6	26495	9.5
西部	137660	32219	23.4	17957	13.0
东部(不含柏林)	109619	3847	3.5	2045	1.9
3 岁到入学儿童					
德国	2319875	569220	24.5	376271	16.2
西部	1907508	543296	28.5	343379	18.0
东部(不含柏林)	412367	18465	4.5	10149	2.5
巴登-符腾堡州	330332	102308	31.0	61984	18.8
巴伐利亚州	359962	83794	23.3	51960	14.4
柏林	/[1]	/[1]	/[1]	22743	28.9
勃兰登堡州	62173	3301	5.3	1753	2.8
不来梅	16230	6125	37.7	4283	26.4
汉堡	40291	15505	38.5	10318	25.6
黑森州	181882	62643	34.4	40175	22.1
梅克伦堡-前波莫瑞州	43245	2135	4.9	1196	2.8
下萨克森州	232372	49545	21.3	33736	14.5
北莱茵-威斯特法伦州	515172	171436	33.3	109608	21.3
莱茵兰-普法尔茨州	123208	33019	26.8	19690	16.0
萨尔州	27311	6628	24.3	4001	14.6
萨克森州	110353	6872	6.2	3672	3.3
萨克森-安哈特州	58854	3214	5.5	1900	3.2
石勒苏益格-荷尔斯泰因州	80748	12293	15.2	7624	9.4
图林根州	59180	2943	5.0	1628	2.8

1) 2007 年,柏林没有"父母至少有一方来自国外的儿童"的数据

来源: 联邦及各州统计局,2007 年儿童和青少年福利中心数据

表 C2‒8A: 2006 年,按照机构中有移民背景的儿童比例高低来统计的各州幼托机构中有移民背景 的 14 岁以下儿童的情况

联邦州	幼托机构中的儿童	幼托机构中有移民背景的儿童	有移民背景儿童的平均比例	平均范围[1]		幼托机构中有移民背景的儿童			
							机构中移民背景的儿童比例为		
				下限	上限	总计	低于平均范围[1]	平均范围[1]	高于平均范围[1]
	数 量			%					
旧联邦州									
巴登-符腾堡州	387937	118261	30.5	25.5	35.5	100.0	21.9	15.8	62.4

（续表）

联邦州	幼托机构中的儿童	幼托机构中有移民背景的儿童	有移民背景儿童的平均比例	平均范围[1]		幼托机构中有移民背景的儿童			
						总计	机构中移民背景的儿童比例为		
				下限	上限		低于平均范围[1]	平均范围[1]	高于平均范围[1]
	数　　量					%			
巴伐利亚州	434413	98463	22.7	17.7	27.7	100.0	16.9	15.0	68.1
不来梅	21886	7904	36.1	31.1	41.1	100.0	17.4	14.7	67.9
汉堡	60557	23487	38.8	33.8	43.8	100.0	19.8	14.3	65.9
黑森州	221579	73235	33.1	28.1	38.1	100.0	22.0	14.3	63.7
下萨克森州	253109	50142	19.8	14.8	24.8	100.0	15.8	21.2	63.0
北莱茵-威斯特法伦州	585271	184517	31.5	26.5	36.5	100.0	21.2	15.7	63.2
莱茵兰-普法尔茨州	143680	36509	25.4	20.4	30.4	100.0	21.6	18.4	59.9
萨尔州	33348	7527	22.6	17.6	27.6	100.0	18.3	24.8	56.9
石勒苏益格-荷尔斯泰因州	91061	13873	15.2	10.2	20.2	100.0	12.3	22.5	65.3
新联邦州									
勃兰登堡州	128542	5699	4.4	1.4	7.4	100.0	1.6	36.6	61.8
梅克伦堡-前波莫瑞州	78079	3334	4.3	1.3	7.3	100.0	1.3	37.7	61.0
萨克森州	214361	11688	5.5	2.5	8.5	100.0	5.2	26.7	68.1
萨克森-安哈特州	116068	5416	4.7	1.7	7.7	100.0	2.8	25.4	71.8
图林根州	79454	3487	4.4	1.4	7.4	100.0	1.1	30.6	68.3

* 至少父母一方来自外国

1）平均范围：西部在幼托机构有移民背景的儿童比例的基础上＋/－5个百分点，东部＋/－3个百分点

来源：联邦及各州统计局，2006年儿童和青少年福利中心数据；基于各州研究数据中心提供的微型数据而进行的特殊分析，多特蒙德市儿童和青少年福利中心数据

表C2－9A：2006年，按照机构中不以德语为家庭用语的儿童比例来统计的西部各州和柏林幼托机构中家庭用语非德语的14岁以下儿童的情况

联　邦　州	家庭用语非德语的儿童	家庭用语非德语的儿童就读的幼托机构中不以德语为家庭用语的儿童的比例为							
		0－25		25－50		50－75		75－100	
	数量	数量	%	数量	%	数量	%	数量	%
西部[1]	432100	42188	32.9	150048	34.7	97756	22.6	42108	9.7
巴登-符腾堡州	73167	26064	35.6	27204	37.2	15366	21.0	4533	6.2
巴伐利亚州	77876	24399	31.3	26599	34.2	17729	22.8	9149	11.7
柏林	26412	5474	20.7	5964	22.6	6847	25.9	8127	30.8
不来梅	5328	921	17.3	1980	37.2	2291	43.0	136	2.6
汉堡	15880	3028	19.1	5651	35.6	5505	34.7	1696	10.7
黑森州	48808	13155	27.0	18121	37.1	12654	25.9	4878	10.0

（续表）

联 邦 州	家庭用语非德语的儿童	家庭用语非德语的儿童就读的幼托机构中不以德语为家庭用语的儿童的比例为							
		0 – 25		25 – 50		50 – 75		75 – 100	
	数量	数量	%	数量	%	数量	%	数量	%
下萨克森州	30204	14745	48.8	9472	31.4	4819	16.0	1168	3.9
北莱茵-威斯特法伦州	118448	37279	31.5	43041	36.3	27202	23.0	10926	9.2
莱茵兰-普法尔茨州	22325	9788	43.8	8012	35.9	3376	15.1	1149	5.1
萨尔州	4372	2128	48.7	1575	36.0	597	13.7	72	1.6
石勒苏益格-荷尔斯泰因州	9280	5207	56.1	2429	26.2	1370	14.8	274	3.0

1) 包括柏林

解读：北莱茵-威斯特法伦州：幼托机构中9.2%的不以德语为家庭用语的儿童，就读于一所75%以上的儿童也不以德语为家庭用语的幼托机构。

来源1：联邦及各州统计局，2006年儿童和青少年福利中心数据；基于各州研究数据中心提供的微型数据而进行的特殊分析，多特蒙德市儿童和青少年福利中心数据

来源2：联邦及各州统计局，儿童和青少年福利中心数据

表 C3－1A：根据工作类别统计的 2002 年到 2007 年东西部幼托机构工作人员(不含学童托管所)*的情况

年　　份		教 育 人 员			机构管理人员[1]	行政管理	物业/技术	总计
		总计	领导层、助理教师和跨组别工作人员	照管残障儿童				
德　　国								
2002	数量	301087	288744	12343	－19658	1101	32124	353970
2006	数量	317237	304810	12427	13475	2939	59308	392959
2007	数量	326310	313294	13016	13536	3057	59375	402278
变化								
2002 年和 2006 年之间	%	5.4	5.6	0.7	/	166.9	84.6	11
2002 年到 2006 年之间平均每年的变化	%	1.6	1.7	0.2	/	35.3	20.8	3.3
2006 年和 2007 年之间	%	2.9	2.8	4.7	0.5	4	0.1	2.4
东　　部								
2002	数量	66308	62336	3972	－3293	221	7592	77414
2006	数量	69002	65760	3242	2427	595	10669	82693
2007	数量	70592	67593	2999	2809	782	13501	87684
变化								
2002 年和 2006 年之间	%	4.1	5.5	－18.4	/	169.2	40.5	6.8
2002 年到 2006 年之间平均每年的变化	%	1.2	1.7	－6.1	/	35.6	11	2.1
2006 年和 2007 年之间	%	2.3	2.8	－7.5	15.7	31.4	26.5	6

（续表）

年　份		教 育 人 员			机构管理人员[1]	行政管理	物业/技术	总计
		总计	领导层、助理教师和跨组别工作人员	照管残障儿童				
西　部								
2002	数量	234779	226408	8371	－ 14997	791	21273	271840
2006	数量	248235	239050	9185	10463	2176	46041	306915
2007	数量	255718	245701	10017	10727	2275	45874	314594
变化								
2002 年和 2006 年之间	%	5.6	5.6	9.7	/	175.1	116.4	12.9
2002 年到 2006 年之间平均每年的变化	%	1.7	1.7	2.9	/	36.5	26.8	3.8
2006 年和 2007 年之间	%	3	2.8	9.1	2.5	4.5	－ 0.4	2.5

*不能计算得出在混合年龄群体中教小学生的教育人员。标准表格的分析无法将数据精确计算

1) 2006 —— 免除群体照管任务的管理层，之前的几年也包含把一半及以上的时间投入在管理工作中的管理层

来源：联邦及各州统计局，儿童和青少年福利中心数据

表 C3－2A：2002 年、2006 年和 2007 年，东西部幼托机构中教育人员和全职岗位的情况

地　区	教 育 人 员			相当于全职岗位（全时等量）			全时等量的发展（%）	
	2002	2006	2007	2002	2006	2007	2002 到 2006 年	2006 到 2007 年
	数　　量						%	
德　国	301087	317237	326310	246878	253509	260673	2.6	2.9
西　部	234779	248235	255718	192033	197523	203404	2.8	3.0
东　部	66308	69002	70592	54844	55986	57269	2.1	2.3

来源：联邦及各州统计局，儿童和青少年福利中心数据

表 C3－3A：1990/91 学年，2006 年和 2007 年，根据年龄层统计的东西部幼托机构中教育人员的情况

年 龄 层	西　部						东　部					
	1990		2006		2007		1991		2006		2007	
	数量	%	数量	%	数量	%	数量	%	数量	%	数量	%
20 岁以下	10569	6.6	9322	3.8	8731	3.4	283	0.2	725	1.1	689	1
20 岁到 25 岁	32440	20.3	28577	11.5	28665	11.2	14890	12.6	2606	3.8	2845	4
25 岁到 30 岁	35088	21.9	35731	14.4	35670	13.9	21778	18.4	3187	4.6	3653	5.2
30 岁到 35 岁	28917	18.1	28532	11.5	29717	11.6	20882	17.7	4984	7.2	4592	6.5
35 岁到 40 岁	21901	13.7	31166	12.6	31106	12.2	19874	16.8	11071	16	10414	14.8

（续表）

年龄层	西部 1990 数量	%	西部 2006 数量	%	西部 2007 数量	%	东部 1991 数量	%	东部 2006 数量	%	东部 2007 数量	%
40 岁到 45 岁	12139	7.6	37378	15.1	38174	14.9	13470	11.4	13162	19.1	13604	19.3
45 岁到 50 岁	8191	5.1	39225	15.8	39222	15.3	11854	10	12939	18.8	12805	18.1
50 岁到 55 岁	6998	4.4	25918	10.4	29669	11.6	12824	10.9	11982	17.4	12689	18
55 岁到 60 岁	3059	1.9	10509	4.2	12636	4.9	2176	1.8	7077	10.3	8076	11.4
60 岁到 65 岁	675	0.4	1659	0.7	1906	0.7	48	0	1242	1.8	1187	1.7
65 岁及以上	217	0.1	218	0.1	222	0.1	34	0	27	0	38	0.1
总计	160194	100	248235	100	255718	100	118113	100	69002	100	70592	100
其中 50 岁及以上	10949	6.8	38304	15.4	44433	17.4	15082	12.8	20328	29.5	21990	31.2

来源：联邦及各州统计局，儿童和青少年福利中心数据

表 C3 - 4A：2007 年，根据工作类别和员工性别统计的东西部幼托机构和保育机构中工作人员的情况

工作类别	德国 总计数量	女性比例 %	西部 总计数量	女性比例 %	东部 总计数量	女性比例 %
管理层（不含学童托管所）	132777	98.4	100271	98.2	32506	99
助理及补充人员（不含学童托管所）	135660	97.3	124120	97.3	11540	98.1
残障儿童的促进人员	13016	95.5	10017	95	2999	97.4
跨组别工作的人员	44857	94.8	21310	93.3	23547	96.2
教育人员（总计）	326310	97.4	255718	97.2	70592	97.8
机构领导	13536	94.1	10727	93.2	2809	97.2
保育人员	33136	97.8	27953	97.7	5183	97.8
总计	372982	97.3	294398	97.1	78584	97.8

来源：联邦及各州统计局，2007 年儿童和青少年福利中心数据

表 C3 - 5A：2007 年根据工作时长统计的东西部幼托机构中教育人员的情况

地区	总计 数量	每周 38.5 小时及以上 数量	%	每周 32 小时至 38.5 小时 数量	%	每周 21 小时至 32 小时 数量	%	每周 20 小时及以下 数量	%
德国	326310	128008	39.2	50979	15.6	96858	29.7	50465	15.5
西部	255718	111887	43.8	27594	10.8	71722	28	44515	17.4
东部	70592	16121	22.8	23385	33.1	25136	35.6	5950	8.4

来源：联邦及各州统计局，2007 年儿童和青少年福利中心数据

表 C3-6A：2007 年，根据职业培训文凭统计的东西部幼托机构中教育人员的情况

地　区	总　计	其　中							
		社会教育学硕士等	学前机构教师	儿童保育员	其他助理类和教育类职业	健康服务类职业	其他文凭	实习生	没有培训
	数　量	%							
德　国	326310	2.4	71.6	14.9	1.0	1.1	2.4	3.1	3.4
西　部	255718	2.6	66.4	18.7	0.8	1.2	2.5	3.9	3.9
东　部	70592	2.0	90.4	1.3	1.6	0.8	1.7	0.4	1.9

来源：联邦及各州统计局，2007 年儿童和青少年福利中心数据

表 C3-7A：2002 年、2006 年和 2007 年，按照职业培训文凭的类别*统计的东西部幼托机构中教育人员的情况（单位：%）

地　区	职业化程度			学术化程度			专业化程度		
	2002	2006	2007	2002	2006	2007	2002	2006	2007
	%								
德　国	1.9	2.3	2.4	2.2	2.8	3	71.6	73.7	74
西　部	2.2	2.5	2.6	2.5	3	3.1	65.8	68.6	69
东　部	0.8	1.7	2	1.1	2.1	2.5	92.2	92	92.4

*职业化：社会教育学硕士、社会工作硕士、教育学硕士；学术化：职业化加上老师以及拥有其它高校文凭的人；专业化：教育者以及残障儿童教育者（应用技术类大学）

来源：联邦及各州统计局，儿童和青少年福利中心数据，自己核算

表 C3-8A：2007 年，按照所选的职业教育文凭统计的各州幼托机构中免除群体照管任务的领导层的情况

联　邦　州	免除群体照管任务的领导层	其　中			
		社会教育学硕士	其他高校毕业文凭	教育者	其他文凭
	数　量	%			
德国	13536.0	21.4	0.6	76.4	1.7
西部	10727.0	22.6	0.5	75.1	1.7
东部	2809.0	16.5	1.0	81.1	1.4
巴登-符腾堡州	852.0	20.7	1.2	75.5	2.7
巴伐利亚州	368.0	20.9	1.1	70.9	7.1
柏林	550.0	33.6	1.8	62.7	1.8
勃兰登堡州	314.0	7.6	1.3	88.2	2.9
不来梅	233.0	57.1	0.4	38.2	4.3
汉堡	642.0	52.0	1.2	43.5	3.3
黑森州	1354.0	28.7	1.0	68.8	1.6

(续表)

联 邦 州	免除群体照管任务的领导层	其 中			
		社会教育学硕士	其他高校毕业文凭	教育者	其他文凭
	数 量	%			
梅克伦堡-前波莫瑞州	361.0	11.4	1.4	85.9	1.4
下萨克森州	1599.0	27.6	0.5	70.0	1.9
北莱茵-威斯特法伦州	4438.0	13.8	0.1	85.4	0.7
莱茵兰-普法尔茨州	504.0	15.9	0.4	82.5	1.2
萨尔州	119.0	11.8	3.4	83.2	1.7
萨克森州	1138.0	14.9	0.6	83.6	1.0
萨克森-安哈特州	233.0	8.2	0.0	90.1	1.7
石勒苏益格-荷尔斯泰因州	618.0	27.8	0.5	69.1	2.6
图林根州	213.0	11.7	0.9	87.3	0.0

来源:联邦及各州统计局,2007 年儿童和青少年福利中心数据

表 C3－9A:2006 年和 2007 年,按照教育资质的形式和范畴统计的东西部保育人员数据(单位:%)

教育资质的形式和范畴	德 国		西 部		东 部	
	2006	2007	2006	2007	2006	2007
	数 量					
有教育类培训	3743	4456	3059	3769	684	687
有教育类培训和资质培训课程	4683	6617	3502	5260	1181	1357
只有 160 小时及以上的资质培训课程	1540	2482	631	1310	909	1172
只有少于 160 小时的资质培训课程	10445	12015	8833	10317	1612	1698
没有正式资质	10016	7566	9527	7297	489	269
总计	30427	33136	25552	27953	4875	5183
	%					
有教育类培训	12.3	13.4	12.0	13.5	14.0	13.3
有教育类培训和资质培训课程	15.4	20.0	13.7	18.8	24.2	26.2
只有 160 小时及以上的资质培训课程	5.1	7.5	2.5	4.7	18.6	22.6
只有少于 160 小时的资质培训课程	34.3	36.3	34.6	36.9	33.1	32.8
没有正式资质	32.9	22.8	37.3	26.1	10.0	5.2
总计	100	100	100	100	100	100

来源:联邦及各州统计局,儿童和青少年福利中心数据

家庭语言使用

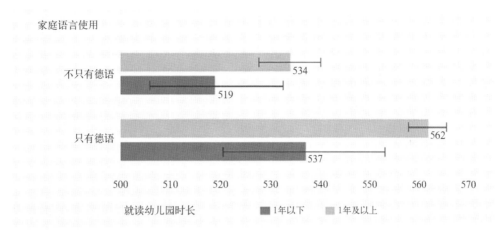

就读幼儿园时长　■1年以下　■1年及以上

图 C4 - 3A：2006 年，根据家庭用语和就读幼儿园时长统计的儿童平均阅读能力*（90%的置信区间）

* 只有无高校毕业文凭的父母

来源：2006 年 PIRLS/IGLU 数据，自己核算

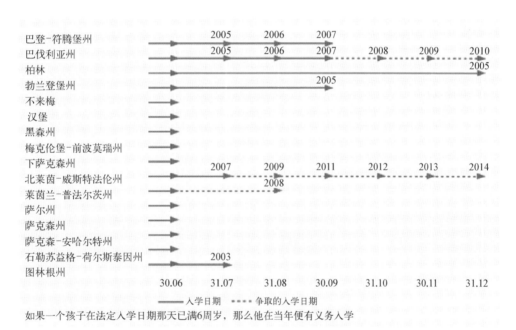

——入学日期　┈┈争取的入学日期

如果一个孩子在法定入学日期那天已满6周岁，那么他在当年便有义务入学

图 C4 - 4A：2003 年到 2014 年，各州义务教育开始的入学日期*

来源：总结各州对于入学时间点及其变更的信息

表 C4 - 1A：1995/96 学年到 2006/07 学年，德国东部和西部推迟入学占所有入学儿童的比例（单位：%）

地　区	1995/96	1996/97	1997/98	1998/99	1999/00	2000/01	2001/02	2002/03	2003/04	2004/05	2005/06	2006/07
	%											
德国	8.4	8.3	7.9	7.4	7.0	7.1	6.8	6.4	5.6	5.7	4.8	4.8
西部[1]	8.1	7.7	6.9	6.6	6.4	6.6	6.4	6.1	5.3	5.4	4.8	4.7
东部[2]	9.6	10.4	12.1	12.4	11.0	10.4	9.1	8.4	7.2	7.3	4.6	5.1

1）2001 年的数据不含不来梅

2）自 2006 年起，柏林不再有延缓入学情况

来源：联邦及各州统计局，学校数据统计

表 C4‑2A：1995/96 学年到 2006/07 学年,德国东部和西部提前入学占所有入学儿童的比例(单位：%)

地　区	1995/96	1996/97	1997/98	1998/99	1999/00	2000/01	2001/02	2002/03	2003/04	2004/05	2005/06	2006/07
	%											
德国	2.5	2.7	2.9	4.1	4.8	5.0	5.8	6.6	7.8	9.1	7.8	7.1
西部[1]	2.8	3.1	3.3	4.5	5.2	5.3	6.1	7.0	8.4	9.7	8.9	8.0
东部	1.3	1.2	1.2	2.1	2.3	2.9	3.4	4.1	4.5	5.3	2.2	2.3

1) 2001 年的数据不含不来梅

来源：联邦及各州统计局,学校数据统计

表 C4‑3A：1995/96 学年到 2006/07 学年,男女生提前入学和推迟入学的情况占所有入学儿童中的比例(单位：%)

年　份	提 前 入 学		推 迟 入 学	
	男　生	女　生	男　生	女　生
	%			
1995/96	1.9	3.1	10.4	6.4
1996/97	2.1	3.4	10.1	6.3
1997/98	2.2	3.7	9.7	6
1998/99	3.2	5.1	9.2	5.5
1999/00	3.7	6	8.6	5.3
2000/01	3.9	6.1	8.8	5.2
2001/02[1]	4.5	7.1	8.5	5
2002/03	5.7	7.5	7.9	4.7
2003/04	6.2	9.5	7	4.1
2004/05	7.2	11	7.1	4.1
2005/06	6.4	9.3	5.8	3.7
2006/07	5.6	8.7	5.9	3.5

1) 2001 年的数据不含不来梅

来源：联邦及各州统计局,学校数据统计

表 C4‑4A：2003/04 学年到 2006/07 学年中,各州 6 岁儿童中** 就读小学* 的比例(单位：%)

联 邦 州	学　年			
	2003/04	2004/05	2005/06	2006/07
	%			
德国	51.9	53.3	56.6	57.9
西部	52.8	53.9	56.1	57.4
东部	46.5	49.6	59.5	60.9
巴登-符腾堡州	54.3	55.5	58.9	62.3
巴伐利亚州	54.4	55.1	58.2	62.2
柏林	52.9	58.8	92.3	94.9

（续表）

联　邦　州	学　年			
	2003/04	2004/05	2005/06	2006/07
	%			
勃兰登堡州	47.9	47.7	61.1	65.8
不来梅	47.8	60.3	63.3	65.2
汉堡	57.6	58.3	60.0	60.9
黑森州	51.4	50.8	51.4	50.9
梅克伦堡-前波莫瑞州	42.5	45.2	44.4	44.7
下萨克森州	48.3	50.0	52.3	52.1
北莱茵-威斯特法伦州	53.2	55.0	56.5	56.0
莱茵兰-普法尔茨州	52.4	54.4	55.1	56.3
萨尔州	56.8	54.4	55.1	55.8
萨克森州	41.9	46.4	47.5	47.4
萨克森-安哈特州	46.2	45.3	46.5	48.8
石勒苏益格-荷尔斯泰因州	50.3	49.9	52.0	53.0
图林根州	45.0	49.4	50.7	51.3

* 小学领域的学生根据 KMK 的定义，在入学那年已满 6 岁

** 如果孩子在当年 12 月 31 日时满 6 岁，那他在该年便有义务入学

　来源：联邦及各州统计局，学校数据统计；人口统计；自己核算

表 C4－5A：2003 年到 2005 年，部分欧盟国家中 5 岁到 7 岁儿童就读小学的比例（单位：%）

国　家[1]	年　份								
	2003			2004			2005		
	该年龄学生就读小学的比例[2]								
	5	6	7	5	6	7	5	6	7
	%								
2005 年，下列国家中几乎没有 6 岁儿童就读小学									
芬兰	0.0	0.5	96.3	0.0	0.6	96.2	0.0	0.5	95.8
波兰[3]	·	0.9	97.4	·	0.8	97.2	·	0.8	97.6
丹麦	X	X	96.6	X	3.1	85.6	0.0	2.9	83.2
瑞典	0.0	3.3	98.5	0.0	3.3	98.5	0.0	3.1	98.6
2005 年，下列国家中少于三分之二的 6 岁儿童就读小学									
匈牙利[4]	0.0	27.5	94.9	0.0	26.1	94.6	0.0	24.5	95.6
捷克共和国	0.0	53.9	89.2	0.0	51.7	90.8	0.0	50.8	93.0
斯洛伐克共和国	0.0	56.1	96.8	0.0	55.3	95.9	0.0	53.8	96.5
德国	0.1	49.0	99.3	0.3	52.8	97.6	0.3	54.4	97.1
奥地利	0.0	61.0	98.0	0.0	62.3	95.0	0.0	57.3	98.3

（续表）

国家[1]	年　份								
	2003			2004			2005		
	该年龄学生就读小学的比例[2]								
	5	6	7	5	6	7	5	6	7
	%								
2005 年，下列国家中几乎所有 6 岁儿童都就读小学									
比利时	1.3	95.2	100.1	1.4	94.2	99.3	1.3	94.0	99.3
法国	1.4	100.8	101.7	1.3	96.4	100.0	1.3	96.1	101.5
卢森堡[5]	0.5	63.8	96.7	0.1	66.0	96.4	2.9	97.0	101.5
冰岛	0.1	98.1	99.0	0.4	98.5	98.9	0.2	97.9	99.1
荷兰[6]	X	99.6	100.2	X	100.5	99.7	X	98.7	100.6
挪威	0.0	99.5	99.2	0.0	99.3	99.4	0.0	99.2	99.2
西班牙	0.0	101.6	101.5	0.2	102.2	101.2	0.2	99.2	102.2
意大利	0.4	102.7	102.0	5.6	102.9	101.8	7.2	101.0	101.7
英国	100.9	99.9	101.0	98.8	101.3	99.1	101.9	101.2	101.9
爱尔兰[7]	99.3	100.0	100.0	99.4	101.8	100.8	98.0	101.6	102.4
希腊	1.0	98.3	99.0	0.6	99.8	100.0	1.5	102.2	99.6
葡萄牙	1.5	101.1	107.0	2.6	104.3	105.5	2.7	102.9	108.0

1) 按照 2005 年 6 岁儿童就读小学的比例将国家进行分类

2) 超过 100%的比例是由于变化的入学日期而产生的。经合组织未给出其他说明

3) 波兰：自 2004/05 学年起，儿童就读一年的学前班成为义务

4) 匈牙利：自 5 岁起，儿童有义务参加学校活动

5) 卢森堡："幼儿园"不属于小学教育领域，但是对 4 岁以上的儿童是义务

6) 荷兰：没有自己的学前领域。儿童自 4 岁起可以就读"基础教育"，这对 5 岁以上的儿童是义务

7) 爱尔兰：没有自己的学前领域。儿童从 4 岁起可就读"幼儿班"，但不是义务

来源：经合组织在线教育数据库

表 D1－1A：2006/07 学年时各州上一学年读小学的各类学校的五年级学生[*] 的分流情况，以及其相较 2004/05 学年发生的变化

联邦州	2006/07 学年学生数[1]	其　中						相较于 2004/05 的变化					
		定向阶段	普通中学	实科中学	提供多种教育过程的学校	文理中学	一体化综合中学	定向阶段	普通中学	实科中学	提供多种教育过程的学校	文理中学	一体化综合中学
	数　量	%						%					
全德国[*]	709890	1.7	18.9	6.3	24.8	39.9	8.4	− 0.5	− 2.6	+ 0.3	+ 0.2	+ 2.3	+ 0.4
德国西部	651462	1.9	20.6	1.7	27.0	40.0	8.9	− 0.5	− 2.8	− 0.2	+ 0.5	2.7	+ 0.4
德国东部[*]	58428	X	X	58.3	X	38.8	2.8	X	X	+ 2.5	− 0.8	− 2.2	+ 0.4
巴登-符腾堡州	109218	0.2	28.1	X	33.4	37.8	0.6	0.0	− 2.8	X	+ 0.9	+ 1.9	0.0
巴伐利亚州	123931	0.2	39.0	X	23.1	37.4	0.2	− 0.1	− 3.8	X	+ 1.8	+ 2.1	− 0.1

（续表）

联邦州	2006/07学年学生数[1]	其中						相较于2004/05的变化					
		定向阶段	普通中学	实科中学	提供多种教育过程的学校	文理中学	一体化综合中学	定向阶段	普通中学	实科中学	提供多种教育过程的学校	文理中学	一体化综合中学
	数量	%						%					
柏林*	23430	X	8.3	X	18.9	46.0	26.9	X	−0.7	X	−0.7	+2.3	−1.0
勃兰登堡州*	13865	X	X	38.5	X	45.3	16.2	X	X	+38.5	−19.1	+6.6	−26
不来梅	5513	X	X	27.4	X	46.6	26.0	X	X	−4.2	X	+4.5	−0.3
汉堡	14062	3.7	19.2	X	X	48.8	28.3	+1.3	−4.8	X	X	+3.9	−0.5
黑森州	57494	19.7	3.9	X	15.7	44.3	16.3	−6.6	−0.5	X	+1.3	+4.3	+1.4
梅克伦堡-前波莫瑞州	9365	X	X	85.6	X	4.1	10.3	X	X	+42.4	−4.8	−40.3	+2.7
下萨克森州	82460	X	14.3	X	36.9	43.9	4.8	X	−3.3	X	+0.2	+2.8	+0.2
北莱茵-威斯特法伦州	180245	X	15.2	X	27.9	39.3	17.5	X	−2.6	X	−0.6	+2.5	+0.5
莱茵兰-普法尔茨州	40749	X	13.3	14.7	26.5	39.7	5.8	X	−2.6	−1.0	+0.6	+2.7	+0.3
萨尔州	9386	X	0.9	36.9	2.1	40.8	19.2	X	0.0	−3.0	+0.3	+2.2	+0.3
萨克森州	22893	X	X	54.0	X	46.0	X	X	X	−9.0	X	+9.0	X
萨克森-安哈特州	13313	X	X	52.0	X	45.0	3.0	X	X	+0.1	X	−0.3	+0.2
石勒苏益格-荷尔斯泰因州	28404	X	18.4	X	35.0	39.0	7.6	X	−3.4	X	−1.4	+4.3	+0.5
图林根州	12857	X	X	52.7	X	44.9	2.3	X	X	−3.5	X	+3.6	−0.2

* 由于小学学制为6年，这两个州所呈现的均是过渡进入7年级的情况。全德国以及德国东部的数值并未将这些州计算在内

　除了来自小学的学生数之外，柏林以及勃兰登堡州过渡进入文理中学的数量还包括了来自文理中学的过渡数，即在两年前（在5年级时）就已经在过渡进入中等教育第一阶段之时进入了一所普通文理中学的学生数

　1）不含促进学校以及私立华德福学校

　来源：联邦及各州统计局，2004/05学年以及2006/07学年的学校数据统计，自己计算得出

表 D1－2A：根据2004/05学年以及2006/07学年就读于文理中学七年级的学生数量统计的乡镇数量

年　份		根据就读于文理中学七年级的学生数量统计的乡镇数量					
		低于20%	20至低于30%	30至低于40%	40至低于50%	50%以及更多	总数
2004/05	乡镇数量	22	176	185	48	8	439
	占所有乡镇数量的百分比	5.0	40.1	42.1	10.9	1.8	100.0
2006/07	乡镇数量	16	120	197	90	16	439
	占所有乡镇数量的百分比	3.6	27.3	44.9	20.5	3.6	100.0

　来源：联邦及各州统计局，2004以及2006年度的地区数据统计，自己计算得出

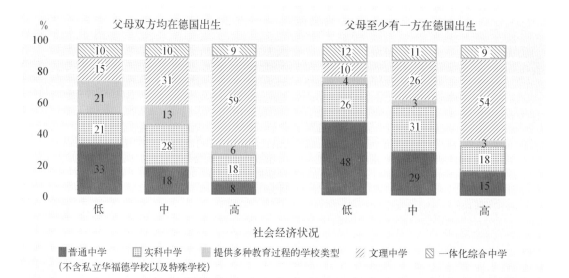

图 D1-6A：根据移民背景和社会经济状况*统计的九年级学生在各个学校类型中分布情况（单位：%）

* 每个学生的指数都由家庭中最高的职业状况构成（HISEI）。相互进行比较的是拥有最高指数值的25%学生、拥有中端指数值的50%的学生以及拥有最低指数值的25%的学生

来源：PISAE 2003，通过 IPN 做的特别评估

表 D1-3A：根据学校类型统计的 1996/97 学年至 2006/07 学年私立学校*数量以及就读于私立学校的学生数量

联 邦 州	学 校						学 生					
	1996/97	2001/02	2006/07	1996/97	2001/02	2006/07	1996/97	2001/02	2006/07	1996/97	2001/02	2006/07
	数 量			占学校总数的百分比			数 量			占学生总数的百分比		
总数	2207	2498	3008	5.0	5.8	7.9	504725	581666	668770	4.9	5.8	6.9
学前班	79	36	16	5.8	4.1	6.2	1642	1074	603	4.2	4.1	7.4
学校幼儿园	123	131	135	4.4	4.8	9.2	2276	2559	2703	5.3	7.0	12.9
小学	276	404	624	1.5	2.4	3.7	33939	44664	68061	0.9	1.4	2.2
与学校类型无关的定向阶段	52	75	85	2.2	3.4	7.9	8755	9772	3908	2.3	2.5	3.9
普通中学	176	190	219	2.9	3.5	4.6	18814	21820	25462	1.7	2.0	2.7
提供多种教育过程的学校类型	8	22	82	0.6	1.2	6.2	1103	2852	6675	0.3	0.6	2.1
实科中学	261	283	322	7.5	8.2	11.0	84370	98844	111750	7.0	7.7	8.6
文理中学	354	374	417	11.2	11.8	13.5	218263	240940	263037	10.0	10.5	10.7
一体化综合中学	21	32	53	2.6	4.1	7.7	7534	12339	16333	1.4	2.3	3.2
私立华德福学校	157	178	192	100.0	100.0	100.0	64445	70774	78166	100.0	100.0	100.0
促进学校	535	599	632	15.7	17.5	18.6	51705	61602	67844	13.0	14.5	16.6
普通夜校	——	——	——									
实科夜校	54	46	45	46.6	40.7	37.2	2639	3112	4189	19.6	18.7	19.3

（续表）

联邦州	学　校						学　生					
	1996/97	2001/02	2006/07	1996/97	2001/02	2006/07	1996/97	2001/02	2006/07	1996/97	2001/02	2006/07
	数　量			占学校总数的百分比			数　量			占学生总数的百分比		
文理夜校	26	28	29	26.0	27.7	29.0	2184	3084	4743	12.9	18.2	23.3
补习高中	17	16	16	27.9	24.6	24.2	2515	2162	2712	18.6	15.9	15.2
专科高中	54	68	110	7.0	8.3	13.0	3388	4807	10523	4.1	4.8	8.1
专科或职业文理中学	14	15	28	2.7	2.9	5.1	1153	1239	1973	1.3	1.2	1.6
职业高中/技术类高中	—	1	3		1.2	1.4		22	88		0.2	0.5

*表格所呈现的是所有普通教育的教育过程，也就是说，除了普通教育学校（从学前班至补习高中）之外，还对专科高中、专科或职业文理中学以及职业高中/技术类高中等进行了观察，因为这些职业学校并非充当着授予职业资格的角色，而是用来让学生（后补）获得普通教育学校毕业证的

来源：联邦及各州统计局，学校数据统计

表 D1–4A：2006/07 学年各州在七至九年级之间转换学校类型*的数量

联邦州	学生数（七—九年级）	学校类型转换（七—九年级）	转换率	其　中	
				向上转换	向下转换
	数　量		占学生总数的百分比（七—九年级）	占学校类型转换总数的百分比（七—九年级）	
全德国	2488671	64144	2.6	14.4	65.6
德国西部	2168433	56580	2.6	15.0	68.3
德国东部	320238	7564	2.4	9.9	45.7
巴登-符腾堡州	361166	4760	1.3	19.2	68.2
巴伐利亚州	419248	14363	3.4	29.0	70.0
柏林	79446	1845	2.3	3.5	53.7
勃兰登堡州	47709	1219	2.6	6.2	7.8
不来梅	17821	1004	5.6	16.0	43.5
汉堡[1]	43981	1195	2.7	9.0	40.0
黑森州	187567	6428	3.4	8.6	48.0
梅克伦堡-前波莫瑞州	31765	1687	5.3	9.7	18.8
下萨克森州	265689	6590	2.5	10.4	80.9
北莱茵-威斯特法伦州	608246	15656	2.6	7.8	78.5
莱茵兰-普法尔茨州	136361	3976	2.9	11.0	51.5
萨尔州	31914	841	2.6	8.7	40.4
萨克森州	73726	843	1.1	13.6	86.4

(续表)

联 邦 州	学生数 (七—九年级)	学校类型转换 (七—九年级)	转换率	其　中	
				向上转换	向下转换
	数　量		占学生总数的百分比 (七—九年级)	占学校类型转换总数的百分比 (七—九年级)	
萨克森-安哈特州	46316	1175	2.5	14.8	74.6
石勒苏益格-荷尔斯泰因州	96440	1767	1.8	10.6	75.0
图林根州	41276	795	1.9	20.0	56.1

* 不含与学校类型无关的定向阶段、私立华德福学校以及促进学校

1) 对于汉堡来说,没有将在七年级时转出普通中学的人计算在内,因为所有就读过所谓的五年级和六年级的观察阶段的人都已经包含在内了。由于观察阶段(无论其与个别学校(普通中学、提供多种教育过程的学校、实科中学)之间的关联情况如何)原则上是开放的,就如学业道路是从七年级开始的,所以,在此不会涉及学校类型转换

来源:联邦及各州统计局,学校数据统计

表 D1－5A:根据促进重点统计的 2006/07 学年各州拥有特殊教育促进需求的学生数量、一体化促进比例以及促进率

联 邦 州	拥有特殊教育促进需求的学生	其　中		促进率 (总数)	按促进重点分类的促进率							
		促进学校	一体化促进		学习	视力	听力	语言	身体以及运动机能发展	智力发展	情感以及社会发展	其他
	数字	占拥有促进需求人数的百分比		占学生总数的百分比[1]								
全德国	484346	84.3	15.7	5.8	2.7	0.1	0.2	0.6	0.4	0.9	0.6	0.4
德国西部	381522	85.1	14.9	5.3	2.4	0.1	0.2	0.5	0.3	0.8	0.5	0.5
德国东部	102824	81.1	18.9	8.3	4.1	0.1	0.2	1.0	0.4	1.4	1.0	0.1
巴登-符腾堡州	72956	74.3	25.7	6.1	2.9	0.1	0.2	0.7	0.5	0.7	0.8	0.2
巴伐利亚州	68745	87.5	12.5	5.0	1.4	0.1	0.1	0.4	0.2	0.8	0.3	1.8
柏林	19605	66.4	33.6	6.7	2.7	0.1	0.2	1.2	0.5	0.8	0.9	0.2
勃兰登堡州	16077	71.8	28.2	8.3	4.3	0.1	0.2	0.8	0.3	1.5	1.1	0.0
不来梅	4793	55.1	44.9	7.7	3.0	0.1	0.2	0.4	0.2	1.0	0.6	2.1
汉堡	8671	84.9	15.1	5.7	2.6	0.1	0.2	1.0	0.7	0.8	0.2	0.1
黑森州	29928	89.2	10.8	4.8	2.4	0.1	0.1	0.4	0.3	0.8	0.4	0.3
梅克伦堡-前波莫瑞州	13643	79.5	20.5	10.9	5.7	0.1	0.2	1.3	0.4	1.8	1.2	0.2
下萨克森州	40482	95.3	4.7	4.5	2.6	0.0	0.2	0.4	0.3	0.7	0.3	0.1
北莱茵-威斯特法伦州	114817	89.8	10.2	5.7	2.6	0.1	0.2	0.7	0.4	0.9	0.8	0.1
莱茵兰-普法尔茨州	19340	87.0	13.0	4.4	2.7	0.1	0.2	0.2	0.4	0.6	0.2	0.0
萨尔州	5478	74.0	26.0	5.4	2.8	0.1	0.2	0.5	0.4	0.7	0.2	0.5
萨克森州	22682	88.6	11.4	7.8	4.2	0.1	0.2	0.7	0.4	1.3	0.8	0.0
萨克森-安哈特州	15635	94.5	5.5	9.0	5.2	0.1	0.3	0.5	0.4	1.8	0.6	0.0

（续表）

联邦州	拥有特殊教育促进需求的学生	其中		促进率（总数）	按促进重点分类的促进率							
		促进学校	一体化促进		学习	视力	听力	语言	身体以及运动机能发展	智力发展	情感以及社会发展	其他
	数字	占拥有促进需求人数的百分比		占学生总数的百分比[1]								
石勒苏益格-荷尔斯泰因州	16312	67.8	32.2	5.2	3.2	0.1	0.1	0.4	0.2	1.0	0.2	0.0
图林根州	15182	86.7	13.3	9.2	3.9	0.1	0.1	1.6	0.4	1.7	1.4	0.0

1) 普通教育学校中一年级至十年级的学生总数

来源：德国文教部长联席会议秘书处（2007），1997 年至 2006 年间学校中的特殊教育促进

表 D1－6A：2006/07 年度各州在促进学校和其他普通教育学校类型之间的转换情况

联邦州	转学离开促进学校		转学进入促进学校		数量比例[3]
	数量	百分比 %[1]	数量	百分比 %[2]	
全德国	7843	3.1	27337	8.1	1∶3
德国西部	6540	3.3	25449	9.3	1∶3
德国东部	1303	2.3	1888	2.9	1∶5
巴登-符腾堡州	1145	2.5	4173	9.2	1∶4
巴伐利亚州	2561	6.4	5541	11.5	1∶2
柏林	363	3.8	850	7.8	1∶2
勃兰登堡州	312	4.2	1321	15.2	1∶4
不来梅	61	2.8	378	14.3	1∶6
汉堡	145	2.3	632	8.6	1∶4
黑森州	471	1.9	866	5.2	1∶2
梅克伦堡-前波莫瑞州	171	2.3	866	10.0	1∶5
下萨克森州	330	1.2	2439	7.6	1∶7
北莱茵-威斯特法伦州	1544	2.2	8969	10.5	1∶6
莱茵兰-普法尔茨州	90	0.8	1141	8.7	1∶13
萨尔州	28	0.8	391	9.7	1∶14
萨克森州	218	1.6	1227	7.6	1∶6
萨克森-安哈特州	60	0.6	895	7.7	1∶15
石勒苏益格-荷尔斯泰因州	165	2.3	409	5.1	1∶2
图林根州	179	2.0	902	8.7	1∶5

1) 从促进学校转换进入其他普通教育学校的学生数被算作在前一年级中就读于促进学校的学生总数(无就读年级)。对于巴登-符腾堡州而言,在某些促进重点方面是无法将促进学生划分至单个年级之中的。不使用前一年级的促进学生总数,而使用在前一学年的促进学生总数

2) 转换进入促进学校的学生数量被算作在相关年级中就读于促进学校的学生总数(无就读年级)

3) 这一关系表明,每当一个离开促进学校的转换发生时会出现多少进入促进学校的转换

来源：联邦及各州统计局,2006/07 学年的学校数据统计;巴登-符腾堡州统计局,2005/06 学年以及 2006/07 学年的学校数据统计

表 D1－7A：根据学校背景统计的 2000/01 学年、2003/04 学年以及 2006/07 学年过渡进入文理中学高年级学生的情况

在前一年级就读于：	2000/01 学年过渡进入十一年级				2003/04 学年过渡进入十一年级				2006/07 学年过渡进入十一年级			
	文理中学		一体化综合中学		文理中学		一体化综合中学		文理中学		一体化综合中学	
	数量	%	数量	%	数量	%	数量	%	数量	%	数量	%
普通中学	687	0.3	659	2.9	706	0.3	964	3.7	756	0.3	1176	4.1
实科中学	11316	4.7	2087	9.2	12095	4.8	3243	12.4	14980	5.3	4266	14.8
提供多种教育过程的学校	105	0.0	59	0.3	228	0.1	83	0.3	428	0.2	195	0.7
文理中学	216819	90.8	1127	5.0	227079	89.8	1678	6.4	261029	92.6	1712	5.9
一体化综合中学	2592	1.1	17553	77.4	2361	0.9	18383	70.5	3381	1.2	21082	73.1
私立华德福学校	41	0.0	40	0.2	32	0.0	8	0.0	53	0.0	27	0.1
促进学校	3	0.0	1	0.0	6	0.0	3	0.0	10	0.0	3	0.0
无数据	7226	3.0	1154	5.1	10343	4.1	1702	6.5	1250	0.4	398	1.4
总数	238789	100	22680	100	252850	100	26064	100	281887	100	28859	100

*不含私立华德福学校以及促进学校

来源：联邦及各州统计局·学校数据统计

表 D2－1A：根据年级*统计的 2006/07 学年各州留级情况

联 邦 州	留 级 者							
	初等教育领域（一至四年级）		中等教育第一阶段（五至十年级）		中等教育第二阶段（十一至十二/十三年级）		总 数（一至十二/十三年级）	
	数量	%	数量	%	数量	%	数量	%
德国	38463	1.2	169946	3.6	25459	3.0	233868	2.7
德国西部	33731	1.3	144913	3.5	19485	3.0	198129	2.7
德国东部	4732	1.0	25033	3.8	5974	3.4	35739	2.7
巴登-符腾堡州	6061	1.4	13806	2.1	1677	1.8	21544	1.8
巴伐利亚州	5064	1.0	45165	5.7	2838	2.9	53067	3.8
柏林	495	0.4	7418	4.6	2158	5.0	10071	3.2
勃兰登堡州	1106	1.4	3584	3.5	684	1.8	5374	2.5
不来梅	588	2.5	1041	2.9	447	5.3	2076	3.1
汉堡	1339	2.3	2029	2.4	874	4.1	4242	2.6
黑森州	3228	1.4	12480	3.5	2299	3.7	18007	2.7
梅克伦堡-前波莫瑞州	831	1.8	3265	4.9	290	1.5	4386	3.3
下萨克森州	5060	1.5	17254	3.4	·	·	22314	2.4
北莱茵-威斯特法伦州	8210	1.1	38664	3.3	9091	4.1	55965	2.6

（续表）

联 邦 州	留 级 者							
	初等教育领域（一至四年级）		中等教育第一阶段（五至十年级）		中等教育第二阶段（十一至十二/十三年级）		总 数（一至十二/十三年级）	
	数量	%	数量	%	数量	%	数量	%
莱茵兰-普法尔茨州	2832	1.7	6584	2.6	1282	3.0	10698	2.3
萨尔州	788	2.1	1772	3.0	360	3.6	2920	2.8
萨克森州	1491	1.3	3429	2.2	1258	4.1	6178	2.1
萨克森-安哈特州	524	0.8	4791	5.1	853	3.3	6168	3.3
石勒苏益格-荷尔斯泰因州	561	0.5	6118	3.4	617	2.4	7296	2.3
图林根州	285	0.4	2546	3.0	731	3.9	3562	2.1

*柏林以及勃兰登堡州五年级以及六年级的留级者归入中等教育第一阶段。中等教育第二阶段的数据来自文理中学以及一体化综合中学

1) 下萨克森州没有通报中等教育第二阶段的留级信息

来源：联邦及各州统计局，2006/07 学年的学校数据统计

表 D2－2A：根据学校类型和性别统计的 1995/96 学年至 2006/07 学年的留级率（单位：%）

学 年	性别	留 级 率									
		初等教育领域	中等教育第一阶段						中等教育第二阶段		
			总数	根据学校类型					总数	根据学校类型	
				普通中学	实科中学	提供多种教育过程的学校	文理中学	一体化综合中学[1]		文理中学	一体化综合中学[1]
		%									
1995/96	总计	1.8	3.6	3.4	5.3	3.4	2.9	·	2.5	2.5	·
	男性	2.1	4.2	3.8	6.1	4.3	3.5	·	3.0	3.0	·
	女性	1.6	2.9	2.8	4.6	2.4	2.3	·	2.0	2.0	·
2000/01	总计	1.9	4.1	4.3	6.0	3.9	3.2	·	3.2	3.2	·
	男性	2.1	4.9	4.8	6.9	4.8	4.0	·	4.1	4.1	·
	女性	1.6	3.3	3.5	5.1	2.8	2.5	·	2.5	2.5	·
2004/05	总计	1.4	3.6	4.1	5.1	4.6	2.3	2.6	2.9	2.7	4.8
	男性	1.5	4.2	4.6	5.8	5.5	2.8	3.0	3.7	3.5	5.6
	女性	1.3	3.0	3.6	4.5	3.6	1.9	2.2	2.3	2.1	4.1
2006/07	总计	1.2	3.6	4.1	5.2	4.3	2.3	2.5	3.0	2.7	6.0
	男性	1.3	4.1	4.5	5.8	5.0	2.9	2.8	3.9	3.6	7.2
	女性	1.1	3.0	3.6	4.5	3.5	1.7	2.2	2.3	2.1	5.1

1) 联邦一级机构中没有 2004/05 学年之前的一体化综合中学留级生数量的信息

来源：联邦及各州统计局，学校数据统计

表 D3－1A：根据学校类型统计的 2002 年至 2006 年的初等教育阶段以及中等教育第一阶段中公立和私立全日制学校的情况

学 校 类 型	年 份			2002 年以及 2006 年的组织模式					
	2002	2004	2006	义务式		半开放式		开放式	
				2002	2006	2002	2006	2002	2006
	数 量			%					
小学	1757	2766	4878	4.7	2.5	4.3	4.9	91.0	92.6
定向阶段	185	177	477	9.7	5.3	22.7	3.1	67.6	91.6
普通中学	618	939	1328	32.2	26.4	22.3	17.0	45.5	56.6
提供多种教育过程的学校	329	553	576	1.2	11.1	5.5	19.6	93.3	69.3
实科中学	288	400	551	15.3	11.6	10.4	9.8	74.3	78.6
文理中学	386	644	924	22.5	14.9	8.6	8.7	68.9	76.4
一体化综合中学	488	503	539	74.2	65.4	8.6	5.8	17.2	28.8
私立华德福学校	30	63	88	4.0	14.8	33.3	18.2	26.7	67.0
促进学校	1315	1432	1744	69.7	53.5	2.1	4.1	28.2	42.4

来源：文教部长联席会议秘书处：联邦德国各州全日制普通学校 2002 至 2006 年数据统计，表 2.1.1—2.1.9，2008

表 D3－2A：根据学校类型统计的各州初等教育阶段和中等教育第一阶段中公立以及私立全日制学校在所有学校中的比例（单位：%）

联 邦 州	小学	定向阶段	普通中学	提供多种教育过程的学校	实科中学	文理中学	一体化综合中学	私立华德福学校	促进学校
	%								
全德国	29.1	44.2	27.6	43.6	18.7	29.8	77.9	45.8	51.4
巴登-符腾堡州	2.4	100.0	17.9	X	4.9	19.7	100.0	17.3	44.7
巴伐利亚州	11.8	100.0	18.6	X	29.2	26.6	100.0	38.9	47.4
柏林	100.0	58.1	1.8	X	5.3	4.5	92.6	171.4	72.9
勃兰登堡州	27.3	26.9	X	48.8	20.0	24.5	51.7	100.0	63.1
不来梅	16.8	X	25.0	31.3	24.3	24.4	61.1	33.3	3.8
汉堡	9.8	100.0	19.4	43.8	20.3	92.2	38.5	—	53.3
黑森州	9.3	57.1	53.6	X	53.4	78.0	82.2		40.1
梅克伦堡-前波莫瑞州	3.5	X	—	62.0	—	53.2	106.3	100.0	22.8
下萨克森州	3.1	X	47.0	—	19.5	35.8	84.8	—	23.1
北莱茵-威斯特法伦州	59.4	X	31.2	X	4.0	4.3	96.8	69.2	51.5
莱茵兰-普法尔茨州	17.1	X	51.1	42.9	26.5	24.1	47.4	100.0	71.6
萨尔州	75.6	X	—	75.0	—	80.0	93.3	50.0	58.5

（续表）

联 邦 州	小学	定向阶段	普通中学	提供多种教育过程的学校	实科中学	文理中学	一体化综合中学	私立华德福学校	促进学校
					%				
萨克森州	95.9	X	X	51.5	X	53.8	X	100.0	90.2
萨克森-安哈特州	3.2	X	X	25.7	X	15.6	75.0	—	95.3
石勒苏益格-荷尔斯泰因州	18.2	X	37.3	X	33.5	36.1	73.1	90.0	40.4
图林根州	97.6	X	X	24.0	X	17.5	100.0	100.0	100.0

来源：文教部长联席会议秘书处：联邦德国各州全日制普通学校 2002 至 2006 年数据统计，表 2.1.1—2.1.9，2008

表 D3‐3A：根据学校类型统计的 2002 年以及 2006 年就读于初等教育阶段和中等教育第一阶段中的全日制学校学生的比例（占就读于该类型学校的所有学生数的百分比，单位：%）

联 邦 州	小学	定向阶段	普通中学	提供多种教育过程的学校	实科中学	文理中学	一体化综合中学	私立华德福学校	促进学校
					%				
2002	4.2	6.5	10.2	3.7	4.0	3.9	66.8	8.9	33.3
2006	12.7	21.5	18.9	21.2	8.5	12.5	75.3	19.5	38.9

来源：文教部长联席会议秘书处，联邦德国各州全日制普通学校 2002 至 2006 年数据统计，表 3.1.1—3.1.10，2008

表 D3‐4A：根据学校类型统计的 2006 年各州就读于初等教育阶段和中等教育第一阶段中公立以及私立的全日制学校学生的比例（单位：%）

联 邦 州	小学	定向阶段	普通中学	提供多种教育过程的学校	实科中学	文理中学	一体化综合中学	私立华德福学校	促进学校	总计
				占各个学校类型学生的百分比						
德国	12.7	21.5	18.9	21.2	8.5	12.5	75.3	19.5	38.9	17.6
巴登-符腾堡州	3.0	100.0	25.3	X	4.2	16.0	100.0	17.0	49.7	11.9
巴伐利亚州	2.4	24.6	3.1	X	2.8	3.1	36.2	7.0	17.2	3.5
柏林	60.4	9.0	0.8	X	1.2	2.8	89.6	31.3	47.4	38.5
勃兰登堡州	23.1	21.7	X	49.2	12.4	13.4	45.9	1207[1]	37.1	27.1
不来梅	13.1	X	13.8	11.0	10.2	5.7	34.2	9.8	1.4	13.4
汉堡	8.6	100.0	26.4	42.6	19.0	85.3	28.3	—	47.7	35.6
黑森州	6.4	39.4	34.0	X	29.9	22.7	53.6	—	28.5	22.0
梅克伦堡-前波莫瑞州	2.6	X	11.2	42.1	22.4	37.2	73.0	34.3	14.7	23.5
下萨克森州	2.3	X	30.7	—	19.3	18.9	93.0	—	17.4	16.0
北莱茵-威斯特法伦州	14.0	X	23.1	X	3.3	3.3	97.9	23.0	34.7	20.4

(续表)

联 邦 州	小学	定向阶段	普通中学	提供多种教育过程的学校	实科中学	文理中学	一体化综合中学	私立华德福学校	促进学校	总计
	占各个学校类型学生的百分比									
莱茵兰-普法尔茨州	8.0	X	24.5	14.6	4.4	5.5	24.1	35.2	60.6	11.7
萨尔州	10.4	X	—	3.5	—	4.4	10.5	4.9	34.0	8.2
萨克森州	67.4	X	X	22.6	X	27.7	X	100.0	95.7	46.8
萨克森-安哈特州	3.3	X	X	20.4	X	10.0	63.9	—	65.8	16.1
石勒苏益格-荷尔斯泰因州	10.4	X	20.6	X	15.2	14.8	73.2	34.7	17.5	16.7
图林根州	65.6	X	X	14.3	X	7.4	73.0	87.6	100.0	40.9

1) 累加照管能力的时候会有重复计数

来源：文教部长联席会议秘书处：联邦德国各州全日制普通学校 2002 至 2006 年数据统计，表 3.1.1—3.1.10，2008

表 D3－5A：2006/07 学年小学学生使用全日制学校的情况以及 2007 年低于 11 岁的学龄儿童使用儿童照管服务的情况

	德 国	德国西部	德国东部
幼托机构中 11 岁以下的学龄儿童			
总计	366066	172580	193486
其中的重复计数[1]			
可证明的重复计数	83916	—	83916
潜在的重复计数	38875	23461	15414
幼托机构中 11 岁以下的学龄儿童,不包括小学中的全日制学生			
减去所有可证明的以及潜在的重复计数	243275	149119	94156
减去所有可证明的重复计数	282150	172580	109570
减去所有可证明的重复计数以及一半潜在的重复计数(中位数)	262713	150536	101863
在全日制学校中的学生			
在小学中	399666	189603	210063
全日制照管			
共计[2]	662379	350453	311926
总比例的中位数[3]百分比%	20.9	13	64.8
总比例的非确定域(＋/－误差以百分点计算)	0.6	0.4	1.6

1) 儿童被包含在了文教部长联席会议以及儿童和青少年福利中心的数据统计之中

2) 幼托机构中 11 岁以下的学龄儿童(中位数)以及全日制小学中的学生

3) 幼托机构中 11 岁以下的学龄儿童(中位数)以及全日制小学中的学生涉及的是 6.5 至 10.5 岁的儿童人口

来源：文教部长联席会议秘书处,联邦德国各州全日制普通学校 2002 至 2006 年,波恩,表 3.1.2,2008,联邦及各州统计局,2007 年儿童和青少年福利中心数据统计

表 D4－1A：2006/07 学年各州普通教育学校中师资* 的年龄组成情况

联 邦 州	师资总数	其 中				未说明
		从……岁至……岁以下				
		30 岁以下	30－40 岁	40－50 岁	50 岁及以上	
	数 量	在所有师资中的百分比				
全德国	668314	3.9	21.1	24.7	49.8	0.5
德国西部	538038	4.6	22.9	21.3	50.5	0.6
德国东部	130276	0.9	13.4	38.6	47.1	0.0
巴登-符腾堡州	94655	5.1	22.5	17.7	53.3	1.3
巴伐利亚州	93383	5.6	25.9	24.1	44.4	—
柏林	25932	0.6	12.8	32.7	53.9	
勃兰登堡州	19416	0.3	13.2	40.7	45.7	0.0
不来梅	5457	2.5	16.6	19.4	61.4	—
汉堡	13539	1.7	18.4	19.7	47.9	12.4
黑森州	47086	4.2	23.3	22.5	49.1	1.0
梅克伦堡-前波莫瑞州	12282	0.5	15.1	42.3	42.1	—
下萨克森州	67661	3.8	21.8	20.2	54.3	
北莱茵-威斯特法伦州	151625	4.0	21.6	22.8	51.6	
莱茵兰-普法尔茨州	34463	7.2	26.6	18.8	47.4	
萨尔州	7228	4.6	23.1	17.8	54.6	
萨克森州	31863	1.3	13.5	39.9	45.3	0.0
萨克森-安哈特州	20362	1.1	14.1	39.2	45.7	
石勒苏益格-荷尔斯泰因州	22941	4.4	23.0	22.9	49.7	
图林根州	20421	1.2	12.7	38.9	47.2	

* 不含以课时计的教师

来源：联邦及各州统计局，2006/07 学校数据统计，自己计算得出

表 D4－2A：2006/07 学年各州根据性别、工作范围统计的普通教育教育过程* 中的师资情况

联 邦 州	师 资 情 况								
	总 数	其 中		其 中					
		男性	女性	以教师为主业的教师				以课时计的教师	
				全时在职的教师		部分时间在岗的教师			
				总数	女性比例	总数	女性比例	总数	女性比例
	数 量	占所有师资的百分比							
全德国	766207	32.2	67.8	51.8	55.6	37.7	85.1	10.5	65.9
德国西部	626375	34.6	65.4	52.0	51.6	36.1	85.3	11.9	65.6
德国东部	139832	21.5	78.5	50.9	73.8	44.8	84.6	4.3	68.6
巴登-符腾堡州	116931	36.2	63.8	44.2	45.8	39.8	84.9	15.9	60.9

（续表）

联 邦 州	师 资 情 况								
	总 数	其 中		其 中					
		男性	女性	以教师为主业的教师				以课时计的教师	
				全时在职的教师		部分时间在岗的教师			
				总数	女性比例	总数	女性比例	总数	女性比例
	数 量	占所有师资的百分比							
巴伐利亚州	119563	36.1	63.9	49.7	47.1	30.6	88.8	19.7	67.4
柏林	28366	27.3	72.7	67.8	68.4	26.6	83.3	5.7	74.3
勃兰登堡州	20112	19.3	80.7	42.7	75.5	53.8	86.0	3.5	63.9
不来梅	6030	36.1	63.9	51.5	50.3	41.7	80.7	6.9	63.5
汉堡	14006	33.8	66.2	51.1	53.3	47.7	79.8	1.2	74.9
黑森州	56479	34.4	65.6	52.0	55.1	34.7	83.0	13.2	61.4
梅克伦堡-前波莫瑞州	13009	18.0	82.0	20.0	75.2	77.0	84.3	3.0	69.7
下萨克森州	74187	33.8	66.2	52.9	51.6	41.3	83.9	5.7	73.6
北莱茵-威斯特法伦州	165253	32.7	67.3	58.5	55.5	33.9	87.0	7.6	70.5
莱茵兰-普法尔茨州	40704	34.9	65.1	49.2	56.4	37.3	78.1	13.5	61.3
萨尔州	7963	40.5	59.5	69.6	49.3	26.1	89.6	4.4	42.8
萨克森州	35003	21.4	78.6	56.2	74.4	38.5	87.5	5.3	59.4
萨克森-安哈特州	21308	19.4	80.6	75.8	80.7	22.0	80.8	2.2	74.8
石勒苏益格-荷尔斯泰因州	25259	32.6	67.4	53.4	51.4	39.8	87.7	6.8	74.8
图林根州	22034	20.6	79.4	22.2	66.8	73.3	83.4	4.5	76.7

*普通教育学校以及专科或职业文理中学、专业高中和职业高中/技术类高中

1）不含专科或职业文理中学以及专业高中内的师资

来源：联邦及各州统计局，2006/07 学校数据统计，自己计算得出

表 D4-3A：1996 年、2001 年以及 2006 年根据性别和工作范围*统计的普通教育教育过程中的师资情况

学 年	师 资 情 况								
	总 数	其 中		其 中					
		男性	女性	以教师为主业的教师				以课时计的教师	
				全时在职的教师		部分时间在岗的教师			
				总数	女性比例	总数	女性比例	总数	女性比例
	数 量	占所有师资的百分比							
1996/97	740571	37.0	63.0	61.1	48.7	31.3	44.5	7.6	6.8
2001/02	757381	34.6	65.4	55.7	44.5	35.2	46.7	9.1	8.8
2006/07	766207	32.2	67:8	51.8	42.5	37.7	47.3	10.5	10.2

*普通教育学校以及专科或职业文理中学、专业高中和职业高中/技术类高中

来源：联邦及各州统计局，学校数据统计，自己计算得出

表 D5－1A：2000 年及 2006 年各州对每 100 名 12 岁至 21 岁人群在青少年工作方面的公共支出

联 邦 州	对每 100 名 12 岁至 21 岁人群的支出（欧元 EUR）		2000 年至 2006 年间的变化（%）	
	2000	2006	账面支出	经通货膨胀调整处理
巴登-符腾堡州	12925	12634	－ 2.3	－ 7.8
巴伐利亚州	12934	10845	－ 16.1	－ 18.7
柏林	27132	26243	－ 3.3	－ 9.4
勃兰登堡州	10064	13767	＋ 36.8	＋ 27.7
不来梅	18569	19857	＋ 6.9	－ 0.1
汉堡	20335	19966	－ 1.8	－ 10.4
黑森州	18423	19994	＋ 8.5	＋ 1.3
梅克伦堡-前波莫瑞州	11592	13162	13.5	8.2
下萨克森州	16053	13872	－ 13.6	－ 17.6
北莱茵-威斯特法伦州	13792	13761	－ 0.2	－ 6.0
莱茵兰-普法尔茨州	10329	10603	＋ 2.6	－ 2.2
萨尔州	11013	12618	14.6	＋ 8.3
萨克森州	11419	12304	＋ 7.8	＋ 2.9
萨克森-安哈特州	12387	12546	＋ 1.3	－ 5.4
石勒苏益格-荷尔斯泰因州	17527	15084	－ 13.9	－ 17.2
图林根州	11057	12576	＋ 13.7	9.1
各州总计[1]	14160	13945	－ 1.5	－ 6.7
全德总计[2]	15082	15339	＋ 1.7	－ 3.7

1）不含最高联邦机构的支出
2）含最高联邦机构的支出
来源：联邦统计局：儿童及青少年工作的数据统计——支出和收入，不同年度

表 D5－2A：1996 年至 2007 年期间每年受到青少年儿童计划（KJP）资金资助的志愿服务者职位

服 务	时 间 段						
	1996/97	1998/99	2000/01	2002/03	2004/05	2006/07	2007/08
志愿社会年（FSJ）	8849	10800	11359	13277	13624	16010	16365
志愿生态年（FÖJ）	1102	1500	1746	1631	1790	2128	2248
总数	9951	12300	13105	14908	15414	18138	18613

计算依据：每个职位对应从资助年度开始起的 12 个参与月度（每年 8 月为时间段的开始）
来源：德国联邦家庭、老人、妇女、青年部

表 D5－3A：1992 年至 2004 年得到了官方资助的青少年工作措施及参与者

年	措 施	参与者	每一措施的参与者	每 100 名 12 岁至 22 岁人群的措施	每 100 名 12 岁至 22 岁人群中的参与者
			数 量		
1992	127915	4308121	34	1.45	49
1996	130372	4671972	36	1.46	52
2000	116643	4547306	39	1.25	49
2004	97267	3667451	38	1.04	39

来源：联邦及各州统计局，儿童和青少年福利中心数据统计，人口统计

表 D5－4A：1996 年至 2004 年各州对每 100 名 12 至 22 岁人群采取的措施数量以及每一措施的参与者人数

联 邦 州	措施数量（每 100 名 12 岁至 22 岁人群）			每一措施的参与者人数		
	1996	2000	2004	1996	2000	2004
各州总计	1.5	1.3	1.0	36	39	38
巴登-符腾堡州	1.3	1.1	1.1	57	51	42
巴伐利亚州	1.3	1.1	0.9	28	28	49
柏林	1.1	1.0	1.2	76	75	47
勃兰登堡州	0.6	0.8	0.7	60	46	37
不来梅	0.9	0.8	0.7	22	16	23
汉堡	0.8	0.7	1.3	25	39	52
黑森州	1.8	1.6	1.6	27	30	28
梅克伦堡-前波莫瑞州	1.3	1.0	0.9	52	62	37
下萨克森州	1.9	1.5	1.3	25	26	29
北莱茵-威斯特法伦州	2.0	1.6	0.9	30	44	38
莱茵兰-普法尔茨州	2.1	1.8	1.5	30	30	35
萨尔州	1.4	1.2	1.2	37	37	35
萨克森州	1.0	0.9	0.8	50	38	37
萨克森-安哈特州	0.7	0.6	0.5	67	39	50
石勒苏益格-荷尔斯泰因州	1.7	1.5	1.3	28	33	34
图林根州	0.6	0.9	0.7	32	39	29

来源：联邦及各州统计局，儿童和青少年福利中心数据统计，人口统计

表 D5－5A：1992 年至 2004 年各州得到了官方资助的青少年工作措施的参与者(每 100 名 12 岁至 22 岁人群)

联 邦 州	年 份			
	1992	1996	2000	2004
	每 100 名 12 岁至 22 岁人群中的参与者			
各州总计	49	52	49	39
巴登-符腾堡州	70	72	57	45

(续表)

联 邦 州	年 份			
	1992	1996	2000	2004
	每 100 名 12 岁至 22 岁人群中的参与者			
巴伐利亚州	42	36	29	42
柏林	25	85	78	54
勃兰登堡州	49	36	35	27
不来梅	36	20	13	15
汉堡	42	21	25	69
黑森州	52	49	48	44
梅克伦堡-前波莫瑞州	50	69	64	32
下萨克森州	52	47	39	36
北莱茵-威斯特法伦州	55	59	70	35
莱茵兰-普法尔茨州	56	62	54	53
萨尔州	61	50	46	41
萨克森州	24	48	35	31
萨克森-安哈特州	43	50	24	23
石勒苏益格-荷尔斯泰因州	45	48	50	46
图林根州	28	20	34	19

来源：联邦及各州统计局,儿童和青少年福利中心数据统计,人口统计

表 D5－6A：根据支出类型统计的 2000 年和 2006 年青少年工作的官方支出

支 出 类 型	对青少年工作的支出		2006 年比对 2000 年的发展情况	
	2000	2006	账面支出	通货膨胀调整处理之后
	单位：千欧		%	
青少年工作的个人以及团队协助	430461	448853	4.3	－1.2
青少年工作的设施	980998	951993	－3.0	－8.1
青少年工作总计	1411459	1400846	－0.8	－6.0

来源：联邦及各州统计局,儿童和青少年福利中心数据统计

表 D5－7A：1992 年至 2004 年得到了官方资助的青少年工作措施的承办方(单位：%)

承 办 方	年 份			
	1992	1996	2000	2004
	%			
官方承办方	15.4	13.6	17.7	18.5
自由承担方	84.6	86.4	82.3	81.5
其中				
青年团等	56.9	52.4	49.6	55.4

（续表）

承办方	年 份			
	1992	1996	2000	2004
	%			
义工协会	4.4	4.1	4.2	3.8
教会	15.3	19.6	16.9	11.6
其他自由推动者	8.0	10.3	11.6	10.7

来源：联邦及各州统计局，儿童和青少年福利中心数据统计

表 D5‑8A：2007 年 16 岁至 22 岁人群在所选组织中的参与积极度以及承担职能的情况

组织类型	参与以及承担职能的情况			
	无承担职能，每周都不参与或参与次数少于一次	无承担职能，每周至少参与一次	承担了某一职能/职位	有效答案的数量
	%			
更倾向于以兴趣或公益为导向的协会、社团				
政治/工会[1]	96.4	0.3	3.3	1224
教会/宗教团体	84.5	4.4	11.1	1221
义工协会	98.8	0.2	1.0	1216
青年团	93.7	1.6	4.7	1221
以兴趣或公益为导向的协会、社团总计	77.8	5.3	16.9	1224
更倾向于以社交为导向的协会、社团以及其他组织				
同乡会/公民俱乐部	91.2	3.4	5.4	1221
体育社团	51.8	32.7	15.5	1222
其他社团	83.8	7.0	9.2	1224
以社交为导向的协以及社团总计（无其他组织）	44.1	33.9	22.0	1224
总数	32.8	31.6	35.6	1224

1）党派、公民倡议行动组织、工会或者职业协会

来源：2007 年度德国青少年研究所调查

表 D5‑9A：根据受访者的教育水平、性别和移民背景以及父母的教育学历等情况统计的 2007 年 16 岁至 22 岁人群在以公益和兴趣为导向的组织中的参与积极度以及承担职能的情况（占每行的百分比，单位：%）

根据人群分组	参与以及承担职能的范围		
	无承担职能，每周都不参与或参与次数少于 1 次	无承担职能，每周至少参与 1 次	承担了某一职能/职位
	%		
教育水平（n＝1.156）			
低	82.8	4.9	12.3

（续表）

根 据 人 群 分 组	参与以及承担职能的范围		
	无承担职能,每周都不参与 或参与次数少于1次	无承担职能,每周 至少参与1次	承担了某一职能/ 职位
	%		
高	74.7	5.1	20.2
性别（n=1.221）			
男性	77.0	5.6	17.4
女性	78.5	5.1	16.4
移民背景（n=1.221）			
无移民背景	78.1	4.7	17.2
有移民背景	76.6	7.8	15.6
父母的教育学历（n=1.193）			
最高为获得普通中学毕业证	82.1	4.9	13.0
中等结业水平	80.5	4.4	15.0
高等专科学校入学水平/高级中学毕业考试水平	80.6	5.4	14.0
至少为应用技术大学毕业文凭	72.2	5.9	21.9

来源：2007 年度德国青少年研究所调查

表 D5－10A：根据受访者的教育水平统计的 2007 年 16 岁至 22 岁人群在以公益和兴趣为导向的组织中的参与积极度以及承担职能的情况（单位：%）

组 织 类 型	教育水平	无承担职能,每周都不参与 或参与次数少于1次	无承担职能,每周 至少参与1次	承担了某一职能/ 职位
		%		
政治/工会（n=1.159）[1]	低	96.3	0.4	3.3
	高	96.6	0.3	3.1
教会/宗教团体（n=1.156）	低	88.3	3.9	7.8
	高	81.9	4.3	13.8
义工协会（n=1.152）	低	99.0	0.0	1.0
	高	98.6	0.3	1.1
青年团（n=1.156）	低	95.3	0.8	3.9
	高	92.8	1.9	5.2
以兴趣或公益为导向的协会、 社团总计（n=1.156）	低	82.8	4.9	12.3
	高	74.7	5.1	20.2

1) 党派、公民倡议行动组织、工会或者职业协会

来源：2007 年度德国青少年研究所调查

表 D6‑1A: 2006 年各国 15 岁学生能力状态的参数

国　　家	阅读能力平均值 (标准差)	数学能力平均值 (标准差)	自然科学能力平均值 (标准差)
韩国	556 (88)	547 (93)	522 (90)
芬兰	547 (81)	548 (81)	563 (86)
加拿大	527 (96)	527 (86)	534 (94)
新西兰	521 (105)	522 (93)	530 (107)
爱尔兰	517 (92)	501 (82)	508 (94)
澳大利亚	513 (94)	520 (88)	527 (100)
波兰	508 (100)	495 (87)	498 (90)
瑞典	507 (98)	502 (90)	503 (94)
荷兰	507 (97)	531 (89)	525 (96)
比利时	501 (110)	520 (106)	510 (100)
瑞士	499 (94)	530 (97)	512 (99)
日本	498 (102)	523 (91)	531 (100)
英国	495 (102)	495 (89)	515 (107)
德国	495 (112)	504 (99)	516 (100)
丹麦	494 (89)	513 (85)	496 (93)
奥地利	490 (108)	505 (98)	511 (98)
法国	488 (104)	496 (96)	495 (102)
冰岛	484 (97)	506 (88)	491 (97)
挪威	484 (105)	490 (92)	487 (96)
捷克共和国	483 (111)	510 (103)	513 (98)
匈牙利	482 (94)	491 (91)	504 (88)
卢森堡	479 (100)	490 (93)	486 (97)
葡萄牙	472 (99)	466 (91)	474 (89)
意大利	469 (109)	462 (96)	475 (96)
斯洛伐克共和国	466 (105)	492 (95)	488 (93)
西班牙	461 (89)	480 (89)	488 (91)
希腊	460 (103)	459 (92)	473 (92)
土耳其	447 (93)	424 (93)	424 (93)
墨西哥	510 (96)	406 (85)	410 (91)
经合组织成员国平均值	492 (99)	498 (92)	500 (95)

深色阴影: 显著高于经合组织成员国的平均值;浅色阴影: 与经合组织成员国的平均值无显著差异;无阴影: 显著低于经合组织成员国的平均值

来源: 德国 PISA 联合会,PISA 2006,2007

表 D6－2A：2001 年及 2006 年各国小学生阅读能力的参数

国　　家	平均值(标准差)		社会背景的影响[1]		移民背景的影响[1]		性别差异[1]	
	2006	2001	2006	2001	2006	2001	2006	2001
加拿大（安大略省）	555（71）	548	23	28	－ 15	－ 13	*13*	*20*
意大利	*551（68）*	*541（71）*	*30*	*39*	－ 30	－ 35	7	8
匈牙利	*551（70）*	*543（66）*	51	43	*－ 3*	*－ 21*	5	14
瑞典	549（64）	561（66）	33	29	－ 37	－ 45	18	22
德国	*548（67）*	*539（67）*	40	43	*－ 48*	*－ 55*	7	*13*
荷兰	547（53）	554（57）	26	28	－ 41	－ 44	7	*15*
保加利亚	547（83）	550（83）	*46*	*58*	－ 66	－ 79	21	24
拉脱维亚	541（63）	545（62）	27	26	－ 8	－ 10	23	22
美国	540（74）	542（83）			－ 29	－ 31	*10*	*18*
英国	539（87）	553（87）	43	43	－ 48	－ 24	19	22
立陶宛	537（57）	543（64）	26	30	－ 28	－ 19	18	17
加拿大（魁北克省）	533（63）	537	26	26	－ 27	－ 33	13	14
新西兰	532（87）	529（94）	38	43	5	1	24	27
斯洛文尼亚	*531（74）*	*518（70）*	43	34	－ 36	3	11	16
苏格兰	527（80）	528（84）	48	44	－ 50	－ 36	22	17
法国	522（71）	525（71）	*39*	*48*	－ 35	－ 31	11	11
斯洛文尼亚	*522（71）*	*502（72）*	37	30	－ 37	－ 27	13	22
冰岛	511（68）	512（75）	*25*	*34*	－ 52	－ 39	19	19
挪威	498（67）	499（81）	*31*	*40*	－ 62	－ 58	19	21
挪威	489（91）	512（90）	70	56	*－ 20*	*－ 63*	14	14

在有阴影的单元格中，在 2001 年到 2006 年之间出现了显著的变化（浅色：符合期望方向，深色：不符合期望方向）

1) 相较于其他 4 年级学生，父母双方均为移民的学生在成绩方面的落后情况

来源：Bos et al.（2003），Erste Ergebnisse aus IGLU；Bos et al.（2007），IGLU 2006

表 D6－3A：2000 年至 2006 年具有移民背景的 15 岁学生能力（相比没有移民背景的学生在成绩方面的差异，以测试分数显示）

年　份	移民背景	阅读能力	数学能力	自然科学能力
		在测试分数方面的差异		
2000	第一代	－ 79	－ 73	－ 88
	第二代	－ 75	－ 77	－ 90
	父母一方为移民	－ 7	－ 15	－ 10
2003	第一代	－ 72	－ 66	－ 76
	第二代	－ 81	－ 79	－ 95
	父母一方为移民	－ 11	－ 22	－ 19

（续表）

年　份	移民背景	阅读能力	数学能力	自然科学能力
		在测试分数方面的差异		
2006	第一代	－73	－67	－79
	第二代	－84	－80	－95
	父母一方为移民	－31	－30	－37

2000 年以及 2003 年的数据基础为 PISA-国家对比的大型抽样调查。2006 年能够使用的只有国际抽样调查；因此，这些数据存在着一个较大的抽样调查错误。

来源：德国 PISA 联合会（2002），PISA－E 2000；德国 PISA 联合会（2005），PISA－E 2003；德国 PISA 联合会（2007），PISA 2006，以及自己计算得出

表 D6－4A：2000 年至 2006 年德国 15 岁男生及女生与经合组织成员国整体的能力区别（差异显示为测试成绩）

年　份	移民背景	阅读能力	数学能力	自然科学能力
		在测试分数方面的差异[1]		
2000	经合组织成员国平均值	32	－11	0
	德国	35	－15	4
2003	经合组织成员国平均值	34	－11	6
	德国	42	－9	6
2006	经合组织成员国平均值	38	－11	2
	德国	42	－20	7

1）正数数值均与女生在成绩方面的领先优势相符

来源：德国 PISA 联合会（2001），PISA 2000；德国 PISA 联合会（2004），PISA 2003；德国 PISA 联合会，PISA 2006，2007

表 D7－1A：1996 年到 2006 年根据文凭类型统计的普通教育学校以及所有学校（包括职业学校）的毕业生情况（在典型毕业年龄常住人口中所占的百分比，单位：%）*

毕业文凭类型	1996		2001		2006	
	数量	%	数量	%	数量	%
普通中学毕业	241930	26.9	236127	26.1	236531	24.6
包含职业学校	275439	30.6	282318	31.2	273481	28.5
中级结业水平[1]	349399	40.1	376545	41.4	398171	41.0
包含职业学校	404239	46.4	441395	48.6	481845	49.6
具有应用高校入学资格	6512	0.8	11286	1.2	14260	1.5
包含职业学校	73328	8.5	100395	10.6	129662	13.6
具有普通高校入学资格	215008	25.1	214013	22.5	244010	25.5
包含职业学校	242013	28.2	243068	25.6	285456	29.9
毕业生总数	813649	X	837971	X	892972	X
包含职业学校	995019	X	1067176	X	1170444	X

*毕业生人数为处于典型毕业年龄的常住人口（前一年 12 月 31 日）。不同的年龄分组以不同的毕业文凭类型为基础（普通中学毕业：15 岁至 17 岁以下；中级结业水平：16 岁至 18 岁以下；具有应用高校入学资格及具有普通高校入学资格：18 岁至 21 岁以下）

1）实科中学毕业或者具有等值的毕业文凭

来源：联邦及各州统计局，学校数据统计，人口数据统计

表 D7－2A：1996 年和 2006 年根据文凭类型以及学校类型统计的普通教育学校以及职业学校的毕业生情况

毕业文凭类型以及教育过程	1996		2006	
	数 量	%	数 量	%
普通中学毕业	*275439*	*100.0*	*273481*	*100.0*
普通中学	174493	63.4	159596	58.4
提供多种教育过程的学校	13804	5.0	18965	6.9
实科中学	9579	3.5	10403	3.8
文理中学	3165	1.1	2313	0.8
一体化综合中学	21636	7.9	26897	9.8
私立华德福学校	392	0.1	342	0.1
特殊学校	8516	3.1	10451	3.8
普通中学夜校	558	0.2	620	0.2
实科夜校	779	0.3	1494	0.5
文理夜校	75	0.0	—	—
补习学校	—	—	2	0.0
外部（校外考试）	8933	3.2	5448	2.0
专科文理中学	—	—	2	0.0
部分时间制的职业学校（双元制体系）	14432	5.2	12165	4.4
职业准备年	13904	5.0	17782	6.5
全时形式的职业基础教育年	2827	1.0	4329	1.6
职业专科学校	1596	0.6	2672	1.0
补习学校	750	0.3	—	—
中级结业水平	*404239*	*100.0*	*481845*	*100.0*
普通中学	35214	8.7	48199	10.0
提供多种教育过程的学校	44076	10.9	56958	11.8
实科中学	200809	49.7	220095	45.7
文理中学	29373	7.3	25178	5.2
一体化综合中学	34719	8.6	38730	8.0
私立华德福学校	1129	0.3	1694	0.4
特殊学校	656	0.2	1099	0.2
实科夜校	2222	0.5	4276	0.9
文理夜校	52	0.0	182	0.0
补习学校	18	0.0	288	0.1

(续表)

毕业文凭类型以及教育过程	1996		2006	
	数　量	％	数　量	％
外部(校外考试)	1131	0.3	1472	0.3
专科文理中学	—	—	18	0.0
职业高中/技术类高中	—	—	96	0.0
部分时间制的职业学校(双元制体系)	11221	2.8	27111	5.6
职业准备年	257	0.1	95	0.0
全时形式的职业基础教育年	873	0.2	3688	0.8
职业提高学校	2465	0.6	413	0.1
职业专科学校	32611	8.1	48951	10.2
补习学校	1007	0.2	—	—
专科学校	6406	1.6	3302	0.7
具有应用高校入学资格	73328	100.0	129662	100.0
文理中学	4356	5.9	9539	7.4
一体化综合中学	776	1.1	2587	2.0
私立华德福学校	194	0.3	432	0.3
特殊学校	2	0.0	4	0.0
实科夜校	126	0.2	10	0.0
文理夜校	686	0.9	919	0.7
补习学校	342	0.5	744	0.6
外部(校外考试)	30	0.0	25	0.0
专科高中	35114	47.9	51295	39.6
专科文理中学	1076	1.5	1534	1.2
职业高中/技术类高中	—	—	5515	4.3
部分时间制的职业学校(双元制体系)	—	—	1094	0.8
职业专科学校	19612	26.7	37052	28.6
补习学校	3410	4.7	—	—
专科学校	6754	9.2	18024	13.9
专科学院/职业学院	850	1.2	888	0.7
具有普通高校入学资格	242013	100.0	285456	100.0
文理中学	196474	81.2	216288	75.8
一体化综合中学	10661	4.4	18566	6.5

（续表）

毕业文凭类型以及教育过程	1996		2006	
	数 量	%	数 量	%
私立华德福学校	1668	0.7	2451	0.9
特殊学校	86	0.0	82	0.0
实科夜校	154	0.1	—	—
文理夜校	2903	1.2	2840	1.0
补习学校	3480	1.4	3458	1.2
外部(校外考试)	382	0.2	325	0.1
专科高中	—	—	951	0.3
专科文理中学	22160	9.2	31244	10.9
职业高中/技术类高中	1639	0.7	3776	1.3
部分时间制的职业学校(双元制体系)	—	—	18	0.0
职业专科学校	1618	0.7	5402	1.9
补习学校	752	0.3	—	—
专科学院/职业学院	36	0.0	55	0.0

来源：联邦及各州统计局，学校数据统计

表 D7－3A：2006 各州未获得普通中学毕业文凭的肄业生情况(占 15 岁至 17 岁以下人口的百分比，单位：%)

| 联 邦 州 | 未获得普通中学毕业文凭总数 | | 其　　中 | | | | 其　　中 | | 15 岁至 17 岁以下的人口 |
| | | | 未从促进学校获得普通中学毕业文凭 | | 未从其他学校类型获得普通中学毕业文凭 | | 获得促进重点学习的毕业文凭 | | |
	数量	%	数量	%	数量	%	数量	%	数量
全德国	75897	7.9	39322	4.1	36575	3.8	26620	2.8	961100
德国西部	56071	7.4	28726	3.8	27345	3.6	19698	2.6	761807
德国东部	19826	9.9	10596	5.3	9230	4.6	6922	3.5	199293
巴登-符腾堡州	7932	6.3	4488	3.5	3444	2.7	3111	2.5	126831
巴伐利亚州	10463	7.2	4918	3.4	5545	3.8	3079	2.1	144902
柏林	3390	9.9	843	2.5	2547	7.4	464	1.4	34271
勃兰登堡州	3555	10.7	2042	6.1	1513	4.5	1369	4.1	33364
不来梅	580	8.9	279	4.3	301	4.6	98	1.5	6545
汉堡	1802	11.2	800	5.0	1002	6.3	616	3.8	16025
黑森州	5435	8.1	2803	4.2	2632	3.9	1769	2.6	66790
梅克伦堡-前波莫瑞州	2768	12.1	1612	7.0	1156	5.0	1089	4.7	22928

（续表）

联 邦 州	未获得普通中学毕业文凭总数		其　中				其　中		15 岁至 17 岁以下的人口
			未从促进学校获得普通中学毕业文凭		未从其他学校类型获得普通中学毕业文凭		获得促进重点学习的毕业文凭		
	数量	%	数量	%	数量	%	数量	%	数量
下萨克森州	7749	8.2	3936	4.2	3813	4.0	2967	3.1	94629
北莱茵-威斯特法伦州	14444	6.8	7534	3.5	6910	3.2	5027	2.4	212696
莱茵兰-普法尔茨州	3613	7.4	1966	4.0	1647	3.4	1347	2.8	48545
萨尔州	889	7.4	436	3.6	453	3.8	206	1.7	11966
萨克森州	4316	8.7	2533	5.1	1783	3.6	1785	3.6	49700
萨克森-安哈特州	3486	11.3	2142	7.0	1344	4.4	1407	4.6	30729
石勒苏益格-荷尔斯泰因州	3164	9.6	1566	4.8	1598	4.9	1478	4.5	32881
图林根州	2311	8.2	1424	5.0	887	3.1	808	2.9	28302

来源：联邦及各州统计局,2006/07 学年学校数据统计,2006 年度人口数据统计

表 D7－4A：2000 年和 2006 年的欧洲国家[*]中,18 岁至 25 岁以下人群中没有中等教育第一阶段(ISCED 2)毕业文凭且未参加职业培训及继续教育的人

国　家	2000				2006			
	18 岁至 25 岁以下		其　中		18 岁至 25 岁以下		其　中	
			22 岁至 25 岁以下				22 岁至 25 岁以下	
	数量	%	数量	%	数量	%	数量	%
比利时	29086	3.3	14433	3.8	37580	4.3	19300	5.1
保加利亚	·	·	·	·	44027	6.3	19468	6.9
德国	114205	2.2	53774	2.3	161408	2.4	86347	2.9
法国	51359	1.0	24483	1.2	115584	2.3	65645	3.1
希腊	84342	8.4	42422	9.7	46625	5.5	24330	6.1
爱尔兰	·	·	·	·	13839	3.1	7437	3.8
意大利	110026	2.3	59836	2.6	69612	1.6	38085	2.0
立陶宛	8610	2.5	·	·	·	·	·	·
卢森堡	2892	8.7	1564	10.7	1041	2.8	617	3.8
荷兰	56723	4.4	28955	5.2	36318	2.7	16988	3.0
波兰	·	·	·	·	92927	2.2	32327	1.8
葡萄牙	287882	26.9	153093	32.1	154035	16.5	75536	17.8
瑞典	50123	7.7	19134	6.8	·	·	·	·

（续表）

国　　家	2000				2006			
	18 岁至 25 岁以下		其　中		18 岁至 25 岁以下		其　中	
			22 岁至 25 岁以下				22 岁至 25 岁以下	
	数量	%	数量	%	数量	%	数量	%
瑞士	•	•	•	•	7660	1.2	3853	1.5
斯洛伐克共和国	•	•	•	•	5855	0.9	2541	1.0
斯洛文尼亚	2141	1.0	•	•	1579	0.8	•	•
西班牙	281457	6.6	141932	7.3	200677	5.3	89900	5.3
捷克共和国	•	•	•	•	3356	0.3	1607	0.4
土耳其	•	•	•	•	2862341	34.3	1587919	42.6
匈牙利	16874	1.5	7997	1.5	10972	1.2	4764	1.3
塞浦路斯	3906	7.1	2088	7.9	3455	5.8	1923	5.9

*所展示的 2000 年度以及 2006 年度劳动力调查的抽检结果。根据国家的不同，抽检结果要么为劳动力调查的第一季度结果或者年度平均值。有一系列国家没有提供数据结果。展示的情况仅限于至少拥有一个 2000 年度或 2006 年度典型数据的国家

1）18 岁至 25 岁以下或 22 岁至 25 岁以下未获得 ISCED－2 毕业文凭的人在该年龄组中的比例，而且这些人在接受调查前的四周时间内没有处于任何教育措施之类

来源：欧洲统计局，2000 年度及 2006 年度欧洲劳动力调查，自己计算得出

表 D7－5A：2006 年根据毕业文凭类型统计的多州促进学校的毕业生/肄业生情况

联　邦　州	促进学校的毕业生/肄业生							
	总数	其　中						
		普通中学未毕业		普通中学毕业		中级结业水平[1]		具有具有普通高校入学资格及应用高校入学资格	
	数量	数量	%	数量	%	数量	%	数量	%
全德国	50958	39322	77.2	10451	20.5	1099	2.2	86	0.2
德国西部	37246	28726	77.1	7726	20.7	728	2.0	66	0.2
德国东部	13712	10596	77.3	2725	19.9	371	2.7	20	0.1
巴登-符腾堡州	5758	4488	77.9	1117	19.4	124	2.2	29	0.5
巴伐利亚州	5837	4918	84.3	689	11.8	230	3.9	—	—
柏林	1454	843	58.0	501	34.5	103	7.1	7	0.5
勃兰登堡州	2183	2042	93.5	101	4.6	27	1.2	13	0.6
不来梅	351	279	79.5	66	18.8	6	1.7	—	—
汉堡	933	800	85.7	122	13.1	11	1.2	—	—
黑森州	3365	2803	83.3	447	13.3	105	3.1	10	0.3

（续表）

联 邦 州	促进学校的毕业生/肄业生								
	总数	其 中							
		普通中学未毕业		普通中学毕业		中级结业水平¹⁾		具有具有普通高校入学资格及应用高校入学资格	
	数量	数量	%	数量	%	数量	%	数量	%
梅克伦堡-前波莫瑞州	1986	1612	81.2	329	16.6	45	2.3	—	—
下萨克森州	5256	3936	74.9	1238	23.6	82	1.6	—	—
北莱茵-威斯特法伦州	10999	7534	68.5	3288	29.9	150	1.4	27	0.2
莱茵兰-普法尔茨州	2536	1966	77.5	563	22.2	7	0.3	—	—
萨尔州	593	436	73.5	157	26.5	—	—	—	—
萨克森州	3106	2533	81.6	518	16.7	55	1.8	—	—
萨克森-安哈特州	2806	2142	76.3	594	21.2	70	2.5	—	—
石勒苏益格-荷尔斯泰因州	1618	1566	96.8	39	2.4	13	0.8	—	—
图林根州	2177	1424	65.4	682	31.3	71	3.3	—	—

1）实科中学毕业或者具有等值的毕业文凭

来源：联邦及各州统计局，2006/07 学年学校数据统计

表D7－6A：2006 年根据毕业文凭类型和性别统计的普通教育学校和职业学校中德国籍和外国籍的毕业生/肄业生情况（在典型毕业年龄常住人口中所占的比例，单位：%）*

毕业文凭类型	毕业生/肄业生									
	总　数	其　中								
		德　国　籍				外　国　籍				
		男　性		女　性		男　性		女　性		
	数量	%	数量	%	数量	%	数量	%	数量	%
普通中学未毕业	75897	7.9	38905	8.7	22426	5.3	8952	19.2	5614	12.7
普通中学毕业	273481	28.5	137633	30.8	94646	22.3	22356	48.0	18846	42.8
中级结业水平¹⁾	481845	49.6	221600	49.2	226276	52.9	16205	34.0	17764	39.7
具有应用高校入学资格	129662	13.6	64937	14.7	57299	13.6	3840	8.0	3586	7.6
具有普通高校入学资格	285456	29.9	123409	28.0	152397	36.3	4285	8.9	5365	11.4
总数	1246341	X	586484	X	553044	X	55638	X	51175	X

*毕业生/肄业生人数为处于典型毕业年龄的常住人口（前一年 12 月 31 日）。不同的年龄分组以不同的毕业文凭类型为基础（普通中学未/已毕业：15 岁至 17 岁以下；中级结业水平：16 岁至 18 岁以下；具有应用高校入学资格及具有普通高校入学资格：18 至 21 岁以下）。

1）实科中学毕业或者具有等值的毕业文凭

来源：联邦及各州统计局，2006/07 学年学校数据统计，2006 年度人口数据统计

表 E1－1A：1995 至 2006 年职业教育体系的新进人数*

对象	1995	2000	2001	2002	2003	2004	2005	2006	2006 年较 1995 年的变化	
					数　量					%
普通教育学校的毕业生	864015	918748	910784	918997	929806	967898	939278	946766	+82751	+9.6
大学新生	261427	314539	344659	358792	377395	358704	355961	344822	+83395	+31.9
双元制职业教育体系总数	547062	582416	577268	538332	529431	535322	537030	551434	+4372	+0.8
学校职业教育体系总数	180271	175462	179637	193088	208845	211531	213024	212984	+32713	+18.1
职业教育法和手工业条例规定职业的职业专科学校	6031	9379	9924	10625	12280	12242	27211	26226	+20195	+334.9
职业教育法和手工业条例规定职业外的职业专科学校	62462	88547	91230	98971	112983	121166	110750	112181	+49719	+79.6
卫生保健类学校[1]	73598	42736	43450	45961	47881	46827	42067	44357	-29241	-39.7
只含初级培训的专科学校	38180	34800	35033	37531	35701	31296	32996	30220	-7960	-20.8
过渡职业教育体系总数	341137	460107	502926	521478	549568	505197	510983	503401	+162264	+47.6
全时制学校的职业基础教育年（BGJ）[2]	34978	35373	34149	36001	40022	43161	37751	36612	+1634	+4.7
不提供毕业文凭的职业专科学校	134638	141420	143462	153001	168045	182361	189522	188230	+53592	+39.8
学校职业准备年（BVJ）	44118	53500	55199	57917	63041	63335	53177	50001	+5883	+13.3
不带培训合同的职业学校	29209	26317	28279	29872	32507	33064	83285	83126	+53917	+184.6
其他教育形式[3]	30746	43975	47295	50415	49701	49763	12773	11861	-18885	-61.4
联邦劳动局的职业准备培训举措（数据截至 12 月 31 日）[4]	67448	98614	108309	124699	113093	125184	115724	110778	+43330	+64.2
青年应急计划（数据截至 12 月 31 日）	—	60908	86233	69573	83159	—	—	—	—	X
初级培训（数据截至 12 月 31 日）	—	—	—	—	—	8329	18751	22793	+22793	X
职业教育体系总数	1068470	1217985	1259831	1252898	1287844	1252050	1261037	1267819	+199349	+18.7

* 部分数据系第一学年：由于初级培训的数据校对和补充。2004 年过渡职业体系的数值与 2006 年版教育报告中的有所偏差。

1) 不含黑森州

2) 未承认为双元体系的

3) 包含联邦劳动局各种职业准备培训举措。职业教育特定群体（未进入双元制体系）、未有职业的学生如失业者、参加劳动管理部门提供的培训课程参加其提供的各类举措者

4) 1995 年的数值在数据汇总的基础上有所评估（系数 0.7）

5) 不含第 4 种：企业外的职业培训

来源：联邦及各州统计局、在学校数据、高校数据和联邦劳动局的数据基础上自己计算和估测得出

表 E1–2A：2006 年各州新进入职业教育三大板块的人数情况*

地　区	双元制职业教育体系	学校职业教育体系	过渡职业教育体系	双元制职业教育体系	学校职业教育体系	过渡职业教育体系
	数　量			%		
德国	551434	212984	503401	43.5	16.8	39.7
州级市以外的各州总计	512535	195090	479017	43.2	16.4	40.4
德国东部各州	91983	49359	62260	45.2	24.2	30.6
德国西部各州	420552	145731	416757	42.8	14.8	42.4
州级市	38899	17894	24384	47.9	22.0	30.0
巴登-符腾堡州	70175	31833	79568	38.6	17.5	43.8
巴伐利亚州	102844	26120	44960	59.1	15.0	25.9
柏林[1]	20624	9337	12397	48.7	22.0	29.3
勃兰登堡州[2]	15268	8382	12221	42.6	23.4	34.1
不来梅	6460	4063	2394	50.0	31.5	18.5
汉堡	11815	4494	9593	45.6	17.4	37.0
黑森州[3]	35652	7035	29640	49.3	9.7	41.0
梅克伦堡-前波莫瑞州	14784	5691	9402	49.5	19.0	31.5
下萨克森州	53899	18268	68360	38.4	13.0	48.6
北莱茵-威斯特法伦州	108355	43386	145530	36.4	14.6	49.0
莱茵兰-普法尔茨州	24431	10364	25018	40.8	17.3	41.8
萨尔州	6199	2298	4623	47.2	17.5	35.2
萨克森州	28719	17143	19483	43.9	26.2	29.8
萨克森-安哈特州[4]	16881	9563	10249	46.0	26.1	27.9
石勒苏益格-荷尔斯泰因州	18997	6427	19058	42.7	14.4	42.8
图林根州[5]	16331	8580	10905	45.6	24.0	30.4

*部分数据系第一学年

1) 双元制中包含 BGJ

2) 第一学年的学员(不含重修者)

3) 不含卫生保健类学校

4) 卫生保健类学校第一学年的学生

5) 过渡体系中也包括跟双元制一起授课的特定群体

来源：联邦及各州统计局,在学校数据和联邦劳动局的数据基础上自己计算和估测得出

表 E2–1A：1995 至 2007 年双元制职业教育缔结的职业教育合同,职业教育名额的供应和需求情况

年　份	截至 9 月新缔结的职业教育合同	职业教育名额供应	职业教育名额需求(法律概念)	职业教育名额需求(广义需求)[1]	供求比例(法律概念)
	数　量				%
1995	572774	616988	597736	611846	103.2
1996	574327	609274	612785	630674	99.4

（续表）

年　份	截至 9 月新缔结的职业教育合同	职业教育名额供应	职业教育名额需求（法律概念）	职业教育名额需求（广义需求）[1]	供求比例（法律概念）
	数　量				%
1997	587517	613382	634938	654941	96.6
1998	612529	635933	648204	678259	98.1
1999	631015	654454	660380	690552	99.1
2000	621693	647383	645335	678225	100.3
2001	614236	638771	634698	670145	100.6
2002	572323	590328	595706	636891	99.1
2003	557634	572474	592649	639352	96.6
2004	572980	586374	617556	665928	95.0
2005	550180	562816	590668	637896	95.3
2006	576153	591540	625606		94.6
2007	625914	644057	654967	724527	98.3

1) 新签订的合同和突然的/无生活来源的或者以其他替代方式进入职业教育（比如去进一步的学校深造，职业预备措施）的申请者（1997年的最后一波只有德国西部和柏林西部有）

来源：联邦劳动局的截至 9 月 30 日的职业指导数据，联邦职业教育研究所（BIBB）关于至 9 月 30 日新签订职业培训合同的调查结果，BIBB 的计算和教育报告组自己计算得出

表 E2－2A：根据职业介绍所所在地区统计的 2007 年双元制职业教育的供求比例（单位：%）[*]

职业介绍所所在地区	供求比例	职业介绍所所在地区	供求比例	职业介绍所所在地区	供求比例	职业介绍所所在地区	供求比例
			%				
格尔森基尔欣	85.6	耶拿	96.4	里萨	99.0	海德	101.0
柏林	87.3	杜伊斯堡	96.5	伊瑟隆	99.1	阿沙芬堡	101.0
不来梅港	88.3	明兴-格拉德巴赫	96.6	韦希塔	99.2	纽伦堡	101.1
皮尔纳	89.6	迪伦	96.8	陶贝尔比绍夫海姆	99.2	戈斯拉尔	101.1
德特莫尔德	90.6	奥伯豪森	96.8	普劳恩	99.2	诺伊基尔兴	101.2
赫尔福德	91.2	阿尔滕堡	96.8	科堡	99.2	纳戈尔德	101.3
埃伯斯瓦尔德	91.6	罗斯托克	96.9	诺德豪森	99.3	施韦比施哈尔	101.3
鲍岑	92.1	哈姆	96.9	于耳岑	99.3	马尔堡	101.3
比勒费尔德	92.5	汉堡	97.0	梅泽堡	99.4	拉文斯堡	101.3
皮尔马森斯	92.6	什未林	97.1	哈勒	99.4	奥格斯堡	101.4
巴特克罗伊茨纳赫	93.1	特里尔	97.2	巴特黑斯费尔德	99.4	海尔布隆	101.4
韦瑟尔	93.3	施塔德	97.3	苏尔	99.4	罗伊特林根	101.5
卡塞尔	93.5	埃尔富特	97.3	巴特奥尔德斯洛	99.4	累根斯堡	101.5
贝尔吉施格拉德巴赫	93.8	英戈尔施塔特	97.3	奥芬堡	99.5	格平根	101.6

（续表）

职业介绍所所在地区	供求比例	职业介绍所所在地区	供求比例	职业介绍所所在地区	供求比例	职业介绍所所在地区	供求比例
				%			
波鸿	93.8	魏登	97.4	埃尔姆斯霍恩	99.5	萨尔布吕肯	101.6
吉森	93.9	帕德博恩	97.5	梅舍德	99.5	普法耳基辛	101.7
苏斯特	94.3	安娜贝格	97.5	勒尔拉赫	99.5	菲林根-施文宁根	101.7
莱比锡	94.3	美因兹	97.5	茨维考	99.5	魏森堡	101.7
波茨坦	94.4	威斯巴登	97.6	开姆尼茨	99.6	维尔茨堡	101.7
林堡	94.4	德绍	97.6	康斯坦茨	99.6	克雷费尔德	101.8
多瑙沃尔特	94.5	海德堡	97.7	费尔登	99.6	斯图加特	101.9
索林根	94.6	希尔德斯海姆	97.7	格廷根	99.7	迈恩	101.9
齐根	94.7	新勃兰登堡	97.8	奥斯纳布吕克	99.7	弗莱堡	102.1
路德维希港	94.7	奥沙茨	97.8	卢卑克	99.7	阿伦	102.2
凯泽斯劳滕	94.8	维腾堡	97.9	基尔	99.7	肯普滕	102.3
哈默尔恩	94.8	赞格豪森	97.9	奥尔登堡	99.7	埃姆登	102.3
汉诺威	94.8	兰茨胡特	98.1	亚琛	99.8	曼海姆	102.4
科特布斯	94.9	班贝克	98.2	乌尔姆	99.8	科隆	102.6
韦茨拉尔	95.0	科尔巴赫	98.3	蒙塔鲍尔	99.8	德根多夫	102.7
雷克林豪森	95.1	吕内堡	98.3	科布伦次	99.9	阿伦(北威州)	102.8
新维德	95.1	哈尔伯施塔特	98.3	格腊	100.0	魏布林根	103.4
尼恩堡	95.2	哥达	98.3	杜塞尔多夫	100.0	拉施塔特	103.5
多特蒙德	95.2	不来梅	98.4	达姆施塔特	100.0	诺德霍恩	103.6
埃森	95.3	不伦瑞克	98.4	弗伦斯堡	100.0	普福尔茨海姆	103.7
朗道	95.3	富耳达	98.4	罗特韦尔	100.1	施特拉尔松	104.2
诺伊鲁平	95.4	德累斯顿	98.5	布吕尔	100.2	弗赖津	105.2
乌珀塔尔	95.4	哈根	98.5	科斯费尔德	100.3	罗森海姆	105.3
诺伊明斯特尔	95.5	路德维希堡	98.6	波恩	100.5	帕骚	106.1
赫尔姆施泰特	95.5	萨尔路易斯	98.7	利尔	100.5	慕尼黑	106.5
策勒	95.5	马格德堡	98.7	巴林根	100.5	魏耳海姆	106.5
霍夫	95.8	施滕达耳	98.8	明斯特	100.6	施万多夫	106.6
法兰克福-奥得河畔	96.0	赖内	98.8	哈瑙	100.6	特劳恩施泰因	107.9
施韦因富特	96.2	威廉港	98.8	卡尔斯鲁厄	100.7	梅明根	108.3
拜罗伊特	96.3	奥芬巴赫	99.0	法兰克福-莱茵河畔	100.8	安斯巴赫	114.4

*不含住地在国外的申请者；不含联邦劳动局无法按区域归类的培训岗位

来源：联邦劳动局的截至9月30日的职业指导数据，联邦职业教育研究所(BIBB)关于至9月30日新签订职业培训合同的调查结果，BIBB的计算和教育报告组自己计算得出

表 E2－3A：1999 至 2006 年在西部和东部的企业职工接受培训人员以及培训比例情况

企业职工/接受培训人员/培训比例		1999	2000	2001	2002	2003	2004	2005	2006	2006 与 1999 相比发生的变化
德 国										
企业职工	数量	27756492	27979593	27864091	27360497	26746384	26381842	26205969	26636361	−1120131
接受培训人员	数量	1759931	1779376	1787469	1738013	1704034	1700093	1706858	1728332	−31599
培训比例	%	6.3	6.4	6.4	6.4	6.4	6.4	6.5	6.5	+0.1
西 部										
企业职工	数量	21939941	22323721	22356509	22036653	21555574	21342537	21239589	21563700	−376241
接受培训人员	数量	1347861	1374436	1392355	1362750	1338428	1337436	1347591	1371906	+24045
培训比例	%	6.1	6.2	6.2	6.2	6.2	6.3	6.3	6.4	+0.2
东 部										
企业职工	数量	5816551	5655872	5507582	5323844	5190810	5039305	4966380	5072661	−743890
接受培训人员	数量	412070	404940	395114	375263	365606	362657	359267	356426	−55644
培训比例	%	7.1	7.2	7.2	7.0	7.0	7.2	7.2	7.0	−0.1
德 国										
企业职工	1999 = 100%	100	100.8	100.4	98.6	96.4	95.0	94.4	96.0	−4.0
接受培训人员	1999 = 100%	100	101.1	101.6	98.8	96.8	96.6	97.0	98.2	−1.8
培训比例	1999 = 100%	100	100.3	101.2	100.2	100.5	101.6	102.7	102.3	+2.3
西 部										
企业职工	1999 = 100%	100	101.7	101.9	100.4	98.2	97.3	96.8	98.3	−1.7
接受培训人员	1999 = 100%	100	102.0	103.3	101.1	99.3	99.2	100.0	101.8	+1.8
培训比例	1999 = 100%	100	100.2	101.4	100.7	101.1	102.0	103.3	103.6	+3.6
东 部										
企业职工	1999 = 100%	100	97.2	94.7	91.5	89.2	86.6	85.4	87.2	−12.8
接受培训人员	1999 = 100%	100	98.3	95.9	91.1	88.7	88.0	87.2	86.5	−13.5
培训比例	1999 = 100%	100	101.1	101.3	99.5	99.4	101.6	102.1	99.2	−0.8

来源：联邦劳动局员工与企业数据（截至 12 月 31 日），BIBB 计算和报告组自己计算得出

表 E2－4A：1999 至 2006 年在西部和东部的企业，接受培训人员以及培训比例情况

企业/培训企业/培训企业比例		1999	2000	2001	2002	2003	2004	2005	2006	Änderung 2006 gegenüber 1999
德 国										
企业	数量	2127831	2118252	2107467	2079157	2041662	2024039	2003217	2021053	−106778
培训企业	数量	501326	501616	496476	483959	478096	481763	482439	485054	−16272
培训企业比例	％	23.6	23.7	23.6	23.3	23.4	23.8	24.1	24.0	＋0.4
西 部										
企业	数量	1639210	1648689	1648709	1631390	1602954	1595279	1583181	1599996	−39214
培训企业	数量	400873	404281	403675	396560	394051	398557	401043	405063	＋4190
培训企业比例	％	24.5	24.5	24.5	24.3	24.6	25.0	25.3	25.3	＋0.9
东 部										
企业	数量	488621	469563	458758	447767	438708	428760	420036	421057	−67564
培训企业	数量	100453	97335	92801	87399	84045	83206	81396	79991	−20462
培训企业比例	％	20.6	20.7	20.2	19.5	19.2	19.4	19.4	19.0	−1.6
德 国										
企业	1999 = 100%	100	99.5	99.0	97.7	96.0	95.1	94.1	95.0	−5.0
培训企业	1999 = 100%	100	100.1	99.0	96.5	95.4	96.1	96.2	96.8	−3.2
培训企业比例	1999 = 100%	100	100.5	100.0	98.8	99.4	101.0	102.2	101.9	＋1.9
西 部										
企业	1999 = 100%	100	100.6	100.6	99.5	97.8	97.3	96.6	97.6	−2.4
培训企业	1999 = 100%	100	100.9	100.7	98.9	98.3	99.4	100.0	101.0	＋1.0
培训企业比例	1999 = 100%	100	100.3	100.1	99.4	100.5	102.2	103.6	103.5	＋3.5
东 部										
企业	1999 = 100%	100	96.1	93.9	91.6	89.8	87.7	86.0	86.2	−13.8
培训企业	1999 = 100%	100	96.9	92.4	87.0	83.7	82.8	81.0	79.6	−20.4
培训企业比例	1999 = 100%	100	100.8	98.4	94.9	93.2	94.4	94.3	92.4	−7.6

来源：联邦劳动局·员工与企业数据（截至 12 月 31 日）·BIBB 计算和报告组自己计算得出

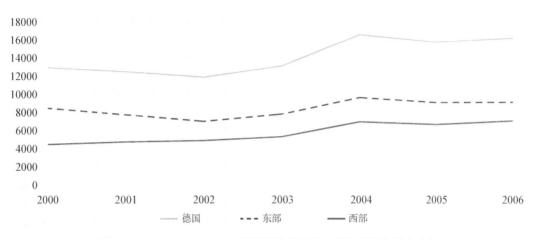

图 E3－4A：2000 至 2006 年学校职业教育第一学年的职业教育法和
手工业条例职业中的学生数量情况

表 E3－1A：根据学校种类统计的从 2000/01 到 2006/07 的第一学年中学校职业教育体系的学生情况

学　年	总　数	其中根据学校种类		卫生保健类学校[1]	技术学校[2]
		职业技术学校			
		职业教育法和手工业条例中的	职业教育法和手工业条例以外具有完全水平的		
		数　　量			
2000/01	166920	13281	87081	42735	23823
2001/02	173053	12830	91709	43500	25014
2002/03	185010	12207	101158	45901	25744
2003/04	199495	13466	115022	47796	23211
2004/05	200647	17033	118202	46827	18585
2005/06	201199	16194	120246	47495	17264
2006/07	203839	16656	119397	49830	17956
		%			
2000/01	100	8.0	52.2	25.6	14.3
2001/02	100	7.4	53.0	25.1	14.5
2002/03	100	6.6	54.7	24.8	13.9
2003/04	100	6.8	57.7	24.0	11.6
2004/05	100	8.5	58.9	23.3	9.3
2005/06	100	8.0	59.8	23.6	8.6
2006/07	100	8.2	58.6	24.4	8.8

1）不含黑森州；2000/01 学年到 2003/04 学年卫生学校共有 107 名护理预备学生（未分专业）

2）只有运动矫正师、学前机构教师、学前机构助理教师、针对有行为障碍儿童和青少年的专业教育人员、老年人护理人员、家庭护工、农村助理教师、残障人士护理人员、残障教育人员、残障人士助理护理人员

来源：联邦及各州统计局，学校数据，自己计算得出

表 E3－2A：根据职业群和性别统计的 2006/07 学校职业教育第一学年的学生情况*

职 业 群	总 数	其中根据性别	
		男 性	女 性
		数 量	
学校职业教育（总数）	203839	61750	142089
其中			
职业教育法和手工业条例中的职业	16656	6096	10560
技术助理类职业	11302	7480	3822
营销助理类职业	17356	6737	10619
经济信息类职业	13722	11400	2322
外语书信工作人员，翻译类职业	6032	1059	4973
媒体助理类职业	6047	2035	4012
理疗类职业	18117	4359	13758
卫生护理类职业	48967	12002	36965
医药技术类	7661	879	6782
教育和儿童保育类	28589	3574	25015
社会保健类职业	25402	4999	20403
其他	3988	1130	2858
%			
学校职业教育（总数）	100	30.3	69.7
其中			
职业教育法和手工业条例中的职业	100	36.6	63.4
技术助理类职业	100	66.2	33.8
营销助理类职业	100	38.8	61.2
经济信息类职业	100	83.1	16.9
外语书信工作人员，翻译类职业	100	17.6	82.4
媒体助理类职业	100	33.7	66.3
理疗类职业	100	24.1	75.9
卫生护理类职业	100	24.5	75.5
医药技术类	100	11.5	88.5
教育和儿童保育类	100	12.5	87.5
社会保健类职业	100	19.7	80.3
其他	100	28.3	71.7

* 不含黑森州的卫生保健类学校；包括运动矫正师、学前机构教师、学前机构助理教师、针对有行为障碍儿童和青少年的专业教育人员、老年人护理人员、家庭护工、农村助理教师、残障人士护理人员、残障教育人员、专科学校的残障人士助理护理人员

来源：联邦及各州统计局，2006/07 学校数据，自己计算得出

表 E3－3A：根据职业群统计的 2000/01 至 2006/07 学校职业教育第一学年的学生情况

职 业 群	2000/01	2001/02	2002/03	2003/04	2004/05	2005/06	2006/07
	数　量						
学校职业教育（总数）	166920	173053	185010	199495	200647	201199	203839
其中							
职业教育法和手工业条例中的职业	13281	12830	12207	13466	17033	16194	16656
技术助理类职业	7101	7257	7236	9992	10315	10826	11302
营销助理类职业	10453	10836	11693	12789	14105	16038	17356
经济信息类职业	10261	12140	12468	13434	14051	14105	13722
外语书信工作人员，翻译类职业	6162	6186	5694	6494	6557	6139	6032
媒体助理类职业	3668	3852	4288	5001	5490	5687	6047
理疗类职业	14415	14118	16146	17819	18594	18646	18117
卫生护理类职业	43229	45284	48798	51358	48642	47367	48967
医药技术类	6843	7245	7591	7554	7663	7640	7661
教育和儿童保育类	20714	21205	22046	28847	26729	27702	28589
社会保健类职业	17990	19282	22241	25411	27632	26853	25402
其他	12803	12818	14602	7330	3836	4002	3988
	%						
学校职业教育（总数）	100	100	100	100	100	100	100
其中							
职业教育法和手工业条例中的职业	8.0	7.4	6.6	6.8	8.5	8.0	8.2
技术助理类职业	4.3	4.2	3.9	5.0	5.1	5.4	5.5
营销助理类职业	6.3	6.3	6.3	6.4	7.0	8.0	8.5
经济信息类职业	6.1	7.0	6.7	6.7	7.0	7.0	6.7
外语书信工作人员，翻译类职业	3.7	3.6	3.1	3.3	3.3	3.1	3.0
媒体助理类职业	2.2	2.2	2.3	2.5	2.7	2.8	3.0
理疗类职业	8.6	8.2	8.7	8.9	9.3	9.3	8.9
卫生护理类职业	25.9	26.2	26.4	25.7	24.2	23.5	24.0
医药技术类	4.1	4.2	4.1	3.8	3.8	3.8	3.8
教育和儿童保育类	12.4	12.3	11.9	14.5	13.3	13.8	14.0
社会保健类职业	10.8	11.1	12.0	12.7	13.8	13.3	12.5
其他	7.7	7.4	7.9	3.7	1.9	2.0	2.0
	2000/01 ＝ 100%						
学校职业教育（总数）	100	103.7	110.8	119.5	120.2	120.5	122.1
其中							
职业教育法和手工业条例中的职业	100	96.6	91.9	101.4	128.3	121.9	125.4
技术助理类职业	100	102.2	101.9	140.7	145.3	152.5	159.2

（续表）

职业群	2000/01	2001/02	2002/03	2003/04	2004/05	2005/06	2006/07
	数　量						
营销助理类职业	100	103.7	111.9	122.3	134.9	153.4	166.0
经济信息类职业	100	118.3	121.5	130.9	136.9	137.5	133.7
外语书信工作人员,翻译类职业	100	100.4	92.4	105.4	106.4	99.6	97.9
媒体助理类职业	100	105.0	116.9	136.3	149.7	155.0	164.9
理疗类职业	100	97.9	112.0	123.6	129.0	129.4	125.7
卫生护理类职业	100	104.8	112.9	118.8	112.5	109.6	113.3
医药技术类	100	105.9	110.9	110.4	112.0	111.6	112.0
教育和儿童保育类	100	102.4	106.4	139.3	129.0	133.7	138.0
社会保健类职业	100	107.2	123.6	141.3	153.6	149.3	141.2
其他	100	100.1	114.1	57.3	30.0	31.3	31.1

* 不含黑森州的卫生保健类学校;包括运动矫正师、学前机构教师、学前机构助理教师、针对有行为障碍儿童和青少年的专业教育人员、老年人护理人员、家庭护工、农村助理教师、残障人士护理人员、残障教育人员、专科学校的残障人士助理护理人员

来源:联邦及各州统计局,学校数据,自己计算得出

表 E3‑4A:根据地区和学校种类统计的 2000/01 至 2006/07 学校职业教育第一学年的学生情况

联邦州	学年	总　数		其中根据学校种类			
				职业技术学校		卫生保健类学校[1]	技术学校[2]
		第一学年学生	2006/07 比 2000/01 的变化	职业教育法和手工业条例中的	职业教育法和手工业条例以外具有完全水平的		
		数量	%	数　量			
巴登‑符腾堡州	2000/01	24049		2594	14610	5403	1442
	2006/07	31266	＋30.0	3094	20263	5922	1987
巴伐利亚州	2000/01	21376		1057	9543	7183	3593
	2006/07	24703	＋15.6	1916	10813	10832	1142
柏林	2000/01	8084		2074	1981	2130	1899
	2006/07	9299	＋15.0	2603	3007	2237	1452
勃兰登堡州	2000/01	6905		3231	1517	1187	970
	2006/07	8256	＋19.6	2340	3144	1490	1282
不来梅	2000/01	1007		—	559	271	177
	2006/07	1212	＋20.4	—	576	321	315
汉堡	2000/01	3612		273	1894	968	477
	2006/07	4300	＋19.0	426	2436	821	617
黑森州	2000/01	5133		119	3446	—	1568
	2006/07	6834	＋33.1	134	4994	—	1706

（续表）

联 邦 州	学 年	总 数		其中根据学校种类			
		第一学年学生	2006/07 比 2000/01 的变化	职业技术学校		卫生保健类学校[1]	技术学校[2]
				职业教育法和手工业条例中的	职业教育法和手工业条例以外具有完全水平的		
		数 量	%	数 量			
梅克伦堡-前波莫瑞州	2000/01	4773		935	3409	20	409
	2006/07	5116	＋7.2	1013	3568	—	535
下萨克森州	2000/01	15678		—	7773	3990	3915
	2006/07	18907	＋20.6	746	11083	4523	2555
北莱茵-威斯特法伦州	2000/01	34460		209	14349	15964	3938
	2006/07	41920	＋21.6	721	21975	17499	1725
莱茵兰-普法尔茨州	2000/01	8181		224	3544	2366	2047
	2006/07	10332	＋26.3	209	6132	2382	1609
萨尔州	2000/01	979		—	214	765	
	2006/07	1169	＋19.4	—	273	896	
萨克森州	2000/01	14271		1007	11618	—	1646
	2006/07	17439	＋22.2	1541	14422	—	1476
萨克森-安哈特州	2000/01	7864		830	4884	1020	1130
	2006/07	9633	＋22.5	932	7137	981	583
石勒苏益格-荷尔斯泰因州	2000/01	4026		109	2449	1468	—
	2006/07	4971	＋23.5	18	3027	1926	—
图林根州	2000/01	6522		619	5291	—	612
	2006/07	8482	＋30.1	963	6547	—	972

　　1）不含黑森州；2000/01 学年到 2003/04 学年卫生学校共有 107 名护理预备学生（未分专业）

　　2）只有运动矫正师、学前机构教师、学前机构助理教师、针对有行为障碍儿童和青少年的专业教育人员、老年人护理人员、家庭护工、农村助理教师、残障人士护理人员、残障教育人员、残障人士助理护理人员

　　来源：联邦及各州统计局，学校数据，自己计算得出

表 E3－5A：根据地区统计的 2000/01 至 2006/07 学校职业教育第一学年的职业教育法和手工业条例职业中的学生情况

地　　区	2000/01	2001/02	2002/03	2003/04	2004/05	2005/06	2006/07
	数　　量						
德国	13281	12830	12207	13466	17033	16194	16656
东部	8696	7957	7187	8017	9893	9345	9392
西部	4585	4873	5020	5449	7140	6849	7264
巴登-符腾堡州	2594	2500	2341	2919	2784	2923	3094
巴伐利亚州	1057	1260	1424	1327	2216	1867	1916

(续表)

地 区	2000/01	2001/02	2002/03	2003/04	2004/05	2005/06	2006/07
	数 量						
柏林	2074	2242	2100	2645	2635	2606	2603
勃兰登堡州	3231	2874	2421	2474	2509	2491	2340
不来梅	—	14	—	4	6	6	—
汉堡	273	414	472	475	476	441	426
黑森州	119	88	118	121	128	128	134
梅克伦堡-前波莫瑞州	935	865	708	820	967	905	1013
下萨克森州	—	—	—	—	531	652	746
北莱茵-威斯特法伦州	209	281	361	267	608	574	721
莱茵兰-普法尔茨州	224	217	228	231	375	240	209
萨克森州	1007	1093	1171	1148	1812	1446	1541
萨克森-安哈特州	830	230	192	232	982	953	932
石勒苏益格-荷尔斯泰因州	109	99	76	105	16	18	18
图林根州	619	653	595	698	988	944	963

来源：联邦及各州统计局，学校数据，自己计算得出

表 E3–6A：根据职业群统计的 2000/01 至 2006/07 学校职业教育第一学年的女性学生比例(单位：%)[*]

专 业 方 向	2000/01	2001/02	2002/03	2003/04	2004/05	2005/06	2006/07
	%						
职业教育法和手工业条例中的职业	53	51	52	52	63	63	63
技术助理类职业	35	38	37	34	33	33	34
营销助理类职业	64	63	62	61	62	61	61
经济信息类职业	19	17	15	16	16	17	17
外语书信工作人员，翻译类职业	90	88	88	85	82	83	82
媒体助理类职业	75	73	72	68	66	66	66
理疗类职业	79	79	77	76	76	76	76
卫生护理类职业	82	81	79	77	76	75	75
医药技术类	94	92	92	91	88	88	89
教育和儿童保育类	92	91	90	90	89	89	87
社会保健类职业	84	83	82	81	81	81	80
其他	80	78	75	86	75	72	72
学校职业教育(总数)	74	73	72	71	70	70	70

[*] 不含黑森州的卫生保健类学校；包括运动矫正师、学前机构教师、学前机构助理教师、针对有行为障碍儿童和青少年的专业教育人员、老年人护理人员、家庭护工、农村助理教师、残障人士护理人员、残障教育人员、专科学校的残障人士助理护理人员

来源：联邦及各州统计局，学校数据，自己计算得出

表 E4‑1A：2006 年新签订的职业教育合同中按职业群体、职业/职业群、预备教育﹡、性别统计的情况

所选职业教育领域中的职业/职业群	总数（＝100%）	其中女性比例	其中				
			普通中学未毕业的	普通中学毕业的	中级学校毕业的	具备应用技术大学/高校入学资格的	其他情况或未说明的
	数量		%				
上层群体	61995	51.6	0.1	6.9	37.9	52.3	2.8
市场通讯营销员等[1]	4482	67.2	0.1	5.2	19.9	71.4	3.4
税务专业人员	5670	74.6	0.0	4.0	38.2	57.2	0.6
银行营销员等[2]	17961	56.0	0.1	4.5	35.1	58.4	1.9
工业营销员	18876	61.4	0.1	8.3	43.8	45.4	2.5
信息专业人员等[3]	11204	10.4	0.1	9.9	40.4	45.1	4.4
数码和印刷媒体	3802	51.3	0.3	9.2	35.5	48.7	6.4
中上群体	100082	56.3	0.3	13.7	56.4	25.8	3.8
律师及公证辅助人员	7427	95.5	0.1	5.3	59.6	32.9	2.1
行政专业人员	5209	70.4	0.2	5.0	63.2	29.7	1.9
运输业营销员和物流服务人员	5267	42.5	0.2	10.8	45.2	40.2	3.6
化学实验员、化学技工	3406	35.5	0.1	6.9	61.6	29.4	2.1
批发和外贸的营销人员	15070	42.1	0.1	12.8	50.8	32.4	3.9
机电工	6675	5.0	0.3	9.5	69.2	18.0	3.0
建筑绘图师，绘图员	4012	44.6	0.5	12.5	57.0	25.1	4.9
旅店营销人员	13136	76.5	0.4	19.2	48.8	26.5	5.1
电工（管理工程，仪表系统，楼宇及基础设施系统）	8303	4.7	0.6	13.7	70.5	12.8	2.4
办公室营销员、办公室通讯营销员	31577	73.6	0.3	17.6	55.1	22.3	4.6
中下群体	126093	42.3	0.8	31.8	55.3	8.5	3.6
医学、牙医、兽医类专业人员	26103	99.1	0.5	21.7	63.0	10.7	4.1
工业机电工等[4]	24178	3.9	0.3	29.5	61.1	6.1	2.8
零售业和汽车营销人员	35570	54.1	0.5	32.3	50.8	11.7	4.7
机动车机电工	20381	2.2	1.7	41.1	51.0	4.9	1.3
餐饮业专业人员	9816	67.8	0.8	32.4	50.4	9.8	6.5
电工（自动化技术、能源与楼宇技术）	10045	1.2	2.0	42.0	50.8	3.5	1.7
下层群体	147084	37.5	3.7	57.8	32.0	3.0	3.5
园圃工	6566	20.2	3.8	47.0	37.1	9.1	2.9
木工、屋顶工、建筑木工	16049	5.3	3.5	56.7	32.9	5.7	1.3
卫生设备机械工，供暖和空调技术设备机械工，冷冻装置工人	11206	0.9	2.9	55.2	38.1	2.4	1.3
发型师、化妆师	16282	88.2	3.8	56.4	35.2	2.8	1.9
厨师，助理厨师	19969	24.2	3.2	46.3	37.9	4.8	7.8
金属制造工	8628	0.8	4.3	61.8	30.6	1.8	1.4
售货员	21305	63.6	1.6	54.2	36.2	2.0	6.0

（续表）

所选职业教育领域中的职业/职业群	总数（＝100%）	其中	其中				
		女性比例	普通中学未毕业的	普通中学毕业的	中级学校毕业的	具备应用技术大学/高校入学资格的	其他情况或未说明的
	数量		%				
食品手工业营销专员	12616	92.0	2.7	68.9	26.0	0.6	1.8
糕点甜食制作工、面包制作工、肉类加工工	10779	21.1	4.8	66.5	24.5	2.0	2.2
粉刷工，汽车油漆工	17081	7.3	6.7	69.0	21.0	1.3	2.0
家政职业	1927	93.7	8.1	53.9	29.4	1.6	7.0
旅店业专业人员	4676	67.8	4.5	57.2	28.0	1.2	9.0
其他职业	145927	28.7	4.4	37.5	40.1	13.1	4.8
总数	581181	41.1	2.3	34.0	43.9	15.9	3.8

* 部分统计预备教育情况，不含"其他和未说明"的情况；关于职业的分类，分层和估测方法详见 E4 章节的方法解释

1）市场通讯营销员，展会营销员，数码和印刷媒体营销员，视听媒体营销员，数码和印刷媒体设计师

2）银行营销员，投资基金营销员，保险与金融营销员，卫生保健类营销员

3）信息专业人员，信息营销员，信息与通信系统营销员

4）工业级电工，设备机电工，机械机电工，工具机电工

来源：联邦及各州统计局，职业教育数据，自己估测和计算得出

表 E4 - 2A：1993 年到 2006 年根据预备教育情况统计的普通教育体系的毕业生情况

年　份	总　数	其　中			
		普通中学未毕业的	普通中学毕业的	中级学校毕业的	具备应用技术大学/高校入学资格的
		数　量			
1993	799320	72443	218975	312253	195649
1994	818012	74048	221984	324150	197830
1995	861669	76005	236406	334894	214364
1996	892396	78747	241930	349399	222320
1997	916153	80486	245885	363578	226204
1998	924358	82968	245362	370541	225487
1999	937420	83761	244326	374295	235038
2000	937890	86601	238614	372810	239865
2001	926852	88881	236127	376545	225299
2002	936407	85314	238746	377011	235336
2003	947887	84092	246194	384008	233593
2004	986317	82212	246237	419.790[1]	238078
2005	958485	78152	237712	398749	243872
2006	968869	75897	236531	398171	258270
		%			
1993	100	9.1	27.4	39.1	24.5

（续表）

年　份	总　数	其　中			
		普通中学 未毕业的	普通中学 毕业的	中级学校 毕业的	具备应用技术大学/ 高校入学资格的
		数　量			
1994	100	9.1	27.1	39.6	24.0
1995	100	8.8	27.4	38.9	24.9
1996	100	8.8	27.1	39.2	25.0
1997	100	8.8	26.8	39.7	24.8
1998	100	9.0	26.5	40.1	24.4
1999	100	8.9	26.1	39.9	25.2
2000	100	9.2	25.4	39.7	25.7
2001	100	9.6	25.5	40.6	24.4
2002	100	9.1	25.5	40.3	25.1
2003	100	8.9	26.0	40.5	24.7
2004	100	8.3	25.0	42.6	24.2
2005	100	8.2	24.8	41.6	23.7
2006	100	7.8	24.4	41.1	26.7

1) 下萨克森州包含中等教育第二阶段的过渡教育参与者

来源：联邦及各州统计局，学校数据，自己计算得出

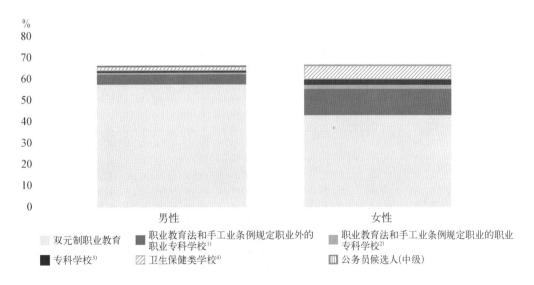

图 E5 - 4A：2006 年按学校种类和性别统计的典型毕业年龄人口中的毕业生比例* （单位：%）

＊ 典型毕业年龄选取的是 21 岁

1) 毕业生职业文凭的职业属职业教育法和手工业条例以外的

2) 毕业生职业文凭的职业属职业教育法和手工业条例承认的

3) 所选职业为：运动矫正师、老年人护理人员、老年人护理助理、学前机构教师、青年之家教育者、学前机构助理教师、家庭护工、农村助理教师、残障人士护理人员、残障教育人员、残障人士助理护理人员

4) 不含黑森州（数据未征集）

来源：联邦及各州统计局，职业教育数据、学校数据、人口数据

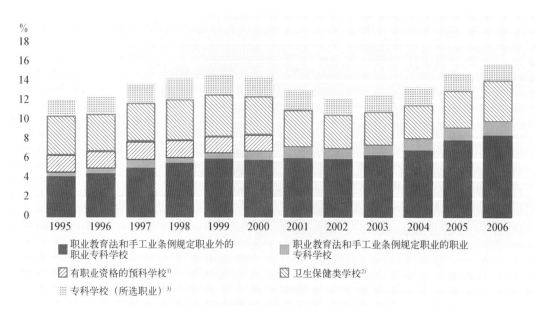

图 E5－5A：1995 年至 2006 年学校职业教育体系内典型毕业年龄人口中的毕业生比例

＊ 典型毕业年龄估测的是 21 岁

1）只在北莱茵-威斯特法伦州，数据截至 2000（1999/2000 学年）含曾经的预科学校

2）不含黑森州（数据未征集），萨克森州和图林根州（该学校类型不存在）

3）所选职业为：运动矫正师、老年人护理人员、老年人护理助理、学前机构教师、青年之家教育者、学前机构助理教师、家庭护工、农村助理教师、残障人士护理人员、残障教育人员、残障人士助理护理人员

来源：联邦及各州统计局，职业教育数据、学校数据，人口数据

表 E5－1A：1995 年至 2006 年按职业教育板块和学校种类统计的毕业生情况

年份	总　数	双元制职业教育	学校职业教育	其中根据职业教育板块					公务员候选人（中级）
				其中根据学校类型					
				职业教育法和手工业条例规定职业外的职业专科学校	职业教育法和手工业条例规定职业的职业专科学校	有职业资格的预科学校[1]	卫生保健类学校[2]	专科学校（所选职业）[3]	
				数　量					
1995	629350	502673	108204	37560	3610	16050	36647	14337	18473
1996	613042	488243	109439	39604	4086	16160	34152	15437	15360
1997	614217	482723	118462	43897	6855	16396	34260	17054	13032
1998	624633	487179	126751	49618	4376	15535	38153	19069	10703
1999	630519	491239	130905	53484	5443	15170	39232	17576	8375
2000	644317	502578	133111	53866	8473	15789	36072	18911	8628
2001	643440	514005	121075	56709	10087	—	35746	18533	8360
2002	642696	513443	120588	58926	9657	—	35484	16521	8665
2003	636799	504280	123854	62556	9507	—	34568	17223	8665
2004	633758	492836	131651	67661	11429	—	34383	18178	9271
2005	628032	477789	142030	76336	11763	—	36817	17114	8213

（续表）

年份	总　数	双元制职业教育	学校职业教育	职业教育法和手工业条例规定职业外的职业专科学校	职业教育法和手工业条例规定职业的职业专科学校	有职业资格的预科学校[1]	卫生保健类学校[2]	专科学校（所选职业）[3]	公务员候选人（中级）
					其中根据职业教育板块				
				其中根据学校类型					
				数　量					
2006	635581	479575	150058	80883	12826	—	40526	15823	5948
				%					
1995	100	79.9	17.2	6.0	0.6	2.6	5.8	2.3	2.9
1996	100	79.6	17.9	6.5	0.7	2.6	5.6	2.5	2.5
1997	100	78.6	19.3	7.1	1.1	2.7	5.6	2.8	2.1
1998	100	78.0	20.3	7.9	0.7	2.5	6.1	3.1	1.7
1999	100	77.9	20.8	8.5	0.9	2.4	6.2	2.8	1.3
2000	100	78.0	20.7	8.4	1.3	2.5	5.6	2.9	1.3
2001	100	79.9	18.8	8.8	1.6	—	5.6	2.9	1.3
2002	100	79.9	18.8	9.2	1.5	—	5.5	2.6	1.3
2003	100	79.2	19.4	9.8	1.5	—	5.4	2.7	1.4
2004	100	77.8	20.8	10.7	1.8	—	5.4	2.9	1.5
2005	100	76.1	22.6	12.2	1.9	—	5.9	2.7	1.3
2006	100	75.5	23.6	12.7	2.0	—	6.4	2.5	0.9

　　1）只在北莱茵-威斯特法伦州，数据截至 2000 年

　　2）不含黑森州（数据未征集）、萨克森州和图林根州（无此类型学校）数据

　　3）所选职业为：运动矫正师、老年人护理人员、老年人护理助理、学前机构教师、青年之家教育者、学前机构助理教师、家庭护工、农村助理教师、残障人士护理人员、残障教育人员、残障人士助理护理人员

　　来源：联邦及各州统计局、职业教育数据、学校数据、人口数据

表 E5‑2A：2006 年按职业教育板块、学校种类和地区统计的典型毕业年龄人口中的毕业生比例（％）

地　区	总数	双元制职业教育	学校职业教育	职业教育法和手工业条例规定职业外的职业专科学校[1]	职业教育法和手工业条例规定职业的职业专科学校[2]	专科学校（所选职业）[3]	卫生保健类学校[4]	公务员候选人（中级）
				其　中				
				人口典型毕业年龄（21 岁）				
德国	67.1	50.6	15.8	8.5	1.4	1.7	4.3	0.6
巴登-符腾堡州	71.7	51.1	19.8	12.8	2.0	0.8	4.2	0.8
巴伐利亚州	72.4	56.9	14.5	5.1	1.9	1.3	6.2	1.0
柏林	54.9	40.8	13.8	3.6	3.0	2.7	4.4	0.3

（续表）

地　区	总数	双元制职业教育	学校职业教育	其　中				公务员候选人（中级）
				职业教育法和手工业条例规定职业外的职业专科学校[1]	职业教育法和手工业条例规定职业的职业专科学校[2]	专科学校（所选职业）[3]	卫生保健类学校[4]	
	人口典型毕业年龄（21 岁）							
勃兰登堡州	71.1	51.9	18.8	6.2	4.3	3.3	5.1	0.5
不来梅	76.0	57.5	18.1	10.9	0.3	3.8	3.2	0.4
汉堡	71.8	50.9	19.9	12.0	1.5	2.0	4.4	1.0
黑森州	55.6	47.8	7.3	5.0	0.3	1.9	—	0.6
梅克伦堡-前波莫瑞州	77.5	61.3	15.4	12.1	2.0	1.4	—	0.8
下萨克森州	71.4	54.1	16.8	9.4	0.5	3.0	3.9	0.5
北莱茵-威斯特法伦州	59.2	46.1	12.6	5.0	0.2	0.9	6.6	0.4
莱茵兰-普法尔茨州	63.1	48.0	14.4	6.6	0.3	3.2	4.3	0.8
萨尔州	60.1	51.0	8.5	2.1	—	—	6.4	0.6
萨克森州	77.4	50.8	26.1	21.1	2.9	2.2	—	0.5
萨克森-安哈特州	71.0	47.6	23.3	15.4	2.1	2.8	2.9	0.2
石勒苏益格-荷尔斯泰因州	66.8	53.6	12.7	6.1	0.1	—	6.6	0.6
图林根州	72.5	51.5	20.5	16.2	2.2	2.1	—	0.5

1）毕业生职业文凭的职业属职业教育法和手工业条例以外的
2）毕业生职业文凭的职业属职业教育法和手工业条例承认的
3）所选职业为：运动矫正师、老年人护理人员、老年人护理助理、学前机构教师、青年之家教育者、学前机构助理教师、家庭护工、农村助理教师、残障人士护理人员、残障教育人员、残障人士助理护理人员
4）不含黑森州（数据未征集）

来源：联邦及各州统计局、职业教育数据、学校数据、人口数据

表 E5－3A：2006 年按职业教育板块、学校类型和性别统计的典型毕业年龄人口中的毕业生比例(单位：%)

性　别	总数	双元制职业教育	学校职业教育	其　中				中级公务员
				职业教育法和手工业条例规定职业外的职业专科学校[1]	职业教育法和手工业条例规定职业的职业专科学校[2]	专科学校（所选职业）[3]	卫生保健类学校[4]	
	人口典型毕业年龄（21 岁）							
总　计	67.1	50.6	15.8	8.5	1.4	1.7	4.3	0.6
男　性	67.0	57.8	8.5	5.0	0.8	0.7	2.0	0.7
女　性	67.2	43.4	23.3	12.2	1.9	2.7	6.6	0.5

1）毕业生职业文凭的职业属职业教育法和手工业条例以外的
2）毕业生职业文凭的职业属职业教育法和手工业条例承认的
3）所选职业为：运动矫正师、老年人护理人员、老年人护理助理、学前机构教师、青年之家教育者、学前机构助理教师、家庭护工、农村助理教师、残障人士护理人员、残障教育人员、残障人士助理护理人员
4）不含黑森州（数据未征集）

来源：联邦及各州统计局、职业教育数据、学校数据、人口数据

表 E5 - 4A：2005 年按性别统计的部分国家中级教育Ⅱ中职业准备/职业培训阶段(国际教育等级分类 3b/3c)的毕业比例(单位：%)

国　家	职业准备/职业培训阶段	
	总　数	女　性
	%	
爱尔兰	100	100
芬兰[1]	81	90
斯洛文尼亚	80	78
斯洛伐克共和国	70	66
捷克共和国	70	67
瑞士	69	63
意大利	67	60
荷兰	66	68
德国	62	59
比利时[2]	59	62
奥地利	55	44
欧盟 19 国平均值	54	53
冰岛	54	50
丹麦	51	58
卢森堡	48	49
经合组织成员国平均值	48	47
挪威	43	42
瑞典	42	39
波兰	41	33
希腊	41	36
澳大利亚	37	41
西班牙	36	39
以色列	34	30
智利	32	32
韩国	28	28
日本	24	21
匈牙利	20	15
爱沙尼亚	18	13
土耳其	17	14
葡萄牙	13	13
墨西哥	4	4
巴西	1	2

* 毕业生人数在 19 岁的典型毕业年龄总人口中所占比例

1）参考年份为 2004 年

2）不含比利时境内的德语区

来源：OECD（2007），教育一览

表 E5 - 5A: 2006 年按职业教育板块和学校类型别统计的典型毕业年龄人口中的毕业生比例(单位:%)

年份	总数	双元制职业教育	学校职业教育	其 中						公务员候选人(中级)
				职业教育法和手工业条例规定职业外的职业专科学校	职业教育法和手工业条例规定职业的职业专科学校	有职业资格的预科学校[1]	卫生保健类学校[2]	专科学校(所选职业)[3]		
					人口典型毕业年龄(21 岁)					
1995	70.9	56.6	12.2	4.2	0.4	1.8	4.1	1.6		2.1
1996	70.0	55.7	12.5	4.5	0.5	1.8	3.9	1.8		1.8
1997	71.2	56.0	13.7	5.1	0.8	1.9	4.0	2.0		1.5
1998	70.6	55.0	14.3	5.6	0.5	1.8	4.3	2.2		1.2
1999	70.3	54.7	14.6	6.0	0.6	1.7	4.4	2.0		0.9
2000	70.9	55.3	14.7	5.9	0.9	1.7	4.0	2.1		1.0
2001	69.7	55.7	13.1	6.1	1.1	—	3.9	2.0		0.9
2002	65.7	52.5	12.3	6.0	1.0	—	3.6	1.7		0.9
2003	65.2	51.6	12.7	6.4	1.0	—	3.5	1.8		0.9
2004	64.6	50.3	13.4	6.9	1.2	—	3.5	1.9		0.9
2005	65.8	50.0	14.9	8.0	1.2	—	3.9	1.8		0.9
2006	67.1	50.6	15.8	8.5	1.4	—	4.3	1.7		0.6

1) 只在北莱茵-威斯特法伦州,数据截至 2000 年

2) 不含黑森州(数据未征集)

3) 所选职业为:运动矫正师、老年人护理人员、老年人护理助理、学前机构教师、青年之家教育者、学前机构助理教师、家庭护工、农村助理教师、残障人士护理人员、残障教育人员、残障人士助理护理人员

来源:联邦及各州统计局、职业教育数据、学校数据、人口数据

表 F1 - 1A: 1975 学年至 2007 学年不同性别的大学新生* 人数、女性份额和新生比例

学 年[1]	大 学 新 生			大学新生比例[2]		
	总 计	女性份额	应用技术大学份额	总 计	男 性	女 性
	数 量	%				
	旧联邦州地区					
1975	163447	36.9	26.2	·	·	·
1976	165818	34.9	27.2	·	·	·
1977	163326	39.2	26.5	·	·	·
1978	168752	40.2	25.0	·	·	·
1979	170606	39.0	26.7	·	·	·
1980	189953	40.4	27.2	19.5	22.6	16.2
1981	214404	41.7	27.8	·	·	·

（续表）

学 年[1]	大 学 新 生			大学新生比例[2]		
	总 计	女性份额	应用技术大学份额	总 计	男 性	女 性
	数 量	%				
1982	225594	40.4	29.1	·	·	·
1983	232104	37.7	29.7	·	·	·
1984	220144	38.5	29.7	·	·	·
1985	206823	39.8	30.1	19.3	22.6	15.8
1986	211729	40.2	30.4	20.0	23.2	16.6
1987	228843	39.9	30.5	22.0	25.6	18.3
1988	245244	40.0	29.5	24.5	28.7	20.0
1989	251615	39.5	30.4	26.4	31.2	21.3
1990	277868	39.4	28.8	30.4	36.1	24.5
1991	271347	40.9	30.6	31.4	36.2	26.3
1992	252275	42.5	31.3	28.6	31.7	25.4
德 国						
1993	277247	44.5	32.4	25.5	26.6	24.3
1994	265952	45.1	31.7	25.9	26.9	24.9
1995	261427	47.8	31.2	26.8	26.6	27.0
1996	266687	47.9	30.0	28.1	28.1	28.1
1997	267228	48.6	30.3	28.5	28.4	28.7
1998	271999	48.5	31.3	29.2	29.3	29.2
1999	290983	49.4	31.4	31.3	30.9	31.7
2000	314539	49.2	31.3	33.5	33.4	33.6
2001	344659	49.4	31.3	36.1	35.9	36.3
2002	358792	50.6	32.0	37.1	35.9	38.3
2003	377395	48.2	32.2	38.9	39.5	38.3
2004	358704	48.8	33.2	37.1	37.2	37.1
2005	355961	48.8	33.1	37.0	37.1	36.9
2006	344822	49.4	34.0	35.7	35.5	35.9
2007[3]	358673	49.8	33.1	36.6	36.1	37.2

*高校第一学期新生，包含管理类应用技术大学

1）学年 = 夏季学期＋随后的冬季学期

2）按照经合组织算法计算，包含管理类应用技术大学；

1986－1989：18－22 岁平均值为参考数值

3）2007 年的为暂时数据

来源：联邦及各州统计局，高校数据统计

表 F1－2A：1995、2000 学年至 2007 学年*各州大学新生**人数

联 邦 州	1995	2000	2003	2004	2005	2006	2007[1]	差额 2006/2007
	数　量							%
德国	261427	314539	377395	358704	355961	344967	358673	4.0
巴登-符腾堡州	37430	43799	53527	50356	49578	48128	47689	－0.9
巴伐利亚州	34859	42435	51583	49559	50518	51916	52230	0.6
柏林	17518	21075	22670	20798	20704	20318	22066	8.6
勃兰登堡州	4448	7204	7933	7653	7552	7565	8602	13.7
不来梅	3307	4287	5550	5560	5256	4810	5313	10.5
汉堡	9202	10726	12576	12188	11864	11920	12802	7.4
黑森州	20992	23654	31419	29868	30059	28576	28471	－0.4
梅克伦堡-前波莫瑞州	3987	5782	7011	7124	6169	6394	6697	4.7
下萨克森州	19937	25640	31027	27784	25930	24524	26528	8.2
北莱茵-威斯特法伦州	62468	69614	81613	78364	80903	75144	77515	3.2
莱茵兰-普法尔茨州	11874	14652	18030	17807	17535	17725	19092	7.7
萨尔州	3193	3370	3973	3553	3740	3653	3559	－2.6
萨克森州	14115	18013	21792	20464	19940	18600	20185	8.5
萨克森-安哈特州	5484	8271	10925	10601	8765	8487	9150	7.8
石勒苏益格-荷尔斯泰因州	6788	7247	8279	7914	8123	7925	8613	8.7
图林根州	5825	8770	9487	9111	9325	9282	10161	9.5

*学年 ＝ 夏季学期＋随后的冬季学期

** 高校第一学期的大学新生,包含管理类应用技术大学的

1) 2007 年的为暂时数据;2007/08 冬季学期收取大学学费的州以斜体标示

来源：联邦及各州统计局,高校数据统计

表 F1－3A：1998 学年至 2005 学年*大学新生比例**（ISCED 5A）的国际比较（单位：%）

国　家	1998	1999	2000	2001	2002	2003	2004	2005
	%							
德国	29	31	30	32	35	36	38	36
芬兰	58	67	71	72	71	73	73	73
法国	·	36	37	37	38	39	·	·
美国	48	45	46	45	47	48	52	51
意大利	42	40	43	44	50	54	55	56
日本[1]	36	37	39	41	41	42	43	41
加拿大	·	·	·	·	·	·	·	·
瑞典	59	65	67	69	75	80	79	76
美国	44	45	43	42	64	63	63	64

（续表）

国　　家	1998	1999	2000	2001	2002	2003	2004	2005
	%							
奥地利	28	·	33	34	31	35	37	37
荷兰	52	54	51	54	53	52	56	59
瑞士	·	29	29	33	35	38	39	37
OECD 成员国平均值	40	45	45	47	51	53	53	54

* 学年 = 夏季学期 + 随后的冬季学期

** 按 OECD 算法计算出的净值

1）毛比例

来源：联邦及各州统计局，OECD

表 F1－4A：2000 学年至 2006 学年本科新生* 占比，按科类** 和高校类型统计（单位：%）

学年[1]	科　　类								
	语言和文化学	体育	法学、经济和社会学	数学/自然科学	人类医学/健康科学[1]	兽医学	农学、林业学和营养科学	工程技术学	艺术、艺术科学
	%								
所有高校									
2000	1.3	1.8	1.2	3.4	0.0	0.0	6.9	1.6	0.9
2001	2.5	1.2	2.2	6.2	0.0	0.0	11.3	2.9	2.2
2002	5.0	6.3	3.5	9.0	0.0	0.0	13.7	4.5	3.7
2003	8.6	5.2	6.2	11.1	0.3	0.0	18.9	6.2	3.9
2004	13.1	7.3	10.8	16.6	5.3	0.0	27.9	11.5	7.9
2005	22.6	16.4	22.3	31.1	6.5	0.0	39.9	25.9	16.7
2006	32.8	28.3	42.9	44.9	11.3	0.0	58.2	43.6	26.8
综合性大学（包括综合性高校，师范高校，神学高校，艺术类高校）									
2000	1.3	1.8	1.5	3.2	0.0	0.0	11.0	2.0	0.7
2001	2.4	1.2	2.6	5.1	0.0	0.0	18.3	3.1	2.0
2002	4.8	6.3	4.4	7.8	0.0	0.0	22.8	4.4	3.2
2003	8.4	5.2	6.0	9.2	0.3	0.0	30.5	5.1	2.9
2004	12.1	7.3	9.7	14.0	2.0	0.0	38.1	7.2	6.4
2005	21.1	16.4	19.3	26.1	2.1	0.0	41.7	13.9	12.2
2006	30.9	28.3	37.5	36.3	2.2	0.0	52.2	20.4	17.2
应用技术大学[2]									
2000	3.2	—	1.0	4.4	—	—	2.1	1.4	1.8
2001	5.2	—	2.3	10.3	—	—	3.8	2.8	2.9
2002	11.60	—	3.30	14.00	—	—	3.30	4.50	5.30
2003	15.1	—	8.0	18.9	—	—	4.6	7.0	7.4
2004	39.8	—	14.2	26.6	25.4	—	16.9	14.3	12.6

（续表）

学年[1]	科　类								
	语言和文化学	体育	法学、经济和社会学	数学/自然科学	人类医学/健康科学[1]	兽医学	农学、林业学和营养科学	工程技术学	艺术、艺术科学
	%								
2005	61.0	—	30.4	51.1	27.2	—	38.2	34.3	30.2
2006	73.9	—	56.7	77.2	51.1	—	65.9	60.1	52.8

* 高校第一学期的新生，总值中包括管理类应用技术大学的

** 健康教育这个专业，在2004/05冬季学期的时候，从教育学换到了普通健康科学之下，从而就从语言和文化学科类换到了人类医学、健康科学类

1）自2004/05冬季学期起人类医学这个科类下也包含普通健康科学这个新的研究领域，从而其名称也从"人类医学"变成了"人类医学、健康科学"，如此一来，该科类在应用技术大学也有开设

2）不包括管理类应用技术大学

来源：联邦及各州统计局，高校数据统计，自己计算得出

表 F1‒5A：2000/01 学年，2003/04 学年和2005/06 学年冬季学期经历了 ZVS 程序或某个地方招生程序的大学新生（单位：%）

招生程序类型	冬　季　学　期		
	2000/01	2003/04	2005/06
	%		
ZVS	32	28	22
直接在某高校	48	58	67

来源：HIS大学新生调查

表 F2‒1A：1995 年至 2006 年的高校人事情况*，按职能、高校类型和性别统计

年份	所有人员		全体学术人员		非学术（行政、技术及其他岗位）人员		非学术人员在……中的占比		女性在……中的占比	
	总人数	全时等量	总人数	全时等量	总人数	全时等量	所有人员	所有人员（全时等量）	全体学术人员	非学术人员
	数　量						%			
	总　计									
1995	482850	384506	212841	148259	270009	236247	55.9	61.4	24.4	70.2
1996	482388	382878	214668	148729	267720	234149	55.5	61.2	24.8	70.2
1997	481073	381786	214054	148036	267019	233750	55.5	61.2	25.4	70.1
1998	483846	381331	216425	148988	267421	232344	55.3	60.9	26.2	70.0
1999	488890	384531	219222	150730	269668	233801	55.2	60.8	26.5	70.1
2000	488660	381703	219296	150855	269364	230848	55.1	60.5	27.2	70.0
2001	494065	382428	224959	153258	269106	229170	54.5	59.9	28.3	70.3
2002	501482	387829	231542	158106	269940	229723	53.8	59.2	29.1	70.2
2003	505246	386533	237162	159413	268084	227120	53.1	58.8	30.0	70.2
2004	499181	374302	236375	155706	262806	218596	52.6	58.4	30.8	69.5

（续表）

年份	所有人员		全体学术人员		非学术（行政、技术及其他岗位）人员		非学术人员在……中的占比		女性在……中的占比	
	总人数	全时等量	总人数	全时等量	总人数	全时等量	所有人员	所有人员（全时等量）	全体学术人员	非学术人员
	数　量						%			
总　计										
2005	497204	365469	240186	155772	257018	209696	51.7	57.4	31.4	69.7
2006	503876	369250	248938	159080	254938	210169	50.6	56.9	32.3	69.9
综合性大学[1]										
1995	427841	347361	177178	128254	250663	219107	58.6	63.1	25.6	71.8
1996	427912	345470	179760	128709	248152	216761	58.0	62.7	25.9	71.8
1997	426840	344194	179890	128260	246950	215934	57.9	62.7	26.5	71.7
1998	426514	341823	180659	128588	245855	213235	57.6	62.4	27.3	71.9
1999	431620	345413	182439	129613	249181	215800	57.7	62.5	27.6	71.7
2000	430162	342582	181085	129454	249077	213128	57.9	62.2	28.3	71.6
2001	434371	342574	185735	131263	248636	211311	57.2	61.7	29.6	71.8
2002	438730	346594	189503	134949	249227	211645	56.8	61.1	30.3	71.7
2003	439857	344605	193034	135773	246823	208831	56.1	60.6	31.2	71.8
2004	433367	332209	192018	131821	241349	200387	55.7	60.3	32.1	71.1
2005	431275	323509	195506	131801	235769	191708	54.7	59.3	32.7	71.3
2006	436503	326786	203427	135018	233076	191768	53.4	58.7	33.7	71.6
应用技术大学[2]										
1995	48271	32899	30847	17453	17424	15446	36.1	46.9	18.4	48.6
1996	48230	33315	30544	17592	17686	15723	36.7	47.2	19.3	48.5
1997	48423	33636	30326	17589	18097	16047	37.4	47.7	20.2	48.6
1998	50608	34481	32088	18213	18520	16269	36.6	47.2	21.3	48.9
1999	51640	35124	33252	19016	18388	16108	35.6	45.9	21.9	49.7
2000	52700	35145	34498	19299	18202	15846	34.5	45.1	22.7	50.1
2001	53999	35939	35537	19880	18462	16059	34.2	44.7	23.0	50.9
2002	56677	37170	38022	20918	18655	16252	32.9	43.7	23.9	51.1
2003	59348	37883	40096	21374	19252	16510	32.4	43.6	24.9	51.6
2004	60060	38120	40617	21690	19443	16430	32.4	43.1	25.8	51.9
2005	60580	38143	41264	21859	19316	16284	31.9	42.7	26.5	51.8
2006	62265	38733	42363	22069	19902	16664	32.0	43.0	26.7	52.2

* 不算学生助手
1）综合性大学中包括综合性高校、师范高校和神学高校以及艺术类高校
2）不算管理类应用技术大学
来源：联邦及各州统计局，高校人事统计

表 F2－2A：2002 年、2005 年和 2006 年*学生与全体学术人员(工作量按全时等量计算)**之比，按高校类型和科类***统计

高校类型和科类	2002		2005		2006	
	以全时等量计算的全体学术人员数量(VZÄ)	每个 VZÄ 承担的学生数	以全时等量计算的全体学术人员数量(VZÄ)	每个 VZÄ 承担的学生数	以全时等量计算的全体学术人员数量(VZÄ)	每个 VZÄ 承担的学生数
总计	128941	15	127042	16	127533	16
综合性大学[1]	106845	13	104134	14	105315	13
综合性大学（不包括医科大学)[1][2]	72792	18	72321	18	71723	18
应用技术大学[3]	19869	24（15）	20794	26（16）	20225	27（16）
综合性大学[1]						
语言和文化学	16877	25	16221	25	16230	25
法学、经济和社会学	10604	36	10685	34	10640	34
数学、自然科学	20750	13	21079	14	20673	14
农学、林业学和营养科学	1829	11	1666	13	1666	13
工程技术学	10950	12	10796	13	10504	13
艺术、艺术科学	5549	12	5623	11	5615	11
医学[2]	34053	3	31813	3	33592	3
应用技术大学[3]						
语言和文化学	654	17（12）	715	19（13）	698	21（15）
法学、经济和社会学	6510	31（20）	6903	32（20）	6889	33（21）
数学、自然科学	1992	30（17）	2280	30（17）	2177	31（18）
农学、林业学和营养科学	756	21（13）	785	23（14）	805	22（13）
工程技术学	8351	21（12）	8341	23（13）	7871	24（14）
艺术、艺术科学	932	19（12）	910	20（12）	860	21（13）

*各年的冬季学期

** 只计算受薪于基本经费的全体学术人员，不包括客座教授、名誉教授和学生助手

*** 组织结构归属性

1) 综合性大学中包括综合性高校、师范高校、神学高校以及艺术类高校

2) 医学/健康科学和兽医学

3) 不包括管理类应用技术大学。括号中：将应用技术大学教席教授的额定课时量较高，是综合性大学教席的两倍这一点考虑进去之后的师生配比

来源：联邦及各州统计局，高校数据统计

表 F2－3A：2000 年、2005 年和 2006 年每个教席下的学生数*，按科类和高校类型统计

科　类	综合性大学[1]			应用技术大学[2]		
	2000	2005	2006	2000	2005	2006
每个全时等量教席指导的学生数						
语言和文化学	74	81	81	34	40	42
体育	123	145	149	—	—	—

（续表）

科　类	综合性大学[1]			应用技术大学[2]		
	2000	2005	2006	2000	2005	2006
法学、经济和社会学	115	112	109	46	52	53
数学、自然科学	44	50	51	34	41	42
医学、健康科学	29	33	34	—	108	109
兽医学	38	44	45	—	—	—
农学、林业学和营养科学	40	47	49	29	35	34
工程技术学	49	57	56	25	32	32
艺术、艺术科学*	26	26	25	28	31	32
总计	57	61	62	33	40	41

*组织结构归属性

1）综合性大学中包括综合性高校、师范高校和神学高校以及艺术类高校

2）不算管理类应用技术大学

来源：联邦及各州统计局，高校数据统计

表 F2‑4A： **2002 年、2005 年和 2006 年的师生比例*，按州、高校类型和选取的专业方向**统计**

年份	德国	巴登-符腾堡州	巴伐利亚州	柏林	勃兰登堡州	不来梅	汉堡	黑森州	梅克伦堡-前波莫瑞州	下萨克森州	北莱茵-威斯特法伦州	莱茵兰-普法尔茨州	萨尔州	萨克森州	萨克森-安哈特州	石勒苏益格-荷尔斯泰因州	图林根州
综合性大学[1]																	
总　计																	
2002	13	11	10	13	17	19	13	15	8	14	19	16	9	12	8	9	11
2005	14	11	12	13	19	23	13	13	10	15	17	17	8	13	9	10	11
2006	13	11	11	13	19	20	14	14	10	14	17	18	9	13	9	10	12
总计（不计医科和校医院的中央机构）																	
2002	18	15	14	19	17	19	18	20	14	18	26	20	15	16	12	18	14
2005	18	16	16	19	19	23	18	17	18	18	22	23	14	17	14	20	15
2006	18	16	16	18	19	20	19	18	17	17	23	23	15	17	14	17	15
语言和文化学																	
2002	25	22	17	27	22	28	28	27	15	22	38	25	18	23	13	23	17
2005	25	25	23	25	25	32	24	23	22	22	30	28	18	26	16	28	18
2006	25	25	23	24	26	27	26	24	23	21	30	29	19	25	16	23	19
法学、经济和社会学																	
2002	36	27	28	38	34	41	28	36	28	36	54	31	26	29	30	44	22
2005	34	28	28	41	37	47	32	33	33	35	44	31	24	27	34	43	21
2006	34	28	28	34	38	40	33	32	30	35	45	36	25	26	35	34	21

（续表）

年份	德国	巴登-符腾堡州	巴伐利亚州	柏林	勃兰登堡州	不来梅	汉堡	黑森州	梅克伦堡-前波莫瑞州	下萨克森州	北莱茵-威斯特法伦州	莱茵兰-普法尔茨州	萨尔州	萨克森州	萨克森-安哈特州	石勒苏益格-荷尔斯泰因州	图林根州
数学、自然科学																	
2002	13	12	9	13	12	14	11	14	10	14	18	14	12	13	10	15	12
2005	14	13	11	13	14	18	11	11	14	15	17	18	12	15	11	17	11
2006	14	12	12	13	14	16	11	14	14	14	17	19	12	15	11	15	12
工程技术学																	
2002	12	11	8	13	11	8	11	15	10	11	14	13	7	11	5	7	13
2005	13	14	9	13	13	14	11	10	12	12	15	17	7	13	10	16	13
2006	13	14	10	12	12	12	13	12	12	14	17	17	8	14	11	15	13
艺术、艺术科学																	
2002	12	9	10	12	10	10	12	15	9	13	17	16	11	8	8	12	10
2005	11	10	10	11	9	11	13	12	11	10	14	17	11	8	9	12	10
2006	11	10	10	10	9	10	14	11	10	11	13	16	11	9	10	12	11
应用技术大学[2]																	
总　　计																	
2002	24	21	23	25	23	28	23	27	21	22	28	23	23	24	22	30	24
2005	26	23	25	26	24	32	25	26	23	24	27	27	22	27	27	34	27
2006	27	23	25	27	25	29	28	27	23	22	33	26	22	28	27	35	28
法学、经济和社会学																	
2002	31	28	30	27	32	32	26	26	31	26	43	29	25	32	33	44	37
2005	32	28	32	26	33	36	31	25	38	25	37	32	25	38	35	46	36
2006	33	28	31	25	33	31	35	26	39	24	44	32	28	39	34	46	40
数学、自然科学																	
2002	30	25	43	30	33	45	34	27	—	37	26	37	20	18	20	59	19
2005	30	23	33	36	34	37	29	23	33	74	36	32	15	20	22	59	30
2006	31	25	31	37	37	34	28	25	38	45	45	31	15	21	23	60	30
工程技术学																	
2002	21	17	18	25	17	21	20	33	13	19	24	17	21	24	15	19	18
2005	23	20	21	26	20	25	20	37	17	21	23	22	22	28	21	23	21
2006	24	20	22	28	21	24	23	38	16	20	26	22	22	28	20	23	21

*学生数量与全时等量的学术人员数量之比(不计客座教授、名誉教授和学生助手以及第三方经费资助人员)

** 组织结构归属性。选取的是比较大的科类,这些所选科类(几乎)在所有州各自拥有的注册学生至少都有1000人。这里缺了医学,因为在校医院工作但不承担教学的学术人员数量众多,数据不具有说服力

1) 综合性大学中包括综合性高校、师范高校、神学高校以及艺术类高校

2) 不计管理类应用技术大学,不考虑应用技术大学的教授额定课时量较高的问题(参见表F2-2A)

来源:联邦及各州统计局,高校数据统计

表 F3－1A：1994 年至 2006 年大学生*的月收入情况

收　　入	第一学业中的未婚大学生的收入……					在父母家住的[3]
	自　住　的					
	1994	1997	2000	2003	2006	2006
	欧元（算术平均数）					
总计	667	693	703	767	770	404
中位数	*614*	*649*	*665*	*720*	*725*	*361*
女性	653	673	686	753	767	423
男性	678	709	719	780	774	375
按家庭社会背景[1]						
低	628	659	698	750	742	417
中	652	670	681	749	753	412
中上	673	707	704	765	767	400
高	693	713	719	785	790	392
德国西部地区[2]	687	712	727	786	788	407
德国东部地区	488	570	583	666	685	385
有移民背景的大学生的收入总计	·	·	·	·	786	428
已入籍的大学生	·	·	·	·	768	405
双国籍的大学生	·	·	·	·	805	/
国内外籍生源	·	·	·	·	801	452
经济来源	各经济来源在总收入中所占的份额（单位：%）					
父母	83	86	86	89	90	71
BAföG	33	23	24	27	29	17
学生自己工作所得	65	67	66	63	60	62

　*统计的基础是"普通大学生"：未婚，正处在第一学业，不再在父母家生活（最后一列的除外）；到 2003 年为止，只统计德国大学生，2006 年统计的是德国大学生和国内外籍生源的大学生

　1）家庭社会背景的界定根据社会调查所得的父母的职业地位而定，并以他们所持的高校毕业文凭作为补充依据
　2）1994 和 1997 年的包括西柏林，自 2000 年起包括整个柏林
　3）只计算在父母家住的大学生的现金收入，不计算他们从家里所得的实物
　来源：社会调查德国大学生服务中心（DSW）/德国高校与科学研究中心（HIS）社会调查

表 F3－2A：2007 年大学生学习经费的国际比较

	德国	奥地利	捷克共和国	芬兰	法国	爱尔兰	葡萄牙	英国[2]
	自住的大学生[1]							
份额（单位：%）	65	65	37	68	44	44	39	60
平均收入及（中位数）（单位：欧元）	819（745）	1118（975）	531（293）	1009（783）	663（550）	737（630）	852（650）	1631（1479）
	不同经费来源占的平均份额（单位：%）							
父母/家庭	53	42	20	16	37	66	71	12

（续表）

	德国	奥地利	捷克共和国	芬兰	法国	爱尔兰	葡萄牙	英国[2]
	自住的大学生[1]							
国家资助	13	10	6	36	31	11	7	35
自己工作所得	26	38	68	38	31	19	20	41
其他	7	10	6	11	—	4	2	12
	各经费来源涉及者所占的百分比（额度：欧元）							
父母/家庭-现金	83 （360）	71 （395）	63 （108）	47 （185）	75 （328）	67 （215）	84 （378）	79 （216）
—非现金	89 （490）	66 （291）	— —	30 （347）	— —	66 （269）	71 （395）	36 （79）
国家资助	29 （377）	28 （374）	51 （33）	85 （439）	70 （287）	39 （84）	35 （161）	81 （684）
自己工作所得	61 （355）	61 （699）	76 （360）	50 （775）	46 （543）	64 （138）	21 （789）	64 （1072）

1) 第一、第二学业中的大学生
2) 只含英格兰和威尔士（不包括苏格兰和北爱尔兰）

来源：《欧洲大学生》III，暂时的数据

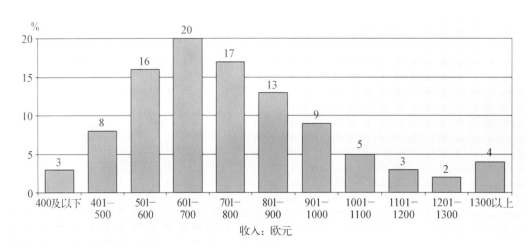

图 F3-3A：2006 年不同收入层次中的大学生*的月收入情况（单位：%）

* 未婚，正处在第一学业，不再在父母家生活的大学生；德国大学生和国内外籍生源的大学生

来源：DSW/HIS 2006 年第 18 次社会调查

表 F4-1A：2006 年夏季学期和 2006/07 冬季学期第一学业转专业的大学生*情况

前一个学期所在的专业科类	转专业总人数	转专业者占比[3]	其中转入以下科类的							
			语言和文化学	法学、经济和社会学	数学、自然科学	人类医学、健康科学	农学、林业学和营养科学	工程技术学	艺术、艺术科学	其他[1]
	数　量		%							
语言和文化学	10782		50	22	11	1	1	4	8	3
法学、经济和社会学	11685		22	49	12	3	1	9	2	1

（续表）

前一个学期所在的专业科类	转专业总人数	转专业者占比[3]	其中转入以下科类的							
			语言和文化学	法学、经济和社会学	数学、自然科学	人类医学、健康科学	农学、林业学和营养科学	工程技术学	艺术、艺术科学	其他[1]
	数　量		%							
数学、自然科学	10512		17	21	32	3	2	19	3	2
人类医学、健康科学	760		26	20	22	19	3	7	2	3
农学、林业学和营养科学	545		17	21	19	3	16	17	3	3
工程技术学	8225		6	19	19	1	2	51	2	1
艺术、艺术科学	1225		37	8	10	1	0	6	36	1
其他[1]	1289		24	27	15	3	1	22	4	4
转专业总人数	45023	2.6								
转专业者占比[2]（单位：%）			3.2	2.3	2.6	1.1	2.3	2.9	3.1	2.5
（在科类内部转专业的比例：44%）										

* 不包括第一学业的硕士生

1) 体育、兽医学以及在此科类划分之外的专业

2) 与前一个学期比较，这些科类中转专业的大学生的占比

3) 与 2006 年夏季学期相比，2006/07 冬季学期转专业的大学生的占比

来源：联邦及各州统计局，高校数据统计，自己计算得出

表 F4－2A：2006/07 冬季学期在目前的学习进程中转校* 的情况，按州和毕业文凭类型统计

	德国	报告的学期所在的州														
		巴登-符腾堡州	巴伐利亚州	柏林	勃兰登堡州	不来梅	汉堡	黑森州	梅克伦堡-前波莫瑞州	下萨克森州	北莱茵-威斯特法伦州	莱茵兰-普法尔茨州	萨尔州	萨克森州	萨克森-安哈特州	石勒苏益格-荷尔斯泰因州	图林根州
		%														
转校生在所有大学生中占的比例	20	19	17	32	22	17	20	22	16	19	22	25	15	15	17	19	16
来自其他州的转校生在所有大学生中占的比例[1]	X	8	6	17	19	14	13	14	12	11	9	19	12	9	12	14	10
工程硕士及同等学历																	
转校生占比	19	17	16	34	21	16	19	16	13	15	20	22	13	13	14	19	12
教师资格考试																	
转校生占比	22	25	17	35	23	23	26	19	18	23	22	23	15	16	17	18	18
应用技术大学文凭（工程硕士）																	
转校生占比	20	19	15	23	19	18	19	32	16	21	21	22	11	18	23	16	17

（续表）

	德国	巴登-符腾堡州	巴伐利亚州	柏林	勃兰登堡州	不来梅	汉堡	黑森州	梅克伦堡-前波莫瑞州	下萨克森州	北莱茵-威斯特法伦州	莱茵兰-普法尔茨州	萨尔州	萨克森州	萨克森-安哈特州	石勒苏益格-荷尔斯泰因州	图林根州
	报告的学期所在的州																
	%																
本　科																	
转校生占比	17	16	13	21	16	12	17	21	15	15	19	20	16	13	15	19	17
硕　士																	
转校生占比	40	31	34	53	36	25	28	46	33	38	35	80	28	25	34	27	29
博　士																	
转校生占比	33	31	32	44	49	46	35	33	29	33	32	34	24	26	30	35	33

* 2006/07 冬季学期所在的高校与其第一次注册时的高校不一致,不计来自国外的转校生

1) 转自此间关闭了的、无法再归入任何一个州的学校的学生不计入在内

来源：联邦及各州统计局,高校数据统计,自己计算得出

表 F4‑3A：　1995 年、2000 年、2003 年至 2006 年各类高校文凭的专业修业年限和总修业年限*(单位：%)

年　份	专业修业年限			总修业年限		
	四分之一分位数	中位数	四分之三分位数	四分之一分位数	中位数	四分之三分位数
	单位：学期					
（大学）工程硕士及同等学历 （第一学业）						
1995	9.6	11.4	13.2	10.5	12.4	14.6
2000	9.7	11.5	13.5	10.7	12.7	15.1
2003	9.5	11.2	13.2	10.5	12.4	14.8
2004	9.6	11.3	13.2	10.4	12.3	14.6
2005	9.6	11.2	13.1	10.4	12.2	14.5
2006	9.5	11.1	12.9	10.3	12	14.2
教师资格考试 （第一学业）						
1995	7.7	9.1	11	8.3	10.2	12.9
2000	8.2	9.7	11.9	9.1	11.4	14.2
2003	8.2	9.8	12	9.2	11.5	14.3
2004	7.9	9.6	11.8	8.9	11.1	14
2005	7.6	9.1	11.3	8.5	10.5	13.4
2006	7.6	8.9	10.9	8.5	10.3	13.1
应用技术大学工程硕士 （第一学业）						
1995	6.2	8	9.7	6.5	8.3	10.2

（续表）

年 份	专业修业年限			总修业年限		
	四分之一分位数	中位数	四分之三分位数	四分之一分位数	中位数	四分之三分位数
	单位：学期					
2000	7.1	8.5	10	7.3	8.9	11.3
2003	7.1	8.4	9.8	7.2	8.7	10.8
2004	7.2	8.4	9.8	7.2	8.7	10.7
2005	7.2	8.4	9.8	7.3	8.8	10.7
2006	7.2	8.5	9.8	7.4	8.8	10.7
本 科（第一学业）						
1995	—	—	—	—	—	—
2000	4.7	5.9	9.3	6.1	8.2	15.3
2003	5.4	5.9	7	5.6	6.7	8.4
2004	5.4	6	7.1	5.6	6.7	8.6
2005	5.4	6.1	7.4	5.6	6.8	8.7
2006	5.5	6.2	7.4	5.7	6.9	8.7
硕 士[1]（第一学位）						
1995	—	—	—	—	—	—
2000	/	/	/	/	/	/
2003	3.3	4.7	8.5	/	/	/
2004	3	4.1	5.4	/	/	/
2005	3.2	4.2	5.5	/	/	/
2006	3.3	4.4	5.6	/	/	/

*给出的数据是四分之一分位数（25%），中位数（50%）和四分之三分位数（75%）

1）高校数据统计把连续的硕士学程也都算在第一学业的硕士学位中。不过要注意的是，由于缺乏统一的高校数据采集，难免会有漏报的情况。在计算连续的硕士学程的总修业年限时，由于国外外籍生源之前的修业时间并不被计算在内，所以最终得出的值会受到一定影响

来源：联邦及各州统计局，高校数据统计

表 F4－4A：1999 年、2002 年、2004 年和 2006 年德国第一学业的大学生肄业率*，按科类、文凭类型和选取的专业方向统计（单位：%）

高校类型	肄 业 率											
科类	总 计				男 性[1]				女 性[1]			
专业方向	1999	2002	2004	2006	1999	2002	2004	2006	1999	2002	2004	2006
文凭类型	%											
总计	23	25	22	21	25	27	25	26	20	23	18	15
综合性大学	24	26	24	20	26	29	27	25	23	24	21	16
应用技术大学	20	22	17	22	23	24	22	26	13	18	10	14
综合性大学本科	/	/	/	25	/	/	/	34	/	/	/	19

（续表）

高校类型	肄 业 率											
科类	总　　计				男　　性[1]				女　　性[1]			
专业方向	1999	2002	2004	2006	1999	2002	2004	2006	1999	2002	2004	2006
文凭类型	%											
应用技术大学本科	/	/	/	39	/	/	/	42	/	/	/	35
综合性大学												
语言和文化学、体育	33	35	32	27	38	39	37	35	31	34	30	24
语言和文化学	41	45	43	32	/	/	/	/	/	/	/	/
教育学、体育	28	23	16	20	/	/	/	/	/	/	/	/
法学、经济和社会学	30	28	26	19	28	30	29	24	31	26	23	14
社会学	42	36	27	10	/	/	/	/	/	/	/	/
法学	27	16	12	9	/	/	/	/	/	/	/	/
经济学	31	32	31	27	/	/	/	/	/	/	/	/
数学、自然科学	23	26	28	28	27	28	30	31	18	23	24	24
数学	12	26	23	31	/	/	/	/	/	/	/	/
信息学	37	38	39	32	/	/	/	/	/	/	/	/
物理、地理学	26	30	36	36	/	/	/	/	/	/	/	/
化学	23	33	24	31	/	/	/	/	/	/	/	/
药学	17	12	12	6	/	/	/	/	/	/	/	/
生物	15	15	19	15	/	/	/	/	/	/	/	/
地理	36	19	17	15	/	/	/	/	/	/	/	/
医学	8	11	8	5	7	11	7	3	8	12	8	6
人类医学	8	10	9	5	/	/	/	/	/	/	/	/
牙医、兽医学	8	16	2	3	/	/	/	/	/	/	/	/
农学、林业学和营养科学	21	29	14	7	16	34	24	14	26	26	7	2
工程技术学	26	30	28	25	27	30	27	28	19	28	31	16
机械制造	25	34	30	34	/	/	/	/	/	/	/	/
电气工程	23	33	33	33	/	/	/	/	/	/	/	/
土木工程	35	30	22	16	/	/	/	/	/	/	/	/
艺术	30	26	21	12	27	30	22	17	32	23	21	10
教师资格考试	14	12	13	8	19	19	20	8	12	9	10	8
应用技术大学												
经济和社会学	16	25	16	19	21	29	20	28	12	21	11	13
社会学	6	20	16	13	/	/	/	/	/	/	/	/
经济学	25	27	17	24	/	/	/	/	/	/	/	/
数学、自然科学	34	40	31	26	34	38	31	25	34	49	33	32

（续表）

高校类型	畢　业　率											
科类	总　　计				男　性[1]				女　性[1]			
专业方向	1999	2002	2004	2006	1999	2002	2004	2006	1999	2002	2004	2006
文凭类型	%											
信息学	36	39	29	25	/	/	/	/	/	/	/	/
农学、林业学和营养科学	25	18	2	12	26	13	1	16	24	23	2	9
工程技术学	21	20	21	26	23	21	24	28	14	11	9	19
机械制造	25	21	25	32	/	/	/	/	/	/	/	/
电气工程	20	32	32	36	/	/	/	/	/	/	/	/
土木工程	24	20	23	14	/	/	/	/	/	/	/	/

* 按照 HIS 的计算法计算，外籍学生和第二学业的学生不计算在内；用毕业年的毕业生数量和对应的届别的新生数量相除所得的商，便可计算出畢业率

1）按性别的统计只能做到科类的层面

来源：HIS 大学生畢业调查

表 F5－1A：1995 年至 2006 年第一学业毕业生的数量，按文凭类型和性别统计

考试年份	毕业生	高校文凭类型[1]							
		工程硕士（大学）和同等文凭[2]	博士	教师资格考试	本科（大学）[3]	硕士（大学）[4][5]	应用技术大学文凭	本科（应用技术大学）	硕士（应用技术大学）[5]
	数　量	%							
		总　　计							
1995	197015	51.5	0.2	11.4	—		36.9	—	—
1996	202042	52.3	0.2	11.4	—		36.1	—	—
1997	201073	51.5	0.2	11.6	—		36.7	—	—
1998	190886	51.1	0.2	12.3	—		36.4	—	—
1999	185001	50.8	0.1	12.5	—		36.6	—	—
2000	176654	50.5	0.1	12.8	0.1	0.0	36.5	—	—
2001	171714	50.0	0.1	12.4	0.1	0.1	37.3	0.0	0.0
2002	172606	50.4	0.1	11.7	0.4	0.2	37.1	0.1	0.0
2003	181528	49.1	0.1	10.6	0.8	0.2	38.7	0.5	0.0
2004	191785	47.5	0.0	10.2	2.0	0.5	38.7	1.1	0.1
2005	207936	45.9	0.0	10.2	3.3	0.7	38.2	1.4	0.3
2006	220782	45.0	0.0	10.6	4.7	1.0	36.3	2.0	0.4
		男　　性							
1995	115752	53.7	0.2	5.1	—	—	41.0	—	—
1996	118789	54.5	0.2	5.5	—	—	39.8	—	—
1997	117227	53.1	0.2	5.8	—	—	40.9	—	—

（续表）

考试年份	毕业生	高校文凭类型[1]							
		工程硕士（大学）和同等文凭[2]	博士	教师资格考试	本科（大学）[3]	硕士（大学）[4][5]	应用技术大学文凭	本科（应用技术大学）	硕士（应用技术大学）[5]
	数 量	%							
1998	109253	52.7	0.2	6.5	—	—	40.6	—	—
1999	103300	52.0	0.1	6.4	—	—	41.5	—	—
2000	96020	51.5	0.1	6.9	0.1	0.0	41.3	—	—
2001	91036	50.5	0.1	6.5	0.1	0.1	42.5	0.0	0.0
2002	89606	50.4	0.1	6.4	0.4	0.2	42.3	0.1	0.0
2003	91589	49.1	0.1	5.5	0.8	0.3	43.6	0.6	0.1
2004	96121	47.5	0.0	5.2	1.9	0.6	43.3	1.2	0.1
2005	102383	45.8	0.0	4.8	3.0	0.9	43.4	1.7	0.4
2006	106809	44.8	0.0	5.1	3.9	1.2	42.1	2.3	0.5
女 性									
1995	81263	48.2	0.2	20.5	—	—	31.1	—	—
1996	83253	49.2	0.2	19.9	—	—	30.7	—	—
1997	83846	49.4	0.2	19.7	—	—	30.8	—	—
1998	81633	48.9	0.1	20.1	—	—	30.9	—	—
1999	81701	49.3	0.2	20.2	—	—	30.4	—	—
2000	80634	49.2	0.1	19.9	0.1	0.0	30.6	—	—
2001	80678	49.4	0.1	19.0	0.1	0.0	31.3	0.0	0.0
2002	83000	50.3	0.1	17.5	0.5	0.1	31.4	0.1	0.0
2003	89939	49.0	0.1	15.7	0.8	0.1	33.8	0.4	0.0
2004	95664	47.4	0.0	15.3	2.0	0.3	34.0	0.9	0.0
2005	105553	45.9	0.0	15.5	3.5	0.6	33.1	1.2	0.2
2006	113973	45.2	0.0	15.8	5.5	0.8	30.8	1.7	0.2

1) 包括管理类应用技术大学
2) 包括艺术类和其它文凭
3) 包括本科（艺术类高校）
4) 包括硕士（艺术类高校）
5) 高校数据统计把部分连续的硕士学程也算在第一学业的硕士学位中
来源：联邦及各州统计局，高校数据统计

表 G1－1A：1991 年至 2007 年德国东西部的普通继续教育和职业继续教育的参与情况（单位：%）

地区-继续教育类型		1991	1994	1997	2000	2003	2007
		%					
德国	普通继续教育	22	26	31	26	26	27
	职业继续教育	21	24	30	29	26	26

（续表）

地区-继续教育类型		1991	1994	1997	2000	2003	2007
		%					
西部	普通继续教育	23	29	32	27	27	28
	职业继续教育	20	23	29	28	26	26
东部	普通继续教育	20	17	28	24	21	26
	职业继续教育	25	27	37	31	26	29

来源：TNS Infratest 社会研究，继续教育报告体系（BSW）

表 G1–2A：1991 年至 2007 年普通继续教育和职业继续教育的参与情况，按普通教育背景*统计（单位：%）

普通教育背景	1991	1994	1997	2000	2003	2007
	%					
继续教育总计						
低等学校教育背景	22	29	34	29	28	30
中级学校毕业	44	47	54	46	47	46
高级中学毕业	57	60	65	59	59	58
普通继续教育						
低等学校教育背景	14	19	22	17	17	18
中级学校毕业	25	27	33	27	28	28
高级中学毕业	35	40	44	40	37	39
职业继续教育						
低等学校教育背景	12	14	19	18	16	17
中级学校毕业	26	30	37	33	32	30
高级中学毕业	34	34	41	39	38	37

*对概念的解释见 G1 章节的概念注释

来源：TNS Infratest 社会研究，继续教育报告体系（BSW）

表 G1–3A：1991 年至 2007 年普通继续教育和职业继续教育的参与情况，按职业教育背景统计（单位：%）

职业教育背景	1991	1994	1997	2000	2003	2007
	%					
继续教育总计						
无职业教育文凭	18	19	24	20	23	23
学徒/职业专科学校毕业	33	39	45	40	38	40
师傅学校，其他专科学校	48	52	58	54	55	53
高校毕业	59	64	69	63	62	62

（续表）

职业教育背景	1991	1994	1997	2000	2003	2007
	%					
普通继续教育						
无职业教育文凭	13	15	19	12	16	16
学徒/职业专科学校毕业	20	24	29	24	23	24
师傅学校,其他专科学校	25	27	34	31	32	38
高校毕业	36	40	45	41	38	41
职业继续教育						
无职业教育文凭	7	5	9	9	11	9
学徒/职业专科学校毕业	18	21	28	27	24	26
师傅学校,其他专科学校	34	36	42	42	38	32
高校毕业	39	43	48	43	44	40

来源：TNS Infratest 社会研究，继续教育报告体系（BSW）

表 G1‐4A：1991 年至 2007 年从业人员参与普通继续教育和职业继续教育的情况，按就业岗位组别统计（单位：%）

职业岗位组别	1991	1994	1997	2000	2003	2007
	%					
继续教育总计						
工人	26	36	40	33	31	34
职员	49	56	63	59	55	54
公务员	54	65	72	70	68	67
自由职业者	39	52	55	54	49	54
普通继续教育						
工人	14	19	23	17	18	17
职员	27	33	37	33	32	33
公务员	31	37	44	40	37	35
自由职业者	20	29	33	36	29	35
职业继续教育						
工人	16	22	28	24	19	22
职员	33	38	47	46	39	39
公务员	37	49	60	60	59	50
自由职业者	26	34	40	43	34	34

来源：TNS Infratest 社会研究，继续教育报告体系（BSW）

表 G1‐5A：**2007 年的继续教育参与情况，按继续教育类型、年龄层和性别统计（单位：%）**

被调查者（未加权）	所有人	继续教育总计	企业继续教育	个人职业导向型继续教育	非职业导向型继续教育
	7346	3263	2115	1048	761
年龄从……岁至……岁以下	%	参与率（单位：%）			
		总　计			
19‐65	100	44	29	13	10
19‐30	21	48	27	16	14
30‐50	49	48	34	14	10
50‐65	30	34	23	10	8
		男　性			
19‐65	51	46	33	13	8
19‐30	11	50	28	16	14
30‐50	25	51	39	14	7
50‐65	15	35	26	10	5
		女　性			
19‐65	49	42	25	13	12
19‐30	10	46	25	16	15
30‐50	24	45	29	14	12
50‐65	15	32	19	10	11

来源：TNS Infratest 社会研究·成人教育调查（AES）

表 G1‐6A：**2007 年在继续教育上的年耗时，按继续教育类型、年龄层和性别统计（单位：小时）**

被调查者（未加权）	继续教育总计	企业继续教育	个人职业导向型继续教育	非职业导向型继续教育
	3263	2115	1048	761
年龄从……岁至……岁以下	每个参与者每年耗时……小时			
	总　计			
19‐65	78.9	53.0	95.7	63.4
19‐30	94.2	58.2	123.7	66.5
30‐50	79.0	53.3	99.2	61.9
50‐65	63.6	48.0	56.3	62.3
	男　性			
19‐65	78.0	56.5	93.1	63.3
19‐30	93.4	71.1	110.5	59.7
30‐50	78.5	55.2	102.4	63.6
50‐65	61.0	48.4	52.5	70.1

（续表）

被调查者（未加权）	继续教育总计	企业继续教育	个人职业导向型继续教育	非职业导向型继续教育
	3263	2115	1048	761
年龄从……岁至……岁以下	每个参与者每年耗时……小时			
	总　计			
女　　性				
19 - 65	80.1	48.4	98.4	63.4
19 - 30	95.1	43.3	136.6	73.4
30 - 50	79.5	50.7	96.0	60.9
50 - 65	66.4	47.5	60.1	58.6

来源：TNS Infratest 社会研究，成人教育调查（AES）

表 G1 - 7A：2007 年 65 岁至 80 岁的人继续教育参与情况，按性别统计（单位：小时）

性　　别	参与率	每个继续教育参与者的继续教育耗时	每个被调查者的继续教育耗时
	%	每年耗时……小时	
总　计	12	46.6	5.8
男　性	11	41.8	4.7
女　性	13	50.0	6.6

来源：TNS Infratest 社会研究，成人教育调查（AES）

表 G1 - 8A：在过去 12 个月内影响 2007 年继续教育参与情况的影响因素（逻辑回归）*

影　响　因　素	模型 1		模型 2		模型 3	
	作　用　系　数					
常量	0.36	***	0.40	***	0.38	***
年龄层（参照对象：19 岁至 30 岁以下）						
30 岁至 50 岁以下	0.86	*	0.85	*	0.88	
50 岁至 65 岁以下	0.52	***	0.59	***	0.66	***
性别（参照对象：女性）						
男性	1.20	***	0.94		1.02	
移民背景（参照对象：无移民背景）						
有移民背景	0.62	***	0.73	***	0.74	
德国西部/德国东部（参照对象：德国西部）						
德国东部	0.89		1.09		1.24	*
普通教育背景（参照对象：获得/未获得普通中学毕业证书）						
中级学校毕业	1.92	***	1.45	***	1.48	***
具备高校入学资格	2.86	***	2.01	***	2.06	***

（续表）

影　响　因　素	模型 1		模型 2		模型 3	
	作　用　系　数					
职业教育背景（参照对象：无职业教育文凭）						
学徒，职业专科学校，卫生学校	1.80	***	1.49	***	1.50	***
专科学校，师傅，技术员	2.76	***	1.98	***	1.95	***
应用技术大学/高校毕业，博士，其他	2.26	***	1.49	***	1.50	***
就业状况（参照对象：全职）						
半职			0.75	***	0.75	**
失业			0.38	***	0.36	***
培训生/中学生/大学生/实习生，民役/兵役			0.53	***	0.58	**
其他非从业人员			0.21	***	0.17	***
职位（参照对象：未经培训的工人和半熟练工人）						
技术工人			1.62	***	1.58	***
师傅/工头			2.29	***	2.25	***
执行职员			1.44	**	1.43	**
有专业资质的职员/中低层公务人员			2.89	***	2.81	***
有一定领导职能的公司职员			3.34	***	3.19	***
较高、高层公务人员			4.66	***	4.55	***
自由职业者			1.72	***	1.67	***
其他			2.85	***	2.58	***
交互作用（参照对象分类见上）						
30 岁至 50 岁以下-有移民背景					0.90	
50 岁至 65 岁以下-有移民背景					0.55	*
男性-德国东部					0.77	*
半职-有移民背景					1.04	
失业-有移民背景					1.39	
培训生/中学生/大学生/实习生，民役/兵役-有移民背景					0.96	
其他非从业人员-有移民背景					2.89	***
Nagelkerke 的 R 平方	0.141		0.228		0.233	

*对概念的解释见 G1 章节的概念注释；案例数（未加权）= 6.791；显著性水平：*p≤0.05；**p≤0.01；***p≤0.001
来源：TNS Infratest 社会研究，成人教育调查（AES），自己计算得出

表 G1‐9A：在过去 12 个月内影响 2007 年职业导向型继续教育参与情况的影响因素（逻辑回归）*

影　响　因　素	模型 1		模型 2		模型 3	
	作　用　系　数					
常量	0.23	***	0.30	***	0.28	***
年龄层（参照对象：19 岁至 30 岁以下）						
30 岁至 50 岁以下	0.93		0.88		0.88	

(续表)

影 响 因 素	模型 1		模型 2		模型 3	
	作 用 系 数					
50 岁至 65 岁以下	0.52	***	0.62	***	0.66	***
性别（参照对象：女性）						
男性	1.40	***	1.02		1.13	
移民背景（参照对象：无移民背景）						
有移民背景	0.55	***	0.66	***	0.63	**
德国西部/德国东部（参照对象：德国西部）						
德国东部	0.88		1.10		1.33	**
普通教育背景（参照对象：获得/未获得普通中学毕业证书）						
中级学校毕业	1.94	***	1.45	***	1.47	***
具备高校入学资格	2.69	***	1.93	***	1.98	***
职业教育背景（参照对象：无职业教育文凭）						
学徒,职业专科学校,卫生学校	2.11	***	1.69	***	1.69	***
专科学校,师傅,技术员	3.21	***	2.20	***	2.14	***
应用技术大学/高校毕业,博士,其他	2.69	***	1.65	***	1.64	***
就业状况（参照对象：全职）						
半职			0.67	***	0.69	***
失业			0.33	***	0.31	***
培训生/中学生/大学生/实习生,民役/兵役			0.40	***	0.39	***
其他非从业人员			0.08	***	0.06	***
职位（参照对象：未经培训的工人和半熟练工人）						
技术工人			1.54	***	1.52	***
师傅/工头			2.65	***	2.63	***
执行职员			1.56	***	1.55	***
有专业资质的职员/中低层公务人员			2.96	***	2.92	***
有一定领导职能的公司职员			3.92	***	3.81	***
较高、高层公务人员			4.81	***	4.78	***
自由职业者			1.66	***	1.64	***
其他			2.70	***	2.53	***
交互作用（参照对象分类见上）						
30 岁至 50 岁以下-有移民背景					1.03	
50 岁至 65 岁以下-有移民背景					0.60	*
男性-德国东部					0.69	**
半职-有移民背景					0.97	
失业-有移民背景					1.33	

（续表）

影 响 因 素	模型 1	模型 2	模型 3
	作 用 系 数		
培训生/中学生/大学生/实习生,民役/兵役-有移民背景			1.32
其他非从业人员-有移民背景			2.94 ***
Nagelkerke 的 R 平方	0.154	0.288	0.292

* 对概念的解释见 G1 章节的概念注释;案例数（未加权）= 6.791;显著性水平: *p≤0.05;**p≤0.01;***p≤0.001

来源: TNS Infratest 社会研究,成人教育调查（AES）,自己计算得出

表 G2‐1A: 2005 年继续教育强势和弱势行业中提供继续教育课程的企业参与继续教育活动的情况,按强度描述特征统计（每年）

强 度 描 述 特 征		行　业		
		继续教育强势行业	继续教育弱势行业	总　计
参加继续教育课程的员工比例	单位: %	44.1	24.7	38.8
平均每个员工参加继续教育课程的小时数	单位: 小时	14.5	5.6	11.5
用于每个员工参加继续教育课程的开支	单位: 欧元	862	207	651
用于继续教育课程的开支在人员开支中所占的份额	单位: %	2.2	0.8	1.6
参与继续教育课程的时间在工作时间中所占的份额	单位: %	1.0	0.4	0.7

来源: 联邦及各州统计局,CVTS

表 G2‐2A: 2005 年各企业的继续教育活动情况与参与率,按企业规模统计（单位: %）

参数（LV＝继续教育课程）	总计	其中企业的规模在……			
		10 到 49 名员工	50 到 249 名员工	250 到 499 名员工	500 名及以上员工
		单位: %			
提供继续教育课程的企业在所有企业中所占的份额	54.2	49.8	64.7	69.9	88.2
所有企业中参加继续教育课程的员工所占的比例	30.3	24.6	27.4	31.6	33.3
提供继续教育课程的企业中参加继续教育课程的员工所占的比例	46.7	40.0	45.2	35.9	38.8

来源: 联邦统计局,CVTS

表 G2‐3A: 1999 年企业的继续教育参与情况,按强度参数和企业规模统计（单位: %）

参数（LV＝继续教育课程）		总计	其中企业的规模在……			
			10 到 49 名员工	50 到 249 名员工	250 到 499 名员工	500 名及以上员工
提供 LV 的企业在所有企业中所占的份额（单位: %）	总计	66.7	62.1	80.4	94.4	91.1
所有企业中参加 LV 的员工所占的比例（单位: %）	总计	31.7	25.1	27.3	27.1	36.9
	男性	33.6	24.5	28.7	29.1	40.2
	女性	28.6	26.4	24.6	24.0	31.6

（续表）

参数 （LV = 继续教育课程）		总计	其中企业的规模在……			
			10 到 49 名 员工	50 到 249 名 员工	250 到 499 名 员工	500 名及以上 员工
提供 LV 的企业中参加 LV 的员工所占的比例(单位：%)	总计	36.2	38.7	33.1	28.6	38.1
	男性	38.2	38.7	34.0	30.9	41.0
	女性	32.7	38.7	31.2	25.0	33.4
所有企业中平均每个员工参加 LV 的小时数(单位：小时)	总计	8.6	5.8	8.5	6.6	10.2
	男性	9.6	5.6	8.7	7.1	12.0
	女性	7.0	6.0	8.1	5.8	7.2
提供 LV 的企业中平均每个员工参加 LV 的小时数(单位：小时)	总计	9.9	8.9	10.2	6.9	10.5
	男性	10.9	8.9	10.3	7.5	12.2
	女性	8.1	8.8	10.2	6.0	7.6
所有企业平均用于每个员工参加 LV 的开支(单位：欧元)	总计	547	274	455	392	715
	直接开支	310	163	252	232	403
	间接开支	237	110	203	160	312
提供 LV 的企业平均用于每个员工参加 LV 的开支(单位：欧元)	总计	624	422	552	413	738
	直接开支	354	252	306	244	416
	间接开支	270	170	246	168	322
所有企业平均用于 LV 的开支在人员开支中所占的份额(单位：%)	总计	1.51	0.96	1.39	1.11	1.75
提供 LV 的企业平均用于 LV 的开支在人员开支中所占的份额(单位：%)	总计	1.65	1.46	1.62	1.15	1.76
所有企业的员工平均参与 LV 的时间在工作时间中所占的份额(单位：%)	总计	0.53	0.35	0.51	0.40	0.63
	男性	X	X	X	X	X
	女性	X	X	X	X	X
提供 LV 的企业员工平均参与 LV 的时间在工作时间中所占的份额（单位：%)	总计	0.60	0.54	0.61	0.43	0.65
	男性	X	X	X	X	X
	女性	X	X	X	X	X

来源：联邦统计局，CVTS

表 G2－4A：2005 年企业的继续教育参与情况，按强度参数和企业规模统计（单位：%）

参数 （LV = 继续教育课程）		总计	其中企业的规模在……			
			10 到 49 名 员工	50 到 249 名 员工	250 到 499 名 员工	500 名及以上 员工
提供 LV 的企业在所有企业中所占的份额(单位：%)	总计	54.2	49.8	64.7	69.9	88.2
所有企业中参加 LV 的员工所占的比例(单位：%)	总计	30.3	24.6	27.4	31.6	33.3
	男性	32.1	24.2	28.8	32.1	36.4
	女性	27.4	25.2	25.1	30.7	28.4

（续表）

参数 （LV＝继续教育课程）		总计	其中企业的规模在……			
			10 到 49 名 员工	50 到 249 名 员工	250 到 499 名 员工	500 名及以上 员工
提供 LV 的企业中参加 LV 的员工所占的比例（单位：%）	总计	38.8	46.7	40.0	45.2	35.9
	男性	41.0	46.5	40.6	45.8	39.3
	女性	35.3	47.0	39.0	44.2	30.6
所有企业中平均每个员工参加 LV 的小时数（单位：小时）	总计	8.9	6.5	7.9	8.0	10.4
	男性	9.7	6.6	8.3	8.7	11.5
	女性	7.8	6.2	7.3	6.9	8.6
提供 LV 的企业中平均每个员工参加 LV 的小时数（单位：小时）	总计	11.5	11.5	11.6	11.5	11.3
	男性	12.4	12.4	11.7	12.4	12.5
	女性	10.0	10.0	11.3	10.0	9.3
所有企业平均用于每个员工参加 LV 的开支（单位：欧元）	总计	504	289	397	456	639
	直接开支	237	143	191	212	296
	间接开支 （PAC）	267	146	206	244	343
提供 LV 的企业平均用于每个员工参加 LV 的开支（单位：欧元）	总计	651	551	583	653	693
	直接开支	306	272	281	304	321
	间接开支 （PAC）	345	279	302	349	372
所有企业平均用于 LV 的开支在人员开支中所占的份额（单位：%）	总计	1.33	0.93	1.14	1.24	1.53
提供 LV 的企业平均用于 LV 的开支在人员开支中所占的份额（单位：%）	总计	1.62	1.66	1.54	1.55	1.64
所有企业的员工平均参与 LV 的时间在工作时间中所占的份额（单位：%）	总计	0.58	0.40	0.50	0.54	0.70
	男性	0.60	0.38	0.49	0.56	0.75
	女性	0.55	0.44	0.50	0.52	0.60
提供 LV 的企业员工平均参与 LV 的时间在工作时间中所占的份额（单位：%）	总计	0.74	0.76	0.70	0.72	0.76
	男性	0.77	0.73	0.68	0.75	0.82
	女性	0.69	0.82	0.74	0.68	0.65

来源：联邦统计局，CVTS

表 G2－5A：2005 年创新型和非创新型企业的继续教育活动情况

参数 （LV＝继续教育课程）	2005 年引入了新的或有根本改善的产品或服务以及工序（创新）的企业		总计
	创新型企业 （24.9%）	非创新型企业 （75.1%）	
提供 LV 的企业在所有企业中所占的份额（单位：%）	73.9	47.6	54.2
提供 LV 的企业中参加 LV 的员工所占的比例（单位：%）	39.6	37.8	38.8

（续表）

参数 （LV＝继续教育课程）	2005 年引入了新的或有根本改善的产品或服务以及工序（创新)的企业		总计
	创新型企业 （24.9%）	非创新型企业 （75.1%）	
提供 LV 的企业中平均每个员工参加 LV 的小时数（单位：小时）	12.1	10.5	11.5
提供 LV 的企业平均用于每个员工参加 LV 的开支（单位：欧元）	735	540	651
提供 LV 的企业平均用于 LV 的开支在人员开支中所占的份额（单位：%）	1.76	1.41	1.62
提供 LV 的企业员工平均参与 LV 的时间在工作时间中所占的份额（单位：%）	0.81	0.66	0.74

来源：联邦统计局，CVTS

表 G2－6A：1999 年和 2005 年在所选的欧洲国家中所有企业参加继续教育课程的员工所占的比例（单位：%）

国　家	1999	2005
	%	
比利时	41	40
丹　麦	53	35
德　国	32	30
希　腊	15	14
西班牙	25	33
法　国	46	46
荷　兰	41	34
奥地利	31	33
葡萄牙	17	28
瑞　典	61	46
英　国	49	33
挪　威	48	29

来源：欧洲统计局，CVTS

表 G3－1A：2007 年 19 岁至 65 岁以下的从业者在过去 12 个月内的非正式学习情况，按普通教育背景、职业教育背景和职业群统计（单位：%）

分　组	参与非正式学习的从业者
	%
普通教育背景	
低等学校教育背景	58
中级学校毕业	69

（续表）

分　　组	参与非正式学习的从业者
	%
高级中学毕业	78
职业教育背景	
无职业教育文凭	51
学徒/职业专科学校毕业	64
师傅学校/其他专科学校	76
高校毕业	81
其他文凭	81
职业岗位组别	
工人	55
职员	72
公务员	71
自由职业者	77

来源：TNS Infratest 社会研究·继续教育报告体系（BSW）

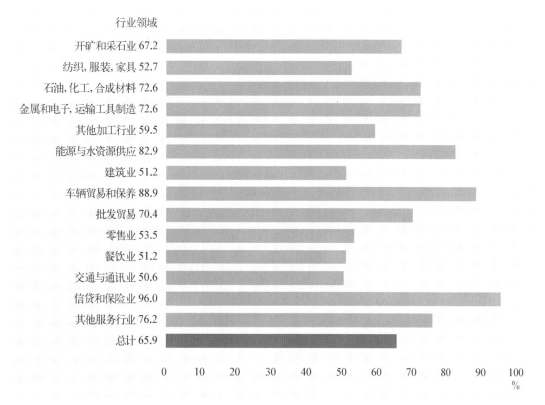

行业领域

开矿和采石业 67.2
纺织, 服装, 家具 52.7
石油, 化工, 合成材料 72.6
金属和电子, 运输工具制造 72.6
其他加工行业 59.5
能源与水资源供应 82.9
建筑业 51.2
车辆贸易和保养 88.9
批发贸易 70.4
零售业 53.5
餐饮业 51.2
交通与通讯业 50.6
信贷和保险业 96.0
其他服务行业 76.2
总计 65.9

图 G3 - 3A：2005 年企业中的非正式学习情况，按选出的行业领域统计（单位：%）

来源：联邦及各州统计局·CVTS

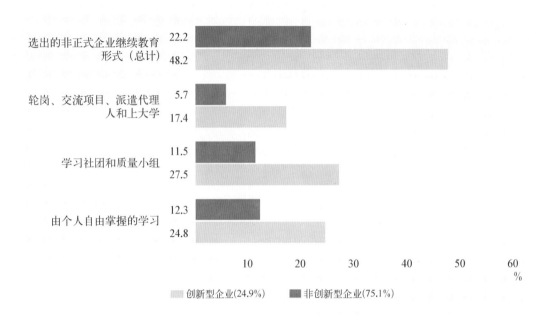

选出的非正式企业继续教育形式（总计）
22.2
48.2

轮岗、交流项目、派遣代理人和上大学
5.7
17.4

学习社团和质量小组
11.5
27.5

由个人自由掌握的学习
12.3
24.8

创新型企业(24.9%)　■ 非创新型企业(75.1%)

图 G3－4A：2005 年企业中的主要非正式学习形式，按创新活动的类型*统计(单位：%)

参见 G3 章节的概念注释。

来源：联邦及各州统计局,CVTS

表 G3－2A：2005 年企业中的非正式学习情况，按选出的行业领域统计(单位：%)

企业继续教育的非正式学习形式	所有企业总计	其中在……行业领域中（NACE－WZ03）						
		开矿和采石业	纺织、服装和家具业	石油、化工、合成材料	金属和电子、运输工具制造业	其他加工行业	能源与水资源供应	建筑业
		%						
提供其他形式的企业继续教育的企业所占的份额	65.9	67.2	52.7	72.6	72.6	59.5	82.9	51.2
其中（多重计算）：								
在工作岗位上规划了继续教育阶段的企业所占的份额	48.1	44.5	39.3	57.5	58.8	47.0	61.9	21.6
提供轮岗、交流项目、派遣代理人和上大学等机会的企业所占的份额	8.6	3.3	6.4	11.3	13.6	9.0	14.1	0.9
有学习社团和质量小组的企业所占的份额	15.5	10.9	8.0	22.8	20.0	14.0	15.3	2.5
由个人自由掌握学习的企业所占的份额	15.4	11.7	7.0	15.0	13.7	7.8	14.3	2.9
开展提供学习信息活动的企业所占的份额	57.7	60.3	44.7	64.9	66.8	50.0	76.3	43.9

（续表）

	另：在……行业领域中（NACE－WZ03）						
	车辆贸易和保养	批发贸易	零售业	餐饮业	交通与通讯业	信贷和保险业	其他服务行业
	单位：%						
提供其他形式的企业继续教育的企业所占的份额	88.9	70.4	53.5	51.2	50.6	96.0	76.2
其中（多重计算）：							
在工作岗位上规划了继续教育阶段的企业所占的份额	71.1	54.8	38.7	40.3	37.7	75.3	56.0
提供轮岗、交流项目、派遣代理人和上大学等机会的企业所占的份额	9.6	10.4	5.8	6.6	3.6	23.8	10.8
有学习社团和质量小组的企业所占的份额	31.1	13.6	13.9	12.7	8.6	28.0	20.8
由个人自由掌握学习的企业所占的份额	55.0	13.4	11.9	13.9	13.0	58.1	18.5
开展提供学习信息活动的企业所占的份额	74.1	63.2	43.2	39.2	40.6	94.0	69.1

来源：联邦统计局，CTVS

表 G4－1A：2000 年至 2007 年参与职业继续教育促进措施者的情况，按选出的参考特征统计

说明对象	2000	2001	2002	2003	2004	2005	2006	2007[1]	2007 年与2000 年之比
	单位：千								单位：%
总计	522939	441907	454699	254718	185041	131521	246789	268243	51.3
按 地 区									
德国西部	305948	242012	259166	161042	123952	91096	173032	182941	59.8
德国东部	216991	199895	195533	93676	61089	40425	73757	85302	39.3
按 性 别									
男性	265057	226872	237149	137128	103266	77527	139236	143799	54.3
女性	257882	215035	217550	117590	81775	53994	107553	124444	48.3
按年龄层									
30 岁以下	139514	115258	123670	84714	58567	52807	81395	77027	55.2
30 岁到 45 岁以下	276870	232162	235844	126888	93414	56733	101772	113273	40.9
45 岁及以上	106555	94487	95185	43116	33060	21981	63622	77943	73.1
按计划的参与时间期限									
6 个月以下	208435	175411	188188	116688	112500	91669	188966	208653	100.1
6 至 12 个月	191594	153844	152286	67364	32465	22006	35462	38730	20.2
12 个月及以上	122910	112652	114225	70666	40076	17845	22361	20860	17.0

（续表）

说明对象	2000	2001	2002	2003	2004	2005	2006	2007[1]	2007 年与2000 年之比
	%								
总计	100	100	100	100	100	100	100	100	
按 地 区									
德国西部	58.5	54.8	57.0	63.2	67.0	69.3	70.1	68.2	9.7
德国东部	41.5	45.2	43.0	36.8	33.0	30.7	29.9	31.8	− 9.7
按 性 别									
男性	50.7	51.3	52.2	53.8	55.8	58.9	56.4	53.6	2.9
女性	49.3	48.7	47.8	46.2	44.2	41.1	43.6	46.4	− 2.9
按 年 龄 层									
30 岁以下	26.7	26.1	27.2	33.3	31.7	40.2	33.0	28.7	2.0
30 岁到 45 岁以下	52.9	52.5	51.9	49.8	50.5	43.1	41.2	42.2	− 10.7
45 岁及以上	20.4	21.4	20.9	16.9	17.9	16.7	25.8	29.1	8.7
按计划的参与时间期限									
6 个月以下	39.9	39.7	41.4	45.8	60.8	69.7	76.6	77.8	37.9
6 至 12 个月	36.6	34.8	33.5	26.4	17.5	16.7	14.4	14.4	− 22.2
12 个月及以上	23.5	25.5	25.1	27.7	21.7	13.6	9.1	7.8	− 15.7

1) 只从 2007 年 1 月到 2007 年 10 月，最近的数据(3 个月)是临时数据，不是推算

来源：联邦劳动局，自己计算得出

表 G4‑2A：2000 年至 2006 年职业继续教育促进措施参与者的去向情况，按地区统计

去 向 情 况		2000	2001	2002	2003	2004	2005	2006
		1 个月后的去向						
德 国								
可查明的促进措施退出者其中（单位：%）		445882	477222	450657	349970	257574	160612	239868
	缴纳法定社会保险的从业人员	27.2	23.9	20.6	21.5	24.0	27.1	28.6
	其他非失业人员	17.7	20.9	21.1	18.3	17.2	20.5	21.3
	失业人员	55.1	55.1	58.3	60.3	58.8	52.5	50.1
德 国 西 部								
可查明的促进措施退出者其中（单位：%）		254411	269889	250261	204734	166699	110337	164083
	缴纳法定社会保险的从业人员	32.6	28.0	23.8	23.2	25.4	27.8	29.1
	其他非失业人员	18.9	23.0	23.0	20.8	18.1	20.6	21.5
	失业人员	48.5	49.0	53.2	56.0	56.5	51.6	49.3

（续表）

去 向 情 况		2000	2001	2002	2003	2004	2005	2006
		1 个月后的去向						
德国东部								
可查明的促进措施退出者 其中（单位：%）		191471	207333	200396	145236	90875	50275	75785
	缴纳法定社会保险的从业人员	20.0	18.7	16.6	19.0	21.4	25.4	27.5
	其他非失业人员	16.1	18.3	18.6	14.8	15.6	20.3	20.8
	失业人员	63.9	63.1	64.8	66.2	63.0	54.3	51.7
6 个月后的去向								
德 国								
可查明的促进措施退出者 其中（单位：%）		439474	477213	450567	349935	256481	160385	239382
	缴纳法定社会保险的从业人员	42.5	37.2	32.8	35.2	40.2	45.0	46.3
	其他非失业人员	19.9	23.1	22.9	21.0	19.0	21.1	20.8
	失业人员	37.6	39.7	44.4	43.8	40.8	33.9	32.9
德国西部								
可查明的促进措施退出者 其中（单位：%）		249354	269881	250198	204711	165893	110169	163714
	缴纳法定社会保险的从业人员	48.4	41.2	35.9	36.2	41.3	45.4	46.5
	其他非失业人员	20.2	24.5	24.3	23.6	19.5	21.0	21.1
	失业人员	31.3	34.3	39.8	40.1	39.2	33.6	32.4
德国东部								
可查明的促进措施退出者 其中（单位：%）		190120	207332	200369	145224	90588	50216	75668
	缴纳法定社会保险的从业人员	34.7	32.1	28.8	33.7	38.4	44.1	45.9
	其他非失业人员	19.4	21.2	21.2	17.3	18.1	21.5	20.1
	失业人员	45.9	46.8	50.0	48.9	43.5	34.4	34.0

表 G4－3A：2006 年再就业率最高和最低的职业继续教育促进措施各 10 个，按地区劳动局统计

区 劳 动 局	可查明的促进措施退出者	其中 6 个月后的去向为			6 个月后的再就业率	6 个月后的失业率
		缴纳法定社会保险的从业人员	其他非失业人员	失业人员		
		数 量			%	
梅舍德	212	155	36	21	73.1	9.9
罗特韦尔	308	211	52	45	68.5	14.6
奥芬博格	533	343	99	91	64.4	17.1
鲍岑	1319	833	261	225	63.2	17.1

（续表）

区 劳 动 局	可查明的促进措施退出者	其中 6 个月后的去向为			6 个月后的再就业率	6 个月后的失业率
		缴纳法定社会保险的从业人员	其他非失业人员	失业人员		
		数　　量			%	
奥沙茨	728	454	138	136	62.4	18.7
维林根–施维宁根	343	210	46	87	61.2	25.4
皮尔纳	512	312	67	133	60.9	26.0
苏斯特	462	276	60	126	59.7	27.3
科斯费尔德	956	571	205	180	59.7	18.8
普劳恩	476	284	74	118	59.7	24.8
…	…	…	…	…	…	…
柏林北	7501	2705	1638	3158	36.1	42.1
仕未林	4157	1498	966	1693	36.0	40.7
雷克林豪森	1874	652	454	768	34.8	41.0
策勒	1807	620	489	698	34.3	38.6
盖尔森基兴	2029	684	463	882	33.7	43.5
威廉港	827	271	226	330	32.8	39.9
吕贝克	2252	717	645	890	31.8	39.5
皮尔马森斯	1044	328	308	408	31.4	39.1
海德	652	197	211	244	30.2	37.4
萨尔布吕肯	4057	1122	1341	1594	27.7	39.3

来源：联邦劳动局，自己计算得出

表 G4–4A：2006 年职业继续教育促进措施的参与者在毕业 6 个月后的去向情况，按措施的时间长度和年龄层统计

促进措施的时间长度	年 龄 层	可查明的促进措施退出者	其中 6 个月后的去向为			再就业率	失业率
			缴纳法定社会保险的从业人员	其他非失业人员	失业人员		
			数　　量			%	
总计	总计	238773	110177	49852	78744	46.1	33.0
	30 岁以下	84378	42074	19262	23042	49.9	27.3
	30 岁到 45 岁以下	103451	48456	20728	34267	46.8	33.1
	45 岁及以上	50944	19647	9862	21435	38.6	42.1
6 个月以下	总计	165082	74692	33492	56898	45.2	34.5
	30 岁以下	57097	28858	12690	15549	50.5	27.2
	30 岁到 45 岁以下	66292	29953	12907	23432	45.2	35.3
	45 岁及以上	41693	15881	7895	17917	38.1	43.0

（续表）

促进措施的 时间长度	年 龄 层	可查明的促进 措施退出者	其中 6 个月后的去向为			再就业率	失业率
			缴纳法定社会保 险的从业人员	其他非失 业人员	失业人员		
		数　量				％	
6 至 12 个月 以下	总计	29062	11691	6597	10774	40.2	37.1
	30 岁以下	10751	4648	2715	3388	43.2	31.5
	30 岁到 45 岁以下	12694	5163	2664	4867	40.7	38.3
	45 岁及以上	5617	1880	1218	2519	33.5	44.8
12 个月及以上	总计	44629	23794	9763	11072	53.3	24.8
	30 岁以下	16530	8568	3857	4105	51.8	24.8
	30 岁到 45 岁以下	24465	13340	5157	5968	54.5	24.4
	45 岁及以上	3634	1886	749	999	51.9	27.5

来源：联邦劳动局，自己计算得出

经过复校和其他来源的加入，以下表格中的数据在教育报告排印后已更新。因此，这里所报告的值与教育报告印刷版的对应表格中的值有所出入。

表 H3－1A：2005 年和 2006 年选出的过渡体系措施的参与者数量和用于该措施的公共支出

学校类型/措施类型	2005		2006	
	参 与 者	直接开支	参 与 者	直接开支
	数 量	单位：百万欧元	数 量	单位：百万欧元
不提供毕业文凭的职业专科学校[1]	281479	1633	282751	1640
不签订职教合同的职业学校[1]	85312	495	86800	503
学校的职业基础教育年（BGJ），全时制[1]	50137	291	47937	278
职业预备年（BVJ）[2]	77667	536	71907	496
初级培训（EQJ）[3]	12224	40	20041	69
联邦劳动局的职业预备性措施[3] [4]	107735	771	99863	681
总计	614553	3765	609299	3668

1）估算出的支出（设定用于每个学生的平均支出为 5800 欧元，再乘以参与者人数）
2）估算出的支出（设定用于每个学生的平均支出为 6900 欧元，再乘以参与者人数）
3）估算出的参与人数（给出的值是年平均数量）
4）其中包括课程费用和提供给残障和非残障人士参加非专门针对残障人士的职业预备性措施的培训补助金（BAB）

来源：参与者：学校数据统计（联邦统计局专业系列 11 第 2 组），联邦劳动局；开支：在联邦劳动局的报告和联邦统计局的预算基础上自己计算得出；"每个学生的支出"的依据为联邦统计估计局的"Im Fokus：Ausgaben je Schüler/-in 2005"

表 H3－2A：过渡体系的毕业生在完成相应教育过程后的第 3 个月和第 15 个月的去向（单位：％）

案例数（未加权）	教育过程类型			
	职业预备	职业基础教育	职业专科学校	合　计
	270	203	501	
去 向 状 况	％			
毕业后第 3 个月的去向				
企业职业培训	29	37	31	32

(续表)

案例数（未加权）	教育过程类型			
	职业预备	职业基础教育	职业专科学校	合　计
	270	203	501	
去　向　状　况	%			
其他类型的职业培训,高校学习	21	11	11	15
普通教育学校,专科高中,专科/职业文理中学	2	1	10	5
过渡体系,过渡措施,实习	22	22	12	18
工作,临时工作	5	5	8	6
失业,待业,等待教育机会	8	11	9	9
其他	2	2	5	5
无审核结果说明[1]	8	10	15	11
毕业后第15个月的去向				
企业职业培训	27	41	34	33
其他类型的职业培训,高校学习	24	10	13	16
普通教育学校,专科高中,专科/职业文理中学	2	1	7	4
过渡体系,过渡措施,实习	14	8	3	8
工作,临时工作	5	5	7	6
失业,待业,等待教育机会	4	3	3	4
其他	1	1	2	1
无审核结果说明[1]	22	31	31	28

1）无完整的月份说明

来源：BIBB-过渡研究

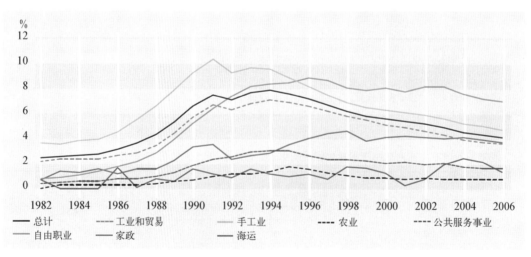

图 H3‑8A：1982 至 2006 年双元制培训体系中的外国人占比,按培训行业领域* 统计(单位：%)

* 到 1991 年(含)为止：旧联邦地区；1992 年起含整个德国

来源：联邦统计局,职业教育统计,自己计算得出

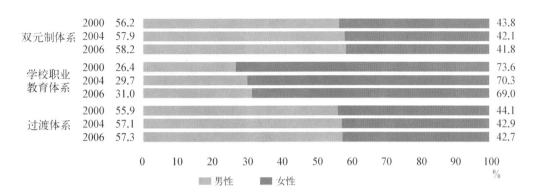

图 H3－9A：2000 年至 2006 年进入职业培训体系的新生，按培训板块和性别*统计（单位：%）

* 性别比例根据 Jugendsofortprogramm 项目估计得出

来源：联邦及各州统计局，在学校数据统计的基础上自己的计算和预估；联邦劳动局，自己计算得出

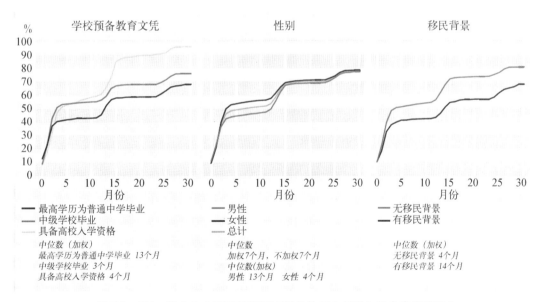

图 H3－10A：青少年在离开普通教育学校体系之后进入完全资格的职业教育（包括大学学习）的总体概率情况*（单位：%）

* 累积过渡函数（加权）

来源：BIBB－过渡研究

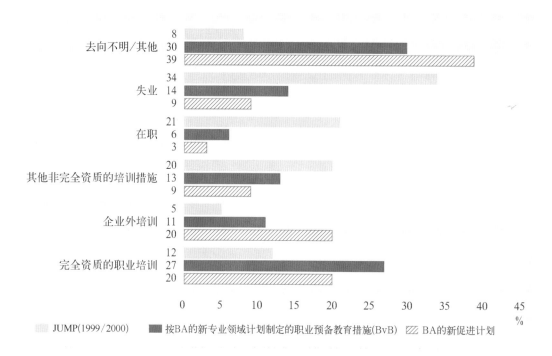

图 H3‑11A："措施"完成之后的去向（单位：%）*

来源：联邦劳动局的新促进计划(试点年 2004/05)；INBAS(2006，S.72ff)；按联邦劳动局的新专业领域计划制定的职业预备教育措施 BvB(试点年 2004/05)；职业教育报告(2006，S.233)；Jump(1999/2000)；Dietrich，H.(2001)

2005 年 11 月青年人的去向总体情况

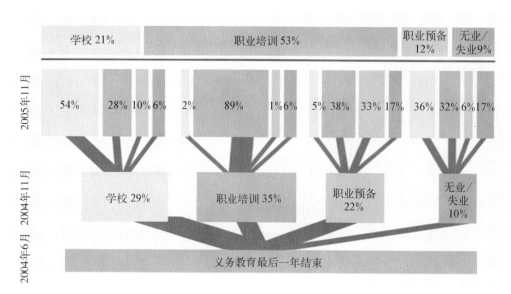

来源：DJI 过渡调查。© DJI2006

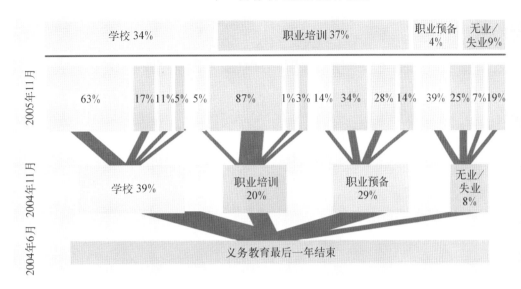

有移民背景的青年人数量(N=944)
2005 年 11 月青年人的去向总体情况

图 H3‑13web：2004 年 6 月至 2006 年 11 月普通中学毕业生的
教育和培训之路，按移民背景情况统计

来源：德国青年研究所(DJI)，过渡调查

表 H3‑3A：2006 年进入职业培训体系的新生*，按性别和学校预备教育情况统计

学校类型/培训项目	总计	其中		其中				
		男 性	女 性	无普通中学毕业证书	普通中学毕业	中级学校毕业	具备高校入学资格	其他文凭
数 量								
双元制体系总计	551434	321103	230331	29780	158905	265059	94209	3481
学校职业教育学生总数	212984	65987	146997	677	30978	136643	39806	4880
职业教育法和手工业条例规定职业的职业专科学校	26226	8669	17557	168	5970	12802	5616	1670
职业教育法和手工业条例规定职业外的完全资格的职业专科学校	112181	36760	75421	374	16791	83501	11153	362
卫生学校[1]	44357	10627	33730	99	6199	21580	15718	761
专科学校（仅限初级培训的）	30220	9931	20289	36	2018	18760	7319	2087
过渡体系的学生总数	503401	288266	215135	112575	195670	157582	5733	31841
学校的职业基础教育年（BGJ），全时制[2]	36612	26457	10155	3207	15955	17179	149	122
不提供毕业文凭的职业专科学校	188230	95499	92731	4439	88314	93335	1741	401
学校的职业预备年（BVJ）	50001	30634	19367	34926	13404	856	18	797
不签订职教合同的职业学校	83126	50469	32657	30430	34909	15910	415	1462

(续表)

学校类型/培训项目	总计	其　中		其　中				
		男　性	女　性	无普通中学毕业证书	普通中学毕业	中级学校毕业	具备高校入学资格	其他文凭
其他教育过程[3]	11861	7612	4249	6106	4033	1518	7	197
联邦劳动局的职业预备性措施（数据截止日期为 12 月 31 日）[4]	110778	65032	45746	32479	31566	20023	1763	24947
初级培训（数据截止日期为 12 月 31 日）	22793	12563	10230	988	7489	8761	1640	3915
%								
双元制总计	100	58.2	41.8	5.4	28.8	48.1	17.1	0.6
学校职业教育总计	100	31.0	69.0	0.3	14.5	64.2	18.7	2.3
过渡体系总计	100	57.3	42.7	22.4	38.9	31.3	1.1	6.3

* 勃兰登堡州学校教育的第一学年；萨克森-安哈特州卫生学校的第一学年

1）不包括黑森州

2）一般不被认定为双元制中的第一个培训年

3）包括联邦劳动局的职业预备性措施，为在职业教育中处境不利的人、有无工作的学生以及失业人员、劳动管理部门提供的课程或措施的参与者等提供的促进措施（一般不包含在双元制框架下）

4）不包括第 4 条：企业外的培训；预备教育情况部分是估计所得

来源：联邦及各州统计局，在学校数据统计的基础上自己的计算和预估；联邦劳动局，自己计算得出

表 H3-4A：2006 年各州拥有外国国籍者进入职业教育体系各板块的新生*

联 邦 州	外国籍新生的人数			外国籍新生的分布		
	双元制体系	学校职业教育体系	过渡体系	双元制体系	学校职业教育体系	过渡体系
	数　量			%		
德国	28419	11643	61305	28.0	11.5	60.5
非市州合计	26205	9537	56613	28.4	10.3	61.3
新联邦州非市州	250	264	618	22.1	23.3	54.6
旧联邦州非市州	25955	9273	55995	28.5	10.2	61.4
市州	2214	2106	4692	24.6	23.4	52.1
巴登-符腾堡州	3720	1901	11492	21.7	11.1	67.2
巴伐利亚州	8448	1755	7349	48.1	10.0	41.9
柏林[1]	1071	930	2236	25.3	21.9	52.8
勃兰登堡州[2]	23	27	94	16.0	18.8	65.3
不来梅	343	567	430	25.6	42.3	32.1
汉堡	800	609	2026	23.3	17.7	59.0
黑森州[3]	3174	709	5965	32.2	7.2	60.6
梅克伦堡-前波莫瑞州	42	18	57	35.9	15.4	48.7

(续表)

联邦州	外国籍新生的人数			外国籍新生的分布		
	双元制体系	学校职业教育体系	过渡体系	双元制体系	学校职业教育体系	过渡体系
	数　量			%		
下萨克森州	1467	495	4416	23.0	7.8	69.2
北莱茵-威斯特法伦州	7046	3385	22574	21.3	10.3	68.4
莱茵兰-普法尔茨州	1300	677	2767	27.4	14.3	58.3
萨尔州	354	133	485	36.4	13.7	49.9
萨克森州	105	135	289	19.8	25.5	54.6
萨克森-安哈特州[4]	51	70	86	24.6	33.8	41.5
石勒苏益格-荷尔斯泰因州	446	218	947	27.7	13.5	58.8
图林根州[5]	29	14	92	21.5	10.4	68.1

* 关于新生总数请参见表 E1－2A

1）双元制体系,包括职业基础教育年

2）第一学年中的培训生（不包括重修生）

3）不包括卫生学校

4）卫生学校第一学年的学生

5）过渡体系中也包括在职业教育中处境不利、参与双元制体系课程的人

来源：联邦及各州统计局,在学校数据统计的基础上自己的计算和预估;联邦劳动局,自己计算得出

表 H3－5A：2006 年,在选出的各州中,拥有外国国籍者进入职业教育体系各板块的新生所占的比例（单位：%）

联邦州	外国籍新生的占比				在 2006 年的学校离校生中的占比
	总计	双元制体系	学校职业教育体系	过渡体系	
	%				
德国	8.0	5.2	5.5	12.2	9.0
巴登-符腾堡州	9.4	5.3	6.0	14.4	12.3
巴伐利亚州	10.1	8.2	6.7	16.3	8.1
柏林[1]	10.0	5.2	10.0	18.0	13.6
不来梅	10.4	5.3	14.0	18.0	13.5
汉堡	13.3	6.8	13.6	21.1	18.6
黑森州[2]	13.6	8.9	10.1	20.1	14.9
下萨克森州	4.5	2.7	2.7	6.5	6.4
北莱茵-威斯特法伦州	11.1	6.5	7.8	15.5	12.3
莱茵兰-普法尔茨州	7.9	5.3	6.5	11.1	7.4
萨尔州	7.4	5.7	5.8	10.5	8.0
石勒苏益格-荷尔斯泰因州	3.6	2.3	3.4	5.0	5.6

1）双元制体系,包括职业基础教育年

2）不包括卫生学校

来源：联邦及各州统计局,在学校数据统计的基础上自己的计算和预估;联邦劳动局,自己计算得出

表 H3－6A：2006 年过渡体系的新进人员在体系中的分布,按性别统计

性别	过渡体系总计	其　中						
		学校的职业基础教育年(BGJ),全时制	学校的职业预备年(BVJ)	不提供毕业文凭的职业专科学校	不签订职教合同的职业学校	其他教育过程	联邦劳动局的职业预备性措施(数据截止日期为12月31日)	初级培训(数据截止日期为12月31日)
数　量								
总计	503401	36612	50001	188230	83126	11861	110778	22793
男性	288266	26457	30634	95499	50469	7612	65032	12563
女性	215135	10155	19367	92731	32657	4249	45746	10230
%								
总计	100	100	100	100	100	100	100	100
男性	57.3	72.3	61.3	50.7	60.7	64.2	58.7	55.1
女性	42.7	27.7	38.7	49.3	39.3	35.8	41.3	44.9

释义参见表 H3－3A

来源：联邦及各州统计局,在学校数据统计的基础上自己的计算和预估;联邦劳动局,自己计算得出

表 H3－7A：所有青少年在离开普通教育学校体系后的前 30 个月的去向分布情况(加权),按性别统计(单位：%)

月份	青　年　人　总　计					
	企业职业培训	非企业职业培训(学校培训,企业外培训,公务员生涯,大学学习)	专科高中,专科/职业文理中学;普通教育学校	过渡体系(职业准备/职业预备年,职业基础教育年,非完全资格的培训/初级培训,实习,不提供毕业文凭的职业专科学校)	就业,临时工作,兵役/民役,志愿社会年或志愿生态年	寻找/等待教育机会,失业,联邦劳动局的促进措施(不包括职业预备性措施),在家,其他
%						
总　计						
3	26.3	20.9	7.3	22.2	13.5	9.9
4	26.7	22.2	7.2	22.3	13.0	8.6
5	26.8	22.8	7.2	22.3	12.6	8.2
6	27.0	23.2	7.3	22.1	12.6	7.9
7	26.9	23.3	7.5	21.7	12.4	8.3
8	26.8	23.7	7.4	22.1	11.7	8.3
9	26.8	24.0	7.4	21.7	11.5	8.5
10	26.8	24.3	7.4	21.7	11.5	8.2
11	26.9	24.6	7.4	21.6	10.2	9.3
12	28.9	25.2	7.6	20.0	8.7	9.7
13	32.6	28.1	7.8	14.0	7.4	10.1
14	34.0	30.4	7.6	13.1	5.4	9.4

(续表)

月份	企业职业培训	非企业职业培训（学校培训，企业外培训，公务员生涯，大学学习）	专科高中，专科/职业文理中学，普通教育学校	过渡体系（职业准备/职业预备年，职业基础教育年，非完全资格的培训/初级培训，实习，不提供毕业文凭的职业专科学校）	就业，临时工作，兵役/民役，志愿社会年或志愿生态年	寻找/等待教育机会，失业，联邦劳动局的促进措施（不包括职业预备性措施），在家，其他
青 年 人 总 计						
				%		
15	34.4	33.7	7.5	13.1	4.0	7.3
16	34.6	34.0	7.5	13.3	3.8	6.9
17	34.5	34.3	7.4	13.1	3.9	6.9
18	34.3	34.3	7.4	13.1	3.9	7.0
19	34.3	34.4	7.4	13.1	3.8	7.0
20	34.2	34.4	7.5	12.8	4.1	7.0
21	34.2	34.4	7.5	13.0	3.9	7.0
22	34.2	34.4	7.5	12.6	4.1	7.2
23	34.5	34.8	7.5	12.3	3.9	6.9
24	36.1	35.3	7.3	11.1	4.0	6.2
25	37.8	34.4	6.4	7.2	4.9	9.3
26	37.8	34.3	6.7	6.9	5.5	8.8
27	37.8	34.9	6.8	6.8	5.3	8.4
28	37.8	35.2	6.8	6.9	5.6	7.7
29	37.8	35.2	6.7	6.7	5.9	7.6
30	37.7	35.0	6.5	6.4	7.4	6.9
男 性						
3	32.2	10.8	7.6	23.7	15.8	9.9
4	32.5	11.6	7.4	23.6	15.8	9.0
5	32.6	11.9	7.4	23.7	15.6	8.7
6	32.7	12.3	7.4	23.5	15.6	8.5
7	32.7	12.1	7.8	23.0	15.8	8.5
8	32.6	12.5	7.7	23.2	15.1	8.9
9	32.6	12.7	7.7	23.1	14.6	9.3
10	32.8	13.2	7.8	23.4	14.5	8.4
11	33.1	13.3	7.7	23.1	13.0	9.8
12	36.2	13.8	8.2	21.2	10.5	10.1
13	41.6	16.2	8.5	14.5	9.1	10.2
14	42.2	20.3	8.4	13.0	6.8	9.2

（续表）

月份	企业职业培训	非企业职业培训（学校培训，企业外培训，公务员生涯，大学学习）	专科高中，专科/职业文理中学，普通教育学校	过渡体系（职业准备/职业预备年，职业基础教育年，非完全资格的培训/初级培训，实习，不提供毕业文凭的职业专科学校）	就业，临时工作，兵役/民役，志愿社会年或志愿生态年	寻找/等待教育机会，失业，联邦劳动局的促进措施（不包括职业预备性措施），在家，其他
青 年 人 总 计						
				%		
15	42.5	24.6	8.3	13.2	5.1	6.4
16	42.7	24.9	8.2	13.7	4.6	5.8
17	42.8	25.1	8.2	13.8	4.4	5.6
18	42.5	25.2	8.2	13.9	4.5	5.7
19	42.4	25.4	8.2	14.2	4.7	5.0
20	42.5	25.3	8.1	14.0	5.0	5.0
21	42.4	25.3	8.1	14.1	4.9	5.2
22	42.4	25.3	8.2	13.4	5.1	5.5
23	42.4	25.7	8.2	13.4	4.8	5.5
24	43.5	26.1	8.1	11.5	5.3	5.5
25	46.2	26.4	6.8	7.7	5.3	7.6
26	46.0	26.6	6.9	7.4	6.1	7.1
27	45.8	27.3	7.0	7.2	5.6	7.1
28	45.8	27.7	7.0	7.3	5.2	6.9
29	45.9	28.0	7.0	6.5	5.6	7.1
30	45.7	27.5	6.5	6.3	6.9	7.1
女 性						
3	20.9	30.1	7.0	20.9	11.4	9.8
4	21.4	31.9	7.0	21.0	10.4	8.2
5	21.5	32.8	7.0	21.1	9.9	7.7
6	21.7	33.2	7.1	20.9	9.8	7.3
7	21.5	33.6	7.2	20.4	9.3	8.1
8	21.5	34.0	7.1	21.1	8.6	7.8
9	21.5	34.3	7.1	20.5	8.8	7.9
10	21.5	34.5	7.1	20.3	8.8	8.0
11	21.3	34.9	7.1	20.3	7.5	8.9
12	22.3	35.4	7.0	18.9	7.2	9.3
13	24.4	38.9	7.1	13.6	5.9	10.1
14	26.5	39.7	6.9	13.3	4.1	9.6

（续表）

	青　年　人　总　计					
月份	企业职业培训	非企业职业培训（学校培训，企业外培训，公务员生涯，大学学习）	专科高中，专科/职业文理中学，普通教育学校	过渡体系（职业准备/职业预备年，职业基础教育年，非完全资格的培训/初级培训，实习，不提供毕业文凭的职业专科学校）	就业，临时工作，兵役/民役，志愿社会年或志愿生态年	寻找/等待教育机会，失业，联邦劳动局的促进措施（不包括职业预备性措施），在家，其他
	%					
15	27.0	41.9	6.8	12.9	3.0	8.2
16	27.2	42.3	6.8	12.9	3.0	7.8
17	26.9	42.6	6.6	12.4	3.5	8.1
18	26.9	42.6	6.6	12.3	3.3	8.3
19	26.9	42.6	6.6	12.1	3.0	8.8
20	26.7	42.7	6.9	11.7	3.2	8.9
21	26.8	42.8	6.8	12.0	3.0	8.6
22	26.7	42.7	6.8	11.8	3.2	8.8
23	27.2	43.2	6.9	11.3	3.1	8.2
24	29.3	43.7	6.5	10.7	2.9	6.9
25	30.0	41.8	6.0	6.8	4.6	10.8
26	30.2	41.4	6.6	6.4	4.9	10.5
27	30.4	42.0	6.5	6.4	5.1	9.5
28	30.5	42.0	6.5	6.6	5.9	8.5
29	30.5	41.9	6.5	6.8	6.2	8.1
30	30.3	42.0	6.5	6.5	7.9	6.8

统计基础：1982 年至 1988 年出生的人，自 2002 年起（首次）离开普通教育学校，至调查的时间节点（2006 年夏）已有 30 个月的经历（未加权案例数：n = 1942）

来源：BiBB-过渡研究

表 H3‑8A：最高学历为普通中学毕业的青少年从离开普通教育学校体系后的 6 个月、18 个月和 30 个月的过渡情况统计（单位：%，加权）[*]

6 个月后的状况		18 个月后的状况	30 个月后的状况			
			企业职业培训	非企业职业培训（包括大学学习）	过渡体系	不在培训中
			%			
企业职业培训	27.5	企业职业培训	92	95	0	0	5
		非企业职业培训（包括大学学习）	0	0	0	0	0
		过渡体系	4	0	7	50	43
		不在培训中	4	75	10	0	15

6 个月后的状况		18 个月后的状况		30 个月后的状况			
				企业职业培训	非企业职业培训(包括大学学习)	过渡体系	不在培训中
非企业职业培训(包括大学学习)	15.7	企业职业培训	0	0	0	0	0
		非企业职业培训(包括大学学习)	93	3	71	1	26
		过渡体系	2	0	22	78	0
		不在培训中	5	15	20	0	65
过渡体系	38.2	企业职业培训	27	94	0	2	4
		非企业职业培训(包括大学学习)	6	12	80	0	8
		过渡体系	56	18	10	54	18
		不在培训中	11	10	9	4	77
不在培训中	18.7	企业职业培训	12	90	4	0	6
		非企业职业培训(包括大学学习)	12	0	100	0	0
		过渡体系	18	0	31	43	26
		不在培训中	59	0	8	13	79

*案例数(未加权)= 447

来源:BiBB-过渡研究

表 H4－1A:1995 年至 2006 年获得高校入学资格者的人数和比例,按性别和入学资格类型统计

年份	获得高校入学资格者的人数	其中获得		获得入学资格者总的比例	其中获得	
		普通高校入学资格	应用技术大学入学资格		普通高校入学资格	应用技术大学入学资格
	数 量	%				
总 计						
1995	307772	76.3	23.7	36.4	27.7	8.6
2000	347539	74.1	25.9	37.2	27.6	9.6
2001	343453	70.8	29.2	36.1	25.6	10.6
2002	361498	70.1	29.9	38.2	26.7	11.4
2003	369046	69.2	30.8	39.2	27.1	12.1
2004	386906	68.1	31.9	41.5	28.3	13.2
2005	399372	67.8	32.2	42.5	28.8	13.7
2006	415008	68.8	31.2	43.4	29.9	13.6
男 性						
1995	150636	72.6	27.4	34.7	25.2	9.5
2000	161162	71.7	28.3	33.8	24.2	9.6
2001	160576	68	32	33	22.5	10.6

（续表）

年份	获得高校入学资格者的人数	其中获得		获得入学资格者总的比例	其中获得	
		普通高校入学资格	应用技术大学入学资格		普通高校入学资格	应用技术大学入学资格
	数　量	%				
2002	169545	66	34	35	23.1	11.9
2003	174670	65.1	34.9	36.3	23.6	12.7
2004	183188	63.5	36.5	38.5	24.4	14
2005	189648	63.1	36.9	39.4	24.9	14.6
2006	196421	65	35	40.2	26.1	14.1
女　性						
1995	157136	79.9	20.1	38.1	30.5	7.7
2000	186377	76.3	23.7	40.9	31.2	9.7
2001	182877	73.2	26.8	39.3	28.8	10.5
2002	191953	73.7	26.3	41.5	30.5	10.9
2003	194376	72.8	27.2	42.3	30.8	11.5
2004	203718	72.2	27.8	44.7	32.3	12.4
2005	209724	72	28	45.6	32.8	12.8
2006	218587	72.2	27.8	46.8	33.8	13.8

来源：联邦及各州统计局，高校数据统计，学校数据统计，人口数据统计

表 H4‒2A：1980 年至 2006 年拥有高校入学资格者的入学率，按联邦州、性别、入学资格类型和移民背景统计（单位：%）

联 邦 州	入学率[1]										估计值[3]			
	获得入学资格的年份[2]													
	1980	1985	1990	1995	1996	1997	1998	1999	2000	2001	2002	2004	2005	2006
	%													
巴登‒符腾堡州	85.8	75.9	81.8	78.6	80.6	78.0	78.6	79.4	80.8	77.7	77‒80	68‒73	/	63‒70
巴伐利亚州	89.0	82.6	87.4	84.4	86.2	83.3	88.7	83.4	84.4	84.5	84‒86	75‒81	/	75‒80
柏林	98.9	97.9	108.1	88.2	86.9	86.9	90.4	89.0	90.2	88.0	81‒85	64‒74	/	62‒71
勃兰登堡州	X	X	X	62.4	60.6	60.1	60.3	60.8	61.7	62.6	67‒73	65‒70	/	50‒59
不来梅	74.6	82.3	81.0	94.6	97.0	91.3	101.2	69.5	89.0	90.1	81‒82	78‒88	/	71‒74
汉堡	74.8	83.2	69.0	77.8	73.7	73.4	74.2	79.6	68.7	81.0	74‒76	62‒70	/	65‒71
黑森州	86.3	76.3	77.9	76.0	82.3	76.7	68.0	77.6	79.4	76.8	76‒79	72‒78	/	70‒75
梅克伦堡‒前波莫瑞州	X	X	X	65.3	65.3	67.5	67.6	69.9	69.8	77.8	72‒77	67‒73	/	62‒73
下萨克森州	85.7	78.1	79.5	76.5	82.7	80.7	76.7	76.0	72.8	73.9	78‒80	72‒78	/	70‒75
北莱茵‒威斯特法伦州	82.0	69.5	72.1	70.7	68.8	65.8	64.1	71.0	69.2	65.4	76‒79	72‒79	/	67‒74

（续表）

联邦州	入学率¹⁾										估计值³⁾			
	获得入学资格的年份²⁾													
	1980	1985	1990	1995	1996	1997	1998	1999	2000	2001	2002	2004	2005	2006
	%													
莱茵兰-普法尔茨州	87.2	77.7	83.9	82.0	80.2	72.3	73.1	72.3	77.3	72.6	80-81	72-78	/	74-81
萨尔州	92.8	84.5	93.0	73.4	73.4	71.0	74.6	74.9	77.5	76.0	78-81	71-79	/	63-66
萨克森州	X	X	X	65.6	67.0	66.0	69.9	70.8	71.4	71.6	72-75	77-81	/	71-75
萨克森-安哈特州	X	X	X	66.7	67.8	69.1	69.9	71.5	68.8	67.2	79-80	71-75	/	75-82
石勒苏益格-荷尔斯泰因州	88.4	79.7	81.9	57.2	74.5	76.3	78.7	78.9	75.8	77.4	78-82	75-80	/	69-77
图林根州	X	X	X	67.9	68.1	68.0	69.2	69.1	72.9	69.9	75-78	61-68	/	77-82
德国	86.9	78.3	83.9	75.9	76.8	74.2	73.9	76.0	76.1	74.6	77-80	71-77	69-76	68-74
按性别														
男性	94.3	89.8	92.0	84.0	84.4	80.7	80.7	83.7	83.6	81.1	81-84	75-80	69-77	72-78
女性	78.2	65.6	74.3	68.2	69.7	68.2	67.9	69.2	69.5	68.9	73-76	67-74	68-74	64-71
按入学资格类型														
普通高校入学资格	91.7	84.5	91.5	81.3	82.6	81.7	82.1	85.7	85.7	86.1	81-84	76-81	75-83	73-79
应用技术大学入学资格⁴⁾	71.6	57.6	63.9	58.5	57.7	49.8	49.4	47.0	50.0	47.0	63-66	57-65	50-57	53-61
按移民背景⁵⁾														
无	·	·	·	·	·	·	·	·	·	·	76-79	70-76	68-75	67-74
有	·	·	·	·	·	·	·	·	·	·	82-85	75-82	79-83	72-78

表 H4-3A：1995 年至 2006 年德国的大学新生构成*，按高校入学资格类型和高校类型统计（单位：%）

高校入学资格类型	综合性大学					应用技术大学					总　计				
	1995	2000	2004	2005	2006	1995	2000	2004	2005	2006	1995	2000	2004	2005	2006
	%														
高级文理中学，专科文理中学，综合中学	90.0	93.4	92.3	92.1	92.1	44.6	55.2	46.1	46.0	48.2	77.1	81.6	77.1	76.9	77.4
(职业)专科学校，专科学院	1.2	1.0	1.7	1.9	1.6	8.6	8.0	11.4	12.4	12.5	3.3	3.2	4.9	5.4	5.3
专科高中	1.9	1.0	1.0	1.2	0.9	37.2	28.2	32.9	31.6	29.5	11.9	9.4	11.5	11.2	10.5
第二教育途径¹⁾	3.3	1.8	2.1	2.1	2.2	5.2	4.4	5.2	5.6	5.5	3.8	2.6	3.1	3.3	3.3
第三教育途径²⁾	0.4	0.5	0.7	0.6	0.6	0.5	1.1	1.9	1.9	1.9	0.5	0.7	1.1	1.0	1.0
艺术/音乐资格考试	0.4	0.3	0.3	0.2	0.3	0.1	0.0	0.0	0.0	0.0	0.3	0.2	0.2	0.2	0.2

（续表）

高校入学 资格类型	综合性大学					应用技术大学					总　计				
	1995	2000	2004	2005	2006	1995	2000	2004	2005	2006	1995	2000	2004	2005	2006
	%														
在国外获得的高 校入学资格（包 含大学预科班）	1.0	1.1	1.2	1.2	1.2	0.8	0.7	0.8	1.0	0.7	0.9	1.0	1.1	1.1	1.0
其他	1.7	0.9	0.6	0.7	1.0	2.9	2.4	1.6	1.5	1.6	2.1	1.4	0.9	0.9	1.2

* 冬季学期，不计管理类应用技术大学

1）文理中学夜校，补习高中

2）无传统高校入学资格、通过英才考试或由于职业培训注册入学的大学新生

来源：联邦及各州统计局，高校数据统计

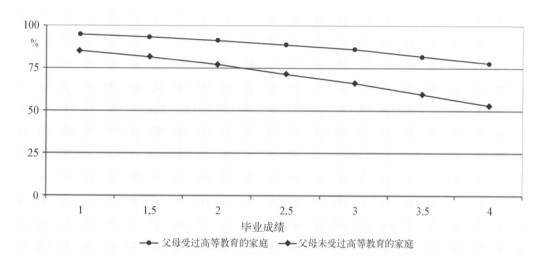

图 H4‑6A：获得高校入学资格者*最终进入大学的入学率**，按毕业成绩和家庭教育背景统计（单位：%）

* 2006 年度的高校入学资格获得者，在离校 6 个月后接受的采访

** 用回归法得出的预测值；其他影响因子（其中包括性别、入学资格类型、毕业的学校类型、获得入学资格的国家，以及职业目标、学习动机和劳动力市场预测等）均取其平均值

来源：HIS 具有高校入学资格者调查 2006

表 H5.2‑1A：2005 届的职业培训毕业生在完成培训后 1 个月和 12 个月的就业状况，按选出的职业群统计

职　业　群	1 个月后					12 个月后				
	总计	其　中				总计	其　中			
		在职的 （全时 和非全 时的）	打零工 或其他 就业 形式	与业绩 相关的 就业 类型	去向 不明		在职的 （全时 和非全 时的）	打零工 或其他 就业 形式	与业绩 相关的 就业 类型	去向 不明
	数量	%				数量	%			
金属成型工（切削）	3650	76.7	2.5	15.2	5.5	3650	76.6	1.8	6.5	15.0
钳工，工具制造工	20971	68.0	2.8	22.1	7.2	20971	67.1	3.0	8.9	20.9
汽车维修工	16304	40.8	5.5	43.3	10.4	16304	51.5	4.8	14.2	29.5

(续表)

职业群	1个月后					12个月后				
	总计	其中				总计	其中			
		在职的(全时和非全时的)	打零工或其他就业形式	与业绩相关的就业类型	去向不明		在职的(全时和非全时的)	打零工或其他就业形式	与业绩相关的就业类型	去向不明
	数量	%				数量	%			
电工	21383	63.4	3.4	24.5	8.8	21383	59.0	4.2	8.3	28.6
食品手工生产加工类职业	6123	49.0	5.5	32.8	12.8	6123	56.8	4.9	12.2	26.1
厨师	8408	34.7	7.1	42.1	16.2	8408	46.6	5.3	14.0	34.1
砖瓦工及木工	7816	45.3	3.7	38.3	12.6	7816	50.4	3.3	15.8	30.5
粉刷工及木工	15626	34.1	4.6	45.6	15.6	15626	46.3	4.7	16.7	32.3
大型商业营销员和个体营销员	31882	58.6	5.9	26.7	8.7	31882	66.3	5.7	10.0	18.0
银行营销员,保险业营销员	15002	78.1	2.6	13.4	5.8	15002	74.2	3.6	3.8	18.4
计算机工作人员	62978	63.6	4.9	24.8	6.7	62978	69.6	4.8	8.3	17.3
护理人员	18196	57.0	2.9	31.1	9.0	18196	81.8	2.4	3.2	12.6
保健	9474	51.8	6.2	28.5	13.5	9474	66.0	5.9	8.7	19.5
(选出的职业)总计	237813	57.9	4.5	28.5	9.1	237813	64.6	4.4	9.4	21.6

来源：劳动力市场与职业研究所(IAB),从业者与受益人史料；IAB 的计算结果；自己计算得出

表 H5.2‑2A：2000 至 2006 年企业对职业培训毕业生的接收率,按企业规模和行业领域统计(单位：%)

	德国西部地区(包括西柏林)					德国东部地区（不包括西柏林）				
	2000	2002	2004	2005	2006	2000	2002	2004	2005	2006
	%									
总计	60.4	57.0	53.8	55.0	57.0	46.0	44.1	41.2	37.4	44.2
企业规模										
1 到 9 名员工	45.7	46.6	39.1	47.0	44.4	48.8	39.6	37.1	31.9	43.5
10 到 49 名员工	59.7	51.4	51.7	49.7	56.0	49.5	49.8	48.7	49.4	47.0
50 到 499 名员工	65.3	61.8	59.0	57.4	57.3	40.7	42.4	41.4	33.5	41.5
500 名及以上员工	72.4	72.1	66.2	68.0	72.5	48.3	43.5	33.2	30.0	45.8
行业领域										
农、林业,渔业	43.5	14.8	36.2	36.0	30.5	38.7	30.9	40.6	41.9	53.1
矿业,能源,水资源	73.1	72.0	75.7	76.3	74.4	68.2	66.3	53.8	64.6	66.7
食品和享受品	64.9	58.3	66.5	46.8	50.3	47.9	50.6	31.0	56.1	57.9
日用品	65.3	60.9	65.5	59.7	67.2	74.5	51.8	54.1	54.6	63.4
生产材料	79.3	72.5	70.0	67.9	74.3	68.4	60.0	68.9	67.2	63.7
资本货物和消费品	70.8	80.0	76.1	72.9	76.4	74.3	69.6	67.2	64.2	71.2

（续表）

	德国西部地区（包括西柏林）					德国东部地区（不包括西柏林）				
	2000	2002	2004	2005	2006	2000	2002	2004	2005	2006
	%									
建筑业	63.0	56.3	50.1	51.7	56.6	50.3	48.9	35.7	34.8	46.8
贸易·维修	63.0	56.4	53.6	56.1	59.1	53.6	49.0	48.8	40.0	43.6
交通和通讯	74.4	63.9	49.7	60.1	61.7	67.3	67.0	72.2	36.6	53.1
信贷与保险	87.2	81.4	73.7	77.4	80.7	67.8	63.3	65.5	69.1	79.4
餐饮	31.4	28.3	31.1	36.5	38.2	39.8	31.3	31.6	38.9	49.3
教育及课程	9.4	16.2	24.8	28.1	21.0	10.8	3.4	6.3	3.3	7.8
卫生、兽医和社会事业	46.0	44.3	34.0	36.6	37.8	31.7	34.5	36.3	32.6	36.4
企业服务类	60.5	46.6	57.4	63.5	57.7	43.6	43.6	43.9	43.0	51.4
其他企业服务类	39.9	58.7	60.2	58.8	63.3	74.7	49.2	28.4	43.2	51.5
其他服务类	52.6	52.9	53.5	49.4	59.0	75.3	62.0	70.0	59.4	53.3
非营利性组织/国家组织	64.5	65.6	54.2	56.3	58.6	45.2	58.2	41.7	44.1	47.8

来源：IAB－企业调查，IAB 的计算结果

表 H5.2－3A：2003 年至 2005 年双元制培训生成功毕业之后德国东西部的新增失业人数

		2003			2004			2005		
		德国西部	德国东部	德国	德国西部	德国东部	德国	德国西部	德国东部	德国
		单位：千								
完成企业培训之后的的新增失业人数[1]	人数单位：千	168	76	244	203	82	285	211	85	295
其中成功完成培训的		142	65	208	174	70	244	181	72	253
其中按照职业教育法（BBiG）的相关规定成功毕业的[2]		*89*	*44*	*133*	*109*	*47*	*156*	*114*	*48*	*162*
所有顺利通过结业考试者总计		388	117	504	381	112	493	369	109	478
其中前期完成了相关培训的考生（不计非在校考生）[3]		377	110	486	368	105	472	353	102	455
比率：从双元制培训成功毕业之后失业的	单位：%	*23.7*	*40.0*	*27.3*	*29.7*	*44.8*	*33.0*	*32.2*	*47.2*	*35.6*

斜体的数值为部分不确切估测的结果

1）关于新增和减少的失业人数，目前还没有办法拿到完整的证据。69 个地区乡镇的获准办学机构并没有被联邦劳动局纳入评估范围，因为这一块很少有可用的数据报告。因此这里所引用数据都基于联邦劳动局的评估，它包含了 80% 以上在培训毕业后新增的失业人数，剩余的 20% 则由推算加上各地区的人数所得

2）在完成企业培训后新增的失业者中也有来自职业教育法（BBiG），适用范围以外的培训学程的毕业生：教师职务候选人、见习教师、志愿者、处在职业认证年的实习生。他们在成功毕业的培训生中所占的份额于 2005 年首次超过了原定指标，前一年的数据也得到了相应的平衡

3）包括从手工业领域转行过来的培训生，其具体人数不详

来源：联邦劳动局；联邦统计局；联邦职业教育研究所的计算结果，出自《2007 年的职业教育报告》，第 206 页。

表 H5.2‐4A：2005 年职业培训毕业生在完成培训后的 1 个月、6 个月和 12 个月的就业状况，按性别统计

就业状况	1 个月后			6 个月后			12 个月后		
	总计	其　中		总计	其　中		总计	其　中	
		男性	女性		男性	女性		男性	女性
	数　量								
在职的（全时和非全时的）	226849	121315	105534	247057	126296	120761	252743	127724	125019
打零工或其他就业形式	18255	9013	9242	19528	9782	9746	17929	9141	8788
与业绩相关的就业类型	109668	63398	46270	62899	38178	24721	36492	23224	13268
去向不明	37421	22872	14549	62709	42342	20367	85029	56509	28520
总计	392193	216598	175595	392193	216598	175595	392193	216598	175595
	%								
在职的（全时和非全时的）	57.8	56.0	60.1	63.0	58.3	68.8	64.4	59.0	71.2
打零工或其他就业形式	4.7	4.2	5.3	5.0	4.5	5.6	4.6	4.2	5.0
与业绩相关的就业类型	28.0	29.3	26.4	16.0	17.6	14.1	9.3	10.7	7.6
去向不明	9.5	10.6	8.3	16.0	19.5	11.6	21.7	26.1	16.2
总计	100	100	100	100	100	100	100	100	100

来源：劳动力市场与职业研究所（IAB），从业者与受益人史料；IAB 的计算结果；自己计算得出

表 H5.2‐5A：2005 年职业培训毕业生在完成培训后的 1 个月和 12 个月的就业状况，按国籍统计

就业状况	1 个月后			12 个月后		
	总　计	其　中		总　计	其　中	
		德国人	外国人		德国人	外国人
	数　量					
在职的（全时和非全时的）	226849	216835	10014	252743	240611	12132
打零工或其他就业形式	18255	17041	1214	17929	16813	1116
与业绩相关的就业类型	109668	104439	5229	36492	34190	2302
去向不明	37421	34721	2700	85029	81422	3607
总计	392193	373036	19157	392193	373036	19157
	%					
在职的（全时和非全时的）	57.8	58.1	52.3	64.4	64.5	63.3
打零工或其他就业形式	4.7	4.6	6.3	4.6	4.5	5.8
与业绩相关的就业类型	28.0	28.0	27.3	9.3	9.2	12.0
去向不明	9.5	9.3	14.1	21.7	21.8	18.8
总计	100	100	100	100	100	100

来源：劳动力市场与职业研究所（IAB），从业者与受益人史料；IAB 的计算结果；自己计算得出

表 H5.3‐1A: 2005 届高校毕业生在毕业之后的 9 个月间的过渡模式[*]，按高校类型、选出的专业方向和文凭类型统计（单位：％）

	就业	第二培训阶段（如：见习期）	大学学习/在受聘的基础上攻读博士	大学学习/在奖学金或临时工作的基础上攻读博士	实习	较长时间处于过渡状态	较长时间处于失业状态	其他活动行为
				％				
专业方向[1]								
FH 的工程技术学	70	0	4	7	3	6	7	4
FH 的信息学	75	—	1	4	2	8	3	7
FH 的经济学	63	—	2	4	9	7	7	8
FH 的社会学	43	23	1	2	1	11	6	13
U 的工程技术学	57	1	24	1	2	3	5	6
U 的自然科学	10	—	52	13	5	5	5	10
U 的数学/信息学	55	0	21	7	1	4	6	5
U 的经济学	52	2	8	7	10	7	7	8
U 的人类医学	25		53	10	0	0	3	9
U 的语言学、文化学、人文科学、社会学	31	—	6	11	13	14	9	16
U 的教育学	42		3	9	5	19	7	16
U 的法学	6	61	6	14	0	4	1	8
U 的教师国考	8	52	3	11	1	12	2	11
应用技术大学（FH）[1]	62	4	2	5	5	8	6	7
综合性大学（U）[1]	30	15	16	10	5	9	5	11
传统文凭总计	41	11	11	8	5	9	5	10
对所选专业补充数据[2]：								
FH 的本科毕业生	41	—	8	37	3	3	3	5
U 的本科毕业生	9	—	4	69	6	4	1	7

[*] 过渡类型的定义以一个序列分析为基础，该序列分析采用的是 HIS 的 2005 毕业生调查的数据，第一次调查在 2006 年进行（n＝10.162）

1) 只计算获得传统文凭的毕业生（不包括本科毕业生）

2) 针对本科学程还不能给出具有代表性的整体数据。这里所报道的数值包括的是 2005 年以下专业方向的本科文凭：应用技术大学和综合性大学的电气工程学、机械制造、信息学、经济学，以及综合性大学的农、林和营养科学、生物学、化学、语言和文化学、政治和社会科学。

来源：HIS‐2005 毕业生调查

表 H5.3－2A：2001 届* 高校毕业生在毕业后 1 到 5 年间的就业状况变化（单位：%）

毕业 1 年后的就业状况		毕业 5 年后的就业状况								
		受雇,全时,无期限	受雇,非全时,无期限	受雇,全时,有期限	受雇,非全时,有期限	培训,见习	以酬金、产销合同为基础的工作	独立经营/自由职业	从事较低技能水平的工作	非在职
		%								
男　性										
	总计→	64	2	13	2	2	1	10	1	4
受雇,全时,无期限	46 →	89	1	3	(0)	(0)	1	5	0	1
受雇,非全时,无期限	2 →	49	24	3	11	—	—	11	—	2
受雇,全时,有期限	14 →	45	—	38	1	1	1	8	0	5
受雇,非全时,有期限	6 →	31	2	26	15	8	5	5	—	8
培训,见习	15 →	57	3	21	1	3	1	9	1	4
以酬金、产销合同为基础的工作	1 →	21	—	8	11	6	11	25	12	8
独立经营/自由职业	5 →	16	—	5	1	—	1	72	—	4
从事较低技能水平的工作	1 →	21	1	—	(0)	—	—	8	45	25
非在职	8 →	40	2	21	5	5	3	8	3	14
女　性										
	总计→	40	10	10	6	1	2	8	3	19
受雇,全时,无期限	25 →	64	8	4	1	0	1	4	1	17
受雇,非全时,无期限	4 →	17	40	1	7	—	4	15	2	14
受雇,全时,有期限	12 →	31	9	25	7	2	1	5	2	18
受雇,非全时,有期限	8 →	21	15	16	16	2	3	5	2	20
培训,见习	29 →	47	10	10	4	1	1	6	5	18
以酬金、产销合同为基础的工作	2 →	23	10	6	12	3	16	16	—	14
独立经营/自由职业	4 →	9	2	—	4	2	7	62	3	11
从事较低技能水平的工作	3 →	33	5	5	4	2	10	10	14	18
非在职	14 →	22	10	12	9	4	3	8	3	30

　　例：高校毕业约一年后，14%的男性毕业生处在有期限的劳动关系中，从事全时岗位的工作。这部分人群中，有 45% 在毕业 5 年后持有无期限的全时岗位工作合同，38% 继续从事有期限的全时工作，8% 转为自己独立经营。合计下来，总共有 64% 的男性毕业生，在毕业 5 年后从事着无期限的、全时的工作，而女性的这一数据则只有 40%

　　* 对 2001 届的第一次调查在 2002 年，第二次调查在 2006 年或 2007 年进行(n＝5.423)

　　来源：HIS－2007 毕业生调查

表 H5.3‐3A：在选出的欧洲国家中，对高校毕业生的第一份工作而言必备的文凭(毕业学年：1999/2000，单位：%)*

国　　家	必须有高校毕业文凭	不要求有高校毕业文凭	文凭不重要，因为未就业
		%	
奥地利	80	18	2
比利时	92	6	2
捷克共和国	77	10	13
爱沙尼亚	90	6	3
芬兰	84	12	4
法国	88	6	5
德国	88	8	4
意大利	66	22	12
荷兰	79	18	3
挪威	92	7	1
西班牙	61	32	6
瑞典	74	22	4
英国	60	34	5
平均值	79	16	5

*取自：Statistics Sweden（2007），Graduates from Higher Education in Europe，www.fdewb.unimaas.nl/roa/reflex/documents%20public/publications/REFLEX_Sweden.pdf

来源：EU‐Projekt REFLEX 2007

表 H5.3‐4A：2005 年在职的高校毕业生的地区流动性

地区[1]	2005 届的毕业生到 2006 年上半年为止就业的	这些毕业生在……工作				地　区　差	
		东部地区	北部地区	南部地区	国外		
	数　　量					%	
东部	35900	24050	4000	6250	1600	−6530	−18.2
北部	60700	2020	48840	7900	1900	−2050	−3.4
南部	69600	1700	3860	60420	3600	8580	12.3

1) 地区的划分：东部（新的联邦州，包括柏林），北部（石勒苏益格‐荷尔斯泰因州，汉堡，下萨克森州，不来梅，北莱茵‐威斯特法伦州），南部（黑森州，莱茵兰‐普法尔茨州，萨尔州，巴登‐符腾堡州，巴伐利亚州）

来源：HIS‐2005 毕业生调查

表 I1－1A：2003 年中等教育第二阶段及其后的非高等教育领域文凭的国家收益率(ISCED 3/4)和大学文凭的国家收益率
(ISCED 5/6)(单位：%)

国家3)	若紧接着取得下一个更高的文凭,对应的收益率1)				若在 40 岁攻读下一个更高的全时教育的文凭并自己承担教育费用,其对应的收益率							
	男 性		女 性		直接开支和损失的收入2)				无直接开支,但有损失的收入2)			
					男 性		女 性		男 性		女 性	
	ISCED 3/41)	ISCED 5/6	ISCED 3/41)	ISCED 5/6	ISCED 3/41)2)	ISCED 5/6	ISCED 3/41)2)	ISCED 5/6	ISCED 3/41)2)	ISCED 5/6	ISCED 3/41)2)	ISCED 5/6
	%											
比利时	11.4	12.2	9.4	17.9	2.2	10.6	6.4	9.4	2.1	10.3	6.2	9.0
丹 麦	11.1	7.8	8.5	6.9	2.1	3.4	1.9	1.0	2.1	3.3	1.9	0.9
芬 兰	8.2	13.6	4.7	11.3	−9.2	10.7	−2.6	8.7	−9.2	10.6	−2.6	8.6
匈牙利	8.3	18.8	8.9	13.1	3.3	14.8	5.9	10.3	3.2	13.6	5.7	9.2
韩 国	6.7	14.2	3.0	16.8	3.2	7.4	3.7	17.2	2.6	5.9	3.0	13.1
新西兰	8.3	9.9	5.2	9.9	3.0	2.4	−2.2	2.1	2.7	1.7	−2.4	1.2
挪 威	5.5	9.5	3.5	9.9	0.4	4.3	−0.2	4.5	0.2	4.3	−0.4	4.5
瑞 典	10.4	7.5	6.9	6.3	−0.2	3.6	−0.1	1.8	−0.2	3.4	−0.1	1.6
瑞 士	1.7	6.3	2.4	5.8	−4.1	−0.1	−3.1	−0.7	−4.6	−0.2	−3.7	−0.9
英 国	13.4	13.7	10.6	16.1	4.8	6.4	4.1	8.4	4.3	5.6	3.4	7.1
美 国	12.5	14.1	9.7	13.0	14.2	9.6	13.1	6.0	13.7	7.3	12.5	3.2

1) 在假设中等教育第一阶段的文凭对应的收入也总是最低的前提下
2) 当损失的收入额特别高,导致估价值特别低时,收益率出现负值
3) 由于缺少参变量,德国的国家收益率无法计算出来。2008 年德国虽然已有相应的计算结果,但在本教育报告出版前还没有
来源：OECD(2007),教育概览

表 I1－2A：2005 年和 2025 年各行业领域从业者的占比情况(单位：%)

行 业 领 域	经 济 领 域	2005	2025
		%	
服务性行业	家政服务	1.7	1.8
	其他公共和私人服务	5.3	6.5
	卫生、兽医和社会事业	10.3	12.3
	教育及课程	5.9	5.1
	公共管理、防御、社会保障	6.8	4.0
	企业服务类	13.0	19.2
	信贷/保险	3.1	2.4
	交通和通讯	5.6	5.7
	餐饮	4.6	5.7
	贸易及其他	15.3	14.1

（续表）

行　业　领　域	经　济　领　域	2005	2025
		%	
商品生产制造业	建筑业	5.6	5.6
	加工业	19.6	15.5
	能源、矿业	1.0	0.6
农林业	农林业	2.3	1.3

来源：劳动力市场与职业研究所(IAB)，2007 第 26 号简报，2007

表 I1－3A：2003 年至 2020 年市场对劳动力的需求的发展情况，按职业教育文凭类型统计（单位：千人）

文　凭　类　型	2003 年到 2010 年的变化	2010 年到 2020 年的变化
	单位：千人	
综合性大学毕业文凭	387	498
应用技术大学毕业文凭	484	692
师傅/技术员/专科学校毕业文凭	288	254
职业培训文凭	89	－ 146
无职业培训文凭	－ 384	－ 414

来源：未来职业研究所(IZA)，《教育和职业的未来》，第 81 页，2007

表 I1－4A：高校毕业生因就业的流动情况：各科类的迁移差

专业方向/文凭类型	各地区间的移入、移出[1]							占来自该地区的就业的毕业生的比例	
	在东部	东部▶北部	东部▶南部	东部▶国外	北部▶东部	南部▶东部	东部的迁移差	东部的迁移差	东部的毕业生总计
	数　　量							%	数量
FH 的建筑学，土木工程学	802	180	85	138	58	141	－ 66	－ 5.5	1205
FH 的机械制造，电气工程学，经济工程学，信息学	3161	684	1547	176	89	251	－ 1891	－ 34.0	5568
FH 的经济学	1903	359	562	43	280	137	－ 505	－ 17.6	2868
FH 的社会学	1631	114	219	29	174	87	－ 71	－ 3.6	1993
其他 FH 的专业	978	169	224	43	238	76	－ 79	－ 5.6	1415
FH 总计	8475	1506	2637	431	840	691	－ 2612	－ 20.0	13049
U 的建筑学，土木工程学	714	65	120	203	46	39	－ 100	－ 9.0	1102
U 的机械制造，电气工程学，经济工程学	881	244	665	137	56	73	－ 780	－ 40.5	1927
U 的经济学	1271	182	528	165	72	135	－ 504	－ 23.5	2146
U 的数学，自然科学，信息学	1832	310	433	168	151	249	－ 342	－ 12.5	2743
人类医学国家资格考试	1446	120	193	96	244	71	2	0.1	1855

（续表）

专业方向/文凭类型	各地区间的移入、移出[1]							占来自该地区的就业的毕业生的比例	
	在东部	东部▶北部	东部▶南部	东部▶国外	北部▶东部	南部▶东部	东部的迁移差	东部的迁移差	东部的毕业生总计
	数　量							%	数量
U 的政治学,社会学,教育学,心理学	2469	417	361	106	237	127	-413	-12.3	3353
法学国家资格考试	1629	74	74	0	57	27	-64	-3.6	1778
U 的语言和文化学	1667	357	455	131	145	137	-530	-20.3	2610
教师	1525	287	347	45	27	22	-585	-26.5	2204
其他 U 的专业	2138	443	434	127	147	128	-602	-19.2	3142
U 总计	15572	2498	3611	1179	1182	1008	-3919	-17.1	22859
高校毕业生总计	24046	4004	6248	1609	2022	1699	-6531	-18.2	35908

1) 地区的划分：东部（新的联邦州,包括柏林）,北部（石勒苏益格-荷尔斯泰因州,汉堡州,下萨克森州,不来梅,北莱茵-威斯特法伦州）,南部（黑森州,莱茵兰-普法尔茨州,萨尔州,巴登-符腾堡州,巴伐利亚州）

来源：Minks,K.-H./Fabian,G.；Erwerbsmobilität von Hochschulabsolventen-Hannover（www.his.de/pdf/pub_vt/22/2007-12-12_Vortrag_Minks_Fabian_Dresden.pdf）,2007

表 11-5A：2003 年至 2006 年中等教育第二阶段的普通教育学校缺少的专业师资情况,按学校类型统计(单位：%)

师资的短缺（"一点点"和"非常"两个类别都囊括在内）	普通中学		实科中学		提供多种教育途径的学校		高级文理中学		一体化综合中学	
	2003	2006	2003	2006	2003	2006	2003	2006	2003	2006
	%									
数　学	29.1	30.4	26.8	18.9	11.7	11.2	22.0	14.6	32.0	4.7
自然科学	68.7	63.6	40.6	47.1	17.1	5.0	22.7	23.0	35.1	27.4
德　语	16.7	13.8	19.5	6.9	14.2	13.8	13.8	8.4	19.5	11.7

来源：PISA 2003 和 PISA 2006,学校领导调查,自己计算得出

表 11-6A：2006 年各科类参加教师资格考试的人数

科　类	数　量	%
语言和文化学	16525	62.5
数学,自然科学	4901	18.5
艺术,艺术科学	1646	6.2
体育,体育科学	1473	5.6
法学,经济学和社会学	1265	4.8
工程技术学	374	1.4

（续表）

科　　类	数　　量	％
农、林和营养科学	170	0.6
医学·健康科学	97	0.4
总计	26451	100

来源：联邦及各州统计局·高校数据统计 2006/07 学年

表 I2－1A：男性和女性的教育投资回报率，按移民背景情况统计（单位：％）

获得的最高文凭	无 移 民 背 景			有 移 民 背 景		
	合　计	男　性	女　性	合　计	男　性	女　性
中级学校毕业或高校入学资格	21.9	21.0	27.1	3.5	2.0	15.4
普通学校教育和职业培训文凭	22.5	21.6	21.6	10.9	9.3	16.6
较高的职业教育文凭（专科学校毕业·师傅学校/技工学校）	42.7	44.4	35.8	22.3	23.7	25.0
高校毕业/博士	70.1	69.2	67.0	43.5	45.1	48.1
数量	83650	55686	27964	13226	9276	3950

参照对象：无职业文凭的从业者

来源：联邦及各州统计局·2005 年微型人口普查（30 岁到 60 岁的全时在职人员抽样调查），自己计算得出

表 I2－2A：2006 年 25 岁到 65 岁以下的从业人员、失业人员和非从业人员分别占该群体人口的比例，按职业教育文凭类型和年龄层统计（单位：％）

年龄从……岁到……岁以下	无职业教育文凭	学徒/短期职业培训[1]	专科学校毕业[2]	高校毕业[3]	总　计
	％				
从业人员					
25－35	51.8	79.5	88.3	86.5	74.8
35－45	64.2	82.3	91.3	90	81.5
45－55	62	78.7	88.4	90	78.6
55－65	34.9	45.8	58.4	69.1	48
25－65	*53.5*	*73*	*82.7*	*85.2*	*72.1*
失业人员					
25－35	13.8	8.7	3.9	4.3	8.8
35－45	13.6	7.9	3.9	3.7	7.8
45－55	12.6	9	5.1	4	8.4
55－65	8.3	7	5.7	4.5	6.8
25－65	*12.1*	*8.2*	*4.6*	*4.1*	*8*
非从业人员					
25－35	31.6	10.4	6.7	8.2	14.7

（续表）

年龄从……岁到……岁以下	无职业教育文凭	学徒/短期职业培训[1]	专科学校毕业[2]	高校毕业[3]	总　计
			%		
35－45	20.1	8.8	4.4	5.6	9.7
45－55	23	11.3	5.9	5.4	11.8
55－65	54.3	45.7	34.6	25.7	43.7
25－65	*34.3*	*18.9*	*12.7*	*10.7*	*20*

1）包括职业实习
2）包括师傅/技工培训，以及卫生学校毕业和前东德专科学校毕业的
3）包括工程师学校毕业、教师专业毕业的和博士
来源：联邦及各州统计局，2006 年微型人口普查

表 I2－3A：2006 年 25 岁到 65 岁以下各联邦州的从业人员、失业人员和非从业人员分别占该群体人口的比例，按职业教育文凭类型统计（单位：%）

联　邦　州	无职业教育文凭			学徒/短期职业培训[1]			专科学校毕业[2]			高校毕业[3]		
	从业人员	失业人员	非从业人员	从业人员	失业人员	非从业人员	从业人员	失业人员	非从业人员	从业人员	失业人员	非从业人员
						%						
德国	53.5	12.1	34.3	73.0	8.2	18.9	82.7	4.6	12.7	85.2	4.1	10.7
巴登-符腾堡州	58.8	8.8	32.4	78.0	4.6	17.4	87.4	2.5	10.2	87.1	2.9	9.8
巴伐利亚州	59.6	8.5	31.9	76.9	4.9	18.2	85.8	2.6	11.6	86.4	3.3	10.3
柏林	43.3	23.7	32.9	64.1	14.6	21.2	73.5	9.3	17.3	80.3	7.3	12.3
勃兰登堡州	47.9	18.5	33.6	69.1	16.6	14.3	79.2	7.4	13.9	84.1	5.6	10.3
不来梅	51.0	15.3	33.7	68.8	11.0	20.8	84.2	/	/	77.8	/	14.3
汉堡	57.2	10.7	32.1	73.7	7.9	18.4	83.3	/	12.5	86.2	4.1	9.6
黑森州	55.2	9.9	34.8	73.9	5.9	20.2	82.8	4.6	12.6	86.3	3.2	10.4
梅克伦堡-前波莫瑞州	44.9	22.4	31.6	65.9	18.8	15.1	78.3	6.7	15.0	83.1	7.3	9.7
下萨克森州	50.5	12.2	37.3	72.9	7.0	20.1	85.3	3.8	11.2	84.9	3.6	11.5
北莱茵-威斯特法伦州	51.5	12.7	35.8	72.5	6.4	21.0	83.6	4.1	12.4	85.2	3.6	11.1
莱茵兰-普法尔茨州	53.8	10.4	35.6	76.1	5.6	18.3	85.2	/	11.4	87.9	2.2	9.9
萨尔州	50.4	11.0	38.6	72.1	6.5	21.7	84.0	/	/	82.8	/	12.5
萨克森州	40.3	22.2	37.5	66.3	17.0	16.7	78.1	6.7	15.2	83.0	5.9	11.1
萨克森-安哈特州	44.4	21.0	34.7	66.4	16.4	17.1	76.8	8.3	14.9	83.2	6.5	10.3
石勒苏益格-荷尔斯泰因州	54.7	12.5	33.2	74.2	6.7	19.1	82.5	/	14.4	85.8	3.8	10.4
图林根州	52.1	16.0	32.8	68.6	15.3	16.1	77.8	7.6	14.6	83.9	6.3	10.3

1）包括职业实习
2）包括师傅/技工培训，以及卫生学校毕业和前东德专科学校毕业的
3）包括工程师学校毕业、教师专业毕业的和博士
来源：联邦及各州统计局，2006 年微型人口普查

表 I2‑4A：1991 年至 2006 年 25 岁到 65 岁以下的从业人员、失业人员和非从业人员分别占该群体人口的比例，按职业教育文凭类型统计（单位：%）

职业教育文凭	就业状况	年 份											
		1991	1993	1997	1998	1999	2000	2001	2002	2003	2004	2005	2006
		%											
总 计													
学徒/短期职业培训[1]	从业人员	73.3	70	69.1	68.9	69.9	70.6	70.7	70.5	69.9	69.7	71.1	73
	失业人员	4.9	7.3	7.8	7.9	7	6.4	6.6	7.2	8.2	9	8.9	8.2
	非从业人员	21.9	22.7	23.1	23.3	23.1	22.9	22.7	22.3	21.9	21.2	20	18.9
专科学校毕业[2]	从业人员	84	82	79.9	79.9	80.9	81.7	81.3	81.2	81	81.1	81	82.7
	失业人员	3.9	5.4	5.7	5.3	4.8	3.9	4.2	4.5	5.1	5.2	5.3	4.6
	非从业人员	12.1	12.6	14.4	14.8	14.3	14.3	14.5	14.2	13.9	13.7	13.6	12.7
高校毕业[3]	从业人员	85.9	84.2	84.1	83.9	84.7	85	85	85	84.6	84.2	84	85.2
	失业人员	3.8	4.8	4.6	4.6	4.1	3.4	3.3	3.5	4.2	4.4	4.5	4.1
	非从业人员	10.3	11	11.2	11.5	11.3	11.6	11.6	11.5	11.1	11.4	11.5	10.7
无职业教育文凭	从业人员	49.9	46.6	45.1	45.6	47.2	49	50.3	49.7	49	48.2	51.4	53.5
	失业人员	5.9	8.4	8.8	8.9	8.8	7.7	7.6	8.8	10.4	11.5	12	12.1
	非从业人员	44.2	45	46.1	45.6	44.1	43.4	42.2	41.6	40.6	40.3	36.7	34.3
男 性													
学徒/短期职业培训[1]	从业人员	83.6	80	76.8	76.3	77	77.5	77.1	76.5	75.4	75.1	76.9	78.4
	失业人员	4.3	6.3	7.9	8.1	7.3	6.7	7.1	8	9.3	10.4	9.9	9
	非从业人员	12.1	13.7	15.3	15.5	15.7	15.8	15.8	15.6	15.3	14.6	13.1	12.6
专科学校毕业[2]	从业人员	88	85.4	83.2	83.4	83.8	84.7	84.1	83.8	83.7	83.5	84	85.6
	失业人员	3	4.1	5	4.6	4.3	3.6	3.9	4.2	4.7	5.2	5.3	4.4
	非从业人员	8.9	10.5	11.7	1.9	11.8	11.7	11.8	11.8	11.4	11.3	10.7	9.9
高校毕业[3]	从业人员	91	88.6	88	87.2	88.2	88.6	88.7	88.5	88.1	87.5	87.7	88.6
	失业人员	3.2	4.3	4.4	4.4	4	3.2	3.1	3.4	4.1	4.3	4.4	4
	非从业人员	5.9	7.1	7.7	8	7.9	8.2	8.2	8.1	7.7	8.2	7.9	7.4
无职业教育文凭	从业人员	68.6	63.2	58.4	58.7	59.7	61.6	62.3	60.9	59.2	58	60.7	63.1
	失业人员	8.3	11.4	12.6	12.5	12.7	10.9	11	12.7	15	16.4	15.9	15.3
	非从业人员	23.1	25.4	29	28.7	27.5	27.5	26.8	26.3	25.8	25.6	23.4	21.6
女 性													
学徒/短期职业培训[1]	从业人员	62.4	59.5	61.4	61.4	62.9	63.8	64.4	64.7	64.5	64.5	65.5	67.6
	失业人员	5.4	8.5	7.6	7.6	6.7	6.2	6.1	6.3	7.2	7.7	7.9	7.4
	非从业人员	32.2	32	31	30.9	30.4	30	29.5	28.9	28.3	27.8	26.6	25
专科学校毕业[2]	从业人员	76.6	75.3	73.9	73.7	76	77.1	76.6	77.2	76.8	77.6	76.7	78.3
	失业人员	5.5	8.1	7.1	6.5	5.7	4.6	4.7	5	5.6	5.2	5.3	4.9
	非从业人员	17.9	16.6	19.2	19.8	18.3	18.3	18.7	17.8	17.6	17.2	17.9	16.8

（续表）

职业教育文凭	就业状况	年 份											
		1991	1993	1997	1998	1999	2000	2001	2002	2003	2004	2005	2006
		%											
高校毕业[3]	从业人员	76.5	76.2	77.7	77.9	79	79.2	79.4	79.8	79.5	79.5	78.9	80.5
	失业人员	5	5.9	5.1	4.8	4.1	3.6	3.5	3.6	4.4	4.6	4.6	4.2
	非从业人员	18.6	17.9	17.2	17.3	16.6	17	16.9	16.5	16.1	15.9	16.5	15.3
无职业教育文凭	从业人员	40.8	37.9	37.4	37.7	39.4	41.1	42.7	42.4	42.2	41.5	44.6	46.3
	失业人员	4.8	6.9	6.6	6.6	6.3	5.6	5.4	6.2	7.3	8.1	9.1	9.7
	非从业人员	54.4	55.2	56	55.7	54.3	53.3	51.9	51.4	50.5	50.4	46.3	43.9

1）包括职业实习

2）包括师傅/技工培训，以及卫生学校毕业和前东德专科学校毕业的

3）包括工程师学校毕业、教师专业毕业的和博士

来源：联邦及各州统计局，微型人口普查

表 I2‑5A：2005 年（或能获得数据的最近的年份）25 岁到 65 岁以下不同教育水平的人之间的收入差距之国际比较（中等教育第二阶段文凭 = 100）

国 家	年 份	中等教育第二阶段以下	中等教育之后、非高等教育领域	高等教育领域
		中等教育第二阶段文凭 = 100		
奥地利	2005	71	121	152
比利时	2004	90	102	134
丹 麦	2004	82	103	126
芬 兰	2004	94	·	149
法 国	2005	86	·	144
德 国	2005	88	111	156
匈牙利	2005	73	121	215
爱尔兰	2004	86	104	164
意大利	2004	79	·	160
荷 兰	2002	84	·	148
挪 威	2004	84	125	136
波 兰	2004	78	99	163
西班牙	2004	85	89	132
瑞 典	2004	87	120	127
瑞 士	2005	76	109	156
美 国	2005	67	110	175

来源：OECD（2007），教育概览，第 170‑171 页

表 12－6A：2006 年德国东、西部的平均教育投资回报率,按文凭类型和性别统计(单位：%)

文 凭 类 型	德 国		德 国 西 部		德 国 东 部	
	男 性	女 性	男 性	女 性	男 性	女 性
	%[1]					
中级学校毕业或高校入学资格	15.1	22.1	21.7	26.8	17.2	13.9
普通学校教育和职业培训文凭	19.0	20.9	25.8	26.2	19.6	20.6
较高的职业教育文凭	41.0	35.9	47.7	45.6	41.8	39.5
高校毕业/博士	66.6	63.8	72.4	70.8	70.7	62.8

1) 高出的百分比是以"没有取得普通教育学习文凭或仅有普通中学毕业文凭,但均无职业教育文凭者"为参照对象的

来源：联邦及各州统计局,2006 年微型人口普查,自己计算得出